2024/2025
中国家用纺织品行业发展报告

2024/2025 CHINA HOME TEXTILE INDUSTRY DEVELOPMENT REPORT

中国家用纺织品行业协会 编著

中国纺织出版社有限公司

内 容 提 要

本书分为九篇。行业报告篇详尽分析了2024年我国家纺行业的运行情况，对2024年我国纺织行业及家纺行业的品牌化进程进行了概述，根据我国床上用品行业的现状形成了床上用品行业运行报告。国际动态篇聚焦全球消费需求，对纺织及家纺行业的消费需求及特点进行详细分析，并对2024年我国家纺外贸出口结构变化展开分析。国内市场篇分别从全国大型零售市场和全国纺织专业市场对2024年家纺内销市场状况做系统分析，重点分析了床上用品零售市场的运行情况及发展趋势。上市公司篇分别对家纺行业主板上市公司和新三板上市公司2024年的生产经营情况及发展特点进行了分析综述。科技创新篇回顾梳理了家纺行业"十四五"时期的科技创新成果，并指出发展方向，特别围绕柔性制造关键技术发布研究报告。绿色制造篇聚焦"双碳"目标，探讨我国家纺行业的低碳发展路径选择。时尚研发篇为凸显家纺产业时尚与文化创新力，对家纺协会在2024年举办的三个全国性的家纺设计大赛成果进行了总结；聚焦产业链上下游产品，发布了我国纤维流行趋势、纱线流行趋势以及终端家用纺织品流行趋势。健康赋能篇收录了2025年助眠力洞察报告（精华版）。相关行业篇涵盖与家纺产业链密切相关的棉纺织、化纤、印染及缝制机械行业的年度运行情况。另外，附录部分收录了2024年度与家纺有关的各类奖项名单及相关经济数据等资料。

本书是一部集中反映家用纺织品行业年度发展情况与趋势的研究报告，旨在为相关企业、机构及部门科学决策和国家宏观经济管理提供具有权威性和指导性的参考依据。

图书在版编目（CIP）数据

2024/2025 中国家用纺织品行业发展报告 / 中国家用纺织品行业协会编著．-- 北京：中国纺织出版社有限公司，2025.8．-- ISBN 978-7-5229-3029-9

Ⅰ．F426.81

中国国家版本馆 CIP 数据核字第 2025NN1945 号

2024/2025 ZHONGGUO JIAYONG FANGZHIPIN HANGYE FAZHAN BAOGAO

责任编辑：由笑颖　　特约编辑：薄欣妍
责任校对：高　涵　　责任印制：王艳丽

中国纺织出版社有限公司出版发行
地址：北京市朝阳区百子湾东里A407号楼　邮政编码：100124
销售电话：010—67004422　传真：010—87155801
http://www.c-textilep.com
中国纺织出版社天猫旗舰店
官方微博http://weibo.com/2119887771
北京华联印刷有限公司印刷　各地新华书店经销
2025年8月第1版第1次印刷
开本：889×1194　1/16　印张：19.25
字数：418千字　定价：268.00元
京朝工商广字第8172号

凡购本书，如有缺页、倒页、脱页，由本社图书营销中心调换

《2024/2025中国家用纺织品行业发展报告》编辑委员会

主　　编　朱晓红
副 主 编　刘兆祥
编　　委　王　易　吴永茜　葛江霞　郑　靖　任　鹏　刘　郴
项目执行　王　冉　刘　丹

支持单位　杭州宏华数码科技股份有限公司
　　　　　TESTEX特思达（北京）纺织检定有限公司
　　　　　浙江凌迪数字科技有限公司

序 Foreword

立足当前，展望未来，虽然我国经济发展面临的内外环境复杂严峻，国内经济运行面临有效需求不足等问题，但是"经得住疾风骤雨，未来更是一片光明"，这是我国推进高质量发展、产业向中高端迈进过程中的经历，我国纺织工业发展基础稳、优势多、韧性强、潜能大，长期向好的支撑条件和基本趋势没有变，高质量发展的大势没有变，发展的"时"与"势"依然占优，我国全面深化改革蹄疾步稳。

家纺行业依托坚实的发展基础，以及与时俱进的改革创新，新质生产力加速形成，展现着新的精神面貌。面对当前发展压力，我们既要认清问题、妥善应对，更要把握机遇、坚定信心，融合现代化科技发展，满足多元生活需求，积极调整全球产业链布局。家纺行业作为新时代中的持续发展型支柱产业，相信通过我们共同努力，苦练内功，完善战略布局，行业发展将大有可为。

2025年是"十四五"规划收官之年，也是谋划"十五五"发展之年，"科技、绿色、时尚、健康"是行业下一阶段发展的关键词，为此《2024/2025中国家用纺织品行业发展报告》在继续深挖行业研究、聚焦行业热点的基础上，专门设置了相应的四个栏目，以期启迪读者对行业"十五五"发展的思考。本书自2013年正式出版发行至今已走过十余载春秋，获得了业界和社会的多方关注和好评，虽然还有不尽完善之处，但协会将一直努力，力求把本书打造成一部集中反映行业年度发展情况与趋势的研究报告，为产业发展提供服务指南。

最后，本书在编写过程中得到了社会各界人士的大力支持、真诚鼓励和热心帮助，借此机会代表中国家用纺织品行业协会向相关单位及专家学者表示衷心的感谢！

朱晓红
2025年6月

目录 Contents

行业报告

2024年我国家用纺织品行业运行分析 …………………………………………………… 2
2024年中国纺织服装品牌发展报告 ……………………………………………………… 13
2024年床上用品产业发展现状及趋势 …………………………………………………… 24

国际动态

2023年全球家用纺织品贸易概览 ………………………………………………………… 34
2024年我国家用纺织品出口情况分析 …………………………………………………… 45

国内市场

2024年国内床上用品大型零售市场运行情况及2025年发展趋势 …………………… 56
2024年纺织服装专业市场及家纺市场运行分析 ………………………………………… 63

上市公司

2024年家纺上市企业分析
——基于11家可获得的上市企业年报分析 …………………………………………… 72
2024年挂牌新三板家纺企业发展情况 …………………………………………………… 79

科技创新

"十四五"时期我国家用纺织品行业科技创新综述与展望 …………………………… 90
"十四五"时期我国家用纺织品行业柔性制造关键技术应用及发展趋势 …………… 99

绿色制造

"双碳"目标引领我国家纺企业绿色低碳发展路径选择 ……………………………… 110

时尚研发

创时尚之"新"与竞创意之"质"
　——"海宁家纺杯"2024中国国际家纺创意设计大赛综述 ………………… 124
"张謇杯"·2024中国国际家用纺织品产品设计大赛综述 ……………………… 137
"震泽丝绸杯"·第九届中国丝绸家用纺织品创意设计大赛综述 …………… 149
2024/2025中国纤维流行趋势发布报告 …………………………………………… 158
2024/2025中国纱线流行趋势发布报告 …………………………………………… 187
2025中国布艺流行趋势 ……………………………………………………………… 219

健康赋能

2025助眠力洞察报告（精华版） …………………………………………………… 228

相关行业

2024年我国棉纺织行业运行分析与展望 ………………………………………… 240
2024年中国化纤行业运行分析与2025年展望 …………………………………… 251
2024年我国印染行业经济运行情况及趋势展望 ………………………………… 257
2024年中国缝制机械行业经济运行及2025年发展展望 ………………………… 267

附　录

附录一　2024年度十大类纺织创新产品获选产品及单位名单（家纺）……… 282
附录二　2024年度新质家纺先锋论文、案例、专利名单 ……………………… 285
附录三　中国家用纺织品行业协会（第二批）智库专家名单 ………………… 290
附录四　"海宁家纺杯"2024中国国际家纺创意设计大赛获奖名单 ………… 291
附录五　"张謇杯"·2024中国国际家用纺织品产品设计大赛获奖名单 …… 292
附录六　"震泽丝绸杯"·第九届中国丝绸家用纺织品创意设计大赛获奖名单 …… 294
附录七　2024年国民经济和社会发展统计公报 ………………………………… 296

行业报告

2024年我国家用纺织品行业运行分析

刘兆祥　王　冉　刘　丹

2024年以来，全球经济缓慢复苏，贸易活动小幅回暖，经济增长动能略显不足，依靠我国家用纺织行业完善的产业链和全球领先的制造优势，以及国家一系列稳外贸、稳增长政策的实施释放流动性，我国家用纺织品行业整体保持了平稳运行。外贸企业抓住主要出口市场需求回升时机，扭转了2023年的负增长态势。在国家"两新"政策（推动新一轮大规模设备更新和消费品以旧换新）的推动下，行业内销整体平稳且呈现新亮点，内外贸整体均保持增长态势。

一、行业平稳运行，利润承压

2024年我国家用纺织品行业整体保持了稳定增长态势，据国家统计局数据测算，规模以上家用纺织品企业近三年营业收入稳步提升，2024年规模以上家用纺织品企业实现营业收入同比增长2.02%，逐渐扭转前两年的负增长局面。与此同时，行业的综合成本也在不断攀升，利润空间受到挤压。2024年规模以上家用纺织品企业营业成本同比增长2.46%，增幅高于收入增幅，且三项期间费用同比2023年增长0.81%。行业利润空间受到挤压：规模以上家用纺织品企业利润总额同比大幅下降7.42%，11月以来，随着行业传统旺季到来以及国家提振消费政策的逐步实施，家用纺织品规模以上企业营业收入明显提升，利润率呈现稳步提升态势（图1、图2）。

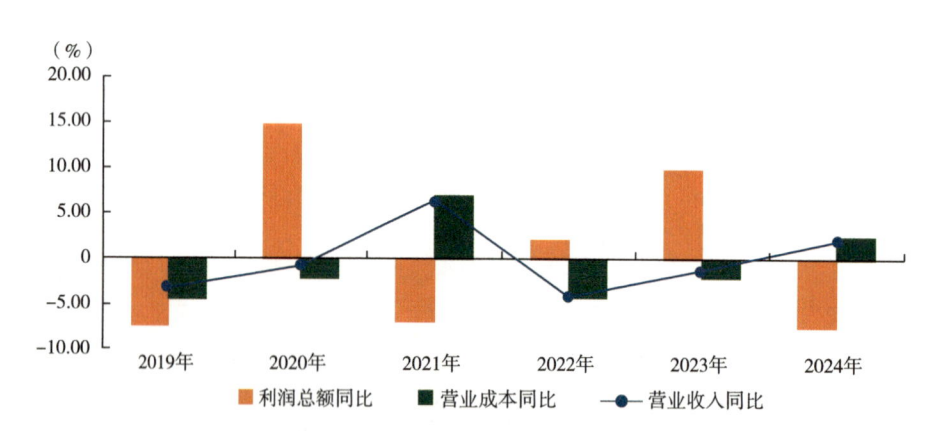

图1　2019~2024年家用纺织品规模以上企业营业收入、营业成本及利润总额走势
资料来源：国家统计局

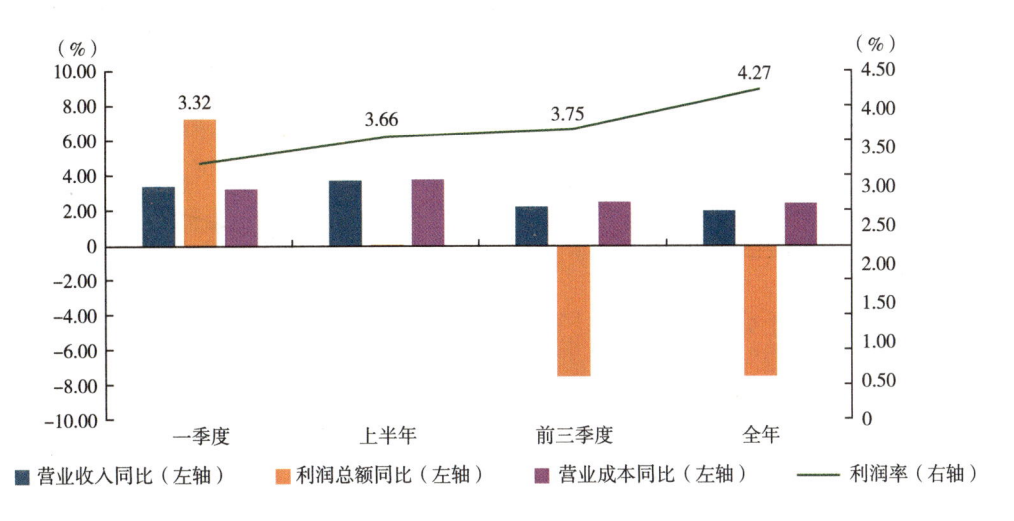

图2　2024年规模以上家用纺织品企业主要经济指标走势
资料来源：国家统计局

家用纺织品主要子行业床上用品、毛巾及布艺行业也体现出增速放缓这一态势：床上用品行业利润同比降幅加大，企业承压前行。国家统计局数据显示，2024年规模以上床上用品企业营业收入同比增长3.72%；利润总额同比大幅下降12.04%，9月份以后降幅呈逐渐收窄趋势（图3）。

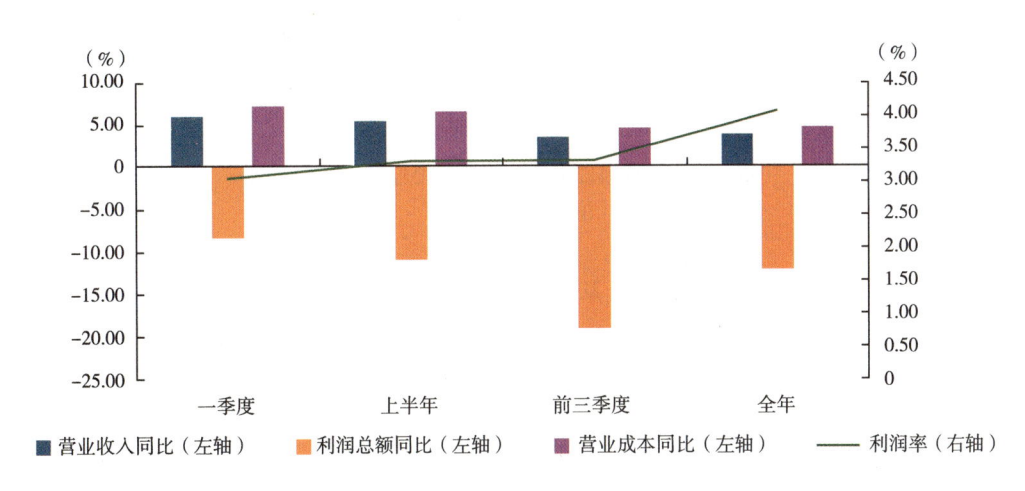

图3　2024年规模以上床上用品企业主要经济指标走势
资料来源：国家统计局

从历史数据来看，当前规模以上床上用品企业营业收入同比呈回升趋势，利润总额在经历了自2021年以来的连续增长后震荡回落，其中包含高基数的影响以及成本攀高等因素的影响（图4）。

规模以上毛巾企业2024年营业收入同比下降6.13%，延续了2023年的下降趋势，且降幅较前几个月逐步加深；与此同时，受棉花价格回落的利好因素影响，以及企业对人力成本等的控制，规模以上毛巾企业营业成本同比2023年下降6.83%；前三季度利润总额同比2023年实现较好增长，第四季度出现下滑，全年利润总额同比下降6.54%；利润率为5.67%，全年呈现缓步提升态势（图5）。

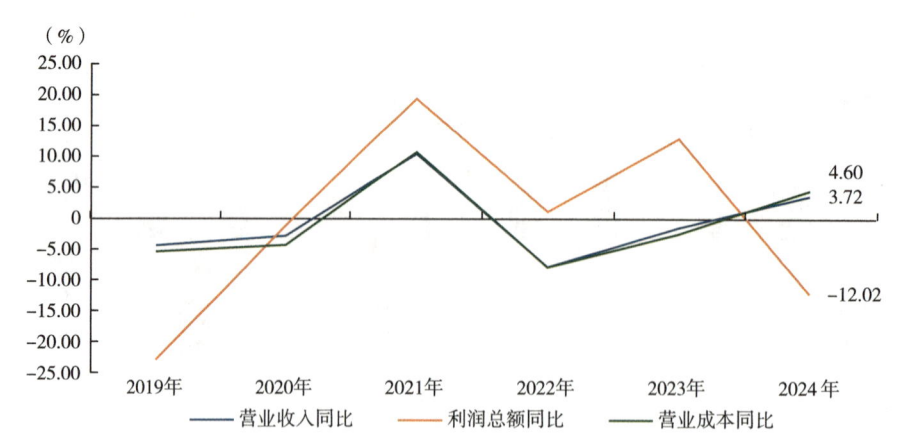

图4　2019～2024年规模以上床上用品企业营业收入、利润总额、营业成本同比
资料来源：国家统计局

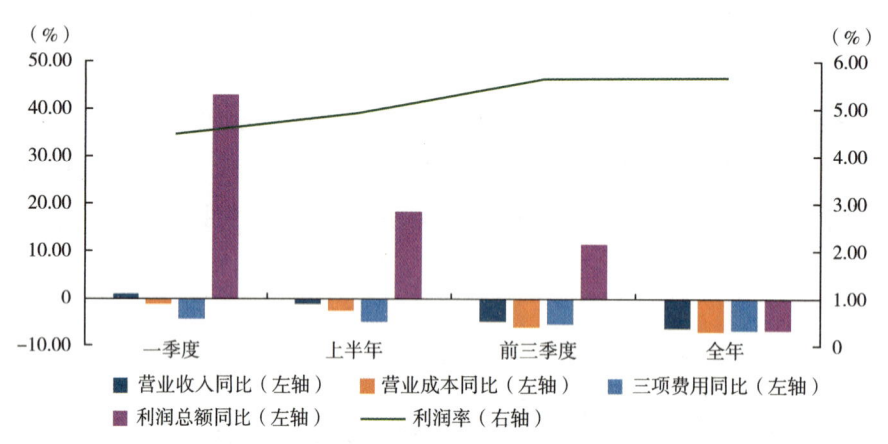

图5　2024年规模以上毛巾企业主要经济指标走势
资料来源：国家统计局

布艺行业近两年在以往较高的增长基础上呈现小幅波动，从全年走势来看，主要经济指标呈逐步回落态势，据国家统计局数据统计，2024年规模以上布艺企业营业收入较2023年同比略降0.35%；营业成本和三项期间费用总体小幅增长；利润总额大幅同比下降6.67%，但利润率为6.66%，高于家用纺织品行业整体水平（图6）。

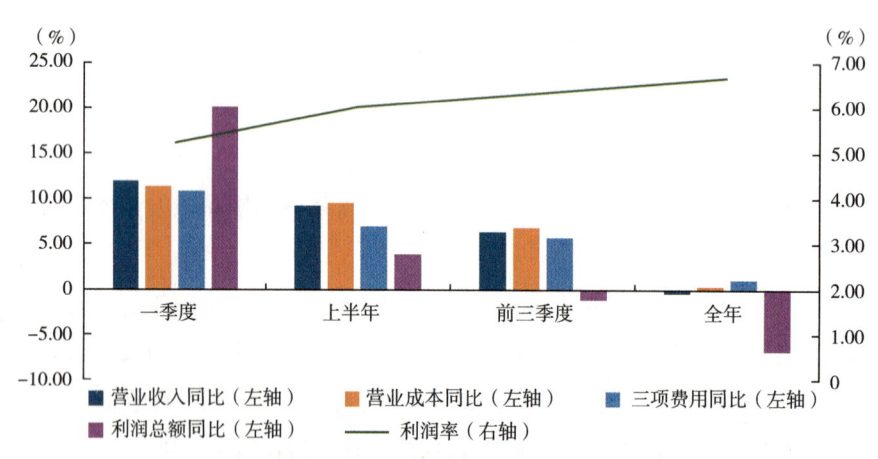

图6　2024年规模以上布艺企业主要经济指标走势
资料来源：国家统计局

二、行业出口保持增长

中国海关数据显示，2024年我国出口家用纺织品484.9亿美元，同比增长5.63%。当前行业出口规模在2022年、2023年连续两年下降后得到恢复增长（图7）。但外贸企业经营承压，出口价格下降，一定程度上反映出利润空间被压缩。2024年我国家用纺织品出口数量同比增长12.61%，出口单价同比下降6.08%（图8），从近年来数据来看，单价增速呈下降趋势。从产品品类情况看，棉质产品出口走弱而化纤走强；从出口市场情况看，美国、欧洲市场起到主要拉动作用。

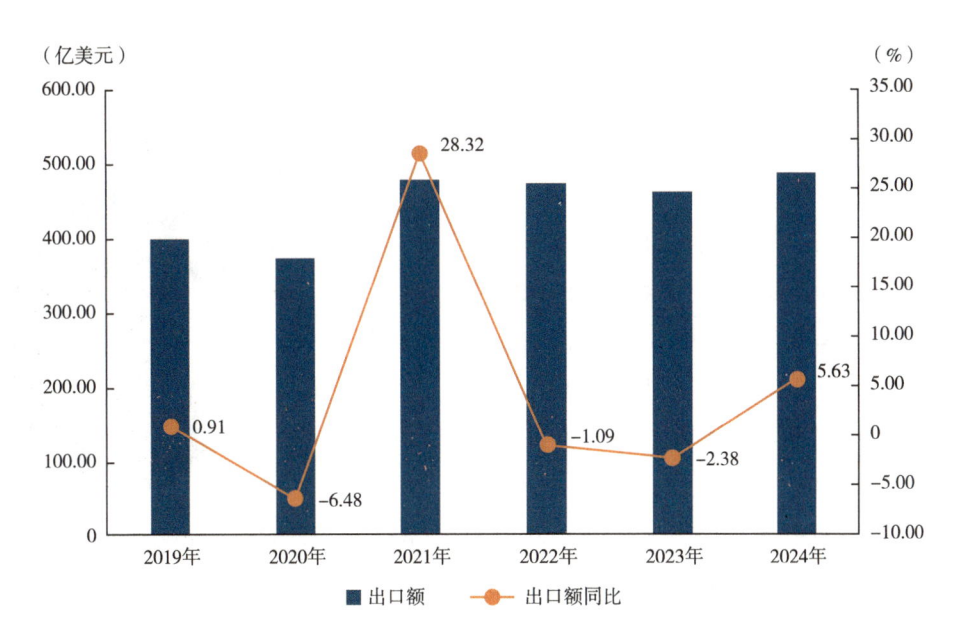

图7 2019～2024年我国家用纺织品出口额及同比
资料来源：中国海关

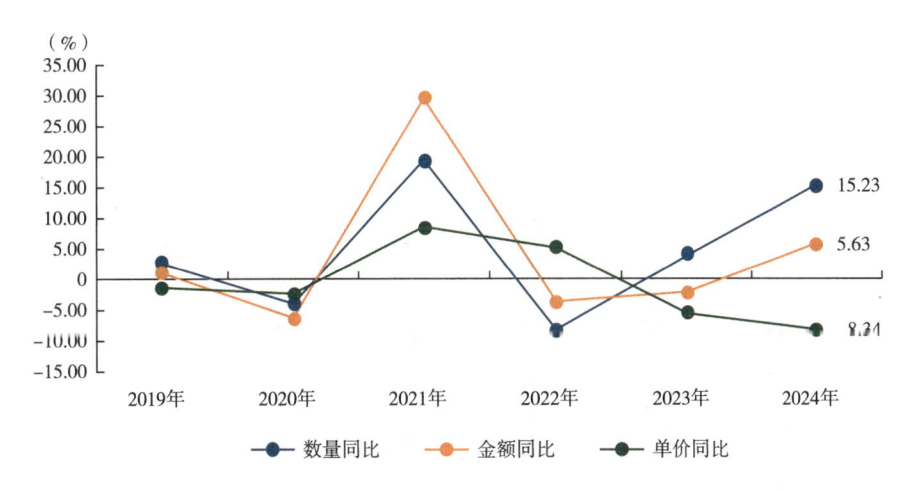

图8 2019～2024年我国家用纺织品出口数量、金额、单价同比走势
资料来源：中国海关

在我国出口的主要6大类家用纺织品中，床上用品、布艺产品、地毯和餐厨用纺织品2024年出口实现增长。毯子产品略降，毛巾产品下降幅度最为显著（表1）。

表1 2024年我国出口的主要6大类家用纺织品出口情况

产品类别	出口额（亿美元）	同比（%）
床上用品	154.45	6.08
布艺产品	171.83	7.10
毛巾产品	21.70	−9.25
地毯	43.84	9.54
毯子	43.95	−0.02
餐厨用纺织品	40.89	10.41

资料来源：中国海关

近年来受政治和市场选择的因素影响，表现出棉质产品出口走弱而化纤走强的趋势。2024年，我国出口化纤类家纺产品333.82亿美元，同比增长7.23%，占出口总额的68.84%，较2023年同期水平增长1.03个百分点；棉类出口64.72亿美元，同比下降4.44%，占出口总额的13.35%，较2023年同期水平下降1.41个百分点（图9）。

床上用品中的床上用织物制品（件套产品）和毛巾是棉质家用纺织品的出口主要集中的产品，典型地反映出这一发展趋势：2024年我国出口床上用织物制品54.57亿美元，同比增长9.07%，其中化纤类占比57.22%，出口额同比增长12.15%，占比较近5年来平均水平（2019～2023年平均占比54.87%）增长了2.4个百分点；棉类占比26.47%，出口额同比下降5.22%，占比较近5年来平均水平（2019～2023年平均占比27.8%）下降了1.3个百分点（图10）。

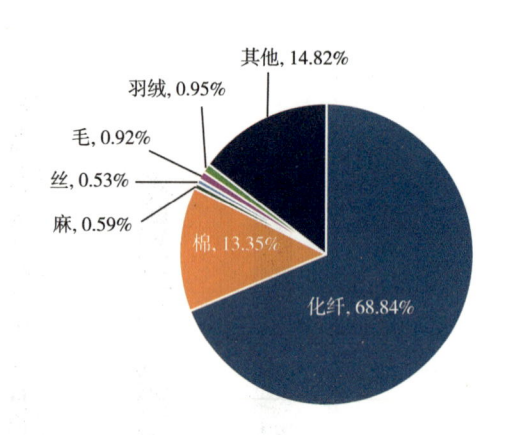

图9 2024年我国家用纺织品出口材质占比情况
资料来源：中国海关

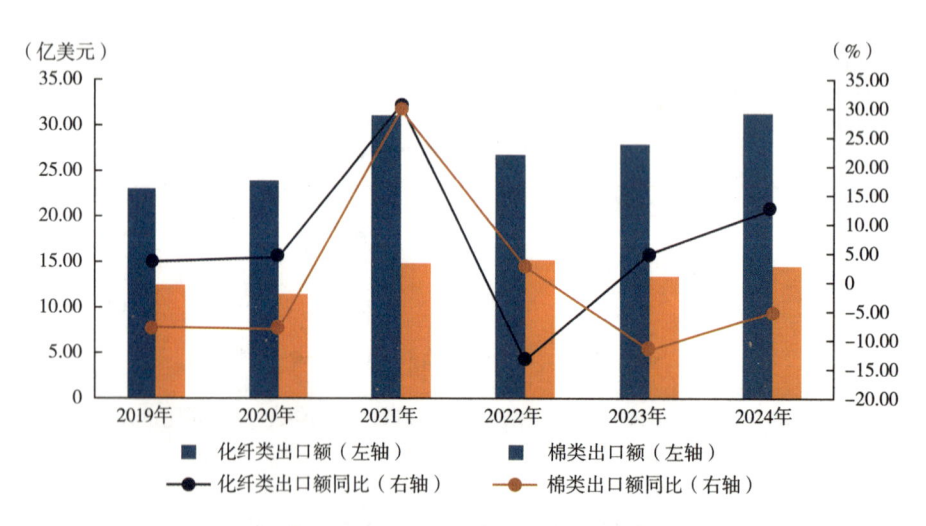

图10 2019～2024年我国化纤类、棉类床上用织物制品出口走势
资料来源：中国海关

2021年，我国对美国棉制家用纺织品产品的出口受到冲击，在用棉较多的床上用织物制品的出口中表现强烈，2024年我国对美国出口床上用织物制品19亿美元，同比增长10.15%，其中化纤类出口12.18亿美元，同比增长11.05%；棉类出口3.19亿美元，同比下降7.83%。对美的棉类床上用织物制品的出口规模不断缩小，2024年对美棉类出口占该品类对美出口总量的16.78%，占比较近5年来平均水平（2019～2023年平均占比24.22%）下降了7.44个百分点（图11、图12）。

图11　2019～2024年我国出口床上用织物制品中化纤类、棉类的占比走势
资料来源：中国海关

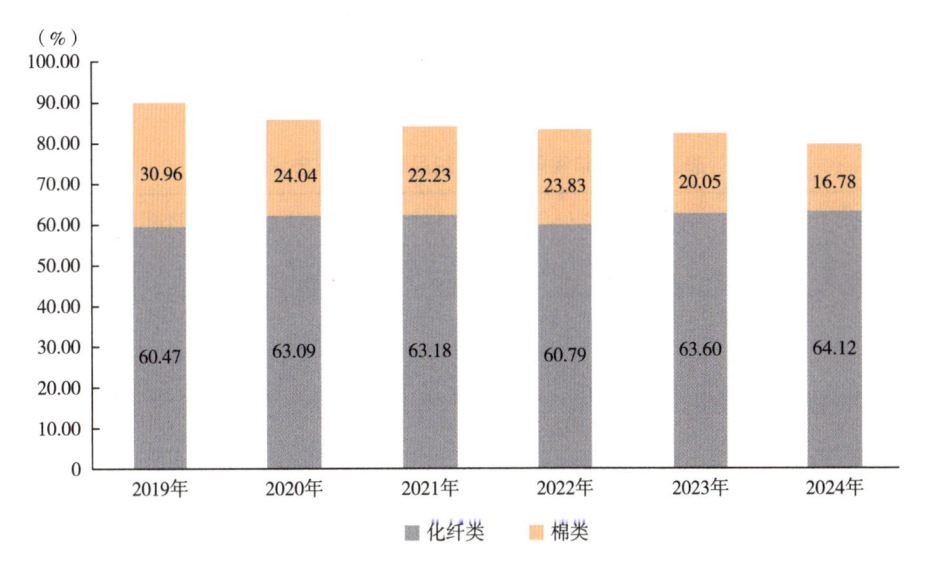

图12　2019～2024年我国对美国市场出口床上用织物制品中化纤类、棉类的占比走势
资料来源：中国海关

2024年，我国出口毛巾产品21.3亿美元，同比下降9.25%，毛巾产品自2019年开始显现降势，2021年订单回流年短暂回升后一直维持降势（图13）。造成毛巾走弱的原因是多方面的，其中一个是国际竞争激烈，在统计的出口毛巾产品中，90%以上为棉质，受贸易壁垒以及印度、巴基斯坦等棉花产地大国的激烈竞争，我国毛巾产品出口优势逐渐变弱。另外是更加便

捷、性价比更高的超细纤维、棉柔巾等擦拭用产品的替代，协会统计的以化纤材质为主的盥洗及厨房用织物制品和擦拭用品近年来增势显著且有延续趋势，2024年出口上述擦拭用品32.2亿美元，同比增长10.32%。

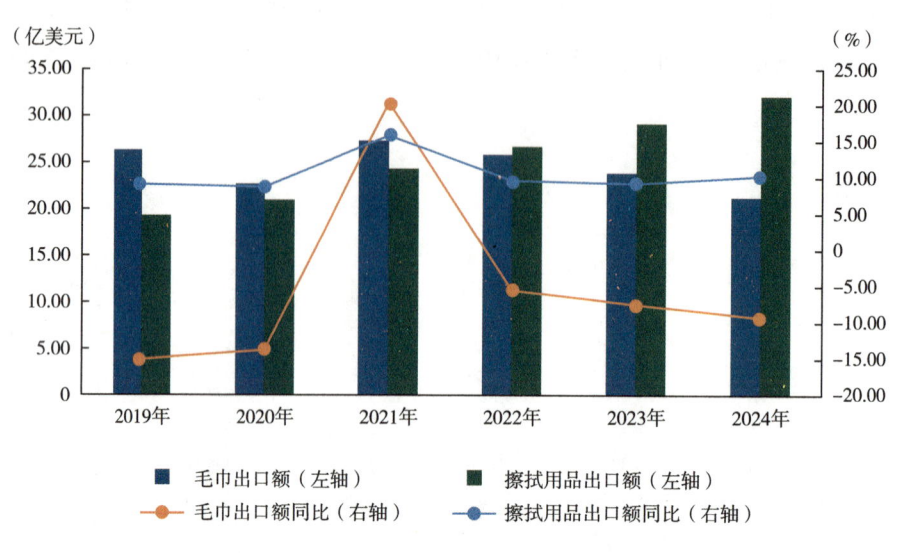

图13　2019～2024年我国出口毛巾产品和擦拭用品走势
资料来源：中国海关

从主要出口市场方面看，2024年我国家用纺织产品出口除对非洲和大洋洲下降外，对其余各洲出口均有不同程度的增长，其中主要靠美国、欧盟市场增长拉动：2024年我国对美欧市场出口额占总体的38.08%，占比较2023年同期增长了1.69个百分点，其中对美国市场出口119.12亿美元，同比增长11.14%，对欧盟市场出口65.53亿美元，同比增长9.49%（表2）。

表2　2024年我国家用纺织品出口大洲市场情况

市场	出口额（亿美元）	出口额同比（%）
亚洲	201.88	2.76
北美洲	127.15	11.13
欧洲	75.93	6.38
拉丁美洲	38.52	13.32
非洲	27.72	-3.07
大洋洲	13.71	-3.75

资料来源：中国海关

东盟市场也呈现良好的增长。2024年我国对东盟市场出口家用纺织品共计82.76亿美元，同比增长5.88%。但值得注意的是，支撑其增长的是家用纺织品面辅料的出口。我国外贸企业海外建厂布局对东盟地区面辅料的增长起到重要作用。2024年，我国对东盟市场出口家用纺织品面辅料39.87亿美元，同比增长18.46%，而家用纺织成品出口42.87亿美元，同比下降3.63%，其中，床上用品下降8.34%、毛巾下降21.27%。此外，传统市场日本增长乏力。2024

年我国对其出口家用纺织品26.16亿美元,同比下降4.49%。

三、增速放缓,政策助力提振内贸信心

2024年尤其是下半年以来,受内生消费动力不足影响,人均消费支出持续回落。国家统计局数据显示,全国服装、鞋帽、针纺织品(含家用纺织品类)2024年同比增长0.3%,其中12月当月同比下降0.3%。家用纺织品规模以上企业2024年内销产值同比增长0.85%(图14)。

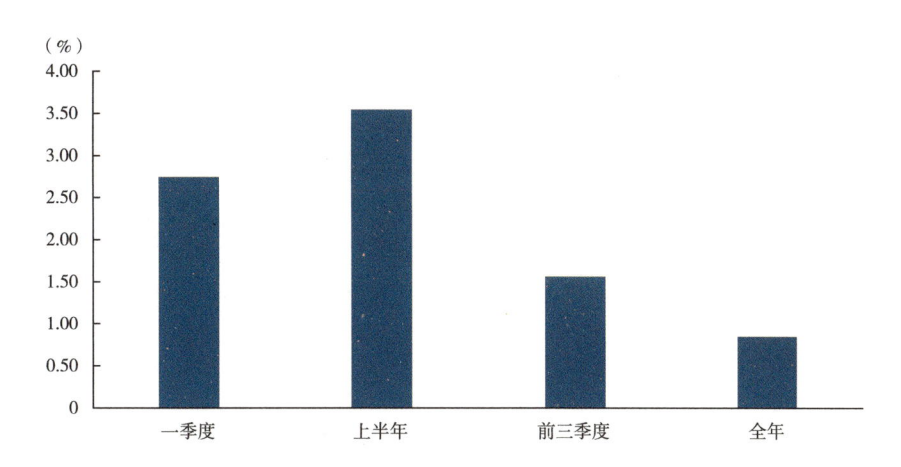

图14　2024年规模以上家用纺织品企业内销产值增长走势
资料来源:国家统计局

主要三大子行业床上用品、毛巾和布艺内销整体呈现增速放缓态势。床上用品内销经营承压,据国家统计局数据测算,2024年我国规模以上床上用品企业内销产值同比增长2.27%,主要是12月当月的增长拉动,全年来看,内需市场面临压力;从近几年内销产值趋势情况看,床上用品行业内销在近两年保持缓中有进的增长局面。毛巾内销进一步收缩,2024年毛巾规模以上企业内销同比下降8.10%,降幅较前几个月进一步增加,且从近几年情况看,毛巾行业整体呈现持续收缩态势。布艺行业内销在近几年较高的增长基础上2024年出现增速回落,较2023年同期基本持平,略降0.01%(图15、图16)。

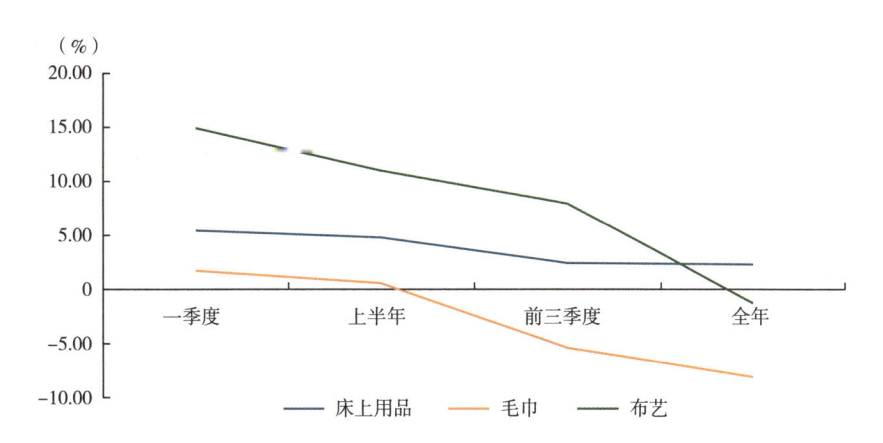

图15　2024年规模以上床上用品、毛巾、布艺企业内销产值增长走势
资料来源:国家统计局

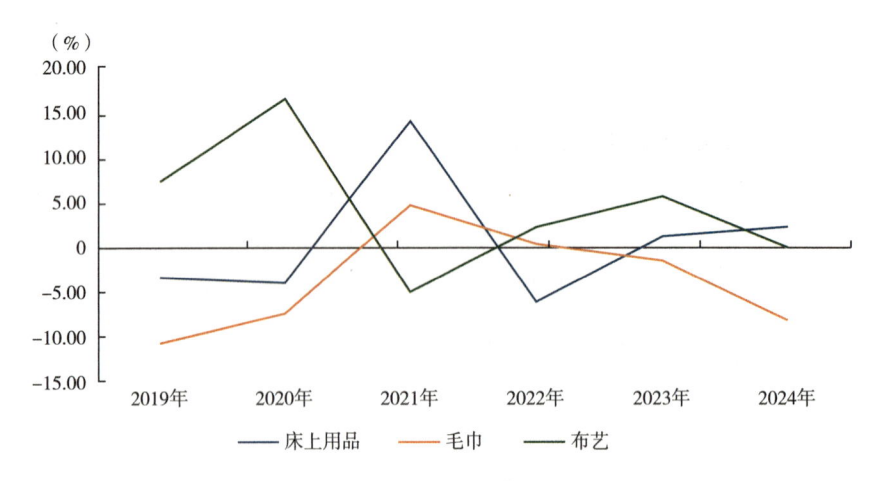

图16　2019～2024年规模以上床上用品、毛巾、布艺企业内销产值增长走势

资料来源：国家统计局

受内需市场疲软影响，家纺企业经营承压，上市公司的表现也反映着这一形势。罗莱生活、富安娜、水星家纺以及梦洁股份四家专做内销市场的主板上市家用纺织品企业2024年营业收入和净利润同比总体下降（表3、表4）。

表3　2024年主板上市床上用品企业营业收入和净利润指标

财务指标	罗莱生活		富安娜		水星家纺		梦洁股份	
	亿元	同比	亿元	同比	亿元	同比	亿元	同比
营业收入	45.59	−14.22%	30.11	−0.60%	41.93	−0.42%	17.15	−20.48%
净利润	4.33	−24.39%	5.42	−5.22%	3.67	−3.28%	0.25	10.99%

资料来源：上市公司财报

表4　2019～2024年主板上市床上用品企业净利率

净利率	罗莱生活	富安娜	水星家纺	梦洁股份
2019年	11.50%	18.17%	10.51%	3.64%
2020年	12.08%	17.97%	9.05%	2.11%
2021年	12.48%	17.17%	10.16%	−6.41%
2022年	10.79%	17.33%	7.59%	−22.05%
2023年	10.74%	18.88%	9.00%	1.06%
2024年	9.44%	18.01%	8.74%	1.41%

资料来源：上市公司财报

与此同时，在消费市场整体疲软的环境下，行业龙头企业表现出良好的抗压能力和发展韧性。在品牌建设、渠道布局、研发创新、管理体系等方面持续发力，相较历史水平，当前毛利率仍处于健康水平（表5）。罗莱生活大力推进零售革新，加大直营开店力度，上半年累计新开直营店铺49家，同时坚持超柔定位，持续为消费者提供可视化、可感知的超柔床上用品。富安娜持续提升线下门店零售管理能力，同时加大线上直播布局，并依托零售数据洞察及消费者需求分析，围绕"东方美学""科技赋能"满足消费者需求，引领睡眠生活。水星家纺不断优化和提升品牌形象，通过营销方式和品牌传播策略，强化品牌心智培育。梦洁股份调整组织架构，打通线上线下业务壁垒，聚合资源实现一体发展。

表5　2019～2024年主板上市床上用品企业毛利率

毛利率	罗莱生活	富安娜	水星家纺	梦洁股份
2019年	43.86%	52.00%	37.58%	41.12%
2020年	43.18%	53.90%	35.27%	39.94%
2021年	45.00%	52.14%	37.95%	37.75%
2022年	45.96%	53.10%	38.70%	33.08%
2023年	47.27%	55.63%	40.04%	41.24%
2024年	48.01%	56.05%	41.40%	40.25%

政策提振消费信心，行业内贸呈现新亮点。2024年国务院推出的"推动大规模设备更新和消费品以旧换新"是加快构建新发展格局、推动高质量发展的重要举措。目前已参加政府补贴的包括上海、安徽、江苏全域及福建龙岩等家用纺织品产业聚集地区。9月底，上海市正式将家用纺织品产品纳入补贴范围，涵盖家用纺织品企业的线下102家百货、超市、专卖店，线上100余家旗舰店、POP趋势网在各大电商平台销售家用纺织品产品，4家企业在微信小程序营销。罗莱76家专卖店、三枪48家专卖店、水星26家专卖店等，已于11月上旬开始运营。通过叠加折扣、强化宣传结合"双11""双12"和年终大促销活动，企业11月营业额实现明显提升，不少企业当月营业额环比增长超过35%。此外，作为家用纺织品产业重点地区的江苏省南通市也在11月开启了相关补贴活动的企业申报工作。

与此同时，助力提升消费信心也是改善消费环境的关键。在四季度"企业经营管理问卷调查"中，家用纺织品企业表示，在补贴政策等的促进下，企业订单和产品产量都有了明显提升，企业盈利的比重也相对较大，但对于下一阶段的预期仍然趋于谨慎，认为下一季度订单将减少的企业比重大于增加的企业。

四、趋势与展望

当前全球贸易整体处于复苏进程中，贸易摩擦等外部环境不确定因素仍然较多，易对发达经济体产生连带影响；新兴市场需求不稳，给行业开拓新市场带来风险。我国家用纺织品行业在接下来的一段时期内还将是机遇与挑战并存。我国化纤类家用纺织品出口由于替代国相关产业尚处于建设阶段，产能短期内并不能满足市场需求，而在价格和产能方面具有优势。

内贸方面，我国经济长期向好的基本面没有改变，随着国家稳增长系列政策释放流动性，"大规模设备更新和消费品以旧换新"政策的进一步落地，还将有助于企业投资和居民消费。进一步扩大和增强补贴等政策对行业的支持力度，促进改善消费环境，提振信心是改善行业内需的关键所在。以扩大内需为着力点，注重发掘家用纺织品领域的科技引领力与时尚创新力，提升产品附加价值和服务，发挥竞争优势。加强对高性能、绿色环保等产品的开发，进一步降本提质增效，发展行业新质生产力，注重研发创新与产业融合发展。

展望2025年，国际宏观环境依然错综复杂多变，家用纺织品行业企业还要提高产业安全风险意识，重视原始创新，建立领先基础，稳定贸易渠道，提升产业核心竞争力。同时还应积极进行合理全球布局，应用跨境电商模式开拓市场新增长点，加速推进两化融合，开展技术创新，在变化中寻求突破。

（中国家用纺织品行业协会）

2024年中国纺织服装品牌发展报告

王晴颖　惠露露　刘正源　何粒群

中国纺织服装品牌建设生态环境分析

2024年中国纺织服装品牌建设环境呈现更趋向好态势，国家层面系列政策措施为品牌建设提供了坚实保障，地方层面落地配套给予有力支持，行业层面公共服务带来系统支撑。

一、国家品牌战略革新明确新方向

2024年政府工作报告明确提出"加强标准引领和质量支撑，打造更多有国际影响力的'中国制造'品牌"，这一战略部署不仅为中国纺织服装产业绘制了清晰的发展路径，更为中国纺织服装品牌建设奠定了坚实的政策基石与战略导向。国家发展和改革委员会、工业和信息化部、商务部等部门出台系列政策措施，也有力地构建了更加良好的品牌建设生态环境（表1）。

表1　2024年国家有关部门品牌建设主要政策措施

发布时间	文件/活动名称
2024年4月	工业和信息化部《关于做好2024年工业和信息化质量工作的通知》
2024年4月	工业和信息化部、商务部"2024'三品'全国行活动"
2024年4月	工业和信息化部、商务部"2024纺织服装优供给促升级活动"
2024年5月	国家发展改革委、国务院国资委、市场监管总局、国家知识产权局"2024中国品牌日活动"
2024年6月	商务部等9部门《关于拓展跨境电商出口推进海外仓建设的意见》
2024年10月	工业和信息化部《关于分级打造中国消费名品方阵的通知》

资料整理：中国纺织工业联合会品牌工作办公室，表2、表3同

二、地方政府落地配套提供新支持

地方政府纷纷出台具体政策措施，为纺织服装品牌建设提供强有力的支持与保障，进一

步优化了行业发展的外部环境（表2）。

表2 2024年部分省区发布的品牌建设相关政策

发布时间	政策文件名称
2024年4月	吉林省市场监管厅等13部门《关于推进"吉字号"特色品牌建设的若干举措》
2024年5月	《上海市市场监督管理局关于开展"上海品牌"培育试点工作的通知》
2024年6月	浙江省商务厅等8部门《关于加快推进浙江省新消费品牌发展的指导意见》
2024年8月	安徽省制造强省建设领导小组《追求卓越品质打造工业精品矩阵行动方案（2024—2027年）》
2024年8月	《四川省地方志工作办公室关于加强全省地方志事业品牌建设的意见》
2024年9月	河北省市场监督管理局《关于进一步加强商标品牌指导站建设提升商标品牌指导站服务能力和水平的实施意见》
2024年11月	陕西省知识产权局等部门《深入实施商标品牌战略的若干措施》的通知
2024年12月	山西省商务厅等21部门《关于打造"古韵新辉夜山西"促进夜间经济高质量发展进一步扩消费增创业促就业的指导意见》
2024年12月	内蒙古自治区商务厅等4部门《内蒙古老字号认定及管理办法》

可以看出，地方政府在纺织服装品牌建设方面的配套支持，呈现出全面覆盖、精准施策、协同推进的特点。这些政策措施不仅为品牌企业提供了资金、技术、市场等多方面的支持，还通过优化营商环境、加强产业链协同等方式，为品牌发展创造了更加有利的条件。

三、行业平台务实创新优化新环境

通过举办时装周、品牌建设专题论坛、品牌联动对接等活动，以及优化完善品牌培育与价值评价标准、推动品牌价值评估提升等，不断优化升级行业平台，助力品牌竞争力提升（表3）。

表3 2024年纺织服装品牌建设主要行业平台活动

时间	活动名称
2024年3月	AW2024中国国际时装周
2024年5月	2024中国纺织服装品牌竞争力优势企业
2024年5月	2024中国品牌发展大会纺织服装行业会议
2024年7月	启动修订《品牌价值评价 纺织服装、鞋、帽业》国家标准
2024年9月	华峰千禧·中国纤维品牌联动创享汇
2024年9月	SS2025中国国际时装周

中国纺织服装品牌竞争力水平分析

一、竞争力水平不断提升

中国品牌正以前所未有的速度和影响力崛起。世界品牌实验室发布的2024年《中国500最具价值品牌》榜单中，有22家纺织服装品牌入围，包括鄂尔多斯、魏桥和波司登等；其中5家超过千亿元，比2023年增加3家。2024年，中国纺织工业联合会发布"2024中国纺织服装品牌竞争力优势企业"（品牌价值超过50亿元），共计69家，价值合计3.25万亿元（图1、图2）。

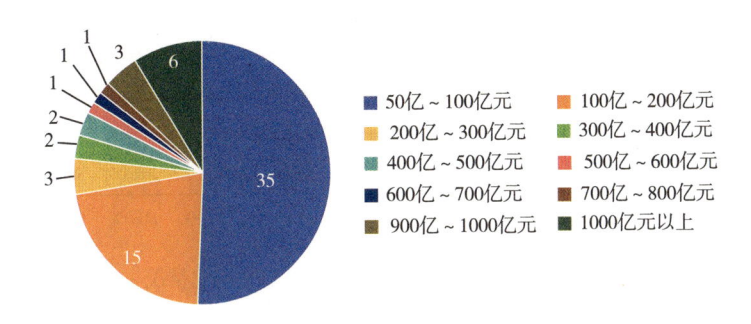

图1　69家优势企业品牌价值区间分布

数据来源：中国纺织工业联合会品牌工作办公室，图2～图8、表4同

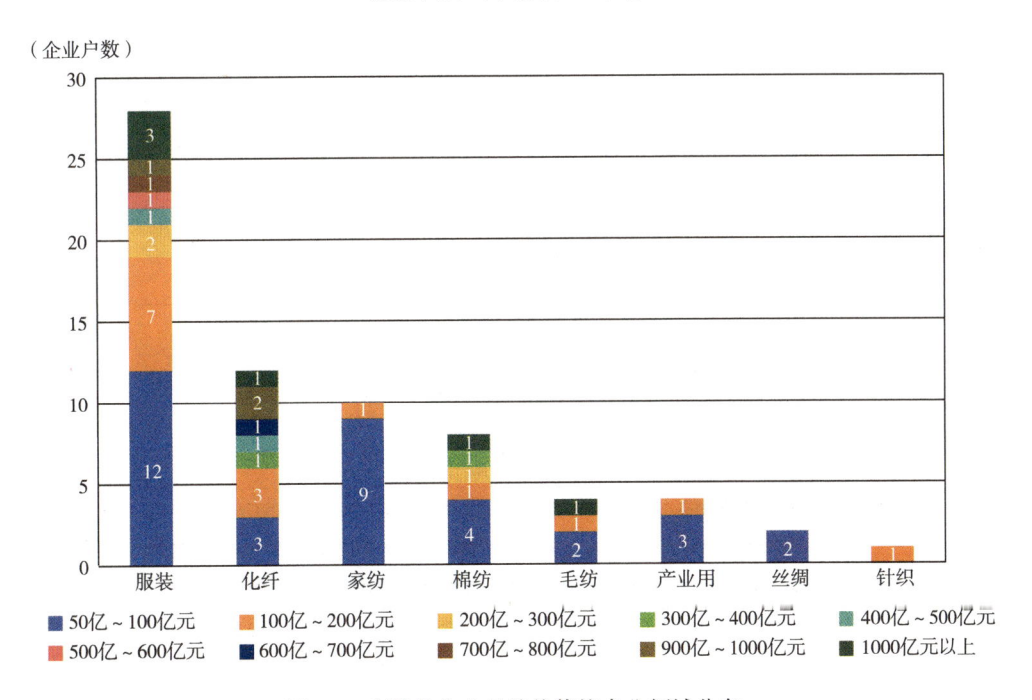

图2　69家优势企业品牌价值按专业领域分布

二、主要维度分析

迭代管理模式、持续研发投入和追求绿色发展是促进我国纺织服装品牌竞争力持续提升的关键。

1. 数字智能不断深化

数字技术和人工智能系统的快速迭代，大大降低企业成本、提高管理效率、提升创新能力，未来将深入延伸至消费端，激发潜在需求、创造更大的增长空间。从各业务环节数字化程度来看，29家消费品牌平均达93.5%（图3、图4），40家制造品牌平均达84.4%（图5、图6）。

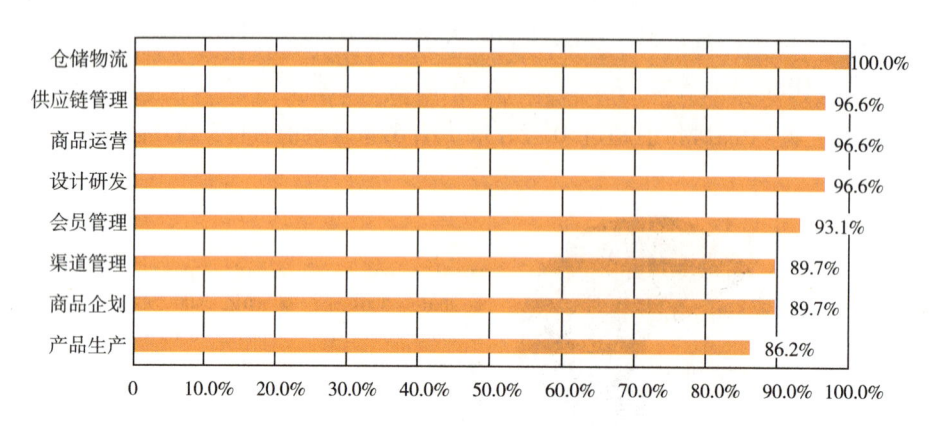

业务环节	比例
仓储物流	100.0%
供应链管理	96.6%
商品运营	96.6%
设计研发	96.6%
会员管理	93.1%
渠道管理	89.7%
商品企划	89.7%
产品生产	86.2%

图3　29家消费品牌企业各业务环节数字化情况

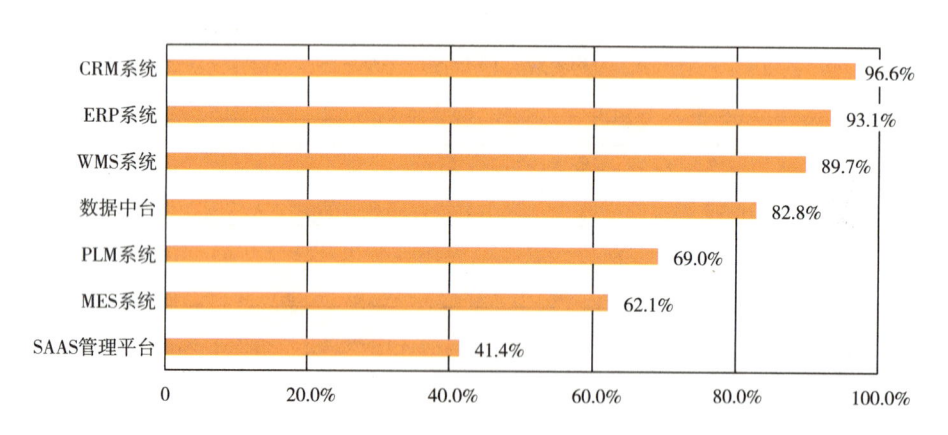

系统	比例
CRM系统	96.6%
ERP系统	93.1%
WMS系统	89.7%
数据中台	82.8%
PLM系统	69.0%
MES系统	62.1%
SAAS管理平台	41.4%

图4　29家消费品牌企业数字化、智能化系统应用情况

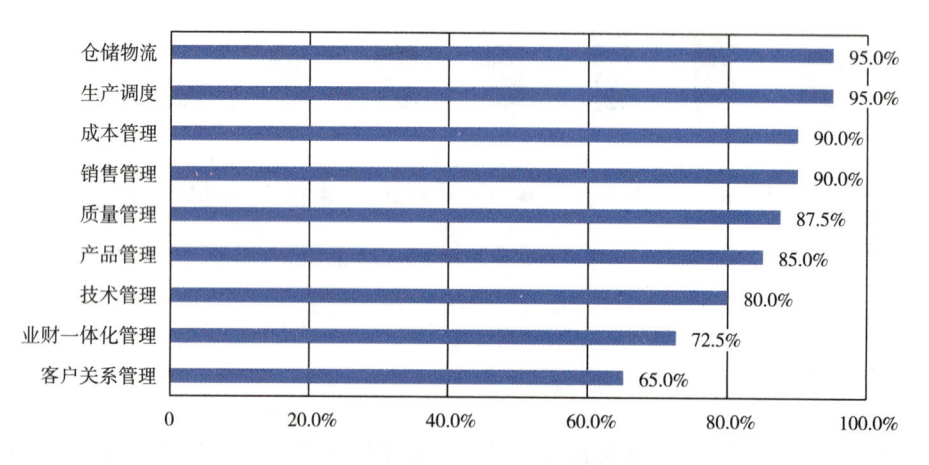

业务环节	比例
仓储物流	95.0%
生产调度	95.0%
成本管理	90.0%
销售管理	90.0%
质量管理	87.5%
产品管理	85.0%
技术管理	80.0%
业财一体化管理	72.5%
客户关系管理	65.0%

图5　40家制造品牌企业各业务环节数字化情况

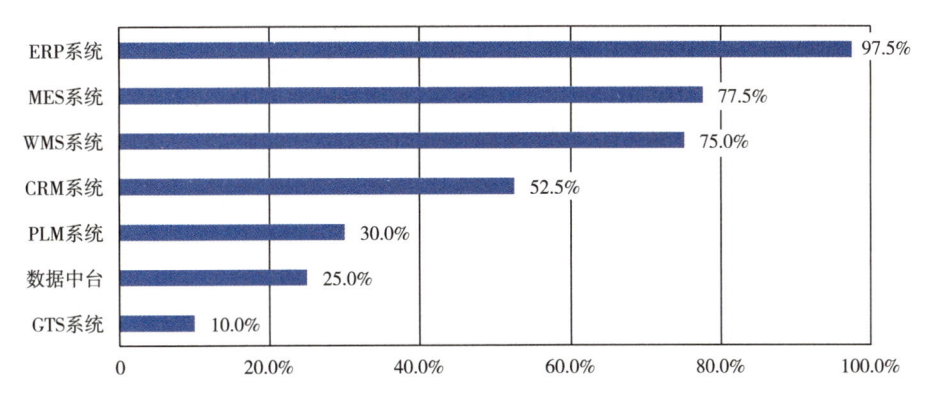

图6　40家制造品牌企业数字化、智能化系统应用情况

2. 研发投入持续稳定

加大研发设计投入是提升品牌竞争力的重要举措。96.7%的优势企业均建立了自有或合作研发机构，有效专利数均值达205个；优势企业研发投入均值5亿元，同比略有下滑，42%的企业研发投入强度超过3%；11.6%的企业专职研发设计人员数量超过1000人（表4）。

表4　69家优势企业研发投入情况

项目	研发投入（万元）		研发人员（人）			有效专利（个）	
	金额均值	强度	数量均值	同比	占比	数量均值	同比
优势品牌	49959.72	2.65%	546	0.74%	5.80%	205	28.93%
消费品牌	19945.56	1.77%	363	2.54%	2.87%	183	27.08%
制造品牌	73047.53	2.95%	687	0	9.90%	222	30.59%

3. 共同践行绿色发展

"碳达峰碳中和"已纳入生态文明建设整体布局，"十四五"期间，"推进节能低碳发展、引领绿色化消费"也已列入《纺织行业"十四五"发展纲要》，绿色低碳循环经济发展受到更广泛的关注。从品牌竞争力优势企业来看，所有企业均开展了社会责任工作，其中52.2%的企业已建立中国纺织企业社会责任管理体系CSC9000T或其他社会责任管理体系；同时79.7%的企业开展"双碳"相关工作（图7、图8）。

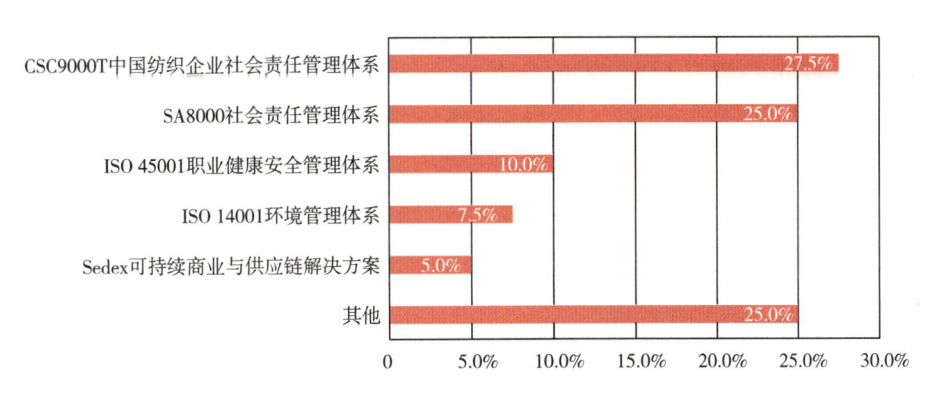

图7　已建立社会责任管理体系的优势企业情况

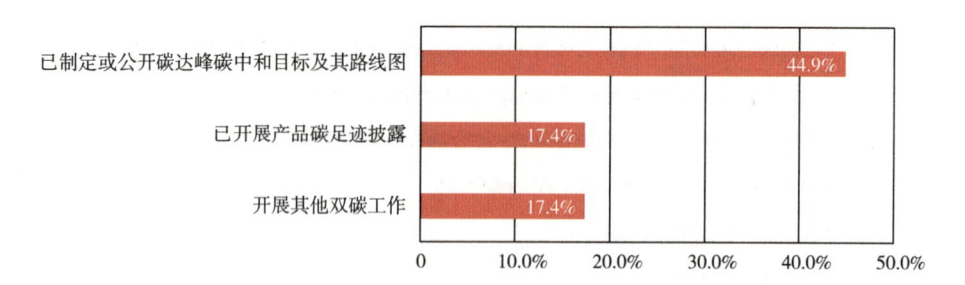

图8 已开展"双碳"工作的优势企业情况

2024年中国纺织服装品牌发展年度亮点

一、国潮经济理性重塑，国货品牌格局重构

（一）国潮文化深度转换，国货品牌内涵加强

一方面，国潮产品开始汇入全球时尚产业语境，形成更高声量、更大影响。新中式服饰市场规模持续扩大，成为指向时尚界"新风格"的"新常态"与"新浪潮"。国货品牌积极探索非遗技艺与东方美学的融合之道，建构起独立的文化坐标和美学系统，向全球消费者释放出强大的文化号召力；另一方面，国货品牌以国潮元素为媒介，加速实现全品牌、全品类、全渠道的渗透，体现出立足本土文脉、放眼全球风尚，既会讲"经济故事"，又会讲"文化故事"的品牌竞争力特质。

（二）根植产业集聚，区域品牌竞争力提升

"柯桥纺织""虎门服装"等具有全球影响力的区域品牌涌现，品牌价值突破千亿元大关。2024年，绍兴现代纺织产业集群等9个纺织服装产业集群列入2024年中国百强产业集群，彰显了中国纺织服装行业的整体实力。随着国潮文化的持续发酵和产业集聚的效应深化，中国纺织服装产业更是形成了多个特色鲜明、优势互补、实力强劲的区域品牌。中国纺织服装产业依托深厚的文化底蕴、不断创新的设计理念和强大的区域品牌影响力，正逐步构建起一个国潮文化特色明显、资源集聚、链式互补、发展多元的产业格局。

二、数智工具赋能，提升品牌营销质效

（一）基于生成式AI赋能内容营销

越来越多的纺织服装品牌应用AI生成内容赋能营销，在效率与速度方面，能够在短时间内生成大量文案、广告语和社交媒体帖子，快速响应市场需求与热点，大幅提高内容产出效率；在个性化与精准度方面，能够为不同目标受众生成高度个性化的内容，精准匹配用户兴趣与需求；在成本效益方面，显著降低人力成本，提升资源利用效率。

（二）基于元宇宙技术催生虚拟营销

从技术驱动到资本介入再到政策支持，元宇宙已经从"概念"走向"前台"，深入真实的品牌实践。中国纺织服装品牌开始拥抱"元宇宙"时代的虚拟营销方式，主要体现在数字人虚拟主播、AI智能客服和虚拟展播场景等领域的应用。

（三）通过虚拟测款打造便捷化消费体验

纺织服装品牌逐步采用"虚拟试穿"技术，结合人工智能、增强现实（AR）、图像处理和3D建模等技术，为消费者提供无须亲自试穿、现场购买，即可查看纺织品服装穿着、家用效果的便捷方式。品牌同步在探索"虚拟测款"技术，为时尚消费者带来全新的购物体验，提供多样选择、降低风险和增添趣味的显著优势。

三、品牌定位革新，渗透消费心智模式

（一）做强：成熟赛道"卓越品牌"

大批纺织服装成熟品牌不断寻求突破，着力科技创新、数智赋能、时尚创意、绿色低碳等竞争力的系统化提升，践行由成熟品牌向卓越品牌迈进，不断拓新中国纺织服装品牌高地。中国纺织服装品牌在全球市场的竞争力正在不断提高，潜力逐步释放，独特优势开始凸显，一批兼具文化底蕴、前沿科技、匠心品质的高端卓越品牌正在崛起。

（二）做实：更高价比"平替品牌"

以"人"为核心的市场需求和潜在需要，开始反向配置生产资源，成为新消费的重要特征。有调查显示，82.4%的年轻人开始"精研型消费"，从"符号消费"变成"追寻自我的消费"。有深度竞争力与长远发展潜力的"平替品牌"应时而生，提高"质价比、性价比、情价比"，最终实现品牌"价格平价、价值升级"。

（三）做精：生活方式"细分品牌"

一批生活方式"细分品牌"涌现，满足消费者功能化、情感化、个性化的发展需求。在2024年双11活动中，骑行服饰、骑行装备类目达到双位数高速增长，天猫平台的全品类销售额增长超40%；受"自在旷野"的生活方式驱动，户外与自然消费兴起，"野生"内容声量增长。

四、跨界文化交融，深化内涵品牌共创

（一）IP跨界联名热度增长

IP联名在服装家纺品牌设计与营销领域呈现明显增长态势，合作IP涉及类型多种多样，包括动漫、艺术、潮流、文创、体育等。2024年前三季度，安踏、李宁、特步等7家品牌企业IP联名产品共69件（图9、图10）。

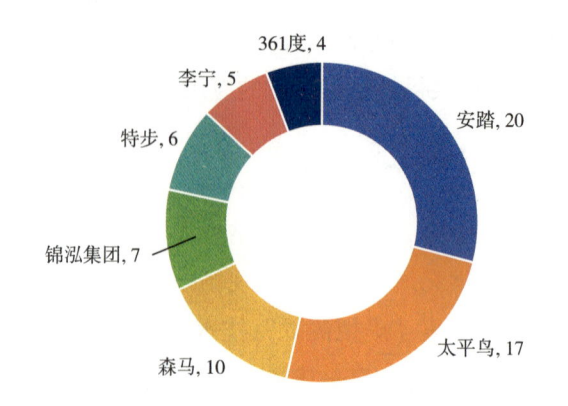

图9　2024年前三季度7家品牌企业IP联名产品数量统计

资料整理：雷报、中国纺织工业联合会品牌工作办公室，图10同

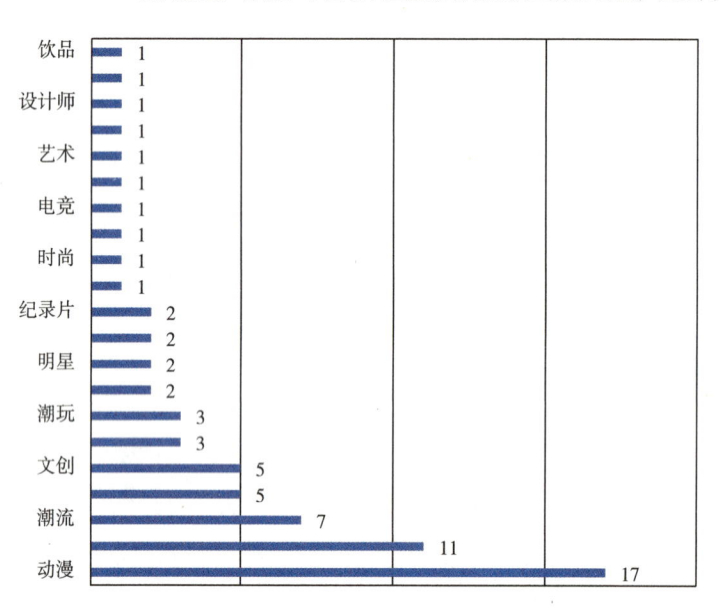

图10　2024年前三季度7家品牌企业IP联名产品数量分类型统计

（二）博物馆文化IP颇受欢迎

服装家纺品牌积极与故宫博物院、敦煌博物馆、苏州博物馆、苏州丝绸博物馆等IP合作，不断拓展IP授权新路径，借助博物馆文化IP具有鲜明特征的传统文化元素，将独特的中式美学和现代设计理念相结合，在挖掘双方品牌特色的基础上，打造出具有创意和特色的产品。

（三）多平台战略助力联名营销

服饰品牌联名营销热度持续高涨，多平台战略成为品牌营销的重要方式与趋势，通过视频、博客和社交媒体帖子，分享品牌联名创意过程和背后的故事。谜底数据基于微博、抖音、小红书等平台数据显示，2024年1~5月各大品牌联名相关作品的产量达1169.6万，同比增长137.9%；作品互动量达4.1亿，增长86%。

五、绿色低碳行动深化，提高可持续发展力

（一）绿色能源与绿色生产逐步推进

零碳产业园、零碳工厂逐步建设推进，中国纺织信息中心打造的一站式环境足迹评价平台LCAplus，提供绿色纺织品全生命周期分析、评价与设计工具。光伏等可再生能源，持续为纺织服装产业贡献减排。可再生能源电力项目是纺织企业减排项目中减排贡献最高的部分，电力的绿色化或者零碳化将对纺织行业的碳中和起决定性作用。

（二）绿色纤维加速应用引领绿色消费

可持续原材料应用进一步增加。以天然植物纤维为原料的再生纤维素纤维，性能最接近棉纤维，具有原料来源广泛、工艺方法成熟等优势，加速渗透更多应用领域。生物基化学纤维处于大规模推广应用上升期，关键技术不断突破，产品品种日益丰富。

（三）碳足迹管理助力区域品牌绿色化发展

产品碳足迹管理是行业发展大势所趋。2024年6月，绍兴市成为全国首批获得"碳标签"的纺织企业；10月，盛泽镇携手中国纺织工业联合会正式启动纺织服装行业碳足迹管理体系试点行动；山东夏津县等产业集群正在开展碳能源管理，建设集碳足迹核算、认定、碳标签等为一体的纺织产业碳服务平台。

六、品牌出海步伐加大，拓新全球化布局

（一）平台经济拓深加速电商出海

跨境电商成为品牌国际化的重要渠道。海关总署数据显示，2024年我国跨境电商进出口总额2.63万亿元，同比增长10.8%。一方面，跨境电商平台频繁推出各类措施吸引优质商家，如下调佣金，推出"全托管""半托管"模式，提供精准营销，加速海外仓及物流体系建设等；另一方面，DTC（Direct to Consumer，直接面向消费者）独立站成为品牌出海重要渠道。

（二）达人营销加速助力海外营销

海外营销投入持续加大，达人营销等方式快速崛起。《2024出海达人营销白皮书》显示，75%的出海企业准备与KOL（关键意见领袖）/KOC（关键意见消费者）合作营销；达人直播成为新趋势，直播收入同比增长99%；预计2027年，全球付费达人营销市场接近5000亿美元。部分服装品牌正在布局Instagram、Facebook、TikTok等新兴社交媒体平台。

（三）品牌传播拓新赋能文化出海

随着中国的崛起和国际地位的不断提升，中国文化在全球范围内的影响力日益增强。"品牌构建+文化输出"，打造品牌IP、传播文化内核，成为中国纺织服装品牌出海新模式。越

来越多的品牌开始探索"文化+品牌"的国际化多维表达，输出具有文化亲和力的品牌策略，将产能扩张内化为品牌资产和全球信誉。

中国纺织服装品牌建设的未来方向

一、不断满足美好生活需要，细分培育品质品牌

培育高品质中国纤维面料品牌，联动下游消费品牌，建立完善品牌培育管理体系、纤维面料吊牌体系；深入细分研究新消费趋势，从产业链联合创新着手，加大高端化、健康化、舒适化、功能化、时尚化、绿色化产品开发，强调抗菌、人体亲和、吸湿排汗等功能，加强生活方式品牌、新老品牌的培育与升级，系统化提升品牌引领当代消费、创造美好生活的能力；依托科技创新、设计创意，不断扩宽领域、细分品类，提升产品差异化性能，满足消费者不断升级的多元化需求。

二、充分依托数智技术手段，强力铸造智慧品牌

不断加强AI赋能品牌建设，依托大模型、大数据、大算力等技术，加速与物联网、5G、区块链等技术的深度融合，创造性构建更多新场景、新模式、新生态，为创意设计、产品开发、渠道管理、品牌营销等品牌建设关键环节带来质效提升、创造新增长极；加强社交经济、达人经济等赋能品牌营销，加快构建线上线下渠道、社交媒体、线下实体店等多种场景结合的完整营销生态圈，持续提升品牌消费黏度和影响力。

三、传承创新中华优秀文化，用心打造国潮品牌

基于中华优秀传统文化的典型元素、精神宝藏和智慧思想，充分依托纺织行业的传统与时尚产业兼备的行业优势特征，更大化发挥纺织品服装的载体作用，向全社会展现我国历史文化艺术与纺织服装品牌之美；注重运用现代科技手段对于中华优秀传统文化的当代化表达，创新赋能品牌战略定位、创意设计、营销叙事、焕新升级；加强跨界文化研究与交流，推进跨领域文化交流合作，碰撞衍生新的文化价值，推动国潮国风持续扩圈、破圈。

四、深入践行可持续理念，全链条塑造绿色品牌

加强碳足迹管理，推进更多品牌、更大范围开展全生命周期评价，加快碳治理进程，建立碳足迹认证体系，进一步推进绿色原料、绿色生产、绿色流通；加大开发负碳技术纤维，加大政策引导力度，提升负碳纤维市场认可度，推动负碳纤维产业化；加快促进太阳能、风能等可再生能源替代化石能源，推进生产过程低碳化；加强在全社会范围内的可持续消费知

识与理念普及，做好废旧纺织品回收利用闭环管理与价值挖掘，加大力度引导绿色消费、绿色生活。

五、推动中国品牌世界共享，多维度培植国际品牌

加强不同国家历史背景、地域文化、消费特色、价值追求等的研究，注重目标市场洞察、结合本土化营销，输出承载中国文化特色、融合国际审美、适配当地居民需求的中国品牌；充分发挥跨境电商平台的运营模式、管理体系、技术体系优势，推进权益合理化、竞争差异化、供应链弹性化、物流高效化，培育更具活力、更高质效的跨境电商品牌；加强中华优秀传统文化与当代消费潮流的创造性开发与创新性应用，充分借助国际优势时尚发布、宣传推介平台，开展多样化文化交流与品牌推广活动，推进中国品牌文化出海；积极主动履行社会责任，实现经济效益与社会效益的有序平衡，打造代表大国形象、中国态度的负责任品牌。

（中国纺织工业联合会品牌工作办公室）

2024年床上用品产业发展现状及趋势

朱晓红 阮 航 王 冉 赵 辰

床上用品产业是指从事床上用纺织品设计、生产及营销的制造产业。床上用品是人民生活的必需品，是家用纺织品的重要组成部分，是家用纺织品产业规模的半壁江山。产品主要分为套件和芯被类两大类产品。其中，套件产品涵盖床单、床罩、被套、枕套、三件套、四件套和多件套等；芯被类产品涵盖被子、睡袋、垫褥、枕头和靠垫。随着科技水平不断进步及消费者对场景化的追求，床上用品的科技感、设计感、功能性、环保性等元素越来越受重视，床上用品已经不仅是简单的铺铺盖盖，而是融合了科技、时尚、健康和生活方式，承载着创造美好生活的职责，我国床上用品行业正向着拥有智能装备和全新经营理念的中国式现代化工业转型升级。

一、我国家用纺织品及床上用品经济运行情况

2024年以来，全球经济缓慢复苏，贸易活动小幅回暖，经济增长动能略显不足，依靠我国家用纺织品行业完善的产业链和全球领先的制造优势，以及国家一系列稳外贸、稳增长政策的实施释放流动性，我国家用纺织品行业整体保持了平稳运行。外贸企业抓住主要出口市场需求回升时机，扭转了去年的负增长态势。在国家"两新"政策的推动下，行业内销整体平稳且呈现新亮点，内外贸整体均保持增长态势。国家统计局数据显示，2024年规模以上家用纺织品企业营业收入同比增长2.02%，逐渐扭转前两年的负增长局面。与此同时，行业的综合成本也在不断攀升，利润空间受到挤压，2024年规模以上家用纺织品企业营业成本同比增长2.46%，增幅高于收入增幅，利润总额同比大幅下降7.42%（图1）。

从历史数据来看，行业规上企业营业收入情况正在缓慢改善，同时营业成本也呈上升趋势（图2），行业企业经营承压，需要不断提高降本增效能力来改善盈利空间。

（一）床上用品利润同比降幅加大，企业承压前行

国家统计局统计显示，2024年规模以上床上用品企业营业收入同比增长3.72%，利润总额同比大幅下降12.04%，9月以来，利润总额降幅逐渐收窄（图3）。

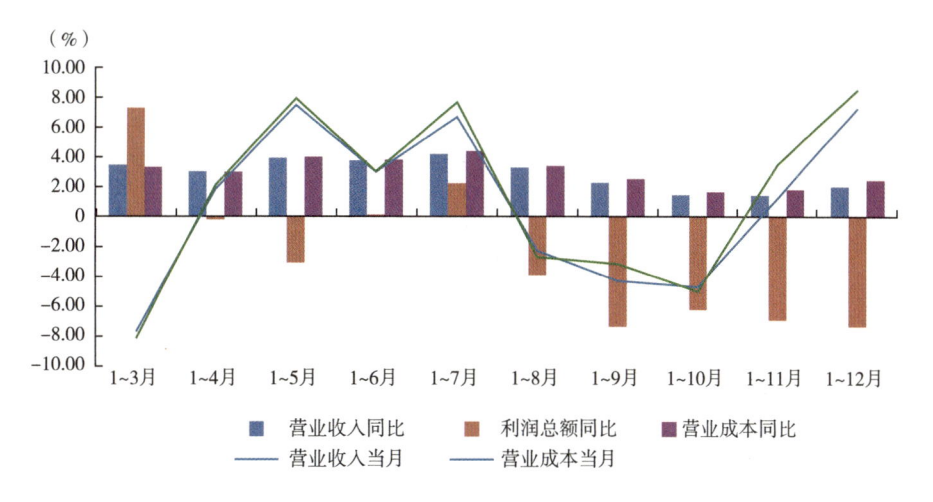

图1　2024年1~12月规模以上家用纺织品企业主要经济指标走势
数据来源：国家统计局

图2　2019~2024年家用纺织品规上企业营业收入、利润总额、营业成本同比
数据来源：国家统计局

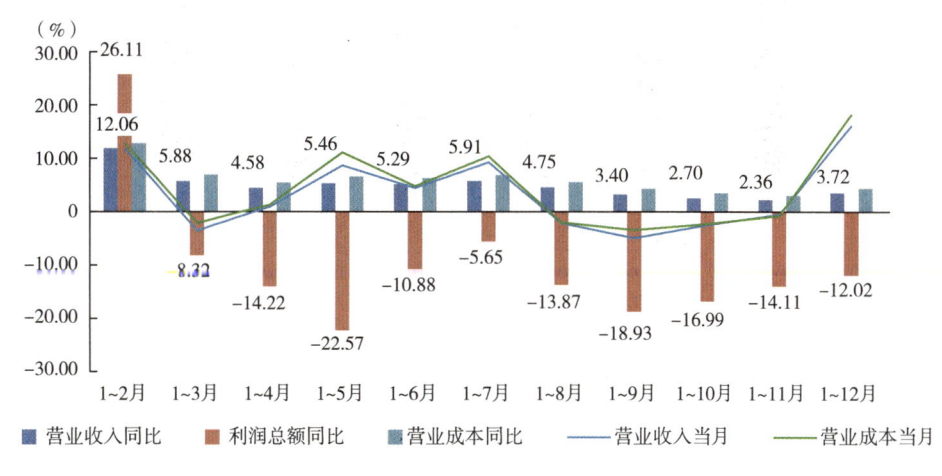

图3　2024年1~12月规模以上床上用品企业主要经济指标走势
数据来源：国家统计局

从历史数据来看，当前规模以上床上用品企业营业收入同比呈回升趋势，利润总额在经

历了自2021年以来的连续增长后震荡回落（图4），其中包含高基数的影响以及成本攀高等因素的影响。

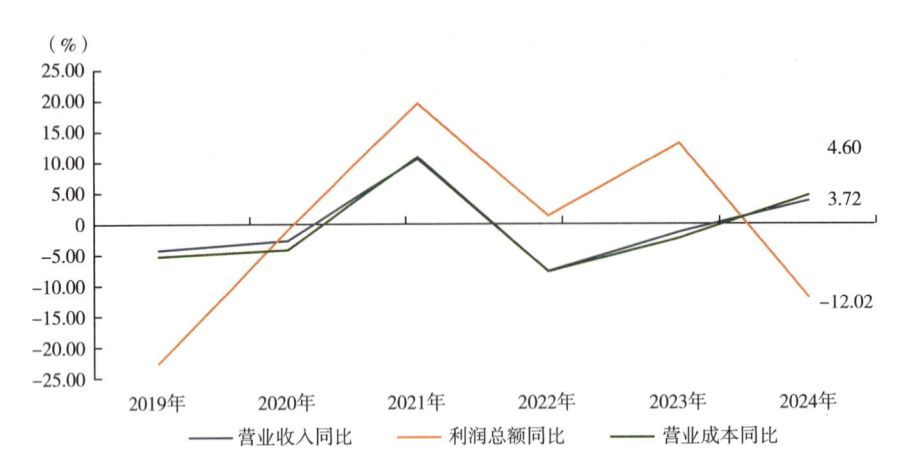

图4　2019～2024年床上用品规上企业营业收入、利润总额、营业成本同比
数据来源：国家统计局

（二）床上用品出口稳健

海关数据显示，2024年，我国出口家用纺织品484.9亿美元，同比增长5.63%。当前，行业出口规模在2022年、2023年连续两年下降后得到恢复性增长（图5）。

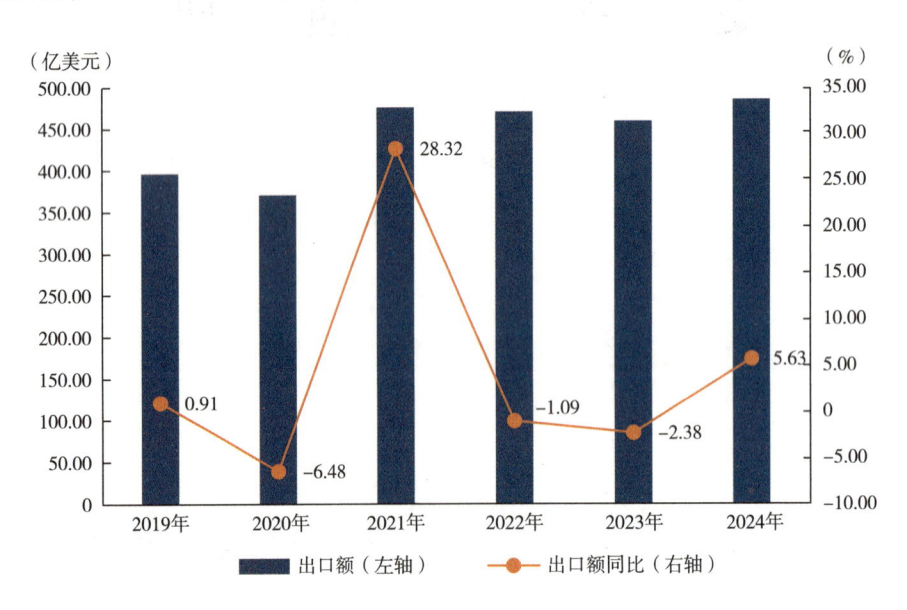

图5　2019～2024年我国家用纺织品出口额及同比
数据来源：海关总署

2024年我国出口床上用品154.45亿美元，同比增长6.08%，增速比全行业水平略高0.42个百分点，进入2024年，床上用品的出口也得到显著恢复（图6）。当前，我国床上用品的增长主要靠美国、欧盟市场拉动，对美国、欧盟市场出口的床上用品共计占我国床上用品出口总量的50%。2024年，我国对美国市场出口床上用品55.9亿美元，同比增长10.65%；对欧盟市场出口床上用品22.03亿美元，同比增长12.62%（图7）。

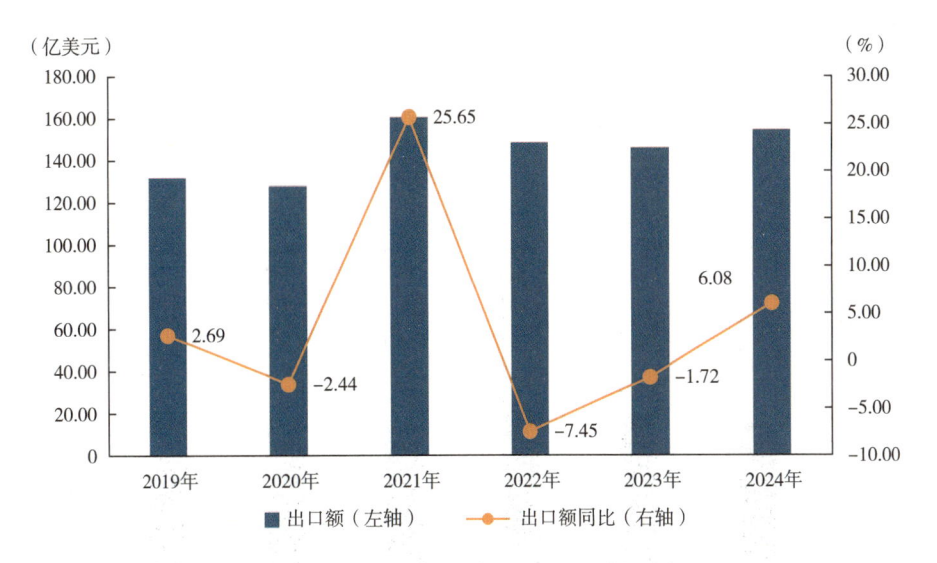

图6　2019～2024年我国床上用品出口额及同比

数据来源：海关总署

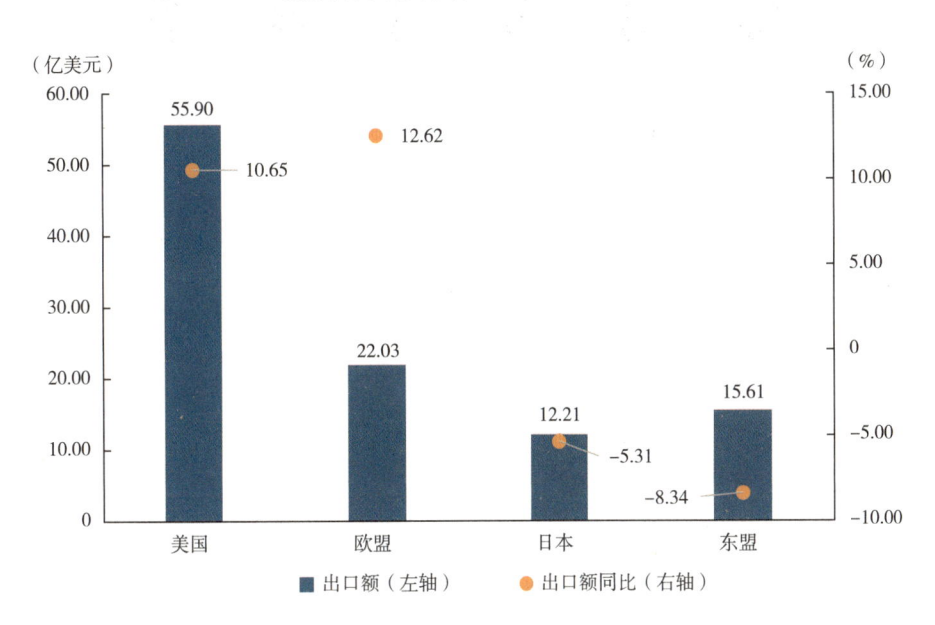

图7　2024年我国主要床上用品出口市场情况

数据来源：海关总署

（三）化纤类床上用品出口逐渐走强

近年来，受贸易摩擦以及市场需求影响，我国化纤类床上用品的出口呈现走强趋势。床上用织物制品和芯被类产品是出口床上用品的主要种类，2024年，我国出口床上用织物制品54.57亿美元，同比增长9.07%，其中化纤类占比57.22%，出口额同比增长12.15%，占比较近5年来平均水平（2019～2023年5年平均占比54.87%）增长了2.4个百分点；棉类占比26.47%，出口额同比下降5.22%，占比较近5年来平均水平（2019～2023年5年平均占比27.8%）下降了1.3个百分点。

2024年我国出口芯被类产品90.41亿美元，同比增长4.63%。其中化纤填充类出口55.43亿美元，同比增长8.48%，占芯被类产品出口总额的61.31%，从历史数据来看，化纤填充类的芯被的出口一直处于绝对领先地位，并且比重不断小幅波动上升，当前出口额占芯被整体比重较近5年来平均水平（2019～2023年5年平均占比59.29%）扩大了2个百分点（图8）。以绝对值来看，从2021年开始，化纤填充类的芯被出口规模已稳定在50亿美元以上。

图8　2019～2024年我国化纤填充芯被出口额占比及同比
数据来源：海关总署

其他材质的芯被类产品出口下降，2024年我国出口羽绒填充芯被产品4.63亿美元，同比下降5.52%，丝填充芯被产品出口规模较小（8413万美元），但是降幅仍在增加，2024年出口额同比下降19.33%。

（四）床上用品内销经营承压

国家统计局显示，2024年我国规模以上床上用品企业内销产值同比增长2.27%，主要是12月当月的增长拉动，全年来看，内需市场面临压力（图9）。

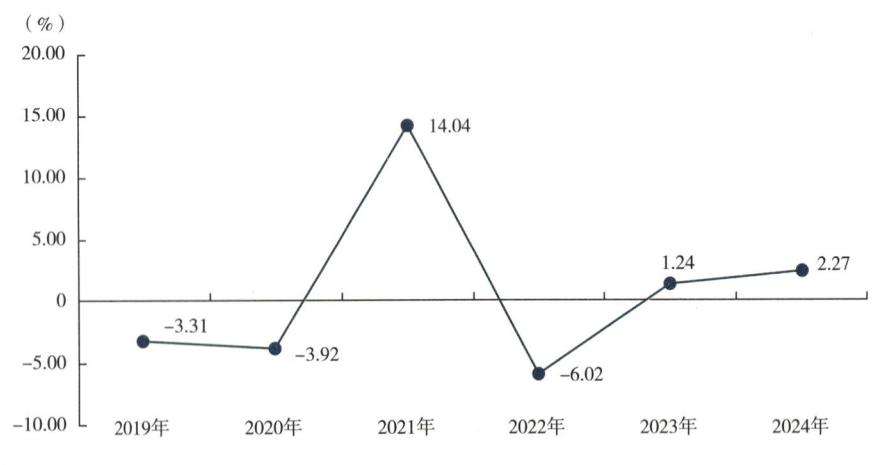

图9　2019～2024年规上床上用品企业内销产值走势
数据来源：国家统计局

受内需市场疲软影响，床上用品企业经营承压，上市公司的表现也反映着这一形势。2024年，罗莱生活、富安娜、水星家纺及梦洁股份四家主板上市的床上用品企业经营压力较大，营业收入均下降，利润承压明显（表1~表3）。

表1　2024年主板上市床上用品企业营业收入与净利润指标

财务指标	罗莱生活		富安娜		水星家纺		梦洁股份	
	亿元	同比	亿元	同比	亿元	同比	亿元	同比
营业收入	45.6	~14.2%	30.1	~0.6%	41.9	~0.4%	17.2	~20.5%
净利润	4.3	~24.4%	5.4	~5.2%	3.7	~3.3%	0.3	11%

表2　2019~2024年主板上市床上用品企业净利率

净利率	罗莱生活	富安娜	水星家纺	梦洁股份
2019年	11.50%	18.17%	10.51%	3.64%
2020年	12.08%	17.97%	9.05%	2.11%
2021年	12.48%	17.17%	10.16%	~6.41%
2022年	10.79%	17.33%	7.59%	~22.05%
2023年	10.74%	18.88%	9.00%	1.06%
2024年	9.44%	18.01%	8.74%	1.41%

表3　2019~2024年主板上市床上用品企业毛利率

毛利率	罗莱生活	富安娜	水星家纺	梦洁股份
2019年	43.86%	52.00%	37.58%	41.12%
2020年	43.18%	53.90%	35.27%	39.94%
2021年	45.00%	52.14%	37.95%	37.75%
2022年	45.96%	53.10%	38.70%	33.08%
2023年	47.27%	55.63%	40.04%	41.24%
2024年	48.01%	56.05%	41.40%	40.25%

二、我国床上用品发展趋势

1. 数智赋能，打造产业发展新引擎

数字化、智能化是床品企业转型升级的重要着力点。实现两化融合、智能制造不是一蹴而就，要形成床品产业在设计、研发、生产、制造、仓储、物流、销售、服务等全链条的智慧联通，要加强客户、消费者和生产的互动，深度挖掘大数据，优化供给、精准服务、促进消费。

目前，纺织前道行业化纤和棉纺织，在数智融合方面已走在前列。纺纱织造自动化生

产线、AGV小车、机械手应用、智能吊挂线、智能仓储、数字化特宽幅印染等先进设备应用广泛。

在大趋势下，越来越多的自动化、数字化服务型企业深耕于家用纺织品行业：如琼派瑞特、TEXPA、中馨、中缝利华的自动缝制系统；富怡的绗缝及连续生产单元；康乃馨的自动折叠包装一体机；明兴科技、圣瑞思、赫岱斯、铱腾的吊挂系统；百联的自动充绒机；环思、中集德立、北自所的信息化服务以及宏华数码的数字印花等，为床上用品企业进行数智改造打下了良好的基础。新形势下，提升企业生产流程数字化、自动化率，去技能化率是床上用品产业高质量发展的新引擎。

2. 研发创新，开辟产业升级赛道

习近平同志特别强调，"新质生产力"特点是创新，关键是质优，本质是先进生产力。床上用品作为终端消费品，是人民日益增长的美好生活需要的具体体现，如何满足人们的新需求，对床上用品领域也提出了很多新课题。

以需求引领创新。当前，人们对舒适、健康、功能、环保以及绿色可持续的关注达到前所未有的高度，新的消费需求催生了大健康、银发经济、睡眠经济等新的市场空间。床上用品企业如何主动求变，进行研发创新，是挑战也是机遇。

近年来，中国家用纺织品行业协会为推动产业研发创新搭建了多个平台——持续研究发布家用纺织品流行趋势；全力组织好行业设计大赛，自主研发"家用纺织品设计汇"小程序，打造连接设计师、企业的数字化平台，推动家用纺织品产业高质量转型升级。

科技创新是推动行业进步实现高质量发展的核心力量。2024年，家用纺织品行业在申报纺织科学技术奖方面有了新突破：专设了服装和家纺组，增强了家用纺织品行业在科技创新领域的话语权。红柳集团的奈特棉针织床上用品获得了2024年中国纺织工业联合会科技进步奖二等奖。

随着银发经济、银发力量正在加速崛起，工信部已连续3年开展"适老化产品目录推荐"活动。2024年，罗莱、愉悦、恒源祥、龙头股份、南方寝饰、悦达家用纺织品等多家企业申报的相关产品入选了该推荐目录，从温湿度、凉感、除菌除臭、触感、承托等多维度的功能性出发，为老年人护理、助眠、起居提供解决方案。

此外，家用纺织品企业还积极参与年度"十大类纺织创新产品"征集活动。该活动受工信部委托，由中国纺织工业联合会组织开展，主要围绕纺织三大终端品类进行。协会积极推动、组织企业参与以上工作，旨在提升我国床上用品行业的研发创新能力、产品品质满意度及品牌信任度。

3. 发力睡眠经济，主动融入大健康产业

"健康"是继"科技""时尚""绿色"之后，推动纺织行业实现高质量发展的又一个关键词，是家用纺织品行业实现转型升级的源动力之一。优质睡眠、良好心态、均衡饮食、适量运动是健康的四大基石，其中，优质睡眠尤为重要。床上用品与优质睡眠紧密相关。自2023年起，中国家用纺织品行业协会联合中国睡眠研究会及行业头部企业，共同搭建了睡眠产业协同创新机制。通过两年探索，现已基本形成了发布年度《助眠力洞察报告》、搭建产学研用平台、打造"舒适睡眠空间"、推出年度"优眠好品"、开展科普培训宣传、制定相关

助眠标准等六个方面的机制推行工作。《2024助眠力洞察报告》中入选了多个行业重点企业的舒适睡眠产品解决方案。《2025助眠力洞察报告》新增了"认识助眠力"章节，通过入睡助力、睡中助力、觉醒助力三个维度，从消费认知角度诠释助眠力，更加便于科普与传播。同时为了助眠生态闭环打造，正在启动助眠力评估指南团体标准的立项、"助眠实验室"的筹建工作，用数据来支撑助眠力话语权和整体工作的权威性。

床上用品产业通过睡眠产业协同创新机制、《助眠力洞察报告》以及睡眠专家们的研究科普，共同讲好睡眠故事，成为融入大健康产业中必不可少的一环。

4. 加强品牌建设，推动行业高质量发展

家纺作为纺织行业三大终端产品之一，品牌是生产者和消费者共同的追求，因此要进一步做好产品品质，提升品牌影响力，把品牌建设作为行业发展的重要抓手和关键落点。

富安娜始终坚持独特的品牌风格，通过独具一格的产品设计，中高端品牌定位，在消费者心中树立了较高的品牌忠诚度，企业的毛利率、净利率在行业内均处于相对领先地位。

博洋家纺近年来在设计研发、产品质量、品牌风格、服务体验等方面不断提升核心竞争力，其家用纺织品奢侈品牌形象初步显现。

罗卡芙遵循最纯正的意式格调，通过对美学的感知和运用，将意式的艺术因子在罗卡芙品牌中释放，使其产品焕发奢华魅力。

南通家用纺织品通过持续多年的深耕，也形成了一批在行业有影响力的品牌，蓝丝羽、凯盛、宝缦、紫罗兰、明超、美罗等都有较高的知名度。

关注与消费者的情感认同，实现精准品牌定位，不断满足当下年轻消费群体悦己的消费诉求，是床上用品企业打造品牌影响力的核心要素。

5. 跨界融合共创，向服务型制造业转型

从"生产制造"向"服务型制造"转型是传统制造业拓展盈利空间、重塑竞争优势的一条必由之路。工业与服务业的关系不是相互对立的，而是融合并进的。工业化的初期是生产型制造业，到了工业化的中后期则为服务型制造业，服务也是制造，这是对制造业全新的完整认识。家用纺织品作为终端产品，还是适销品，是直接触达消费者的必需品。

向服务型制造业转型，就是打造消费者视角的服务体系。要求行业细化服务的颗粒度，深入了解消费者需求。企业在服务消费市场中，要善于发现市场间隙与空白，提供更好的个性化、定制化的解决方案。协会与海尔集团达成战略合作开展的家用纺织品产品洗护服务是一个解决服务痛点，提升服务水平的成功案例，通过跨界融合，从洗护服务角度，让家用纺织品触达消费者的频次从购买频次转向服务频次，通过服务频次的增加，让新的消费理念、消费科技、消费方式得以传播和扩散，让产品发挥商品价值以外的更大价值。

跨界融合是发挥优势、整合资源、提升价值的重要手段。随着未来数字智能AI等先进技术的应用落地，服务消费将呈现爆发式的增长，服务数据化、产品智能化、产品与消费的体验交互等，都是家用纺织品行业向服务型制造业转型的契机。床上用品企业需要加强自身软实力建设，实现更多品类、更多场景下进行合作共创，强强联合，共同引领高端生活方式，开创用户最佳体验。

6. 聚焦"双碳"目标，推进绿色发展

绿色低碳发展是各行各业发展的必然趋势。正如习近平同志指出，绿色发展是高质量发展的底色，新质生产力本身就是绿色生产力。为实现"双碳"目标，国家对上市公司已提出明确要求，鼓励企业发布年度ESG报告，披露可持续发展能力。碳足迹核算能力及应用或将成为国际贸易与技术竞争的新型壁垒，家用纺织品行业需要进行提前布局。我国产业链完整，各个环节的数据相对全面，有条件积累和收集相关数据，制定标准，按标准核算产品碳足迹并提出绿色减碳方案，打造绿色产品、绿色工厂及绿色供应链，提升核心竞争力。

在绿色低碳引领方面，协会通过年度家纺大会、家纺科技创新大会、各分会年会等活动平台推广宣贯可再生、可降解的新型纤维，推荐各种绿色生产加工工艺，引导开展生产过程废料的回收利用，鼓励进行新能源改造等，降低二氧化碳的排放量。

在碳足迹评估核算上，协会2024年制定了3个有关碳足迹团体标准，其中包括"床上用品碳足迹的核算规则"，为开展产品碳足迹自我评估提供指引。2025年还将计划联合第三方机构开展棉花被、莱赛尔床上用品碳足迹核算。协会将通过制定标准、积累数据，与行业企业一道践行绿色低碳，提高产品低碳竞争力和品牌美誉度。

7. 全球资源整合，推进全球布局

在当前复杂多变的国际形势下，如何依托我国纺织产业链的优势与韧性，用全球化的视野布局已成为当下行业发展所面临的重要课题。贸易保护主义的抬头，让产业链的全球资源配置从重视生产效率的最优解，到兼顾产业安全。烟台明远目前已在越南、柬埔寨布局了4个家纺制造工厂；大东毛巾、凯撒家纺、众地家纺、迦南美地、众望、米居梦、奥坦斯、玛雅等一批家纺企业都已在柬埔寨、越南布局；还有一批企业：如东隆在印度尼西亚，红柳在摩洛哥，海聆梦、柯力达等在埃及都已相继考察落地。目前企业走出去大都基于客户需求，未来对投资市场政治稳定、劳动力资源充足、供应链完善、基建环境改善、关税政策等的整体环境判断才是重中之重。

在全球消费趋缓的大背景下，互联网平台渠道颠覆使跨境电商得到了快速发展。跨境电商是对消费习惯的改变，一旦形成将很难可逆，这让国内家用纺织品产业优势的发挥与自主品牌出海成为可能。所以平台运营、海外仓、独立站等跨境渠道的铺设，甚至海外实体渠道建设、品牌并购都值得关注。全球化布局不仅是产能布局，更重要的是关注长远，做好渠道布局、品牌布局、人才布局。

2024年中央经济工作会议明确提出，"大力提振消费、提高投资效益，全方位扩大国内需求"是2025年经济工作的首要任务，各地开展的消费品以旧换新补贴活动，纷纷将家用纺织品纳入其中，对家用纺织品国内消费的拉动发挥了积极作用。2025年随着国家政策的出台与落地，相信将会直接拉动2025年国内消费，从而带动床上用品内需市场的恢复与振兴。外贸市场虽然不确定性和贸易风险仍在，但我国纺织业凭借产业链优势及行业企业多年来在科技、品牌、内部管理方面的深耕而形成的竞争力优势仍在，床上用品行业及家用纺织品行业将永远是恒阳产业。

（中国家用纺织品行业协会）

国际动态

2023年全球家用纺织品贸易概览

牛爽欣　王　冉

家用纺织品是全球家居、装饰消费的重要组成部分。近年来，受新型冠状病毒感染冲击和国际政治经济形势日趋复杂影响，全球家用纺织品的市场环境几经波动，进入修复阶段。2023年，受高利率环境抑制消费需求释放、全球贸易保护主义加剧等风险因素影响，全球家用纺织品贸易总体规模延续了2021年以来小幅下降态势，进出口均呈现不同程度缩减。从全球家纺出口市场格局来看，2023年我国继续稳居全球第一大家纺产品出口国，印度、土耳其、巴基斯坦和德国分列第二至五位，但出口规模较上年出现不同程度下降。从进口市场格局来看，仍然以欧洲、美国、日本、加拿大、澳大利亚等发达经济体终端消费为主导，近年来中亚及中东市场进口需求也呈现良好增长态势。当前及今后一段时间，受发达经济体消费疲软、国际贸易环境风险上升等因素影响，全球家用纺织品贸易形势仍然复杂，对我国家纺行业深化贸易转型升级，不断巩固扩大国际竞争优势提出新的挑战与考验。

一、全球家用纺织品贸易规模逐年下滑

家用纺织品主要覆盖海关HS编码中第56~58、60、62、63和94章共50个税号组，包括床品、地毯、毛巾、毯子、窗帘、装饰用制成品、厨卫用纺织品、刺绣制成品和手帕9个大类。联合国贸易数据库（UN Comtrade）数据显示，2023年全球家用纺织品进出口贸易总额为1331.6亿美元，较上年减少8.5%（图1）。其中，家纺产品出口总额为743.5亿美元，较上年减少6.1%，占贸易总额的比重为55.8%。家纺产品的进口总额为588.1亿美元，较上年减少11.4%，占贸易总额的比重为44.2%。贸易顺差为155.4亿美元，较上年增长20.8%。2021年以来，全球家用纺织品贸易规模较新型冠状病毒感染前总体有所增长，但逐年缩减态势仍然较为明显，进口额降幅高于出口额降幅，也反映出新型冠状病毒感染结束后全球家纺需求侧下滑相对更快的特点。

从全球出口大类产品情况来看，2023年全球家用纺织品出口规模最大的大类产品仍然是床品，2023年出口额为293.6亿美元，占全球家纺产品出口总额的比重保持在40%。地毯出口规模居于第二位，2023年出口额为161.4亿美元，占家纺产品出口总额的比重为22%。毛巾是第三大出口品类，2023年出口金额为69.1亿美元，占比为9%。家纺产品出口产品结构总体稳定，但近年来仍然呈现出新的变化特点。从规模来看，除毛巾、手帕外，其余大类产品出口

图1 全球家用纺织品进出口贸易情况
数据来源：UN Comtrade

规模均较2018年有不同程度增长，其中毯子、窗帘、厨卫用纺织品出口规模保持良好增长，2023年出口额较2018年分别增长16.5%、12.3%和35.4%；厨卫用出口规模已超过刺绣类产品出口规模（图2、表1）。

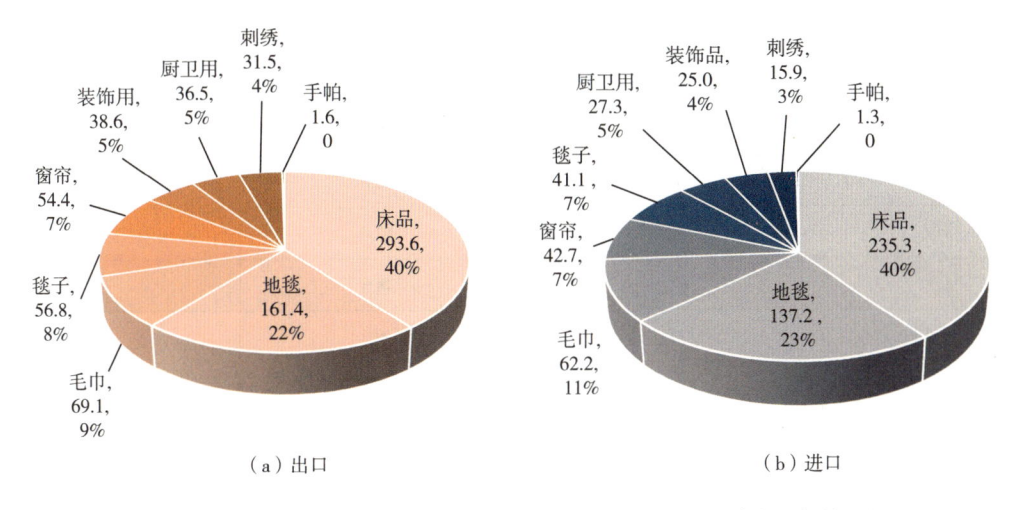

图2 2023年全球家用纺织品进出口大类产品分布情况（单位：亿美元）
数据来源：UN Comtrade

表1 全球主要家用纺织品大类出口情况

品类	2023年出口额（亿美元）	2018年出口额（亿美元）	较2018年变化（%）
床品	293.6	287.4	2.2
地毯	161.4	156.5	3.2
毛巾	69.1	76.1	−9.2
毯子	56.8	48.7	16.5
窗帘	54.4	48.5	12.3
装饰品	38.6	36.1	6.9

续表

品类	2023年出口额（亿美元）	2018年出口额（亿美元）	较2018年变化（%）
厨卫用	36.5	26.9	35.4
刺绣	31.5	30.5	3.2
手帕	1.6	2.1	−23.5
出口总额	743.5	712.9	4.3

数据来源：UN Comtrade

从全球进口大类产品情况来看，2023年全球进口规模最大的家纺产品仍然是床品，2023年进口额235.3亿美元，占全球家纺产品进口总额的比重保持在40%。地毯进口规模居于第二位，2023年进口金额为137.2亿美元，占进口总额的比重为23.3%。毛巾是第三大进口品类，2023年进口金额为62.2亿美元，占比10.6%。与2018年进口规模相比，主要大类家纺产品进口金额绝大多数呈现不同程度的萎缩态势，装饰用纺织品、刺绣和手帕进口额缩减相对明显（表2）。

表2 全球主要家用纺织品大类进口情况

品类	2023年出口额（亿美元）	2018年出口额（亿美元）	较2018年变化（%）
床品	235.3	254.8	−7.7
地毯	137.2	143.4	−4.3
毛巾	62.2	60.8	2.3
窗帘	42.7	45.0	−5.0
毯子	41.1	38.5	7.0
厨卫用	27.3	26.3	4.0
装饰品	25.0	28.7	−13.1
刺绣	15.9	22.8	−30.0
手帕	1.3	2.4	−47.3
进口总额	588.1	622.7	−5.6

数据来源：UN Comtrade

二、全球主要家用纺织品出口市场情况

（一）我国稳居全球家用纺织品第一大出口国

中国、印度、土耳其、巴基斯坦和德国是全球家用纺织品出口规模居于前五位国家，2023年家纺合计出口金额为502.5亿美元，占全球家纺产品出口总额的比重达到67.6%。我国继续稳居全球家用纺织品第一大出口国，2023年出口金额为320.6亿美元，同比减少4%，占全球家纺产品出口总额的比重为43.1%，较2022年提高0.9个百分点，延续了自2019年以来在

全球出口份额稳中有升的态势（图3）。

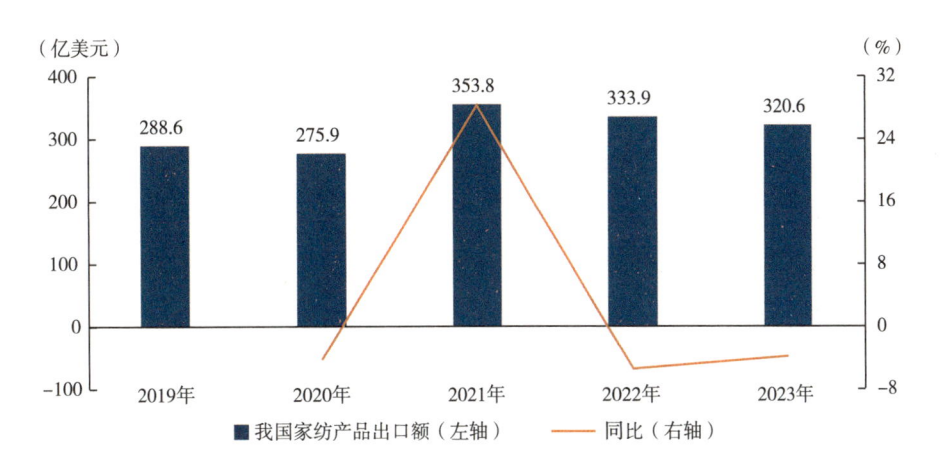

图3　2019～2023年我国家用纺织品出口情况
数据来源：UN Comtrade

从我国出口的大类家纺产品规模来看，占比最高的床品出口金额为124.5亿美元，同比减少8.5%；毯子、地毯出口规模分别居于第二、第三位，2023年出口金额分别为44亿美元和40亿美元，其中毯子出口额同比微幅缩减0.9%，地毯出口额同比增长3.8%；窗帘、毛巾及厨卫用纺织品的出口金额稳定在20亿美元以上，但仅厨卫用纺织品出口额实现同比正增长10.7%。装饰品、刺绣产品出口规模大体相当，2023年出口额分别为17.8亿美元和17.6亿美元，同比分别减少4%和4.7%。手帕出口额仅1亿美元，同比增长12.6%。与2019年相比，毯子、地毯、窗帘、厨卫用纺织品、装饰品和刺绣产品出口规模均实现不同程度增长，是近年来我国家纺产品出口保持稳定的支撑（图4）。

图4　2023年我国对全球家用纺织品大类出口情况
数据来源：UN Comtrade

（二）印度等家纺出口大国市场份额保持稳定

从出口全球排名第2～5位的印度、土耳其、巴基斯坦和德国出口情况来看，近年来尽管出口份额互有增减，但位次并未出现较大变化。

印度是全球第二大家用纺织品出口国，2023年出口总额为64亿美元，同比减少7%，仍然低于2019年69.2亿美元的总体规模。主要大类产品中，除地毯、毯子外，其余大类产品出口规模均未恢复至疫情前水平。从出口大类产品分布来看，床品、地毯出口规模较大，2023年出口额分别为18.7亿美元和18.1亿美元，其中床品出口金额仅为同期我国床品出口额的15%，地毯出口额仅为我国的45.3%，在绝对体量上较难直接形成与我国的竞争。毛巾、装饰品出口额保持在10亿美元以上，其余大类产品出口额均在2亿美元以下。

全球第三大家用纺织品出口国土耳其2023年出口金额为49.9亿美元，同比减少4.9%，但与2019年相比出口规模增长9.2%。作为全球第二大地毯出口国，土耳其地毯出口规模占全部家纺产品出口额的比重达到56.4%，2023年出口额为28.1亿美元，同比微幅减少0.2%，但较2019年增长10.2%。床品是除地毯外土耳其唯一出口规模突破十亿美元级的产品，但2023年出口额同比减少9.3%至9.9亿美元。毛巾是土耳其第三大家纺出口产品，2023年出口额为5.7亿美元，同比减少16.4%。装饰织物制品居于第四位，但近年来保持良好增长态势，2023年出口金额1.7亿美元，在连续两年大幅度增长的基础上继续增长7.8%，较2019年大幅增长71.7%。

居于第四大家纺出口国的巴基斯坦具有棉花原料优势，以棉制床品和毛巾出口为主，此外还出口少量厨卫用纺织品、窗帘等。2023年，巴基斯坦床品、毛巾出口额分别为28.8亿美元和10.1亿美元，合计占巴基斯坦家纺出口总额的比重为90.2%，连续四年稳定在90%以上。作为全球第三大毛巾出口国，在近年来全球毛巾出口市场总体趋于收缩的背景下，巴基斯坦毛巾出口额仍然较2019年大幅增长29.5%，出口竞争优势有望持续释放。

德国是全球家用纺织品第五大出口国，也是全球家纺出口市场中居于前列的发达经济体，家纺产品具有较强的国际影响力。2023年，德国家纺产品出口额为24.9亿美元，同比减少2.5%，延续了出口额缓慢收缩态势，且较2019年下滑1.7%。其中，出口占比最大的床品2023年出口额为10.6亿美元，同比减少5.1%，是德国家纺产品出口规模下滑的主要原因。地毯、窗帘、厨卫用纺织品是德国第二、第三和第五大家纺出口产品，近年来出口规模均保持稳中有增态势，2023年出口额分别为6.1亿美元、3亿美元和1.2亿美元，同比分别增长5%、0.1%和3.9%，较2019年分别增长3.5%、0.3%和4.3%。但毛巾、装饰品、毯子、刺绣等产品出口规模呈现不同程度缩减。

近年来全球前五大家纺产品出口国所占市场份额变化呈现"三升两降"格局，即我国、土耳其、巴基斯坦家纺产品出口额占比保持上升态势，与2019年相比分别增长2.5个、0.3个和0.8个百分点；印度、德国占全球家纺产品出口市场份额较2019年分别下降1.1个和0.3个百分点（图5）。

三、全球主要家用纺织品进口市场情况

欧美发达经济体是全球家用纺织品最主要的消费和进口市场。2023年，全球家纺产品进口市场总体保持稳定，美国和欧盟继续稳居全球第一、第二大家纺进口市场。其中，德国、法国、荷兰、意大利等欧盟成员国进口规模仍然保持着稳中有升的良好态势。英国、日

本、加拿大和澳大利亚进口规模稳定在全球前列，但仅澳大利亚家纺产品进口额较2019年微幅增长，其余市场则呈现不同程度的缩减态势（图6）。

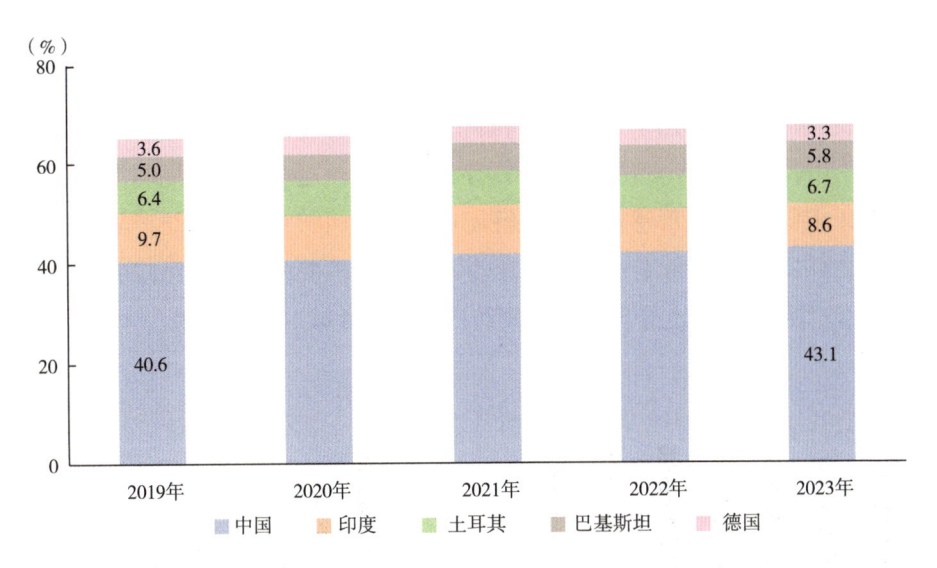

图5 主要家用纺织品出口国在全球出口份额变化情况
数据来源：UN Comtrade

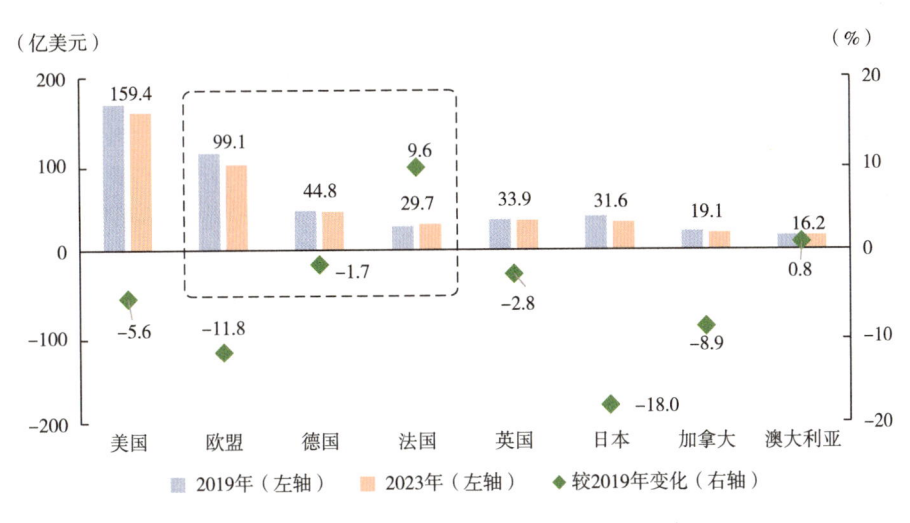

图6 全球主要家用纺织品进口市场情况
数据来源：UN Comtrade

（一）欧美家纺主要大类产品进口呈现普降态势

多年来，美国始终稳居全球最大的家用纺织品消费和进口市场，每年进口规模总体保持在150亿美元以上。在新冠病毒暴发前的2015～2019年，美国家纺进口规模由150亿美元稳步上升至168.9亿美元；2020年受新型冠状病毒感染暴发影响，进口金额大幅下降至145.6亿美元的低位。2021年美国经济和居民消费出现明显反弹，带动家纺产品进口额攀升至180亿美元的高位。2023年，美国家纺产品进口总额为159.4亿美元，同比减少15.6%，为2019年以来首次负增长，占全球家纺产品进口总额的比重为27.1%，与2019年前持平。主要大类产品的进口额较上年普遍有所缩减，其中进口规模最大的床品和地毯2023年进口额分别为58.7亿美元和34.3亿美元，同比分别减少16.5%和12.8%，占美国家纺产品进口总额的比重分别为36.8%和21.5%。毛巾、毯子、窗帘进口额继续稳定在10亿～20亿美元，2023年进口金额分别为21.9亿美元、16.9亿美元和12亿美元，但同比分别下降13.5%、16.6%和16.2%（图7）。从进口产品占比变化来看，床品、窗帘、装饰品和手帕进口占比较2019年分别下降5.1个、0.6个、0.6个和0.1个百分点；但地毯、毛巾、毯子、厨卫用和刺绣进口占比均保持上升（表3）。这一特征或与美国消费者新冠病毒感染后消费行为转变具有相关性，新冠病毒感染期间消费者增加家居家纺类用品采购，随着新冠病毒感染逐步缓解需求也逐渐回归常态，家纺产品进口呈现稳中趋降的态势。2022年以来，持续走高的通胀压力不断增加消费成本，居民减少对包括家纺产品在内的非生活必需品的支出也是导致美国家纺产品出口缩减的主要原因。

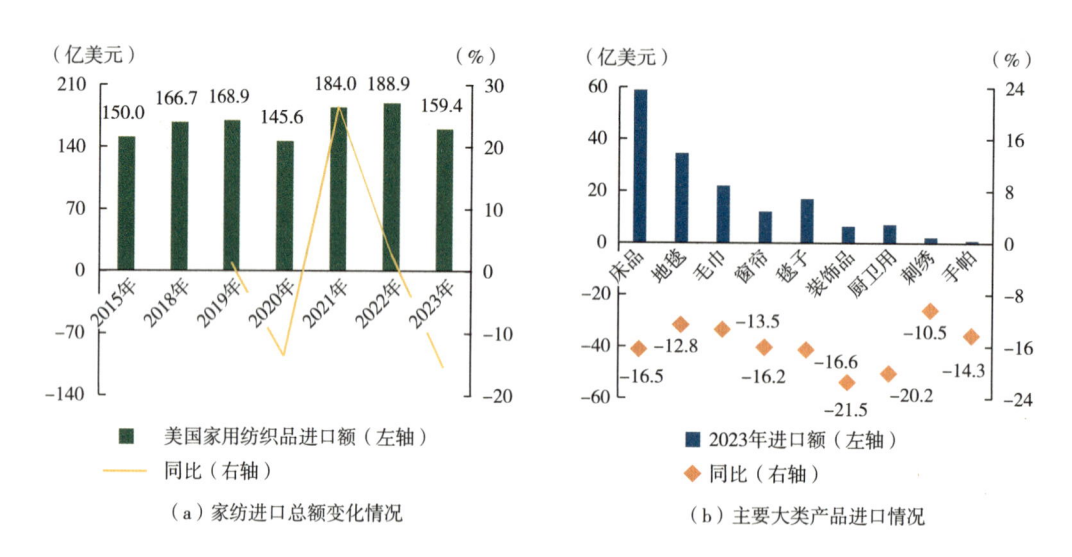

（a）家纺进口总额变化情况
（b）主要大类产品进口情况

图7 美国家用纺织品进口情况
数据来源：UN Comtrade

表3 美国大类家纺产品进口占比变化情况

品类	2023年（%）	2019年（%）	较2019年变化
床品	36.8	41.9	下降5.1个百分点
地毯	21.5	18.1	增长3.4个百分点
毛巾	13.7	12.6	增长1.1个百分点
毯子	10.6	9.5	增长1.1个百分点
窗帘	7.5	8.1	下降0.6个百分点
厨卫用	4.4	3.9	增长0.5个百分点
装饰品	4.0	4.6	下降0.6个百分点
刺绣	1.3	1.1	增长0.2个百分点
手帕	0.2	0.3	下降0.1个百分点

数据来源：UN Comtrade

欧盟作为全球第二大家纺产品进口市场，2023年进口变化态势与美国大体一致。2023年，欧盟家纺产品进口总额为99.1亿美元，同比减少15.6%，进口总体规模为2015年以来的较低水平；占全球家纺产品进口总额的比重为16.9%，较2019年下降1.2个百分点。从大类产品进口情况来看，床品是欧盟进口规模最大的品类，2023年进口额为42.5亿美元，同比减少18.2%，占欧盟家纺产品进口总额的比重为42.9%；地毯、毛巾分列第二、第三位，进口额为18.8亿美元和10.2亿美元，同比分别减少11.6%和12.4%。窗帘、厨卫用纺织品和毯子进口规模稳定在5亿美元以上，但同比降幅较深。装饰品、刺绣和手帕进口规模均在5亿美元以下，其中装饰品和刺绣进口额同比均有所下降，同期手帕进口额同比增长9.2%，是唯一实现正增长的品类（图8）。从进口产品占比变化来看，床品、窗帘、装饰品进口占比较2019年分别下降1.3个、1个和1.2个百分点；同期地毯、毛巾、厨卫用纺织品、毯子和刺绣进口占比有所上升（表4）。

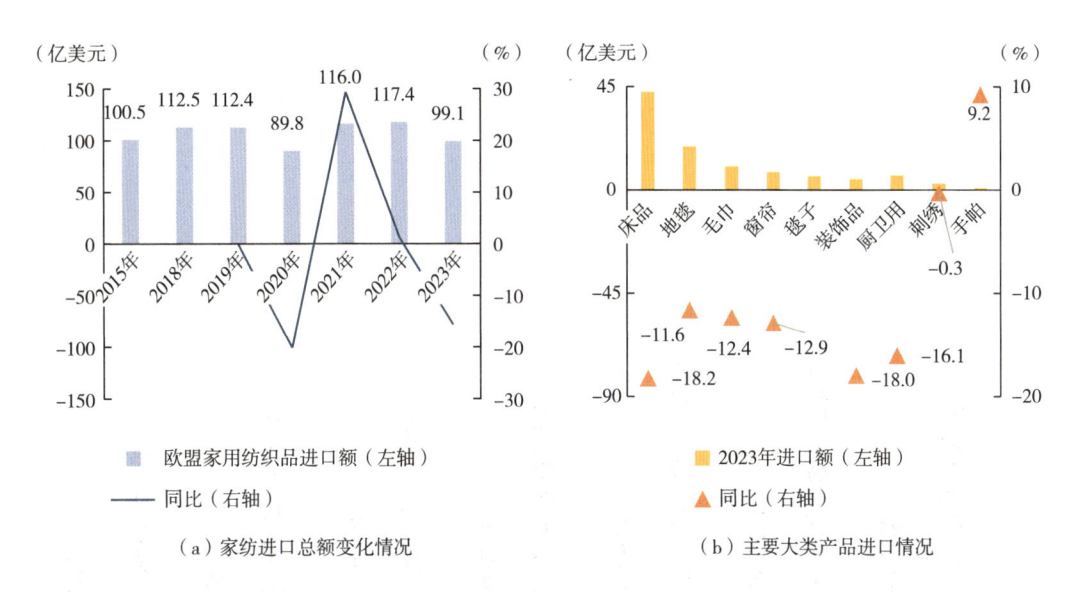

（a）家纺进口总额变化情况　　（b）主要大类产品进口情况

图8　欧盟家用纺织品进口情况

数据来源：UN Comtrade

表4　欧盟大类家纺产品进口占比变化情况

品类	2023年（%）	2019年（%）	较2019年变化
床品	42.9	44.2	下降1.3个百分点
地毯	19.0	16.7	增长2.3个百分点
毛巾	10.3	10.0	增长0.2个百分点
窗帘	7.8	8.7	下降1.0个百分点
厨卫用	6.3	6.2	增长0.1个百分点
毯子	6.0	5.3	增长0.7个百分点
装饰品	4.7	5.9	下降1.2个百分点
刺绣	2.8	2.7	增长0.1个百分点
手帕	0.2	0.2	0

数据来源：UN Comtrade

在欧盟成员国中，德国、法国、荷兰、意大利和西班牙是全球家纺产品主要进口市场，2023年上述国家进口金额分别为44.8亿美元、29.7亿美元、17.5亿美元、14.9亿美元和13.3亿美元，分别位居全球家纺进口第二、第五、第七、第九和第十大国别市场，保持着较为强劲的进口需求，占据了全球家纺进口市场的"半壁江山"。此外，英国作为非欧盟成员国的欧洲国家，家纺产品进口规模仍保持领先态势，2023年进口金额为33.9亿美元，同比减少2.8%，位居全球家纺进口第三大国别市场。

（二）日本、加拿大、澳大利亚进口需求尚未恢复至2019年前水平

除欧盟国家及英国外，日本、加拿大和澳大利亚也是全球家纺产品的重要进口国。2023年，日本、加拿大和澳大利亚分别位居全球第四、第六和第八大家纺产品进口国别市场，进口金额分别为31.6亿美元、19.1亿美元和16.2亿美元，进口规模仍未完全恢复至2019年前水平。从消费水平及能力来看，日本、加拿大和澳大利亚在发达经济体中处于较好水平，但受到经济增长放缓、通胀水平高企、居民消费信心偏弱等因素影响，家纺产品进口需求受到了一定制约（图9）。

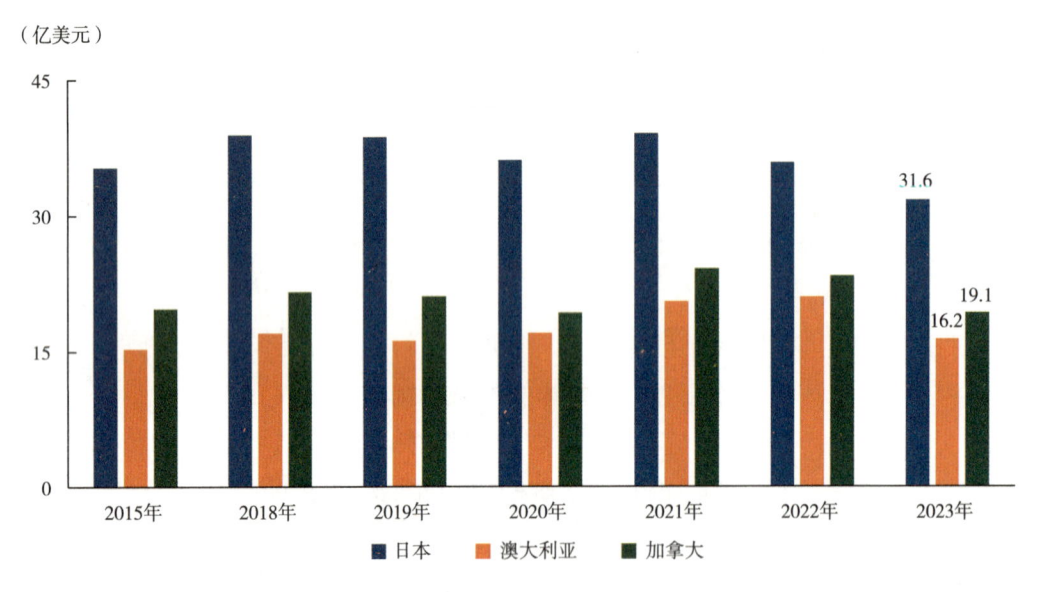

图9 日本、澳大利亚和加拿大家纺产品进口情况
数据来源：UN Comtrade

（三）中亚、中东市场家纺产品进口增长较快

近年来，中亚国家及沙特阿拉伯、阿联酋等中东国家家用纺织品需求呈现出较好的成长性，家纺产品进口保持良好增长。2023年，沙特阿拉伯家纺产品进口额为9.4亿美元，为2019年以来最高水平；同期阿联酋家纺产品进口额为8.7亿美元，较2019年增长17.9%。由于土库曼斯坦统计数据缺失以及个别年份部分国家统计数据不完整，以哈萨克斯坦、吉尔吉斯斯坦、塔吉克斯坦和乌兹别克斯坦四国在2018~2022年家纺主要大类产品进口情况来对比分析，五年间中亚四国家纺进口额实现成倍增长。2022年，中亚四国家纺产品进口总额为4.8亿

美元，较2018年1.7亿美元的进口规模增长了1.8倍。其中，床品、地毯和刺绣2022年进口金额均达到1亿美元以上，床品进口规模突破1.5亿美元，占中亚四国家纺进口总额的比重分别为33%、23%和22%。四国中，哈萨克斯坦进口额最高，2022年达到2.6亿美元，较2018年增长1.3倍，占中亚四国合计进口额比重为55%；吉尔吉斯斯坦进口规模次之，2022年进口额为1.5亿美元，较2018年增长3.5倍，占中亚四国合计进口额比重为32%。同期，塔吉克斯坦、乌兹别克斯坦进口额分别仅为1487.1万美元和4655.9万美元，但较2018年分别增长75.4%和238%（图10）。

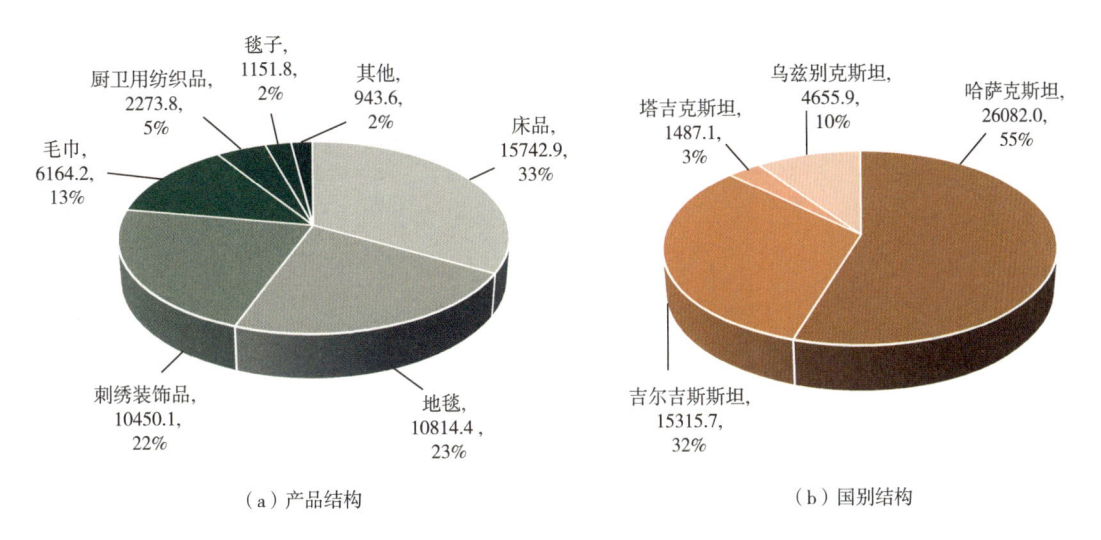

图10 2022年中亚四国家用纺织品进口结构（单位：万美元）
数据来源：UN Comtrade

四、全球家用纺织品贸易形势展望

当前及今后一段时间，全球家用纺织品消费增长仍具备较为积极支撑，家纺贸易规模有望保持稳中有升的增长态势。市场信息显示，全球家纺市场规模已突破千亿美元，未来欧美及亚洲地区居民消费能力及意愿提升，全球网购习惯养成巩固带动电商市场规模扩大，记忆床垫等智能纺织品消费需求增长以及部分快时尚服装品牌加快家纺产品开发等积极因素均将有望支撑全球家纺消费持续增长。全球市场调研机构Technavio预计，到2028年全球家纺市场规模有望由2024年的1984亿美元稳步提升至2550亿美元，年均复合增速超过6%；随着传统电商和新兴社交电商的持续发力，家纺产品网上零售渠道预计将保持8%左右的年均增长。此外，消费者对家居家装时尚敏感度的不断提高，也加速推动各类快时尚品牌入驻，有望形成家纺产品独特"快时尚"消费新增长点。

但同时，全球家纺产业需求端面临的不确定、不稳定因素也将较此前明显增多。近年来，受全球经济下行压力加大、通胀下行缓慢、欧美主要央行开启加息周期等复杂因素影响，美国、欧盟等主要家纺消费市场放缓态势显著。2023年以来，经合组织（OECD）消费者信心指数持续低于改善趋势水平，美国、英国、日本等主要经济体居民零售端增速呈现不同程度的回落态势。全球经济复苏分化，国际产业链供应链碎片化趋势显著等将对全球家纺贸易稳定形成较为明显的制约。美国总统特朗普就任以来推出加征进口关税等贸易保护政策，或将持续抬升全球消费品价格，导致居民终端消费需求萎缩和福利损失。我国等新兴经济体家纺产品出口或因全球贸易壁垒增多和订单减少呈现下降态势，并将面临更为严峻的国际市场竞争。

（中国纺织经济研究中心、中国家用纺织品行业协会）

2024年我国家用纺织品出口情况分析

刘 丹

2024年，依靠我国家纺行业完善的产业链、全球领先的制造优势及我国稳外贸政策的实施，行业抓住主要出口市场需求回升时机，扭转2023年下降局势，出口额实现增长，海关数据显示，2024年我国出口家用纺织品484.9亿美元，同比增长5.63%，其中出口数量同比增长15.23%，出口单价同比下降8.34%，在出口数量强势增长的拉动下，当前我国家用纺织品出口规模处于历史高位（图1）。

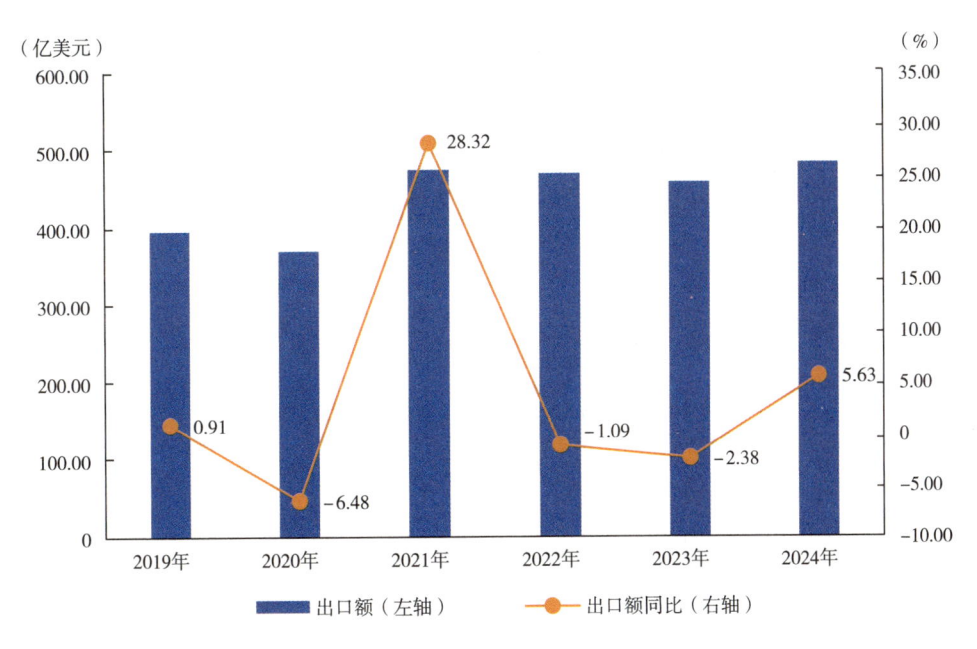

图1 2019~2024年我国家用纺织品出口额及同比

一、我国家用纺织品主要出口产品情况

2024年，在我国出口的6大类家用纺织品中，毛巾出口持续走低，降幅显著；床上用品、布艺产品的出口得到恢复增长；餐厨用纺织品、地毯的出口持续增长；毯子出口维稳（图2）。纵观历史数据，除毛巾产品的出口呈现明显萎缩趋势，其余产品出口规模整体呈波动增长（图3）。

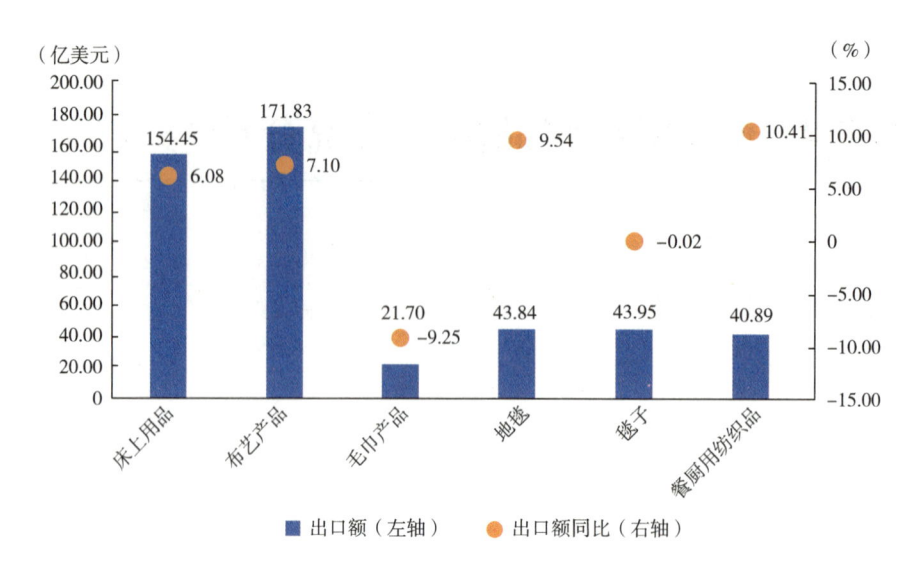

图2　2024年我国6大类家用纺织品出口额及同比

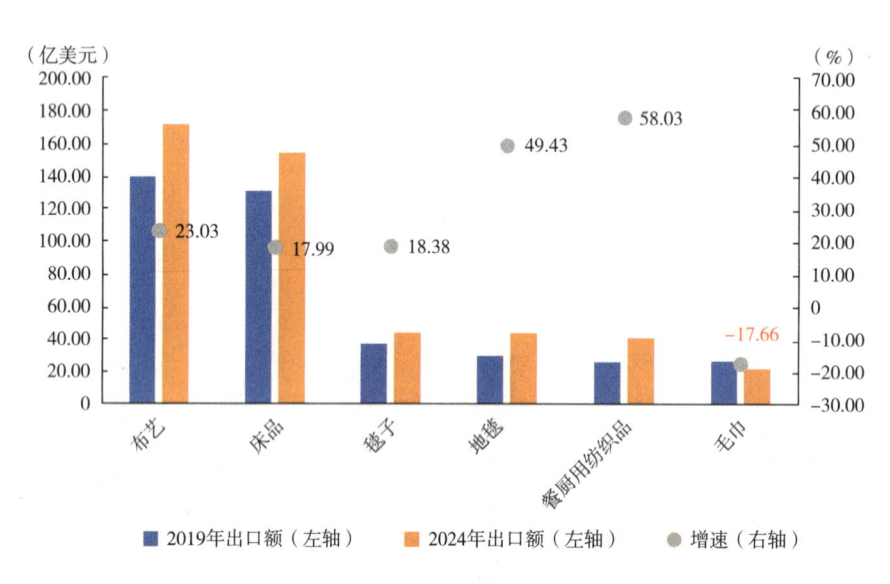

图3　2019年与2024年我国6大类家用纺织品出口额比较

1. 床上用品出口额同比增长6.08%

2024年，我国出口床上用品154.45亿美元，同比增长6.08%，扭转前两年下降局面，得到恢复性增长。其中件套类产品和芯被类产品是主要的床上用品出口产品，2024年，我国出口件套类产品54.47亿美元，同比增长9.07%，出口芯被类产品83.28亿美元，同比增长5.47%。

美国、欧盟是我国床上用品出口的重要市场，分别占我国床上用品出口总量的36%和14%，2024年，我国对美国、欧盟市场出口的床上用品增势良好，其中对美出口件套类产品同比增长10.15%，芯被类产品同比增长10.92%；对欧盟出口件套类产品同比增长15.08%，芯被类产品同比增长14.98%。传统市场之一的日本增长乏力，2024年我国对日本出口件套类产品同比下降9.89%。对东盟市场件套类产品的出口有所增长，但芯被类产品出口下降显著（表1）。值得注意的是，我国对美国、欧盟市场出口的件套类和芯被类产品单价低于全球平均水平，且仍在进一步下降。

表1　2024年我国对主要市场出口件套类产品和芯被类产品情况

主要市场	件套类产品				芯被类产品			
	出口额（亿美元）	单价（美元/条）	出口额同比（%）	单价同比（%）	出口额（亿美元）	单价（美元/千克）	出口额同比（%）	单价同比（%）
美国	19.00	1.90	10.15	−6.31	32.36	5.12	10.92	−7.89
欧盟	7.45	1.79	15.08	−7.34	11.65	4.93	14.98	−8.58
日本	3.40	3.02	−9.89	−10.47	7.73	6.15	−2.98	−5.06
东盟	5.26	2.34	3.92	−4.49	7.54	8.82	−16.98	−19.25

2. 布艺产品出口额同比增长7.1%

2024年，我国出口布艺产品171.83亿美元，同比增长7.1%，增速较2023年增长了13.06个百分点。其中布艺成品出口62.93亿美元，同比增长6.83%，布艺成品包括窗帘、装饰用织物制品、刺绣品、蚊帐等，美国、欧盟市场起到主要拉动作用，两市场占我国布艺成品出口总额的45%以上，2024出口额同比分别增长5.61%和10.55%（表2）。我国布艺面辅料主要出口到亚洲、拉丁美洲及非洲，2024年，受市场回暖以及上一年低基数影响，我国出口布艺面辅料108.9亿美元，同比增长7.26%，其中对前十市场中的越南、孟加拉国、柬埔寨以及印度尼西亚的出口额同比增长20%以上（表3）。

表2　2024年我国布艺成品对主要出口市场出口额及同比

主要市场	出口额（亿美元）	出口额同比（%）
美国	16.35	5.61
欧盟	12.31	10.55
日本	3.23	0.26
东盟	7.68	5.72

表3　2024年我国布艺面辅料对前十市场出口额及同比

前十市场	出口额（亿美元）	出口额同比（%）
越南	18.93	21.11
孟加拉国	11.82	21.32
柬埔寨	7.87	31.61
墨西哥	5.45	−2.38
印度	4.72	2.86
印度尼西亚	3.22	20.34
埃及	3.17	0.15
缅甸	3.10	−2.32
俄罗斯	3.02	−17.12
巴西	2.91	7.13

3. 餐厨用纺织品、地毯、毯子出口趋势稳定

近年来，地毯、餐厨用纺织品和毯子的出口趋势稳定，其中地毯和餐厨用纺织品一直保持良好的增长趋势，毯子产品出口规模稳定，当前，三种产品出口额均稳定在40亿美元以上（图4）。2024年，我国出口地毯43.84亿美元，同比增长9.54%；出口餐厨用纺织品40.89亿美元，同比增长10.41%；出口毯子产品43.95亿美元，同比略降0.02%，基本与上年持平。

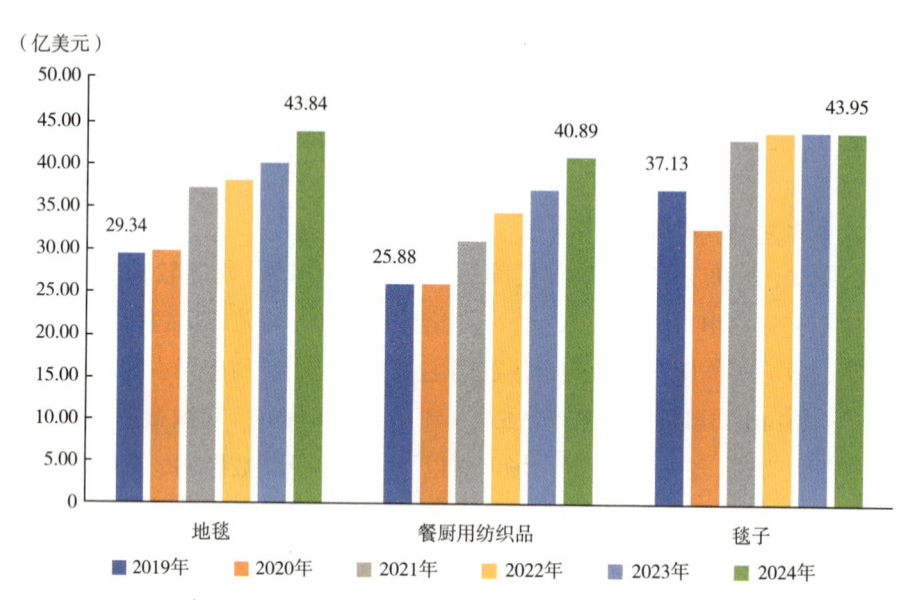

图4　2019~2024年我国地毯、餐厨用纺织品和毯子出口额走势

4. 毛巾出口不断萎缩

毛巾产品绝大多数为棉材质，受市场消费力下降、消费习惯的改变，以及国际市场棉质产品竞争激烈的影响，我国毛巾产品的出口规模不断萎缩。2024年，我国出口毛巾产品21.7亿美元，同比下降9.25%，较2018年高峰时期的31亿美元减少了10亿美元。东盟是我国毛巾产品出口的第一大市场，2024年，我国对其出口毛巾产品4.88亿美元，同比下降21.27%，同样，对日本市场也呈9.71%的下降。另外，美国市场起到积极作用，2024年我国毛巾产品对美出口额同比增长11.21%（表4）。

表4　2024年我国毛巾产品对主要市场出口额及同比

主要市场	出口额（亿美元）	出口额同比（%）
东盟	4.88	-21.27
美国	4.43	11.21
日本	3.04	-9.71
欧盟	1.76	0.74

二、我国家用纺织品主要出口市场情况

2024年，我国家用纺织品对各大洲市场的出口有着不同程度的回升，对亚洲、北美洲、

欧洲和拉丁美洲的出口额分别增长了2.76%、11.13%、6.38%和13.32%，较上一年有着显著的提升；大洋洲降幅收窄，出口额同比下降3.75%，较2023年下降5.29个百分点；非洲市场增长动力不足，出口额同比下降3.07%。从历史数据来看，除欧洲市场外，我国家用纺织品在其余大洲市场的出口额较2019年增长20%以上，其中拉丁美洲增幅高达54%（图5）。

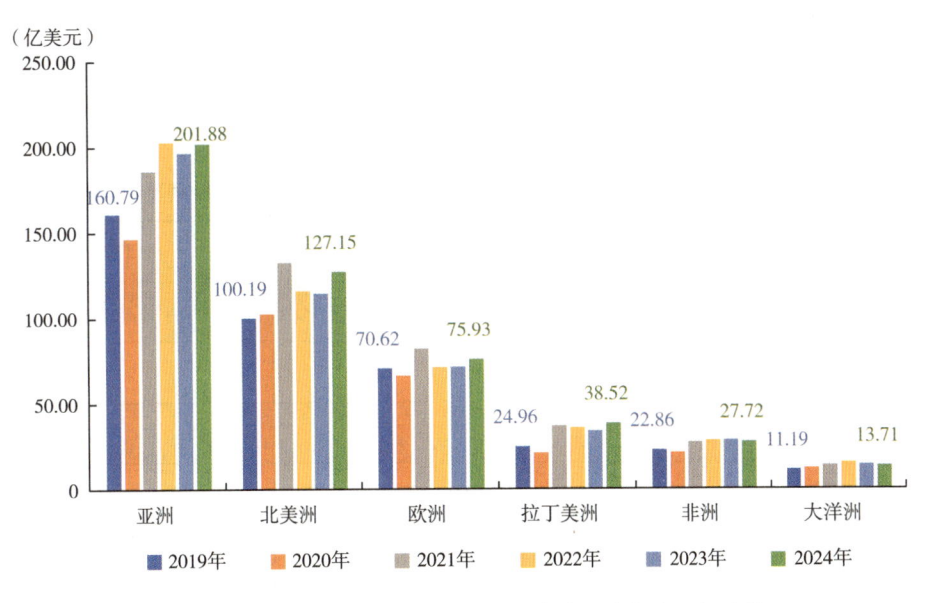

图5　2019~2024年我国家用纺织品对各大洲市场出口额走势

1. 传统市场中，美国、欧盟起到积极拉动作用

2024年，我国家用纺织品对美国和欧盟市场的出口得到恢复增长，其中对美国市场出口119.12亿美元，同比增长11.14%；对欧盟市场出口65.53亿美元，同比增长9.49%。对两市场的合计出口额占我国家用纺织品出口总额的38.1%，较2023年增长了1.7个百分点，若以家纺制成品来看，美国、欧盟两市场占比更大，2024年合计占比达47.19%，较2023年水平增长2.51个百分点。

另外日本市场增长乏力，2024年，我国对日本市场出口家用纺织品26.16亿美元，同比下降4.49%。日本市场持续低迷，已经连续3年走低（图6）。

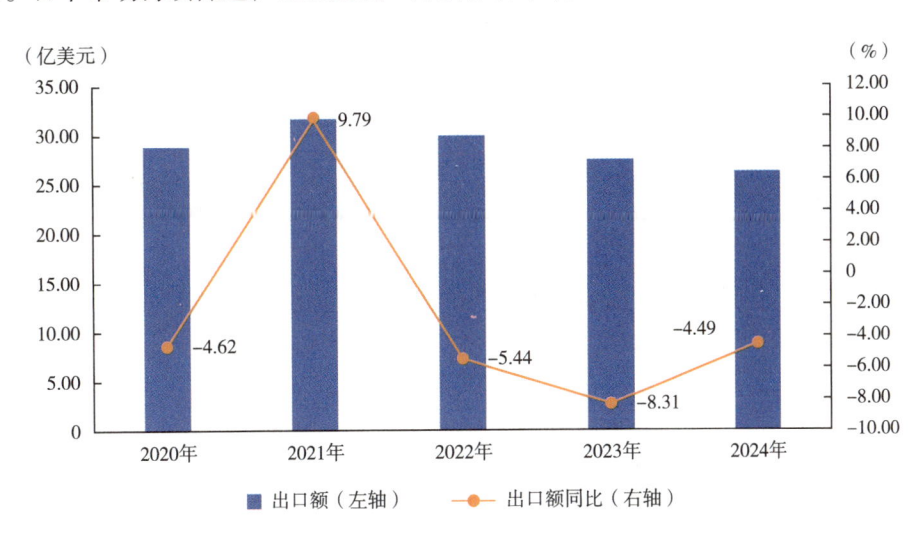

图6　2020~2024年我国家用纺织品对日本市场出口及同比

2. 共建"一带一路"沿线市场发展平稳

2024年,我国对共建"一带一路"沿线市场出口家用纺织品185.06亿美元,同比增长3.54%,该市场近年来发展稳定,占我国家用纺织品出口总量的38%。分主要地区来看,2024年,我国家用纺织品对东盟十国、南亚三国以及中亚五国的出口实现增长,出口额分别增长5.88%、8.21%和4.61%,而对中东地区出口额下降2.28%,俄罗斯大幅下降14.61%(表5)。在"一带一路"沿线市场中,我国家用纺织品出口前十市场发挥着重要的市场作用和产能资源整合作用(表6)。

表5 我国家用纺织品对共建"一带一路"沿线主要市场出口额及同比

主要区域	出口额（亿美元）	出口额同比（%）
东盟	82.76	5.88
中东	41.88	-2.28
南亚三国	24.39	8.21
中亚	14.60	4.61
俄罗斯	8.04	-14.61

表6 我国家用纺织品对共建"一带一路"沿线前十市场出口额及同比

序号	市场	出口额（亿美元）	出口额同比（%）
1	越南	26.86	5.54
2	马来西亚	13.22	2.73
3	孟加拉国	12.97	2.67
4	柬埔寨	9.80	2.02
5	印度	8.55	1.76
6	泰国	8.51	1.75
7	俄罗斯	8.04	1.66
8	新加坡	8.04	1.66
9	沙特阿拉伯	7.83	1.61
10	阿联酋	7.06	1.46

3. 澳大利亚市场呈现降势

澳大利亚是我国家纺行业出口的重要市场,2024年,我国对澳大利亚出口家用纺织品11.63亿美元,同比下降5.97%,对该市场的出口连续两年呈现降势(图7)。

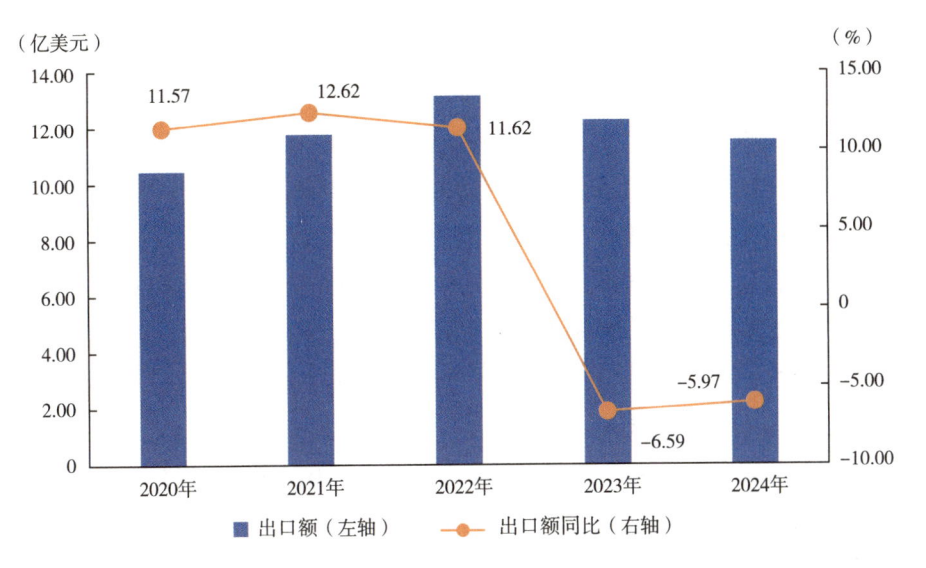

图7　2020～2024年我国家用纺织品对澳大利亚市场出口及同比

三、我国家用纺织品出口口岸情况

2024年，我国家用纺织品出口前五口岸都实现了不同程度的增长，5个口岸合计出口家用纺织品401.99亿美元，同比增长7.11%，占我国家用纺织品出口总量的83%，其中浙江省和江苏省增长幅度达9.6%和8.99%（表7）。另外福建省、新疆维吾尔自治区的增长趋势也较为乐观，在2023年的高基数上依然维持增长，2024年福建省出口家用纺织品12.92亿美元，同比增长18.7%；新疆维吾尔自治区出口11.82亿美元，同比增长12.2%。

表7　我国家用纺织品出口前五口岸情况

前五口岸	出口额（亿美元）	出口额同比（%）
浙江省	177.08	9.60
江苏省	107.33	8.99
山东省	50.09	2.61
广东省	41.35	0.13
上海市	26.13	3.89

四、我国家纺行业外贸充满机遇与挑战

1. 世界经济增长缺乏动力

现阶段，世界经济增长缺乏动力，经济合作与发展组织于2025年3月下调了全球增长预期，预计2025年和2026年全球经济将增长3.1%和3.0%，较2024年底的预测值分别下调0.2和0.3个百分点。国家间贸易壁垒增加以及未来政策不确定性对投资和家庭支出造成压力，同时全球普遍高利率、高通胀预期对经济和消费增长起到抑制作用。

2. 贸易保护主义升级

贸易保护主义将成为制造全球贸易风险最大的因素。2025年2月，美国以"芬太尼"问题为由，对我国输美商品先后加征20%的关税，此后4月，美国又向全球加征不同程度的"对等关税"关税，我国对等反制，最终双方层层加码至125%，5月经日内瓦会谈后稍有缓和，双方取消了91%的关税，即便如此，我国对美出口家纺企业仍面临着以往多轮加征累计的高关税。受此激进事件影响，2025年4月，我国对美出口家纺企业订单大幅减少、已有订单暂停发货，4月当月，我国对美国出口家用纺织品出口额同比下降19.78%。同时也给美国消费市场带来消极影响，2025年4月美国家具和家居产品销售额环比增长0.3%，较3月明显放缓。

3. 全球纺织产业供应链格局加剧变化

纺织产业部分产能向以印度、越南、柬埔寨、孟加拉国为代表的东南亚，以埃及为代表的非洲地区，以墨西哥为代表的拉丁美洲转移。以美国来看，2024年从我国进口的家纺成品占其全球进口总额的43.3%，距高位时期2018年的49.6%下降了6.3个百分点，其中对我国的化纤家纺成品进口依赖度较高，约60%的化纤家纺成品需要从我国进口，然而美国棉质家纺成品的进口情况可明显反映产业转移现象，2024年美国从我国进口的棉质家纺成品占其进口总量的20.8%，而第一和第二的印度、巴基斯坦分别占比为44.1%和22.6%，从2014年开始，美国从印度进口棉材质家纺产品比重超越我国；从2023年开始，巴基斯坦比重超越我国。

4. 我国纺织业正以科技创新驱动产业高质量发展

我国纺织行业拥有完整的产业体系和先进的制造优势，是世界纺织供应链保持稳定运转的重要支撑力量。现阶段，行业正在从"大而全"向"强而韧"发展，从"要素驱动"向"创新驱动"转换，从"被动适应"向"主动塑造"升级。我国纺织行业科技创新生态不断完善，数字化、智能化发展进程提速，装备自主化率超过75%，先进产能占全球70%以上；合纤单体原料、绿色染料、助剂、油剂等大面积实现自主技术突破和进口替代，高性能纤维产能占全球三分之一；新技术、新材料、新产品持续涌现，对行业高质量发展形成有力支撑。

5. 我国政府为"稳外贸"保驾护航

面对全球经济不确定性风险加剧和关税威胁，我国政府加大稳外贸政策力度，在政策加力、拓展增量、帮扶企业发力。一方面优化融资、结算、外汇等金融服务，扩大出口信用保险承保规模和覆盖面，强化企业境外参展办展支持，着力稳住外贸基本盘。另一方面，重点培育壮大跨境电商、服务贸易、绿色贸易和数据贸易等外贸新动能，我国将着力推动世贸组织电子商务协定谈判进程，把跨境电商作为新条款纳入双边自贸协定，为跨境电商营造更有利的国际环境，同时稳妥推进与更多国家互免签证协定，强化外贸企业服务保障。

6. 内需市场拥有广阔拓展空间

立足内需体系，构筑具有完整性、先进性、安全性现代化产业体系，是应对错综复杂国际环境变化的战略举措。作为全球最大单一市场，我国内需市场纤维消费总量从21世纪初的1000万吨跃升至3800万吨；人均纤维消费量从7.5kg提升至26kg，与中等发达国家水平趋同，随着大健康经济、首发经济、冰雪经济、银发经济、国潮经济的发展，以及消费品以旧换新、大规模设备更新、发行超长期国债等"优增量"政策的实施，内需将进一步释放。

应对国际贸易壁垒、地缘政治风险的增加，行业企业应立足"科技、时尚、绿色、健康"的发展定位，深化转型升级，一方面守护外贸市场，巩固传统市场，拓展中亚、东盟、非洲等新兴市场，打造多元出口格局，顺应出海大势，提升全球配置资源能力，通过合资并购整合原料、装备、技术、品牌等优质国际资源，实现全球发展。另一方面要关注内需市场，以国内循环带动国际合作。努力防范化解外贸领域风险挑战，以高质量发展的确定性应对外部环境急剧变化的不确定性。

（中国家用纺织品行业协会）

TEXTILE POWER

intertextile
SHANGHAI home textiles

中国国际家用纺织品及辅料(秋冬)博览会

2025.8.20-22

国家会展中心（上海）
National Exhibition and Convention Center (Shanghai)

www.intertextile-home.com.cn

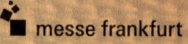

报名扫一扫　　展会官微

国内市场

2024年国内床上用品大型零售市场运行情况及2025年发展趋势

王 欢

2024年，我国床上用品市场在政策支持、消费结构升级和新业态、新模式、新场景、新热点的共同驱动下实现有序发展，家纺企业加大对高景气产品细分赛道的投入和创新力度，消费者的健康化、个性化、高端化、智能化需求得到更好满足，新质生产力加速产业变革进程，"东方美学"概念重新定义床品的文化价值与审美。未来，团体标准引领行业规范化叠加技术赋能，床上用品市场将持续保持总体稳健、结构升级的良好发展态势。

一、2024年全国重点大型零售企业床上用品市场运行情况

近些年以来，随着电子商务的快速崛起，床上用品市场部分销售转移到线上，与实体店渠道形成互相竞争、同时融合发展的态势，但总的来说，线下渠道在通过感官体验、即时服务和场景化营销满足消费者对品质、信任与效率需求方面仍具有不可替代的重要优势和市场意义，尤其在高端市场和重视体验的客群中作用显著，对全国重点大型零售企业销售的床上用品市场进行跟踪统计和分析，对及时了解、掌握消费者心理、产品升级方向、市场未来发展趋势具有重要启发和前瞻意义。2024年，全国重点大型零售企业床上用品市场在上年同比较高基数上零售额不及上年同期，近两年复合年均小幅回落、月度增速中低后扬，市场发展动能充沛、一、二线城市在品质和升级消费需求带动下市场表现持续好于三线城市。

（一）零售额在同比高增长基数下有所下降

中华全国商业信息中心数据显示，2024年全国重点大型零售企业（以百货商场为主）床上用品零售额同比下降14.6%（图1），市场不及上年同期，除社交电商、直播卖货等渠道多元化分流因素外，更主要是来自同比高增长基数的影响。根据计算，2023～2024年近两年床上用品市场复合年均增长率为-1.6%，市场整体保持平稳发展态势。

（二）月度零售额增速中低后扬，市场持续恢复趋势明显

分月度来看，2024年全国重点大型零售企业床上用品市场月度零售额增速全年呈现出第一、二季度平缓、第三季度下探筑底、第四季度降幅显著收窄市场有序恢复的运行情况。其

中11、12月在上年同比增长超过三成的基数下零售额分别同比下降9.5%和4.8%，降幅环比明显收窄，近两年的月度复合平均增长率分别为9.5%和14.3%（图2）。

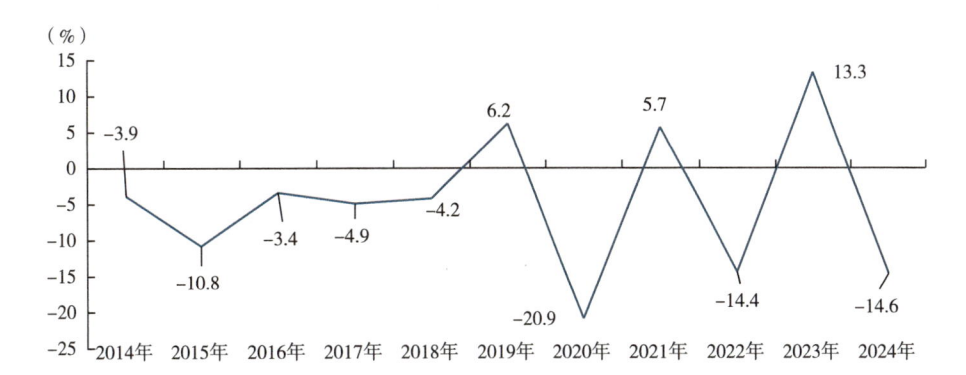

图1　2014～2024年全国大型零售企业床上用品零售额增长情况
数据来源：中华全国商业信息中心

图2　2023年、2024年全国重点大型零售企业床上用品月度零售额增速
数据来源：中华全国商业信息中心

（三）一、二线城市市场零售额增速仍好于三线城市

得益于更高的消费力、更超前的健康意识和对更美好生活的追求，在品质、品牌消费领域，近两年一、二线城市床上用品市场表现持续好于三线城市。2024年，全国重点大型零售企业一线、二线城市市场在上年分别同比增长38.3%、9.3%的基础上零售额降幅仍分别窄于三线城市5.6和7.4个百分点（图3）。

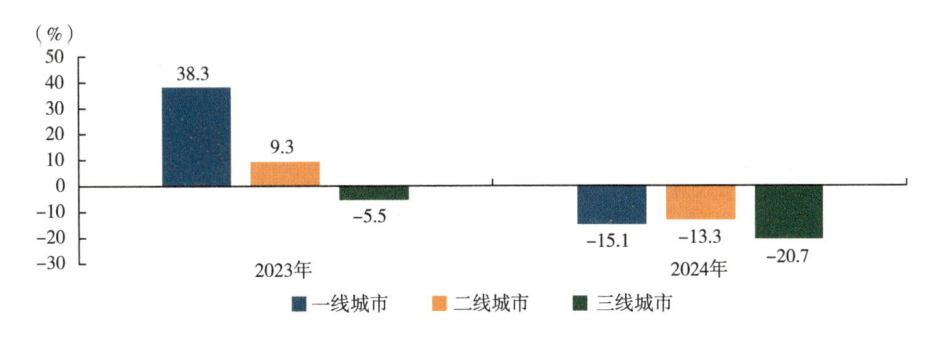

图3　2023年、2024年全国重点大型零售企业床上用品分线城市零售额增速
数据来源：中华全国商业信息中心

（四）销售单价长期上涨，2024年窄幅回落

总的来看，全国重点大型零售企业中销售的品牌床品一方面不断提升产品质量、设计和服务，以更好满足消费者的品质和升级需求，另一方面，这些品牌在新技术的研发和创新上具有先发优势，在智能化和环保新材料等方面的附加值更高，因此得到市场更多溢价。根据中华全国商业信息中心的数据，全国重点大型零售企业各种被和床上用品套件市场销售均价长期看价格逐渐攀升上扬，其中2023年价格涨幅最为明显，相比2022年单价均提升了近百元，涨幅分别为13.4%和14.4%。2024年在此基础上小幅微调，各种被和床上用品套件价格呈现窄幅回落，降幅分别为0.5%和2.9%（图4）。

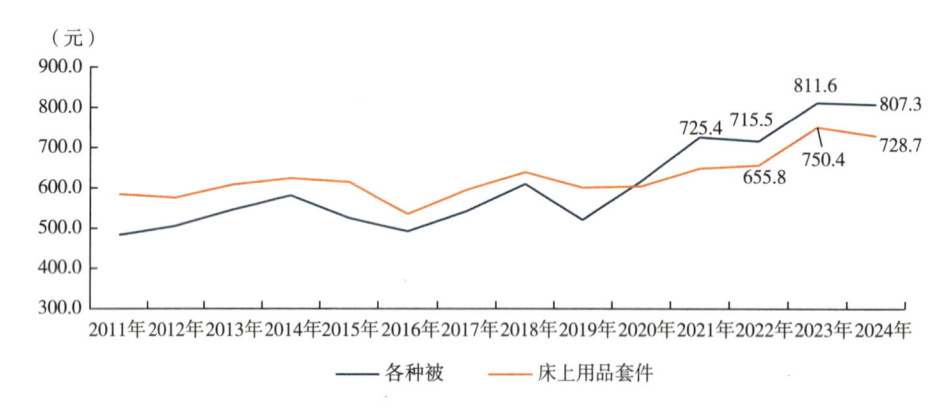

图4 2011～2024年全国重点大型零售企业各种被及床上用品套件平均单价
数据来源：中华全国商业信息中心

二、2024年全国重点大型零售企业床上用品市场品牌运行情况

（一）头部品牌仍占据市场主导地位，份额持续提升推高市场集中度

长期以来，以罗莱、梦洁等为代表的头部品牌凭借强大的研发能力、丰富的产品线和强大的渠道力等优势牢牢占据我国床上用品市场主导地位，例如，罗莱连续多年市场综合占有率领跑同类产品市场，2024年上半年企业营业总收入达到21.06亿元。近些年来，这些头部品牌在高端个性化服务和智能家居床品领域加大投入，在市场高需求细分方向持续进行技术创新和产品推新，进一步巩固了市场地位，提升了市场集中程度。

2024年，全国重点大型零售企业床上用品套件市场前十品牌市场综合占有率的和值为46.2%，相比上一年增长了1.5个百分点；各种被市场前十品牌市场综合占有率的和值为44.5%，相比上一年增长了1.7个百分点。其中，罗莱在套件市场中的综合占有率相比上一年增长了0.3个百分点，在各种被市场与上年持平；梦洁在套件市场中的占有率与上年持平，在各种被市场中市场份额增长了0.3个百分点（图5、图6）。

（二）儿童床品市场需求大，专业品牌迅速发展

根据Statista数据库的调研数据，全球儿童床上用品市场的价值2022年约为90亿美元，预计到2028年将达到约130亿美元，复合年均增长率达到7.5%。儿童床上用品市场的快速扩容

不仅成为整个行业增长的重要引擎，还推动了整个行业的进步和创新。目前儿童床品市场中热销的细分品类有：包含床品、玩具等商品的婴幼儿组合装，分腿式睡袋，安抚防惊跳睡袋，功能性枕头、床垫，以及幼儿园午睡套件、露营便携床品等场景拓宽类产品。

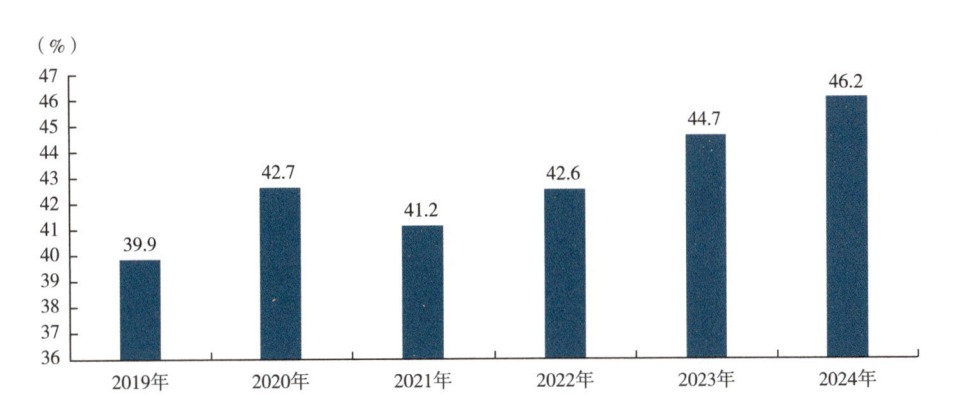

图5 2019～2024年全国重点大型零售企业床上用品套件市场前十品牌市场综合占有率和
数据来源：中华全国商业信息中心

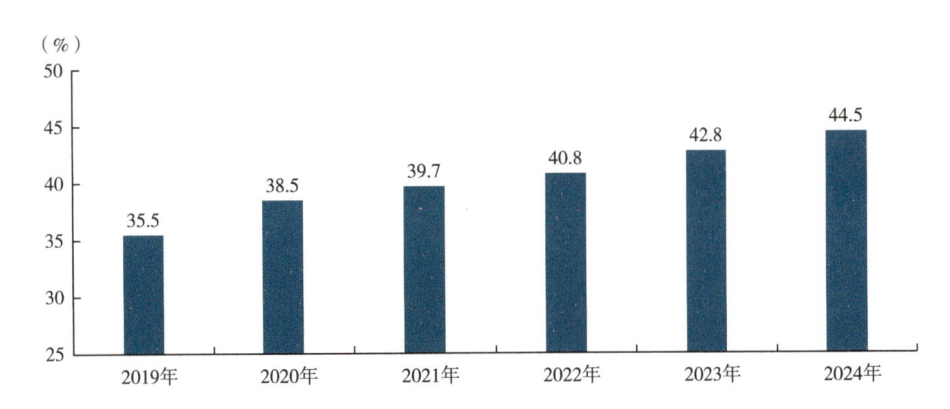

图6 2019～2024年全国重点大型零售企业各种被市场前十品牌市场综合占有率和
数据来源：中华全国商业信息中心

育儿投入的增加和安全意识的强化使儿童床品市场中"安全加环保加科技"的特点更为突出，对头部品牌的集中消费更为明显，根据中华全国商业信息中心的统计，2024年儿童床上用品套件和儿童各种被市场前十品牌市场综合占有率和分别为69.9%和65.1%，均高于相应品类整体市场集中度超过20个百分点。其中，凭借强大的品牌优势，罗莱儿童、梦洁宝贝连续领跑儿童床品市场，2024年这两个品牌合计占据了儿童床上用品套件32.0%和儿童各种被23.2%的市场份额。

三、2024年我国床上用品市场发展特点

（一）品质需求推动床上用品面料材质高端化

消费者对床上用品品质需求的不断提升，叠加科技发展赋能，推动床上用品面料持续迭代升级，向高端化发展。目前市场中关注的方向主要有：①追求极致亲肤体验。以轻柔细

腻，丝般顺滑的超柔纯棉和真丝材质有效减少睡眠时的摩擦感。②聚焦健康环保理念。有机棉、天然乳胶等材质从源头上保证了产品的天然纯净，有效降低过敏风险。③注重保暖透气特性。高品质的羊毛和新型功能性纤维具备良好的透气性和快干性，同时具备更优秀的保暖功能。④强调耐用舒适。床上用品通过增加纱线的支数和织物的密度，不仅提升质感，还能长久保持良好的舒适体验。

（二）新质生产力推动床上用品行业更快转型升级

新质生产力作为现代经济高质量发展的核心驱动力，正深刻影响并重塑传统制造业的产业格局。随着消费需求的升级、科技创新的加持、可持续发展以及绿色制造理念的普及，新质生产力加速了床上用品行业的智能化、绿色化、高端化进度。

一方面，智能制造技术的应用提高了生产效率和产品质量。数字化、自动化技术，如人工智能、大数据分析、物联网等，使床上用品从传统的劳动密集型向技术密集型转变，同时保障了行业持续健康发展和资源的更优化配置利用；另一方面，功能性和绿色环保材料的创新推动产品升级。消费者对床上用品的需求已从基本的舒适性转向健康、安全、环保等多维度考量。具备科技化、功能性、绿色环保属性的产品成为研发热点，众多企业运用新技术、新工艺，探索新面料新功能，不仅能够满足消费者日益增长的健康和舒适需求，也符合加快构建绿色低碳循环发展体系，实现高质量发展的目标。

整体来看，新质生产力的推动助力床上用品行业逐步迈向更高效、更智能、更绿色化方向发展，这不仅提升了行业整体竞争力，也为床上用品企业提供了新的增长点和未来发展机遇。

（三）床上用品市场线下渠道继续占据重要地位

尽管线上购物的趋势持续增长，床上用品中的线下渠道依然扮演着至关重要的角色。许多消费者在选择床上用品时往往需要通过亲自触摸产品的材质、通过试用感受床品舒适性和功能性，才能做出购买决策，选择青睐的产品。线下门店能够提供这种线上渠道无法提供的直观体验，尤其是在高端床品市场，消费者更倾向于在实体门店中感受产品的触感、工艺和品质。此外，线下门店在品牌建设和形象塑造方面也具有独特优势：通过精心设计的场景化床品陈列、专业的客户服务和品牌活动等互动，商家可以建立与消费者的情感连接，提高客户的忠诚度，进而增强品牌竞争力。与此同时，头部床上用品企业正在积极探索线上线下融合的经营模式，充分发挥各自优势，提升消费者的购物体验。例如，通过线上预订、线下体验的模式，消费者可以体验到更灵活便捷的购买方式。根据不同地域的消费群体特点，企业还进一步优化线下门店和产品布局，为特定消费群体推出精细化、多样化营销策略，以提高门店的市场竞争力。

（四）睡眠健康成为选择床上用品的重要因素

随着现代生活节奏的加快和工作压力的增加，越来越多的消费者开始意识到良好睡眠对身体健康的重要性。睡眠质量与身体健康密切相关，因此消费者在选择床上用品时越来越重视其对睡眠健康的影响，对床品功能、细节和材质有着更高标准和更严要求。床垫、枕头、床单等床上用品的舒适性、透气性和支撑力等细节直接影响睡眠环境的质量，进而影响睡眠效果。此外，越来越多消费者选择天然材质床品，更多选择有助于提升睡眠的，具有舒适性、健康性和绿色环保的床上用品。总体而言，消费者对睡眠健康的关注促使床上用品的选择从传统的舒适性向健康性转变，床品的功能性和对睡眠健康的影响日益成为左右购买决策的重要因素。

（五）国潮复兴与文化自信：床上用品的东方美学创新

在2024年，床上用品行业呈现出传统文化IP与工艺创新的显著趋势，体现了国潮复兴与文化自信的深刻影响。这一趋势不仅推动了行业的高端化、差异化发展，还重新定义了床品产品的文化价值与审美导向。2024年，多家企业通过与中华传统文化IP的跨界合作，结合丝绸等传统工艺与现代设计，将经典文化元素与当代审美需求相结合，彰显了深厚的东方美学特色。罗莱家纺与北京故宫的联名系列，通过将故宫的历史文化与现代设计语言相结合，打造出既传承传统工艺精髓又具有时尚感的床上用品产品。这一系列产品不仅突破了传统的消费圈层，吸引了更多年轻消费者的关注，还在文化认同和情感共鸣方面形成了强大的市场号召力。类似的，水星家纺与苏州博物馆的联名合作，以苏绣、绘画和瓷器等传统文化元素为灵感，设计出独具东方美学韵味的床品系列。这一系列的推出，不仅是对中国传统非物质文化遗产的致敬，更是对现代消费者对文化和美学认同的回应。此外，梦洁家纺也积极参与这一趋势，与多个知名文化IP进行跨界合作，其中就有与国家一级博物馆"苏州丝绸博物馆"、故宫的"锦绣岁贡"系列等，推出融合中国传统丝绸文化和博物馆元素的产品。通过这些文化的跨界融合，企业不仅在产品中注入了丰富的历史与文化内涵，还通过现代化的工艺与设计，让东方美学焕发新生，进一步拓展了消费者的文化视野和审美体验。

这一现象的背后，正是国潮复兴和文化自信的强大驱动力。随着国民对民族文化认同的增强，床上用品行业不再单纯追求产品的舒适与功能，而是更多地关注产品所承载的文化内涵和艺术价值。在这种趋势推动下，床品企业不仅是在进行产品创新，更是在对中国传统文化进行现代化诠释与再创造，从而推动了传统文化在当代社会的传承和创新，更推动了床上用品行业向着更高端、个性化方向发展。

四、2025年我国床上用品市场发展趋势

（一）AI助力床上用品市场发展

随着人工智能（AI）技术的迅猛进步，床上用品行业正在经历一场前所未有的变革。AI技术的深度应用正重新定义床上用品的生产、销售及用户体验。在生产端，AI通过分析海量消费者睡眠数据，精准捕捉个性化需求，进而实现床垫、枕头等产品的定制化设计。在供应链管理方面，AI预测模型能够根据市场需求自动调整生产计划和库存管理，优化物流路径，大幅降低企业的运营成本。此外，数字化协同平台和AI客服技术为线上购物提供了更为丰富的互动体验。通过图像识别等人工智能技术，消费者能够在家中模拟床品在不同家居场景中

的搭配效果，感知产品的使用场景，提升了购买决策的准确性。然而，随着AI技术的普及，数据隐私和算法透明度问题也越加引发关注，行业需加强对这些问题的规范与监管，以保障消费者权益。

（二）细分市场深化：功能化、场景化与人群精准定位

随着消费者需求的不断多样化，床上用品市场正朝着细分化方向快速发展。在功能化细分方面，抗菌防螨、温控调节、助眠香氛等功能性床品的需求持续攀升；在场景化消费方面，随着旅游、户外运动、露营等活动的兴起，消费者对床品的需求也愈加注重与场景的匹配。同时，针对酒店民宿、母婴、老年人等特定场景或群体的床品，也已成为各大品牌关注的重点。此外，随着消费者个性化需求的增多，针对不同消费群体的产品设计也愈加精细。针对Z世代的潮流设计、高净值人群的奢华床品，以及老年群体的护脊床垫等细分市场形成了差异化竞争。这一趋势促使企业不断调整产品结构，并通过精准市场调研与柔性供应链响应消费者多样化的需求，进一步推动市场细分化、个性化的深化。

（三）"研发创新"依旧是床上用品行业整体趋势

在床上用品行业，研发创新始终是推动产品升级与市场竞争的核心驱动力。2025年，随着科技的不断发展和消费者对舒适性、功能性需求的提升，床上用品的研发创新将更加注重跨学科的融合，同时也将更加注重校企之间的联动合作，特别是通过产学研用结合的方式，针对不同市场的需求进行研发和创新，开发出满足不同消费者需求的床品，加强了企业的技术创新能力，最终推动床品行业发展。此外，随着人们对健康睡眠的关注度提升，床上用品的设计创新也将从传统的美学向人体工学、智能交互等方向发展，致力于提升消费者的整体睡眠体验。

（四）行业标准引领行业规范化与品质升级

团体标准在推动行业标准化与质量提升中发挥关键作用，标准化工作对于推动家纺行业的高质量发展具有不可替代的作用。2024年，中国家纺协会联合头部企业、政府部门和知名大学发布《被类产品舒适性评价指南》《家用纺织品制造企业管理数字化转型指南》《床上用品售后服务规范》《增重被》《精品纯棉纬编针织床上用品套件》和《产品碳足迹 产品种类规则 床上用品套件》等多项团体标准。一方面在消费者层面上，这些团体标准不仅明确产品性能指标与检测方法，确保了产品的质量，同时也规范了床上用品售后服务的相关内容，有力维护了消费者的各项权益。另一方面，在企业层次上，这些团体标准为企业顺应市场情况，数字化转型与企业转型升级指明了道路与发展方向。这些标准不仅强化了消费者对产品品质健康的信任，同时还鼓励与推动了各类企业技术升级，淘汰落后产能。部分地区执行新标准后，床品抽检合格率大大提升。未来，团体标准将进一步引领行业规范化与品质升级，引领床上用品产业转型升级。此外，标准体系将向国际化延伸，助力中国品牌参与全球竞争，同时通过"标准+认证"模式构建行业体系，促进良性竞争。

（中华全国商业信息中心）

2024年纺织服装专业市场及家纺市场运行分析

胡 晶

2024年是充满压力挑战的一年，新的经济发展周期、地缘政治影响和技术创新冲击不断叠加，行业发展面临着复杂严峻的形势和有效需求不足的现实考验。2024年是承载希望与机遇的一年，行业大力发展新质生产力，纺织现代化产业体系建设取得积极进展，在稳定宏观经济中发挥了建设性作用。从纺织服装流通行业看，2024年是行业竞争格局深刻变革的一年，传统渠道颠覆与创新渠道融合趋势不断加深，给纺织服装专业市场带来巨大挑战，行业进入结构深度调整周期。

2024年我国万平方米以上纺织服装专业市场862家，市场总成交额达到2.36万亿元，同比增长0.45%；中国纺织工业联合会流通分会（以下简称中国纺联流通分会）重点监测的44家市场商圈总成交额为17177.57亿元，同比增长6.79%。专业市场在外部存在较大不确定性，内部发生剧烈结构挑战的现实条件下，坚持守正创新，融合发展，保障了总量规模的整体稳定，实现了平稳收官。

一、总体情况

据中国纺联流通分会统计，2024年我国万平方米以上纺织服装专业市场862家，同比增长0.23%；市场经营面积达到7311.60万平方米，同比增长0.05%；市场商铺数量134.83万个，同比增长0.02%；市场商户数量109.13万户，同比增长0.02%；市场总成交额2.36万亿元，同比增长0.45%。

1. 总量规模方面

我国万平方米以上纺织服装专业市场数量于2018年达到巅峰即915家，随着存量竞争的不断深入，专业市场行业优化与内部淘汰并存，歇业重装、关停倒闭、转变业态等情况加剧，新市场投资建设更加理性，市场总量减少。自2022年以来，关停市场数量和新增市场数量相对平衡（图1）。

2. 成交额增速方面

2019～2024年，专业市场总成交额年同比增速依次为-1.08%、-2.22%、1.98%、-8.54%、10.11%、0.45%。2023年，纺织服装专业市场成交额增速达10%以上，拉动成交额规模恢复至新型冠状病毒感染前水平。2024年，专业市场在不利因素叠加的情况下，维持整体规模，实现了平稳收官（图1）。

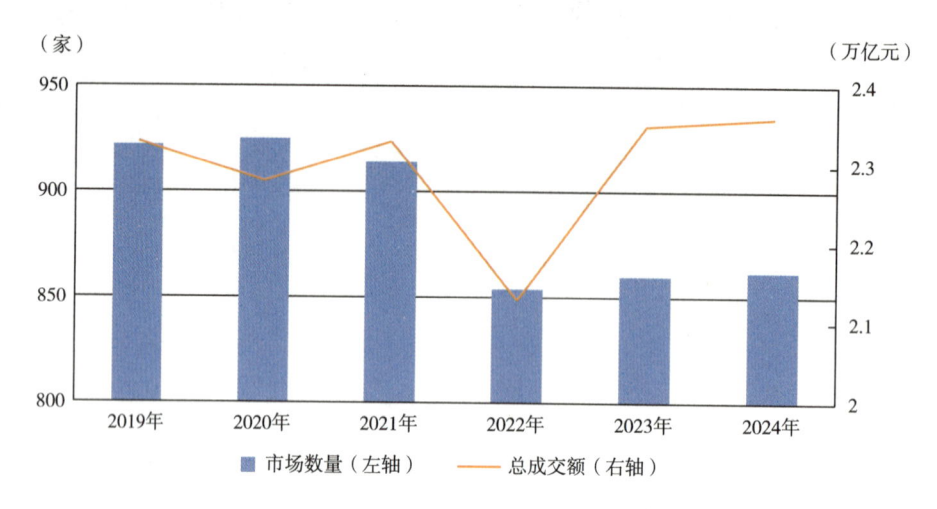

图1 2019~2024年纺织服装专业市场数量与成交额
资料来源：中国纺联流通分会

3. 运行效率方面

2024年纺织服装专业市场商铺效率为174.71万元/铺，同比增长0.44%；商户效率为215.85万元/户，同比增长0.43%；市场效率为32216.03元/平方米，同比增长0.40%。2024年，纺织服装专业市场运行效率、商铺效率、商户效率均达到近六年的最高值，更小的市场和更少的商户创造了更大的价值，专业市场结构优化的成果在运行效率方面逐渐显现（图2）。

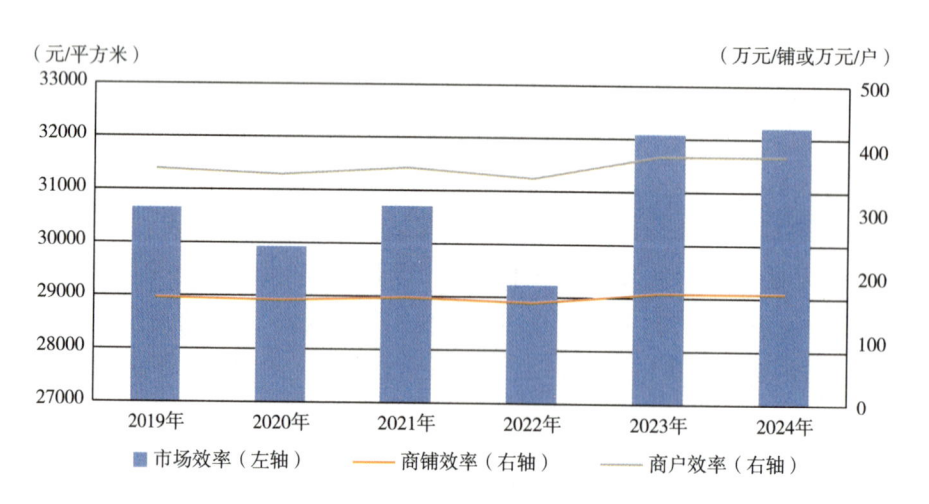

图2 2019~2024年纺织服装专业市场运行效率
资料来源：中国纺联流通分会

4. 景气方面

2024年专业市场管理者景气指数全年平均值为51.84，商户景气指数全年平均值为50.72，两项平均数均高于50荣枯线，可见，2024年我国纺织服装专业市场管理者与商户商业活跃度较高，整体处于扩张区间。从指数走势看，管理者指数起伏更大，专业市场运营淡旺季表现明显；商户指数相对平稳，可见商户在全年始终保持着较为活跃的商业活动（图3）。

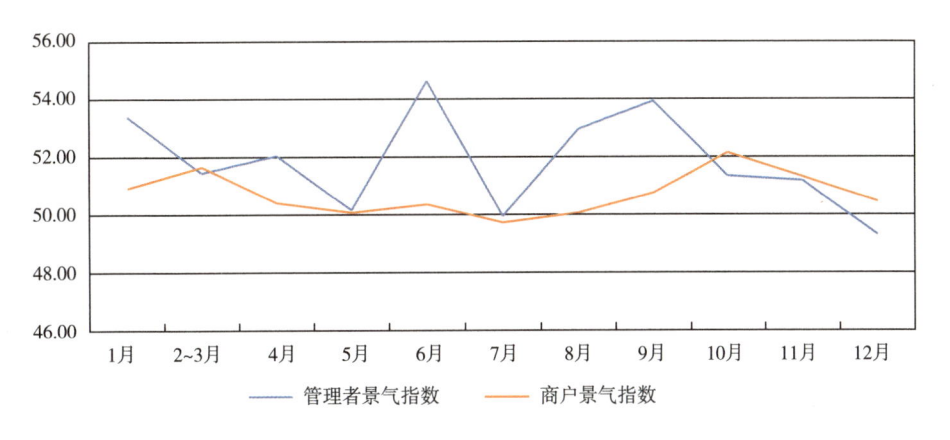

图3　2024年全年景气指数一览
资料来源：中国纺联流通分会

二、结构分析

1. 从区域看

862家专业市场中，东部地区521家（图4），成交额20142.78亿元，占总成交额的85.51%，同比增长1.58%。中部地区188家市场成交额2334.73亿元，占总成交额的9.92%，同比下降5.42%。西部地区153家市场成交额1177.57亿元，占总成交额的4.57%，同比下降6.32%（表1）。

表1　东、中、西部地区市场成交额占比、增速表

项目	东部	中部	西部
成交额（亿元）	20142.78	2334.73	1177.57
占比（%）	85.51	9.92	4.57
增速（%）	1.58	-5.42	-6.32

资料来源：中国纺联流通分会

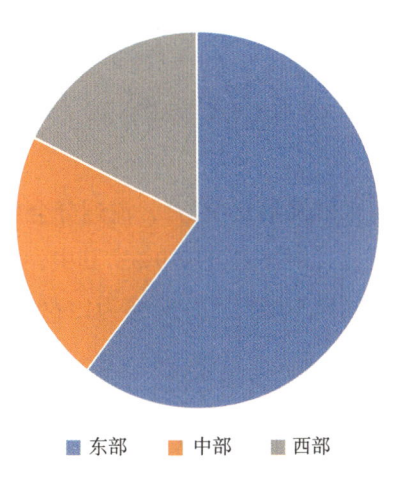

图4　东、中、西部地区市场数量占比
资料来源：中国纺联流通分会

2. 从品类看

服装和原、面（辅）料是我国纺织服装专业市场的主营商品，主营服装和原、面（辅）料的专业市场共610家，占市场总量的70.76%（图5），成交额占总成交额的68.20%。其中，主营服装产品的专业市场453家，在各品类中成交额最高，达8500.66亿元，占总成交额的36.09%，同比下降3.23%；主营原、面（辅）料的专业市场157家，

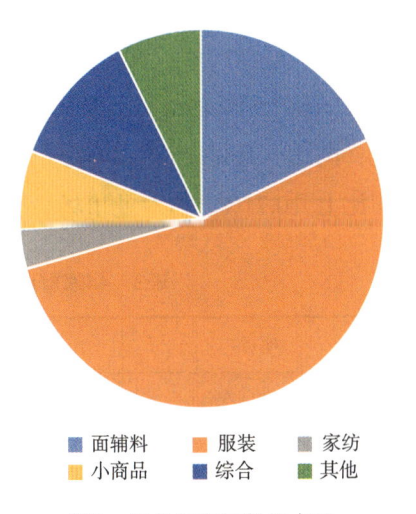

图5　各品类市场数量占比
资料来源：中国纺联流通分会

· 65 ·

成交额位列第二，达7562.90亿元，占比32.11%，同比增长1.91%；小商品市场增速最高，达14.02%；家纺类专业市场也实现了正增长，同比增长1.26%；综合类市场、其他类市场成交额下降，分别下降4.95%、12.96%（表2）。

表2 各品类市场成交额占比、增速表

品类	成交额（亿元）	占比（%）	增速（%）
面辅料	7562.90	32.11	1.91
服装	8500.66	36.09	-3.23
家纺	1853.08	7.87	1.26
小商品	3339.99	14.18	14.02
综合	1613.18	6.85	-4.95
其他	685.28	2.91	-12.96

资料来源：中国纺联流通分会

三、重点监测市场分析

2024年1~12月，流通分会重点监测的44家纺织服装专业市场商圈总成交额达到17177.57亿元，同比上升6.79%。其中，20家市场成交额同比上升，平均增幅为8.98%；23家市场成交额同比下降，平均降幅为1.66%；1家市场成交额持平。

（一）运行效率分析

从市场运行效率看，44家重点监测市场平均运行效率为77332.88元/平方米，同比上升6.79%；平均商铺效率为591.72万元/铺，同比上升6.80%。

（二）市场区域结构分析

从区域结构看，1~12月，44家重点监测市场中，东部地区专业市场成交额为15083.36亿元，同比上升7.62%，占专业市场总成交额的87.81%；中部地区专业市场成交额为1499.21亿元，同比上升1.34%，占专业市场总成交额的8.73%；西部地区专业市场成交额为595.00亿元，同比上升0.71%，占专业市场总成交额的3.46%（表3）。

表3 44家重点监测市场东、中、西部地区成交额占比、增速表

项目	东部	中部	西部
成交额（亿元）	15083.36	1499.21	595.00
占比（%）	87.81	8.73	3.46
增速（%）	7.62	1.34	0.71

资料来源：中国纺联流通分会

（三）流通层级结构分析

从流通层级来看，44家重点监测市场单位中包括26家产地型专业市场、18家销地型专业市场。2024年1～12月，26家产地型市场成交额达到15638.05亿元，占总成交额的91.04%，同比上升7.70%；18家销地型市场成交额为1539.52亿元，占总成交额的8.96%，同比下降1.66%。

四、家纺市场分析

据中国纺联流通分会统计，2024年万平方米以上专营家纺产品的专业市场（含市场群，一个市场群计为1家）共计29家，占全国纺织服装专业市场总数的3.36%；市场经营总面积371.66万平方米，商铺总数4.06万个，经营商户总数3.88万户；2024年成交额1853.08亿元，占全国纺织服装专业市场总成交额的7.87%，成交额增速1.26%，在各品类专业市场中，增速位列第三；家纺市场运行效率为49859.55元/平方米，同比增长0.93%，家纺市场的运行效率略高于全国纺织服装专业市场平均运行效率的32216.03元/平方米，低于重点监测市场的77332.88元/平方米。

从运行情况看，2024年，我国纺织服装专业市场整体承压运行，仅小商品、原面辅料、家纺等三个品类实现了成交额增长。与其他品类相比，家纺专业市场多年来始终稳健发展，展现出较强的稳定性和抗风险能力，截至2024年，家纺市场已经连续九年实现成交额的增长。但是也应看到，成交额增幅持续收窄，家纺市场同样面临较大的升级发展和市场拓展压力。

从规模看，2024年，家纺专业市场的数量、经营面积、商铺数量、商户数量等方面，与2023年总量规模差异不大，小幅波动。部分市场开展重装、扩建、新建等工程，市场经营面积小幅扩大，商铺数量小幅下降，可见市场中大店比例提高，优质商户得到了更大的展示陈列空间。家纺市场运行效率与2024年相比基本持平，高于全国纺织服装专业市场的平均运行效率。

五、2024年纺织服装专业市场运行分析

（一）数据分析

1.专业市场积极应对挑战稳住成交规模

2020～2022年，我国纺织服装流通领域专业市场承压运行，总成交额与2019年前相比存在一定差距。2023年，纺织服装专业市场高速增长，成交额重回2019年前规模。2024年，纺织服装专业市场面临机遇与挑战并存的全新发展阶段，在技术革新、商业竞争、消费巨变的叠加之下，呈现出更加坚韧的发展意志和创新精神，在行业激烈竞争和内部淘汰的情况下，稳住了成交额规模。

2.龙头市场对行业总量的影响持续加深

2024年，纺织服装专业市场面临激烈的内外部竞争，市场发展压力加大，较大比例专业

市场成交额下降。另一方面，在行业困难模式之下，马太效应进一步凸显，各地龙头市场展现出更强的资源整合能力和市场竞争优势，成交额不断实现新的突破。从品类看，柯桥、盛泽面辅料市场群，义乌中国小商品市场，南通叠石桥家纺市场等几大龙头市场群，在各自细分领域占据半壁江山，并在较大总量基数的情况下，实现了中高速增长，直接拉动面辅料市场、家纺市场、小商品市场等三大细分品类实现了成交额的正增长。从全国看，流通分会重点监测的44个龙头市场群占据了全国纺织服装专业市场70%以上的市场份额，并实现了6.79%的增长，对行业总量起到了巨大的拉动作用。

3. 专业市场运行效率达到六年间最高值

2024年，我国纺织服装专业市场运行效率、商铺效率、商户效率均达到近六年的最高值。行业效率的提升，体现出更大的市场创造了更大的价值，这是市场结构优化的直观呈现，也是高质量发展的意义所在。我国纺织服装专业市场行业洗牌仍在继续，优秀的市场和商圈仍将继续吸引更多优质资源集聚。

（二）专业市场进入品质化发展周期

2024年，服装电商发展进入瓶颈期，线上流量红利持续减弱；消费者逐渐向实体回流，随之而来的是数实融合、全域营销、场景体验的全新局面。在新旧商业文明交替的新阶段，我国纺织服装专业市场进入品质化发展周期。

1. 以"新质"为引擎，推动行业全面创新

2024年全国两会后，"新质生产力"这一被写进政府工作报告的概念，引起各行业的广泛讨论。纺织服装专业市场作为纺织服装行业的重要中枢，积极探索以新质生产力为核心的转型升级路径，2024年，专业市场通过新产品研发、新技术应用、新模式融合等积极尝试，取得了良好的成果，带动了营业额的提升。

新产品研发方面，纺织面料市场以产业科技创新为引领，以新材料研发为抓手，以面料研发带动服装研发设计水平的全面升级。柯桥中国轻纺城大力推进"纺织新材料中心""纺织技术创新中心"项目落地，广州国际轻纺城打造"时尚源创平台"，两大面料龙头市场从行业源头开始推动新质生产力在全产业链的深入发展。

新技术应用方面，各地专业市场积极组建技术团队，结合自身情况和现实需求，打造高匹配度、高实操性的全新技术工具，极大提升了专业市场的运营服务效率。常熟服装城升级智慧商城"尚城小二"平台2.0版本，上线12个功能体系，建立线上线下联动机制；郑州锦荣商贸城自主开发"快批吧"平台，通过"曝、探、推、引、聚、卖"实现商、客线上对接，助力商家营销拓客。

新模式融合方面，各地专业市场开展策展式运营，在郑州银基广场、汉正街服装市场等市场出现大面积的供应链集合品牌展厅，兼具供应链平台和"白牌大店"双轮驱动的发展特点；即墨服装城实现职业经理人分区托管和集中运营，打造特色专区，形成良好的示范带动效应；各地市场强化会员制运营，深耕私域流量池，全面提升会员服务体系；商户不断提升原创设计水平，试水轻量化定制、档口与工作室融合等新模式，提升客户的个性化设计服务体验。

2. 以人为本，提升专业市场服务品质

2024年，胖东来在我国零售行业掀起以人为本的新浪潮，纺织服装专业市场作为满足人民美好生活的商业业态之一，不断提升批零兼营的服务品质。除了各类采购节、节假日促销节等传统模式外，各地纺织服装专业市场纷纷打造场景、提升体验，实现了品质服务的新突破。在场景打造方面，广州国际轻纺城、广州中大门、郑州银基广场等打造艺术场景化展厅和策展空间；深圳华海达市场搭建中式古典美学打卡点；推动纺织服装专业市场打造时尚与艺术融合的体验空间。在业态融合方面，重庆大融汇打造"好吃街"，广州白马服装市场引入一楼餐吧区，深圳笋岗商圈引进特色餐车，汉正街商圈打造十字街市集，建设烟火气十足的城市居民消费空间。

3. 发展会展经济，畅通产业流通循环

2024年，纺织服装专业市场充分发挥展会在畅通供需循环中的关键作用，以博览会、采购节、时尚周等多种方式，推动线上线下双向引流，提升了影响力，带动了成交额的增长。

2024年，中国纺联春季、秋季联展在国家会展中心（上海）盛大开幕，白马服装市场、意法服装城、常熟服装城、中纺中心服装城、郑州银基广场等行业龙头市场组团参展，展示了纺织服装流通行业的创新发展成果；2024中国（大连）国际服装纺织品博览会、金正茂·汉派服装总部2024汉派秋冬采批节、第七届中国（鄂尔多斯）国际羊绒羊毛展览会、绍兴柯桥中国轻纺城窗帘布艺展览会、海宁中国国际皮革毛皮时装面辅料展、濮院国际毛针织服装博览会等地方性展会连续举办，极大增强了产业流通活力，加强了各地市场、企业、商户之间的交流对接。

与此同时，各地专业市场积极创办时尚周、服饰节，大力发展"发布经济"，不断提升行业"首发""原创""时尚""设计"内涵。2024济南时装周、2024西柳国际服装周、2024朝天门原创时装周、2024湖南服饰博览会暨芦淞时装周、2024中国流花国际服装节等成功举办，不断提升专业市场在时尚艺术行业的专业地位和话语权。

4. 促进国际合作，全球发展打开新局面

2024年，各地纺织服装专业市场不断发力外向经济，开拓海外市场。海城西柳举办"2024全国纺织服装内外贸一体化融合发展大会"，绍兴柯桥举办"2024国际纺博会海外云商展（英国站）"，中国纺织服装企业积极参加第六届中国纺织精品展览会（南非）、家纺企业积极参加俄罗斯国际家用及室内纺织品展览会，"广州白马时尚行·边贸供应链对接会"在云南昆明拉开帷幕……纺织服装专业市场不断拓展对外国际贸易网络，深化供应链合作。

跨境电商方面，2024年，商务部、国家发展改革委等各部门相继出台文件，持续释放支持跨境电商行业发展的重要信号。纺织服装专业市场敏锐把握行业发展趋势，积极筹划产业出海，布局跨境电商。"毛衫派"全球毛衫一站式跨境采购平台在洪合正式启动；2024广东服装跨境电商大会隆重举行；"希花怒放"产业带出海专场对接会在柯桥举行，TEMU秋冬季重点企业招商会在常熟举行；湖北天门以跨境电商为主题召开2024中国（天门）服装电商产业大会。

六、未来研判

2024年，我国纺织服装专业市场行业进入震荡调整、结构优化的发展周期，同时也进入了新旧商业文明交替、实体消费复苏的战略机遇期。适应新环境、明确新定位、探索新模式、寻找新增量是一个相对漫长而充满挑战的过程，专业市场必须在外部环境的不断变化中，适应上下游主体之变、消费需求之变和渠道模式之变，立足行业内涵与趋势的深刻变化，围绕发展新质生产力的方向要求找到工作着力点；专业市场应坚持线上线下融合、内外贸融合、产商文旅融合、供应链协同的发展理念，共建纺织服装产业流通新生态。

（中国纺织工业联合会流通分会）

上市公司

2024年家纺上市企业分析
——基于11家可获得的上市企业年报分析

张倩

家用纺织品作为居民生活的重要元素，在提升消费品质方面发挥着关键作用。它不仅能为消费者带来舒适的使用体验，还在彰显生活品位、促进家居健康等方面具有重要意义。我国家纺产品生产企业众多，品牌竞争格局较为分散，在供给宽松的背景下，企业经营压力有所增加。然而，家纺上市公司凭借自身优势，在产品、营销、渠道、管理等方面积极创新，构筑核心竞争力，引领品质消费、健康消费。我国家纺上市企业数量动态变化，根据上市公司发布年报情况，选取11家家纺上市企业作为研究对象，旨在梳理2024年企业经营效益情况，总结产品创新、营销渠道创新、发展战略方向等，以便更好窥探品牌家纺企业高质量发展重点，为家纺行业围绕"时尚、科技、绿色、健康"新质态构建现代化产业体系指明方向。

以梦百合家居科技股份有限公司、罗莱生活科技股份有限公司、上海水星家用纺织品股份有限公司、孚日集团股份有限公司、深圳市富安娜家居用品股份有限公司、湖南梦洁家纺股份有限公司、浙江真爱美家股份有限公司、众望布艺股份有限公司、苏州太湖雪丝绸股份有限公司、成都趣睡科技股份有限公司、浙江联翔智能家居股份有限公司（按照营业收入规模排序，以下均用公司简称）为研究对象，进行上市企业分析（表1）。

一、家纺上市公司经营压力较大

从营收规模看，11家上市公司2024年营业收入合计达283亿元，占同期2291户家纺行业规模以上企业营收总额的14%。值得注意的是，这11家企业数量仅占行业规模以上企业总数的0.5%，呈现出"少数头部企业占据高份额营收"的特征，凸显其在行业内的领先地位。但从增长态势分析，2024年上市企业营收同比下滑2.5%，较同期家纺行业规模以上企业营收增速低4.5个百分点，反映出头部企业在市场扩张中面临阻力。

利润端承压更为明显。2024年，11家上市企业归属于上市公司股东的净利润总额为23.4亿元，同比降幅达20%；而同期家纺行业规模以上企业利润总额同比下降7.5%。尽管两者统计口径存在差异，但上市企业利润降幅显著高于行业平均水平，直观展现出其经营压力加剧。从个体表现来看，11家企业中仅有4家实现营收增长，4家实现净利润增长，同时达成双增长的企业仅2家，侧面印证行业头部企业面临的发展困境。

表1 11家家纺上市企业分析

公司名称	梦百合	罗莱	水星	孚日	富安娜	梦洁	真爱美家	众望布艺	太湖雪	趣睡科技	联翔股份
营业收入（亿元）	84.5	45.6	41.9	38.5	30.1	17.2	8.8	5.5	5.2	3.5	2.2
同比增速（%）	5.9	-14.2	-0.4	-1.7	-0.6	-20.5	-7.8	19.2	-3.0	14.0	37.8
利润（亿元）	-1.5	4.3	3.7	9.0	5.4	0.3	0.8	0.8	0.3	0.3	0.1
同比增速（%）	-242.0	-24.4	-3.3	12.5	-5.2	11.0	-28.5	-74.4	-18.3	21.4	200.0
主要产品	记忆棉床垫	被芯、套件	被芯	毛巾	套件	套件、被芯	毛毯	装饰面料	蚕丝被、套件	智能电动床、床垫	墙布、窗帘
出口业务占比收入占比（%）	78	18	0	80	0	3	90	76	未提及	0	0
主要出口市场	欧洲、北美	美国	无	美国、欧洲、澳大利亚、中东、东南亚	无	未提及	中东、北非、南非	美国、越南	未提及	无	无
品牌	MLILY梦百合、NISCO里境和VALUE福至	罗莱、牙玛家居、廊湾家居、内野、芙克星顿	水星	孚日、洁玉	富安娜、VERSAI维莎、馨而乐、酷奇智	梦洁、寐、梦洁宝贝、梦洁家居、觅、七星	真爱	Z-wovens、SunBelievable、NeverFear、Z-free、Z-cycle	太湖雪	8H	领绣（LEADSHOW）、领绣墙布菁华
毛利率（%）	36.9	48.1	41.5	23.3	56.1	40.3	19.5	未提及	40.4	22.4	40.0
其中内销毛利率（%）	42.5	未提及	41.5	11.8	56.1	未提及	17.3	未提及	未提及	22.4	40.0
其中线上销售毛利率（%）	45.1	53.3	43.0	39.2	50.3	32.2	未提及	未提及	未提及	22.2	未提及
研发投入占营业收入比例（%）	1.7	2.2	2.0	5.4	3.2	3.2	7.1	5.6	未提及	3.1	3.0
有无境外产能	有；塞尔维亚、美国、泰国、西班牙	有；美国	无	无	无	无	无	有；越南	无	无	无
产品形象	0压床垫	揉柔科技	被芯大王	高档毛巾	艺术家纺	高端床上用品	功能性毛毯	高档装饰面料	国潮丝绸	智能睡眠	高品质墙布

注：1. 截至收稿，太湖雪和众望布艺均只发布2024年报告摘要，故有些数据无法获取。
2. 研发投入统计包括所有主营业务。

（一）小规模细分领域企业经营表现较好

从营收规模分层来看，5家头部企业年营收超30亿元，其中梦百合以超50亿元营收独占鳌头且实现同比6%增长，其中记忆棉床垫、枕芯等功能性产品贡献显著；其余4家主营套件、被芯、毛巾的企业则出现营收下滑。营收在10亿~30亿元的梦洁股份，因传统套件、被芯产品增长乏力，同比降幅超20%。而5家年营收低于10亿元的企业中，2家规模不足5亿元的企业实现增长，其产品聚焦功能性毛毯、智能电动床等细分领域，展现出差异化竞争优势。数据表明，传统床上用品营收增长承压，功能科技类小众产品更易实现突破，营收规模与企业综合能力间未呈现强正相关。

净利润表现同样分化明显。梦百合、众望布艺虽营收增长，但分别陷入亏损与利润大幅下滑状态（众望布艺净利润同比降超70%）；30亿元以上营收企业中，仅孚日股份实现利润增长。值得关注的是，趣睡科技（3.5亿元营收）与联翔股份（2.2亿元营收）凭借"专精特新"定位实现营收与利润双增长：前者依托智能睡眠产品抢占内销市场，后者把握"轻装修、重装饰"趋势，聚焦功能性窗帘。这印证了在激烈的市场竞争中，具备细分领域专精优势的企业更易突围。

（二）企业盈利能力受产能布局和市场格局影响

在家纺行业11家上市企业中，7家涉足出口业务，出口表现成为影响企业经营的关键变量。不同企业凭借差异化的市场布局、产能策略与研发投入，在关税波动与市场竞争中呈现出截然不同的发展态势。

真爱美家与孚日股份出口依赖度（出口业务营收占比90%、80%）位列行业前列，但二者均未在海外布局产能。孚日股份以美国为主要出口市场，随着美国新一届政府大幅加征关税，其出口受阻风险显著增加。真爱美家则聚焦中东、北非、南非市场，凭借毛毯产品在热带沙漠地区的储尘耐脏特性，以及当地作为保暖用品、赠礼和装饰的多元用途，成功规避美国关税冲击。值得注意的是，两家企业研发投入占营收比重分别达7.1%、5.4%，在11家企业中位居第一和第三，凸显出口型企业对产品创新的重视。

梦百合和众望布艺同样深耕海外市场，出口业务营收占比分别为78%和76%，且均采取海外产能布局策略。梦百合在塞尔维亚、美国、西班牙及泰国设立生产基地，尤其美国基地在关税壁垒下，成为维持订单稳定、抢占北美市场的重要支点；众望布艺将生产基地布局于越南，主营装饰面料广泛应用于家居领域，研发投入占比5.6%，位居行业第二。面对美国关税压力，该企业正加速开拓澳大利亚、中东、南非及欧洲市场，并同步发力国内市场。

从盈利表现来看，7家出口企业中，除孚日股份外，其余6家净利润均同比下降，其中海外设厂的两家企业降幅尤为明显，这反映出海外生产基地在成本管控上面临挑战，也侧面印证国内供应链在效率与成本上的综合优势。

二、以内销市场为主的家纺上市公司已形成差异化品牌矩阵

（一）县域经济活力较好支撑家纺产品下沉市场增长

我国城镇居民已经经历过从传统集市、品牌专卖店、综合商场到线上购物平台的多轮渠道迭代升级，可支配收入的提升和较高的绝对水平已经使其在家纺产品的购买品质和数量上获得了一定满足。而农村居民可支配收入水平相对较低，仍有部分农村居民以传统集市、超市作为主要购物场所，尚未实现家纺产品购买数量、品牌、功能等方面的升级，随着收入水平的提高以及农村消费环境优化和物流条件改善，农村居民的家纺产品消费为家纺行业发展提供了较为稳定的市场空间。

一方面，新型冠状病毒感染冲击下城乡居民消费格局发生显著分化，以新中产群体为代表的城镇居民，因资产结构与收入模式受新型冠状病毒感染影响更为直接，资产缩水程度明显高于农村居民。农村居民消费信心和消费倾向（消费支出/可支配收入）高于城镇居民，率先恢复到2019年之前的水平，三、四线城市的餐饮、零售表现均好于一线城市，充分彰显下沉市场消费活力的蓬勃态势，也预示着其具备更为广阔的消费增长潜力与发展空间（图1）。

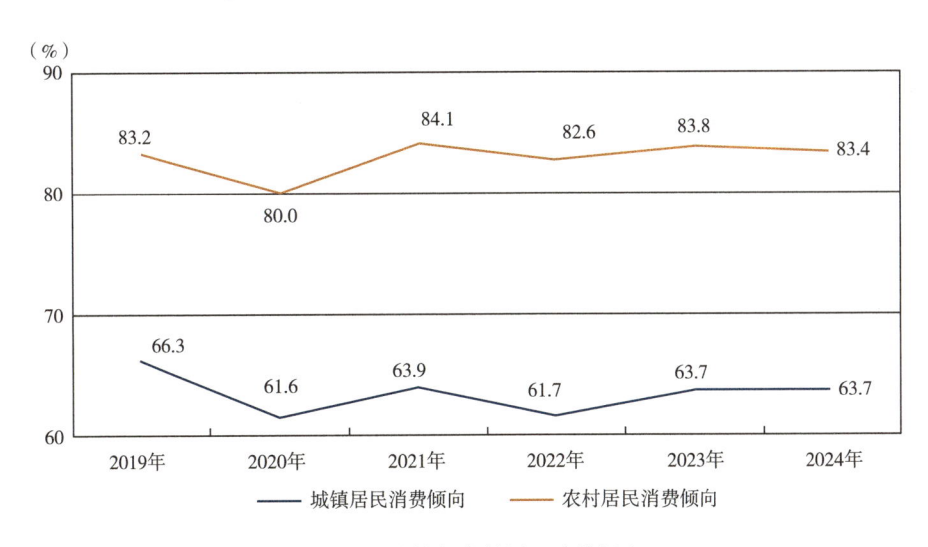

图1 我国城镇与农村居民消费倾向
数据来源：国家统计局

另一方面，目前我国农村居民恩格尔系数（食品消费支出金额/总消费支出金额）为32.3%，城镇居民为28.8%，发达国家普遍低于25%，伴随经济持续发展与乡村振兴战略深入推进，农村居民恩格尔系数有望进一步下降，释放出的消费潜力将逐步向提升生活品质的领域倾斜。相较于其他消费品，家纺产品贴身使用时间长，能最大限度改善睡眠品质和居家舒适度，较易成为消费升级的品类。越来越多的家纺品牌已经开始加速布局三、四线城市，通过开设实体门店、拓展线上渠道等方式抢占市场先机。电商平台数据也印证了这一趋势，县域及三、四线城市不仅涌现出消费升级浪潮，高频网购行为也日益普遍，充分展现出下沉市场强大的消费活力与增长潜力。

（二）超大规模内需市场蕴含的丰富消费圈层赋予家纺产品开发空间

我国经济结构从生产驱动型向消费主导型深度转型，消费分层趋势日益显著，具备鲜明偏好的多元消费群体，以及不断迭代升级的复合产品需求，正成为驱动行业创新发展的核心动能。纵观消费市场演变，每一次行业红利的爆发都与消费人群的结构性变化紧密相连。年轻群体是驱动消费变革与产业创新的先锋力量，热衷个性化、情感化、体验化消费。城市中产是科技、品质和文化消费的中流砥柱，既热衷于为高性价比的奢侈品平替白牌买单，也愿意为工艺精湛的设计品牌、秉持环保理念的可持续材料产品慷慨解囊。银发群体以健康需求开辟纺织产业新蓝海，60～74岁的初老群体、75～89岁老年群体以及90岁以上高龄老人均有不同健康消费需求。

（三）主要面向国内市场的床上用品上市公司根据消费人群特点打造差异化品牌矩阵

套件、被芯、枕芯作为最能彰显个人审美与消费品质的传统床上用品，相关家纺上市公司在消费群体研究方面具备敏锐的前瞻性。众多企业委托专业咨询公司开展常态化消费热点调研，基于不同年龄层的收入水平、价格敏感度、消费理念及痛点，打造多元子品牌矩阵，实现精准市场覆盖。

在深耕国内市场的企业中，富安娜、梦洁、罗莱凭借差异化品牌建设脱颖而出。富安娜立足100%内销市场，针对细分消费群体推出多层次品牌：面向新一线及一至二线城市高端人群，打造"维莎"品牌，以尊贵奢华、极致优雅为特色，产品定价5000～15000元；针对新一线及一至三线城市25～55岁中高消费群体，主品牌"富安娜"以品质高贵、浪漫典雅为卖点，定价2000～6000元；围绕新一线及一至四线城市15～45岁女性，"馨而乐"主打精致时尚、唯美温馨风格，价格区间1000～3000元；面向新一线及一至四线城市3～15岁儿童青少年，"酷奇智"以生动活泼、俏丽可爱形象吸引消费者，定价800～1500元，实现全年龄、全消费层级的品牌渗透。

罗莱同样采用精细化布局，依据城市层级、年龄段与产品特性，构建"罗莱""罗莱儿童""LOVO乐蜗家纺"等自有品牌矩阵，同时整合代理的澳大利亚、意大利等8个国际品牌资源，精准匹配不同消费圈层需求。梦洁则凭借"梦洁""寐""梦洁宝贝"等六大品牌，覆盖家居生活多元场景，进一步巩固其在国内家纺市场的品牌竞争力。

三、家纺上市公司均围绕清晰定位构筑核心竞争力

在家纺行业竞争格局中，11家上市公司通过确立核心产品品类、塑造差异化品牌形象，深度连接消费者情感。这种无形的品牌资产显著提升了品牌联想度与用户忠诚度，叠加各具特色的发展战略，共同构筑起企业的核心竞争力。

从产品与品牌特色来看，各企业呈现多元发展路径。部分企业聚焦产品品质与工艺创新：孚日依托完整产业链、先进设备及研发实力，巩固高档毛巾领域的领先地位；罗莱凭借高品质原料溯源与织造工艺革新，打造超柔科技产品优势；梦百合围绕"提升深度睡眠"理

念，以0压床垫为核心，拓展智能电动床与功能沙发市场，并创新推出0压酒店模式。

在文化价值挖掘与产品创新方面，富安娜深挖文化内涵，拓展新国风、大婚庆等产品线，树立"艺术家纺"品牌定位；太湖雪以丝绸文化为根基，打造国潮丝绸新国货形象。而聚焦细分市场的企业同样表现亮眼，联翔股份通过拓展商业连锁、酒店公寓等多元客户渠道，稳固无缝艺术墙布市场地位，并加速非布艺智能窗帘的研发推广，实现净利润同比增长2倍；趣睡科技依托小米生态链，推动AI技术与睡眠产品融合，净利润增长达21.4%。

此外，部分企业注重服务与市场定位升级。梦洁通过建设高品质原料基地与会员服务体系，塑造高端床品的超值服务形象；水星聚焦功能性、场景化消费，凭借凉感抑菌的"雪糕被"等大单品，强化"被芯大王"的产品标签。这些差异化战略的实施，使企业在细分赛道中形成独特竞争优势。

四、家纺上市公司均实施全渠道营销战略

在家纺行业竞争日益激烈的背景下，11家上市公司均积极实施"线下+线上"全渠道营销战略，基于自身定位与资源优势，在渠道结构和运营策略上呈现差异化特征。线下渠道方面，企业普遍覆盖直营店、加盟店，并在专卖店、商场专柜、奥特莱斯等场景灵活布局；线上渠道则在天猫、京东等传统电商平台基础上，积极拓展社交电商、直播带货等新兴业态。值得注意的是，直营店凭借品牌可控性强、服务体验优的特点，成为多数企业毛利率最高的渠道。

从典型企业实践来看，趣睡科技依托"外包生产+互联网销售"模式，深度绑定小米生态链，63.5%的线上收入来源于小米有品、小米商城；梦百合通过收购西班牙MATRESSES、美国MOR等境外零售渠道，直接触达终端消费者，同时借助亚马逊等跨境电商平台及独立站，发挥工厂与供应链优势；罗莱采用"特许加盟连锁＋直营连锁＋集采团购"复合模式，线上线下协同发力；水星以线上电商与线下经销为主力渠道，持续拓展核心商圈自营门店，实现全网络覆盖；梦洁通过"四一致"策略（品牌、传播、产品、服务）统一顾客体验，并创新"社群爆破""到店核销"等新零售玩法，有效应对线下客流下滑问题。

除全渠道布局外，主攻国内市场的企业在营销创新上亮点频出。梦洁通过高频次跨界联名，携手《中国》纪录片、中国航天"太空创想"、苏州丝绸博物馆等IP推出限定产品，联合"盖娅传说"亮相时装周，并邀请非遗传承人打造文化纪录片，强化品牌文化内涵；同时开创"会员私享会"模式，举办主题沙龙提升会员黏性，推出七星洗护、福娘上门等增值服务，实现品牌美誉度与复购率双提升。水星则依托被芯品类优势，连续五年联合行业协会、学术机构发布《中国被芯白皮书》，以专业内容输出建立行业话语权，助力品牌影响力持续升级。

五、家纺上市公司均围绕新消费经济研发新产品

随着健康经济、疗愈经济、睡眠经济等新消费趋势兴起，家纺行业11家上市公司纷纷加码研发投入，聚焦安全环保、柔软触感、功能保健等领域，推出系列创新性功能性产品，以

满足消费者日益多元化的需求。

在材料创新与工艺升级方面，企业各展所长。孚日股份依托环保材料与循环技术，推出羊羔绒触感速吸毛巾、鹅卵石3D盖毯等产品，重点攻关软篷弹毛巾后整理、高毛单条水洗产品布带包边等技术；罗莱家纺则深度应用低敏净味纤维、生物基大豆纤维等功能型材料，结合超柔针织、混纺工艺，提升产品亲肤性与舒适度，并通过Texsolia高端后整理技术和中棉罗莱1号品质棉种项目，持续迭代超柔无边鹅绒被2.0、0压深睡枕等明星单品。

在功能性纤维研发领域，富安娜聚焦新型材料突破，着力于冰氧纱混纺面料、茶多酚抗菌茶纤维、凝胶枕芯制备等技术；水星家纺围绕抗菌防螨、吸汗排湿等健康功效，开发具备散香舒缓、柔顺亲肤特性的家纺产品。真爱美家则在拉舍尔毛毯细分赛道深耕，推出多彩动态荧光、焦耳蓄热保温、释香抗菌等多功能毛毯，并在微胶囊整理、纳米印花等工艺上取得突破，同时探索细旦羊绒感聚酯纤维、吸湿速干生物基聚酰胺纤维等新型材料应用。

这些研发创新不仅体现了家纺企业对新消费趋势的敏锐捕捉，更通过技术与功能的叠加，推动产品向专业化、高端化方向升级，助力企业在竞争中构建差异化优势。

六、家纺上市公司普遍已将AI应用到全产业链中

多家企业将AI技术深度融入产品开发全流程。罗莱家纺借助AI工具进行花型设计，创新推出"基于AI算法的枕芯智能匹配"系统——消费者通过小程序输入身高、睡眠习惯等参数，AI算法即可精准推荐适配枕芯，线下门店同步配备硬件检测设备，实现线上线下联动体验。该技术已申请多项发明专利，应用后显著提升枕芯销量。联翔股份则聚焦前沿技术，运用深度学习、生成对抗网络优化研发流程，并计划推出集成AI绘画与生成式AI的综合解决方案。水星家纺实现面料数字化到创意设计、效果图生成的全链路智能化升级，大幅缩短研发周期，增强产品创新能力。

企业通过AI技术重塑供应链体系。富安娜运用AI驱动的数字化孪生技术，模拟生产、仓储、物流等场景，实现需求精准预测、智能排产与物流路径优化，有效降低运营成本。真爱美家依托智能新工厂信息系统，构建产品全生命周期成本管控机制，通过数字化资源整合与可视化流程管理，实现生产环节的精细化成本追踪，显著提升供应链效率。

在营销与服务领域，AI技术成为企业增长新引擎。富安娜上线5G视频客服与AI数字人导购，服务响应速度提升70%，成功带动家纺节销售增长；未来计划接入DeepSeek等大模型，构建专属智能决策系统，为战略规划提供数据支撑。趣睡科技借助AI方案策划、智能客服系统，整合用户数据形成多维度标签体系，通过精准推荐算法实现复购率与关联销售双增长。水星家纺全面布局AI应用：在客服端，大语言模型提升问题解决效率；在内容生产端，AI生成卖点文案与视频脚本；在直播场景，数字人技术打造沉浸式购物体验；同时搭建企业级AI助手，实现内部协同办公智能化转型，全方位释放数据价值。

（中国纺织经济研究中心）

2024年挂牌新三板家纺企业发展情况

刘 丹

据全国中小企业股份转让系统显示，截至2025年4月底，新三板挂牌企业共6067家，其中2024年新增350家，分别较2023年和2022年增加25家和80家，分行业来看，2024年新增挂牌企业主要集中在机械设备、基础化工以及电力设备，而家纺行业新三板挂牌企业数量与结构近年来相对稳定，在全球经济发展动力不足的当下，挂牌新三板的家纺企业抗压前行，体现着我国家纺行业发展的决心与韧性。

一、家纺行业挂牌新三板的企业概况

截至2024年底，共12家家纺企业挂牌新三板，其中5家处于创新层，7家处于基础层；从细分市场来看，6家主营床上用品，4家主营遮阳窗帘，1家主营缝制设备，1家主营染整加工（表1）。

表1 截至2024年底挂牌新三板家纺企业情况

公司简称	股票代码	挂牌时间	成立时间	地址	主要产品	分层
苏丝股份	831336	2014年	2010年	江苏宿迁	绢丝产品、棉球、绵条产品、苏丝产品、绢绸产品	基础层
凯盛家纺	833865	2015年	1996年	江苏海门	被子类、套件类、单件类	创新层
远梦家居	835735	2016年	2000年	广东东莞	芯类、布艺类、夏凉类、家居生活类	创新层
名品实业	838032	2016年	2015年	湖南长沙	被枕芯、套件、夏凉品、单件	基础层
雅美特	870293	2016年	2003年	江苏常州	卷帘、百折帘、垂直帘、罗马帘、蜂巢帘	基础层
中健国康	872256	2017年	2008年	天津	健康被、健康床垫、健康枕、套件、护具服饰、口罩、针织布、地毯、日用品、软件及技术服务	基础层

续表

公司简称	股票代码	挂牌时间	成立时间	地址	主要产品	分层
利洋股份	870727	2017年	2011年	浙江宁波	百叶帘、百褶帘、蜂巢帘、智能窗帘管状电机	创新层
富米丽	871878	2017年	2008年	浙江绍兴	涤纶窗帘、涤纶梭织染色布、涤纶台布、靠垫	基础层
明远创意	873567	2021年	2008年	山东烟台	床上用品、婴童用品	创新层
琼派瑞特	873887	2023年	2009年	江苏苏州	智能缝制生产线、其配套设备	基础层
金仕达	874033	2023年	2006年	江苏南通	棉、天丝、竹纤维织物、竹纤维混纺织物的中高档宽幅和特宽幅产品	基础层
名扬科技	873986	2023年	2001年	河南郑州	卷帘、彩虹帘、百折帘、蜂巢帘	创新层

二、经营承压，利润空间被压缩

1. 净利润指标偏弱

2024年，在12家挂牌新三板的家纺企业中，有7家实现营业收入增长，其中只有明远创意和中健国康实现了营业收入与净利润的双增长，除上述两家公司外，其余净利润指标成长性偏弱（表2），根据年报披露信息可以看出，造成净利润竞争力不足的原因有三，一是受市场消费疲软影响，报告期内订单下降，如凯盛家纺、苏丝股份、名扬科技；二是以价换量导致毛利率被压缩，如远梦家居、金仕达；三是企业策略调整，名品实业在报告期调整客户与渠道结构，原合作的部分连锁大型超市退出湖南地区，同时公司主动放弃了有资金回收风险的业务和部分中小经销商，富米丽加强研发投入，同比增长4倍，一定上影响了净利润表现。

表2 2024年挂牌新三板的家纺企业营业总收入和净利润

领域	公司简称	营业总收入 万元	营业总收入 同比（%）	净利润 万元	净利润 同比（%）
床上用品	明远创意	162743	26.29	8205	12.09
	远梦家居	52751	3.73	-1017	-594.24
	凯盛家纺	23286	-20.56	1714	-31.39
	苏丝股份	9806	-10.85	-1844	-28.05
	中健国康	6198	36.25	1155	52.64
	名品实业	3481	-17.01	-368	-907.56

续表

领域	公司简称	营业总收入		净利润	
		万元	同比（%）	万元	同比（%）
窗帘	名扬科技	29253	-15.60	1928	-44.64
	利洋股份	17924	5.64	2824	-7.21
	富米丽	12139	6.09	-145	-305.31
	雅美特	9750	6.15	-881	-2955.44
相关供应链	金仕达	12249	-14.17	202	-85.87
	琼派瑞特	8167	43.51	-2137	47.79

注 本文所述净利润指归属挂牌公司股东的净利润。

2. 毛利率维稳，净利率压缩

2024年12家挂牌新三板的家纺企业平均毛利率为29.27%，其中有6家实现盈利，这6家的平均净利率9.65%（表3、表4）。12家企业两指标普遍较2023年有所下降，只有中健国康保持着强势增长。从近5年历史数据来看，挂牌新三板的家纺企业毛利率整体稳定，12家企业中有9家毛利率维持正常波动或呈上扬趋势，但是超半数企业净利率呈下降趋势。

表3 2020～2024年挂牌新三板的家纺企业销售毛利率

领域	公司简称	毛利率（%）				
		2020年	2021年	2022年	2023年	2024年
床上用品	明远创意	17.76	15.44	21.32	24.07	21.53
	远梦家居	47.92	52.00	45.67	48.45	46.67
	凯盛家纺	28.99	26.90	28.15	28.34	28.27
	苏丝股份	34.71	28.40	30.54	16.10	16.82
	中健国康	12.50	29.31	46.18	55.89	61.40
	名品实业	28.91	31.70	30.59	31.64	27.35
窗帘	名扬科技	27.99	23.51	28.91	36.39	38.36
	利洋股份	37.53	36.01	31.59	36.95	35.22
	富米丽	11.88	11.96	11.35	12.91	11.41
	雅美特	24.85	17.53	11.65	16.95	18.59
相关供应链	金仕达	30.60	25.47	19.65	26.34	18.32
	琼派瑞特	51.79	49.13	39.87	11.39	27.28

表4　2020～2024年挂牌新三板的家纺企业销售净利率

领域	公司名称	净利率（%）				
		2020年	2021年	2022年	2023年	2024年
床上用品	明远创意	5.59	4.46	4.62	5.67	5.06
	远梦家居	5.82	5.59	-7.22	0.40	-1.93
	凯盛家纺	8.29	5.11	4.88	8.52	7.36
	苏丝股份	2.61	-3.06	0.60	-13.09	-18.80
	中健国康	-12.61	-11.38	3.99	10.55	23.56
	名品实业	-10.40	-4.65	-0.97	1.09	-10.56
窗帘	名扬科技	13.20	7.45	8.02	9.94	5.76
	利洋股份	15.45	14.35	9.05	15.89	14.50
	富米丽	0.50	4.24	2.58	0.18	-1.67
	雅美特	8.75	1.45	-10.54	0.34	-9.04
相关供应链	金仕达	14.57	10.97	0.86	10.03	1.65
	琼派瑞特	20.25	12.19	-16.47	-71.91	-26.16

3. 获现能力较上年走弱

经营活动产生的现金流量净额可以反映企业经营活动获取现金的能力。2024年，受增加库存备货、劳务支付、计提折旧摊销等因素影响，挂牌新三板的家纺企业该指标整体较上一年走弱，只有4家企业实现增长。另外，在经营活动产生的现金流量净额与净利润都为正数的前提下，将两者进行比较，得到净利润现金比率，该比率大于1，则一定程度表明企业经营得当，能够将净利润转换为现金流量，有利于企业持续发展，2024年只有2家企业满足，整体水平较2023年下降（表5）。

表5　2023～2024年挂牌新三板的家纺企业经营活动产生的现金流量净额及相关指标

领域	公司简称	经营活动现金流量净额（万元）		净利润（万元）		净利润现金比率	
		2023年	2024年	2023年	2024年	2023年	2024年
床上用品	明远创意	13683	-5686↓	7320	8205↑	1.87	
	远梦家居	2725	-462↓	206	-1017↓	13.25	
	凯盛家纺	9824	-1639↓	2497	1714↓	3.93	
	苏丝股份	621	541↓	-1440	-1844↓	-0.43	
	中健国康	2004	139↓	756	1155↑	2.65	0.12
	名品实业	195	206↑	46	-368↓	4.29	

续表

领域	公司简称	经营活动现金流量净额（万元）		净利润（万元）		净利润现金比率	
		2023年	2024年	2023年	2024年	2023年	2024年
窗帘	名扬科技	2378	2919↑	3483	1928↓	0.68	1.51
	利洋股份	2947	2201↓	3043	2824↓	0.97	0.78
	富米丽	−1530	448↑	71	−145↓	−21.64	
	雅美特	1668	−143↓	31	−881↓	54.05	
相关供应链	金仕达	840	1942↑	1431	202↓	0.59	9.60
	琼派瑞特	1751	720↓	−4092	−2137↓	−0.43	

4.行业平均营业周期稍有拉长

营业周期包括存货周转天数和应收账款周转天数，营业周期的长短决定着企业资金周转的快慢。在市场需求低迷，竞争压力大的环境中，2024年挂牌新三板的家纺企业（剔除主营机械制造除琼派瑞特）的平均营业周期235天，较2023年增加了5天，其中也有亮点，中健国康营业周期较2023年缩短71天，雅美特缩短17天，以历史数据来看，床品企业营业周期发展优于布艺企业（表6）。

表6 2020～2024年挂牌新三板的家纺企业营业周期　　　　　　　　　　　　单位：天

领域	公司简称	2020年	2021年	2022年	2023年	2024年
床上用品	明远创意	143	136	146	150	154
	远梦家居	365	375	341	278	273
	凯盛家纺	135	131	185	133	132
	苏丝股份	502	437	530	426	426
	中健国康	268	497	594	332	262
	名品实业	533	474	501	496	534
窗帘布艺	名扬科技	142	119	160	124	161
	利洋股份	104	118	181	181	205
	富米丽	85	99	145	114	124
	雅美特	128	122	170	174	158
供应链	金仕达	111	105	124	126	153
	琼派瑞特	322	716	1143	1154	795

三、积极经营，依势调整发展策略

1. 加强研发投入

2024年，为提升企业竞争力，挂牌新三板的家纺企业普遍加大研发投入力度，12家企业合计研发投入1.14亿元，同比增长16.42%，12家企业平均研发投入占比为6.42%，较2023年增长了0.67个百分点（表7）。行业企业不断寻求差异化发展路线，围绕新材料、新工艺、新技术展开研发创新，向科技、时尚、绿色、健康发展，提升产品附加值的同时，强化自身特色与优势，当前有9家企业拥有创新属性相关认证（表8）。

表7 2023～2024年（部分）挂牌新三板的家纺企业研发投入情况

公司简称	2023年 研发投入（万元）	2023年 研发投入占比（%）	2024年 研发投入（万元）	2024年 研发投入占比（%）	研发投入同比（%）
明远创意	1655	1.28	2059	1.27	24.45
远梦家居	1584	3.11	1634	3.10	3.19
凯盛家纺	1029	3.51	958	4.12	-6.87
苏丝股份	1046	9.51	946	9.65	-9.60
中健国康	523	11.50	998	16.10	90.86
名品实业	258	6.14	241	6.93	-6.34
名扬科技	348	1.00	694	2.37	99.67
利洋股份	1307	7.70	1383	7.71	5.80
富米丽	59	0.51	296	2.44	404.65
雅美特	492	5.35	565	5.79	14.86
金仕达	652	4.57	582	4.75	-10.67
琼派瑞特	847	14.89	1050	12.85	23.91

表8 2024年（部分）挂牌新三板的家纺企业创新属性相关认证

公司名称	"专精特新"认定	"单项冠军"认定	"高新技术企业"认定
凯盛家纺	省（市）级		√
利洋股份	省（市）级	省（市）级	√
金仕达	省（市）级		√
苏丝股份	省（市）级		√
雅美特	省（市）级		√
琼派瑞特	国家级		√
中健国康	省（市）级		√
名品实业	省（市）级		√
名扬科技	省（市）级		√

2.加强渠道与品牌建设

2024年，挂牌新三板的家纺企业销售费用不断增长，一定程度上反映着行业企业在市场拓展、渠道建设上不断发力，12家企业销售费用合计5.04亿元，同比增长17.53%。加工制造型企业加大市场开拓力度，在巩固线下客户的同时，积极开拓线上B2C渠道，同时企业越来越重视自有品牌建设，远梦家居自有品牌"远梦"定位全品类家居，已开设上百家直营门店；中健国康建立子公司打造"深睡"品牌，聚焦健康睡眠，2024年深睡子公司的营业额也达到了6500万元。

从近5年数据来看，挂牌新三板的家纺企业研发费用和销售费用呈明显增长趋势（图1）。

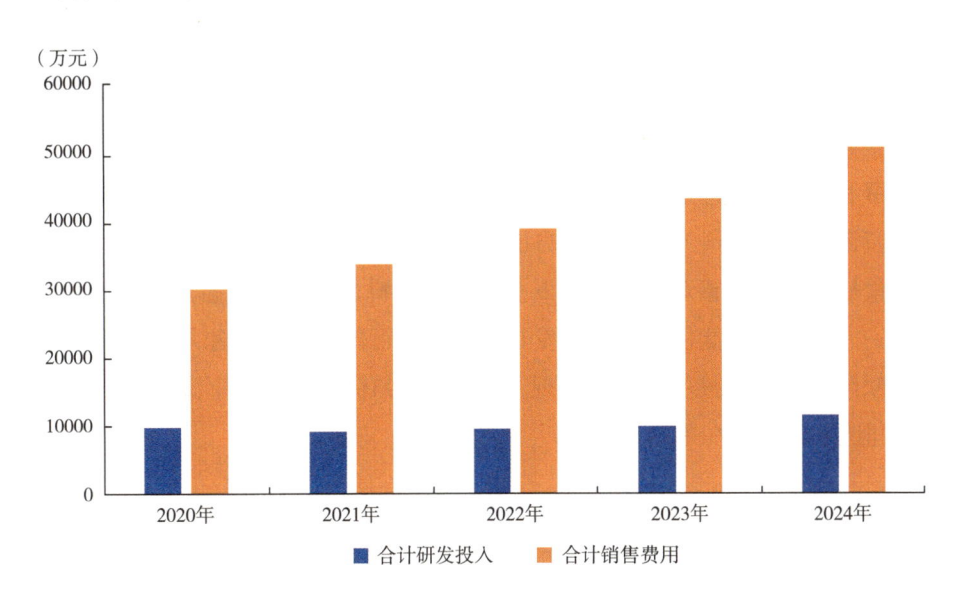

图1　2020～2024年12家挂牌新三板的家纺企业合计研发投入与销售费用走势

四、典型企业运行情况

1.外贸型企业

（1）明远创意——市场拓展取得成效。烟台明远创意生活科技股份有限公司主要产品为床上用品、婴童用品，主要市场为澳大利亚、加拿大、美国等。2024年，公司基于创意设计能力和功能性面料的研发创新能力，以及产业链上下游良好的协作，市场拓展取得一定成效，国际客户订单以及跨境电商业务显著增长，主要的北美洲、大洋洲营业收入同比分别增长43.79%和16.25%，最终实现营业收入17.27亿元，同比增长26.29%；净利润8205万元，同比增长12.09%（表9）。

表9　2024年明远创意分业务营业收入和毛利率情况

	业务名称	营业收入（元）	收入比例（%）	营收同比（%）	毛利率（%）
按产品	床上用品	15.12亿	92.94	26.71	21.06
	婴童用品	7742.68万	4.76	33.06	35.56
	其他	3751.93万	2.31	2.02	11.67

续表

业务名称		营业收入（元）	收入比例（%）	营收同比（%）	毛利率（%）
按地区	北美洲	6.67亿	40.96	43.47	29.12
	大洋洲	6.50亿	39.95	16.25	14.63
	亚洲（内销）	1.35亿	8.32	9.53	17.19
	欧洲	1.10亿	6.73	29.40	22.40
	亚洲（外销）	4147.33万	2.55	−10.31	16.57
	南美洲	2419.42万	1.49	138.08	26.97

（2）名扬科技——布局智能家居。郑州名扬窗饰科技股份公司的主要产品为卷帘、彩虹帘、百折帘和蜂巢帘等遮阳成品，主要市场为欧洲、北美等。公司与中原工学院共建河南省智能高端窗帘工程技术研究中心，一方面聚焦石墨烯、气凝胶等纳米功能材料，开发具备自修复、能量捕获、环境感知等特性的下一代智能材料，布局智能温控窗帘等智能建筑等新兴领域；另一方面推进智能化升级，开发具备自主学习能力的智能家居中枢系统。2024年受消费市场疲软影响，订单减少，最终实现营业收入2.93亿元，同比下降15.06%，实现净利润1928万元，同比下降52.64%（表10）。

表10 2024年名扬科技分业务营业收入和毛利率情况

业务名称		营业收入（元）	收入比例（%）	营收同比（%）	毛利率（%）
按产品	彩虹帘	1.04亿	35.69	−25.42	30.33
	蜂巢帘	6572.95万	22.47	15.38	59.23
	卷帘	6543.73万	22.37	−28.65	33.59
	百折帘	4617.97万	15.79	−12.66	33.41
	其他	1076.22万	3.68	113.61	39.04
按地区	欧洲	1.36亿	46.56	−18.18	27.57
	北美	1.15亿	39.28	−9.54	52.78
	境内	2808.21万	9.60	−31.81	34.73
	其他	1334.29万	4.56	11.69	31.90

（3）利洋股份——内销占比进一步扩大。宁波利洋新材料股份有限公司主要产品包括窗帘、塑料底座等，2024年，公司实现营业收入1.79亿元，同比增长5.64%；净利润2824万元，同比下降7.21%。公司在稳步发展国外大型客户的同时，积极拓展内销市场，大力推进天猫、淘宝等线上渠道，报告期内，内销营业收入1.21亿元，同比增长30.67%，内销收入占比进一步增长，较上一年增长了12.98个百分点（表11）。

表11 2024年利洋股份分业务营业收入和毛利率情况

	业务名称	营业收入（元）	收入比例（%）	营业收入同比（%）	毛利率（%）
按地区	境内地区	1.21亿	67.77	30.67	33.52
	境外地区	5777.16万	32.23	−24.69	38.79

2. 内贸型企业

（1）中健国康——深耕健康睡眠。天津中健国康纳米科技股份有限公司主要产品包括智能健康睡眠家纺用品及相应软件，2024年，公司实现营业收入6198万元，同比增长36.25%；净利润1155万元，同比增长52.64%，毛利率达61.4%，较上年增长了5.51个百分点。公司抓住大健康机遇，深耕健康睡眠领域。报告期内，毛利率较高的健康被、温控床垫、脑波音频助眠枕等产品销售量有了显著提升，从年报披露数据来看，2024年以上健康类床上用品共计实现营业收入3501万元，同比增长达56.77%（表12）。

表12 2024年中健国康分业务营业收入和毛利率情况

	业务名称	营业收入（万元）	收入比例（%）	营收同比（%）	毛利率（%）
按产品	健康床垫	2181.36	35.19	73.54	65.20
	套件	1005.44	16.22	35.96	58.37
	健康被	945.75	15.26	29.51	64.63
	日用品	763.99	12.33	−2.71	36.02
	其他业务收入	536.90	8.66	173.02	96.49
	健康枕	373.75	6.03	51.89	36.33
	护具服饰	179.93	2.90	−48.53	97.27
	软件及技术服务	176.33	2.84	−21.35	46.22
	针织布	20.19	0.33	1788.59	−9.83
	口罩	11.13	0.18	10.08	11.34
	地毯	3.41	0.06	−63.91	24.90

（2）远梦家居——打造舒适健康家居生活方式。远梦家居用品股份有限公司主营产品包括芯类、布艺类、夏凉类和家居生活类产品。公司始终坚持"自然科技生活"的设计理念，为消费者提供简约、生态、舒适、健康的家居生活方式。一方面，公司在商超销售渠道领域取得了较大的发展，另一方面，"远梦"直营店铺发展稳定，专注于打造卧室、客厅、厨房、餐厅、卫浴、园林、户外等自然随性的家居空间的"家居生活馆"受到消费者喜爱。2024年，公司实现营业收入5.28亿元，同比增长3.73%；暂时亏损，主要是2024年实施降价策略，同时成本增加，期间费用较上一年增加了906.52万元（表13）。

表13　2024年远梦家居分业务营业收入和毛利率情况

业务名称		营业收入（元）	收入比例（%）	营收同比（%）	毛利率（%）
按产品	芯类	2.20亿	41.68	1.50	50.54
	布艺类	1.45亿	27.42	3.36	44.76
	其他家居	1.08亿	20.50	2.82	41.15
	夏凉类	5185.02万	9.83	16.58	47.81

3. 产业链企业

（1）金仕达——压力传导，利润空间被压缩。南通金仕达高精实业股份有限公司从事家纺产品的印染加工业务及相关产品销售，主要客户为家纺行业规模较大企业，前五客户的营业收入合计占比38.09%。2024年，市场竞争激烈，为了维持生产规模、稳定市场份额并确保生产经营的持续性，公司在定价策略上进行了适度的调整，主动让渡部分利润空间，最终实现营业收入1.22亿元，同比下降14.17%，其中印染加工业务营业收入1.13亿元，同比下降6.52%，相较其他业务降幅较小（表14）。

表14　2024年金仕达分业务营业收入和毛利率情况

业务名称		营业收入（元）	收入比例（%）	营收同比（%）	毛利率（%）
按产品	印染加工业务	1.13亿	79.41	-6.52	30.52
	产品销售业务	2927.70万	20.52	-43.60	9.98
	其他业务	7.24万	0.05	-51.89	—

（2）琼派瑞特——固定资产投入增加拉动企业增长。苏州琼派瑞特科技股份有限公司为服装、家纺、医疗等领域的纺织品生产企业提供各类定制化智能缝制设备及生产线。2024年，由于下游客户越来越重视生产智能化发展，生产设备等固定资产投入增加，推动公司在报告期内实现营业收入8167万元，同比增长43.51%，当前仍以内销为主，但毛利率较高的外销业务占比进一步扩大，较上一年增长了2个百分点（表15）。

表15　2024年琼派瑞特分业务营业收入和毛利率情况

业务名称		营业收入（万元）	收入比例（%）	营收同比（%）	毛利率（%）
按地区	内销	6582.78	80.60	40.04	19.12
	外销	1584.56	19.40	59.97	61.19

未来，行业企业一方面要寻找自身定位，深耕发展优势，积极推进数智化转型，加强新材料研发与应用，顺应消费升级和大健康意识的提升，开发科技、时尚、绿色、健康的高品质产品；另一方面，优化运营管理，提质增效，合理全球布局，拓展多元化渠道，加强品牌建设，通过不断创新与变革，在变局中寻求发展之路。

（中国家用纺织品行业协会）

科技创新

"十四五"时期我国家用纺织品行业科技创新综述与展望

刘兆祥　王　冉　刘　丹

家用纺织品行业作为纺织三大终端产业之一，是科技与艺术融合的创新创意产业。"十四五"时期，我国家用纺织品行业两化融合建设进一步推进，科技研发与创新技术水平不断提升。2023年，习近平同志提出了加快发展新质生产力，扎实推进高质量发展的新要求，强调"科技创新"是发展新质生产力的核心要素，将我国家用纺织品行业的"科技创新"能力建设提升到前所未有的新高度。"科技创新"不仅是推动行业高质量发展的内在要求和重要着力点，更是实现行业新质生产力发展，构建现代化产业体系的重中之重。

一、"十四五"时期行业科技创新成效与主要问题

（一）所获成效

"十四五"时期，我国家用纺织品行业科技创新实现了从量的积累到质的飞跃，行业科技创新平台迈上新台阶，家用纺织品企业运营管理方面的科技创新得到广泛应用。ERP管理系统在家用纺织品行业内得到进一步推广，实现企业在生产运营过程中对采购、生产、成本库存、分销、运输、财务及人力资源各个环节的有机整合。自动化缝纫流水线、智能验布系统、模块化智能吊挂系统等柔性制造关键技术装备在头部企业得到较好应用。许多优秀企业的科技创新成果和实践获评国家级和行业重点项目。

1. 国家级工业设计中心

"十四五"时期，有5家家用纺织品企业获评由中华人民共和国工业和信息化部认定的国家级工业设计中心。分别为第五批（2021年）获评的华纺股份有限公司工业设计中心、湖南梦洁家用纺织品股份有限公司工业设计中心、愉悦家用纺织品有限公司工业设计中心以及滨州东方地毯有限公司工业设计中心，第六批（2023年）获评的吉祥三宝高科纺织有限公司功能性纺织新材料工业设计中心。

2. 纺织行业创新平台

"十四五"时期，家用纺织品行业中有5家企业被中国纺织工业联合会评为"纺织行业创新平台"，分别为2021年获评的上海水星家用纺织品股份有限公司"纺织行业功能性床上用品

技术创新中心"，2022年获评的愉悦家用纺织品有限公司"纺织行业健康功能新材料重点实验室"，2023年获评的江苏悦达纺织集团有限公司"纺织行业生物基纤维纱线技术创新中心"、吉祥三宝高科纺织有限公司"纺织行业热湿舒适功能材料及制品技术创新中心"、达利丝绸（浙江）有限公司"纺织行业功能性丝绸产品技术创新中心"。

3. 纺织行业创新示范科技型企业

"十四五"时期，家用纺织品行业中共有6家企业获得由中国纺织工业联合会授予的"纺织行业创新示范科技型企业"称号，分别为2021年获评的孚日集团股份有限公司、华纺股份有限公司、江阴市红柳被单厂有限公司、罗莱生活科技股份有限公司和愉悦家用纺织品有限公司，以及2023年获评的吉祥三宝高科纺织有限公司。

4. "纺织之光"中国纺织工业联合会科学技术奖

"十四五"时期，我国家用纺织品行业两化融合步伐不断加速，行业技术水平不断提升。截至2024年，家用纺织品行业共有10个项目获评"纺织之光"中国纺织工业联合会科学技术奖。

其中获评"科技进步奖一等奖"的家用纺织品企业项目分别为愉悦家用纺织品有限公司等完成的"纳米碳素复合纤维与功能产品产业化成套技术及应用"（2021年），"棉织物印染废水深度处理与强碱和水的再生利用技术"（2022年），魏桥纺织股份有限公司、江苏悦达纺织集团有限公司等完成的"微纳米纤维跨尺度镶嵌纺关键技术及产业化"（2023年），华纺股份有限公司等完成的"高耐碱高耐氧漂分散染料制备关键技术及产业化应用"（2023年）等项目。

获得"科技进步奖二等奖"的家用纺织品企业项目分别为2021年获评上海水星家用纺织品股份有限公司等完成的"生物质家用纺织品面料功能化关键技术的研究与应用"和山东魏桥嘉嘉家用纺织品有限公司、浙江衣拿智能科技股份有限公司等完成的"家用纺织品床品高效短流程关键技术及应用"等项目。2022年获评的有华纺股份有限公司等完成的"全流程印染过程数字化控制技术研究与应用示范"项目。2023年获评的有上海水星家用纺织品股份有限公司等完成的"GB/T 40270—2021《纺织品　基于消费者体验的通用技术要求》"项目。2024年获评的有江阴市红柳被单厂有限公司等完成的"宽幅绵柔针织家用纺织品面料的开发与产业化"，紫罗兰家用纺织品科技股份有限公司、新世嘉纺织品（南通）有限公司等完成的"天然染色印花与保健功能纺织品加工新技术"项目。

5. 中国专利奖及行业优秀专利

"十四五"时期，家用纺织品行业获国家级和纺织行业优秀专利的家用纺织品企业和项目为江苏金太阳纺织科技股份有限公司"一种再生纤维素纤维织物抗滑移整理剂、工作液及抗滑移整理工艺"（2021年），滨州东方地毯有限公司"一种无乳胶机织地毯的制备方法"（2022年）荣获中国专利奖。

获中国纺织工业联合会优秀专利的家用纺织品企业及项目如下。

2021年，临沂新光毛毯有限公司"涤纶长丝在毛毯生产中的应用"项目获金奖。魏桥纺织股份有限公司"一次织造成型家用纺织品制品的制作方法"、孚日集团股份有限公司"嵌柔式线描画毛巾及其织造工艺"、华纺股份有限公司"一种耐工业水洗的涤/棉混纺机织物自然弹力面料的印染方法"项目获银奖。山东滨州亚光毛巾有限公司"合股弱捻毛巾生产工艺"项目获优秀奖。

2022年，孚日集团股份有限公司"一种炫彩渐变印花产品的印花方法"、上海水星家用纺织品股份有限公司"一种提高天然彩色蚕丝纤维抗紫外性能的方法"项目获银奖。孚日集团股份有限公司"一种花型组织多样化的多色多层色织毛巾及其织造方法"、山东欣悦健康科技有限公司和愉悦家用纺织品有限公司"一种持久抗菌纤维素纤维的制备方法"以及华纺股份有限公司"一种利用生物酶低温处理的棉粘氨多纤维弹力面料的染整工艺"项目获优秀奖。

2023年，江苏悦达家用纺织品有限公司"一种消除提花绣稀密路的装置及其使用方法"、深圳全棉时代科技有限公司"一种多层纱布提花面料、空调被及织物产品"以及江苏苏美达纺织有限公司"经编横移装置及经编机"项目获银奖。魏桥纺织股份有限公司"一种舒弹丝弹性短纤纯纺纱线及其生产工艺"、烟台明远创意生活科技股份有限公司"一种植物功能性纤维、制备方法及其面料"、苏州琼派瑞特科技有限公司的"一种全自动床单机"项目获优秀奖。

6. 十大类纺织创新产品

中华人民共和国工业和信息化部自2017年开展"十大类纺织创新产品培育和推广"工作以来，截至2023年底，家用纺织品企业的创新产品累计入选292件，其中50%以上为企业充分利用新材料、新技术、新工艺创新开发的智能科技产品、舒适功能产品、易护理产品、健康保健产品等几大类产品。尤其以罗莱生活科技股份有限公司、孚日集团股份有限公司、上海水星家用纺织品股份有限公司、华纺股份有限公司、江苏金太阳纺织科技股份有限公司、愉悦家用纺织品有限公司、浙江和心控股集团有限公司、山东魏桥嘉嘉家用纺织品有限公司、湖南梦洁家用纺织品股份有限公司、烟台明远创意生活科技股份有限公司、无锡万斯家居科技股份有限公司、江阴市红柳被单厂有限公司、如意屋家居有限公司等企业为代表的多款具备抗菌、防螨、遮光、阻燃、助眠、健康监测、易护理等功能的系列科技创新产品屡获殊荣，充分体现了优秀家用纺织品企业科技创新支撑功能性新产品开发的能力和实力。

7. "专精特新"企业

"十四五"时期，获评纺织行业专精特新企业（第四批）的家用纺织品企业及产品如下。

河北天茂印染有限责任公司的"学生公寓床品印花布"、纤丝坊（苏州）新材料有限公司的"阻燃窗帘面料"、宁波博洋家用纺织品集团有限公司的"博洋七星稿定·东方床品"、浙江梦神家居股份有限公司的"弹簧软床垫"、山东魏桥特宽幅印染有限公司的"梵赛尔石墨烯床上用品面料"、阳信思踏奇实业有限责任公司的"生物基海藻纤维地毯"等。

第一批纺织行业专精特新复核通过的家用纺织品企业及产品如下。

山西潞安府潞绸织造集团股份有限公司的"新娘潞绸被"、大连东立工艺纺织品有限公司的"流苏"、上海兆妮品牌管理有限公司的"金玉兰手绣（披肩）"、上海东隆羽绒制品有限公司的"'东隆'羽绒制品"、凯盛家用纺织品股份有限公司的"'凯盛牌'家用纺织品套件"、浙江蚕缘家用纺织品股份有限公司的"99金标高蓬松纯桑蚕丝被"、杭州柯力达家用纺织品有限公司的"高耐磨环保装饰面料"、浙江五世同堂真丝家用纺织品股份有限公司的

"'五世同堂'蚕丝被"、浙江双灯家用纺织品有限公司的"棉花糖毛巾"、宁波丽华家居用品有限公司的"组合型新材料地毯"、烟台明远创意生活科技股份有限公司的"生态环保家用纺织品产品"、成都晓梦纺织品有限公司的"荞麦中药枕"、广西嘉联丝绸股份有限公司的"'南方丝巢'桑蚕丝被"。

安徽三宝棉纺针织投资有限公司、山东玉马遮阳科技股份有限公司、六安海洋羽毛有限公司等家用纺织品企业获评国家专精特新"小巨人"称号。

8. "单项冠军"企业

威海海马地毯集团有限公司、滨州东方地毯有限公司两家家用纺织品企业获评国家级"制造业单项冠军"企业。

(二)主要问题

现阶段，家用纺织品行业企业在数智化生产方面的科技水平还有较大空间：采用自动化、连续性生产线的企业比重接近一半，仍有较大发展空间；能够使用大数据分析工具和智能仓储系统的企业仅占三成；而云计算、人工智能和机器学习方面在家用纺织品行业内尚处于探索阶段，已在该领域有所涉及的企业仅占十分之一。具体来说，家用纺织品行业在"十四五"时期科技创新的主要不足在以下方面。

1. 行业全面自动化程度有待提升

"十四五"时期，家用纺织品头部企业在自动吊挂、自动剪裁及四边缝制及智能仓储等生产流程环节的自动化程度较高，但行业整体全面的自动化程度相对有限。进一步提高设备利用率，扩大自动化装备应用范围，是家用纺织品行业企业目前较为关注的问题。成熟的智能化、自动化装备如何满足家用纺织品企业在某些环节和领域的具体需求，如跨界技术融合、流苏等具体个性化产品的自动化实现等问题，也是家用纺织品企业关注的具体问题。如何更好地实现家用纺织品制造企业与数智化、自动化装备研发机构和生产企业的有效精准对接，是接下来助力行业数智化转型的重要任务。此外，设备改造升级与成本控制的平衡也是行业关注的重点。

2. 新材料研发在家用纺织品产品的应用水平需进一步提升

家用纺织品企业目前普遍意识到新材料研发对家用纺织品产品开发的重要性，对原材料创新的要求越发凸显。例如，促进睡眠与隔音降噪的材料、面料的功能性改良、面料染色的漂洗色牢度及如何解决褪色抗皱等问题是家用纺织品生产企业最为关注的问题。此外，企业在面料研发中对阻燃助剂等也提出更高要求，与化工企业有进一步深度的合作研发需求。同时加强人才培养与互通交流，注重品牌文化建设与知识产权保护。

3. 完善行业标准制定与市场监管体系建设

响应国家号召，推进环保型生产工艺的研发，加快水性原料的进一步替代，减少污染物排放，更好地满足国际化要求。在产品标准制定中，要将新品研发与市场空间相结合，在硬性指标的确定方面进行多方面综合考量。在安全标准基础上，使产品品质更贴近消费者使用体验。完善行业细分标准体系建设，提升产品质量的稳定性。同时加强对行业产品质量和渠道建设，尤其是线上渠道的监管力度，维护良好的市场秩序。

二、"十五五"时期行业科技创新主要方向

1. 提升"科学技术奖"获评比例

"十五五"时期，持续推进家用纺织品领域的科技创新研发力度，鼓励家用纺织品企业、专业院校及科研院所积极申报纺织行业"科学技术奖"等奖项，提升家用纺织品行业的获评比例。

2. 智能工厂构建

2024年中华人民共和国工业和信息化部等六部门联合推动智能工厂梯度培育架构，分为基础级、先进级、卓越级和领航级。"十五五"时期，鼓励家用纺织品企业积极推动智能工厂构建，聚焦自动化基础，增加家用纺织品行业"基础级"智能工厂数量并鼓励有能力的企业向所在省、自治区、直辖市申报"先进级"智能工厂；共同推进行业企业向"卓越级"和"领航级"方向努力。

3. 企业技术中心构建

"十五五"时期，围绕绿色低碳生产、智能化与数字赋能、高性能新材料等核心方向，推动家用纺织品企业积极构建纺织行业技术中心和省、市级技术中心。

4. 产学研科技创新实验室（基地）

"十五五"时期，持续推进产学研融合创新，助力家用纺织品行业企业与高校及科研院所交流互通，打造科技创新实验室。

三、"十五五"家用纺织品行业科技创新重点任务

1. 搭建行业科技创新交流推广平台

形成行业上下游产业链的合作交流和协同创新机制，将更多创新要素和创新力量引入家用纺织品产业链，实现从新型纤维原料研发、智能设计工具升级到智能制造装备及工艺改造更新，先进供应链运营管理和新型营销技术及模式等多领域的融合链接。构建我国家用纺织品行业新质生产力联盟。

2. 建立系统高效的家用纺织品行业科技研发体系

坚持问题导向，常态化开展家用纺织品行业科技需求状况调研，识别家用纺织品行业关键共性技术。

坚持目标导向，推进产业链资源融合共创，有针对性地对家用纺织品行业关键共性技术进行攻关克难。

充分调动行业内科研平台及人员的积极性，激发更多的行业科研热情，聚焦并带动全行业产品开发应用创新水平再上新台阶。

3. 完善多层协同的创新平台体系

充实中国家用纺织品智库专家队伍，提高家用纺织品行业产学研用合作水平和效益。建立、完善家用纺织品行业与产业链相关环节（新材料、新技术和新装备等）的创新联盟平台。

探索与相关产业的跨界合作新模式，推进家用纺织品企业的智能制造、AI赋能、绿色转型等。提升科研成果供需对接转化的质量与效率。推动基础创新、关键创新、融合创新与应用创新，坚持深化改革开放，加强国际科技合作。

4. 建立新型高质量的标准支撑体系

围绕国家战略，结合行业特点，在科技创新、智能制造、绿色低碳等领域加强标准的研究和制定。

积极推进家用纺织品团体标准的制定与发布实施。提高标准供给质量水平，紧紧围绕新技术新产品，加快制定一批高质量、市场急需的产品标准。以先进的高质量标准引领行业转型升级，助推行业高质量发展。

表1为"十五五"期间家用纺织品行业需重点突破的关键技术。

表1 "十五五"期间家用纺织品行业需重点突破的关键技术

编号	技术名称	类别	意义	研究内容与现有基础	2030目标
1	家用纺织品智能缝制生产技术	关键技术	依托大数据、人工智能等数字技术，个性化串联缝制生产全链条，实现智能管控，最大限度地优化工艺参数、提高生产线效率	上工富怡已经实现一体化的被芯缝纫系统	智能化水平和行业应用显著提升
2	热熔纤维网膜固结地毯绒头复合机及地毯新产品产业化关键技术	关键技术	采用热熔纤维网固结绒头可以避免乳胶工艺带来的生态环境污染及回收问题	该技术应用在地毯背胶工序，行业龙头地毯企业已获得相关专利，为产业化奠定了基础	实现产业化
3	天然微生物色素环保健康功能毛巾的研发及产业化	基础研究	目前，有色毛巾几乎全部使用活性染料着色，存在来源不可再生、高盐高碱废水量大、自然降解性差、无附加功能等问题。微生物源天然功能色素的开发及对毛巾织物染色可较好地解决上述问题	该技术应用于毛巾、浴巾等领域。孚日集团联合青岛大学进行相关技术开发	耐皂洗、耐摩擦、色牢度、抑菌率等指标达标，实现产业化
4	植物性气凝胶材料复配制备关键技术	关键技术	不仅有助于实现资源的可持续利用，减少对传统化石资源的依赖，降低环境污染，同时也为多个行业提供了高性能、环保型的材料选择	当前在气凝胶材料的干燥工艺、性能提升和成本降低等方面取得了显著进展，市场规模持续扩大，应用领域不断拓展	到2030年市场规模预计将达到357.5亿元
5	中草药染整技术	关键技术	运用具有药用价值的中草药染料进行染色染得的面料不仅环保、天然，还具有医疗保健的功效	可应用于床品等产品中，已有相关技术	形成中草药产品功能认证标准，提高市场认可度

四、家用纺织品行业"十五五"科技创新工程

表2为"十五五"时期家用纺织品行业重点工程。

表2 "十五五"时期家用纺织品行业重点工程

编号	技术名称	类别	研究内容	2030年目标
1	数智化赋能家用纺织品自动连续生产线的普及	重大技术	个性化定制家用纺织品产品自动化、智能化生产。特殊工艺的家用纺织品如装饰布艺等进一步实现数智化生产运营。 现有基础：基本实现被类产品、毛巾产品自动生产线，智能制造水平提升	全面实现自动化生产线应用。AI赋能，进一步提升家用纺织品行业的数智化水平
2	AI赋能构建行业国际供应链体系	重大技术	家用纺织品全产业链智能集成管理系统。以大数据、人工智能赋能家用纺织品行业，实现企业信息资源的高度集成；帮助企业建立高效、统一、协同的工作机制，实现现代化国际供应体系建设	在行业广泛应用
3	家用纺织品智能制造创新联盟	重大体系	在与机械、印染等相关行业的交流合作中提升家用纺织品行业设备水平，进而提升行业数智水平，进一步发展行业新质生产力	较成熟完善
4	废旧家用纺织品产品回收应用的实施	重大体系	建立科学、可行的回收体系，环保高效的处理技术及装备	建立回收利用体系
5	新型功能纤维的研发应用	重大产品	随着人们对美好生活的追求，对健康、抑菌、助眠及舒适性的需求不断提升，具备良好性能的再生纤维素纤维等新型纤维在床上用品、毛巾等家用纺织品产品的应用程度不断扩大。需要进一步研究功能性纤维在家用纺织品产品中的应用，不断提升产品性能以满足消费需求	普遍应用，不断满足市场需求
6	智能家用纺织产品的开发研究	重大产品	随着科技的发展，家用纺织品产品不断搭载感温、感光等智能功能，但目前以其他科技行业设计生产为主，家用纺织品行业技术仍处在低位	智能家用纺织品研发设计能力显著提升

五、家用纺织品行业的前沿技术与未来产业

1. 健康睡眠产业

以科技创新赋能发展健康睡眠产业。增加对智能家用纺织产品的研发投入，与高校、科研机构合作，推动新技术转化。同时借助人工智能、大数据、互联网等先进技术，开发更精准的睡眠监测设备和个性化睡眠辅助应用，根据用户睡眠数据提供定制化解决方案。

建立共创生态体系。行业协会牵头整合睡眠产业、家用纺织品及家居领域相关科研院所专家资源，打造产学研共创生态，持续深入开展睡眠相关课题研究，开发有针对性的产品和解决方案，并加速科技成果转化。

注重产品品质与渠道拓展。协会组织相关企业机构制定行业标准，规范市场秩序，提高产品质量，引导行业健康发展。同时拓展市场渠道，推动线上线下渠道融合发展，并积极开拓下沉市场，不断满足日益增长的美好生活需要。

2. 智能家居配套产业

以人工智能技术赋能家用纺织品及家居相关产业的创新升级，进一步促进家用纺织品行业的数字化、智能化改造升级。促进人工智能技术与家用纺织品行业的深度融合，打造人工智能+家用纺织品行业的整合创新力。

引入先进的生产设备和自动化生产线，提高生产效率和产品质量，进一步推进家用纺织品行业企业的智能制造升级。结合物联网技术，开发具有智能监测、调节功能的家纺产品。

3. 科技创新赋能家用纺织品品牌新势能

以科技创新推动家用纺织品行业在产品研发、生产技术与设计、营销与服务及人才培养等多维度发展，共同推进家用纺织品行业企业及产品品牌创新力建设。

在设计创新方面，借助科技手段深入挖掘传统文化元素与现代设计理念相结合，融合多元文化元素提升产品设计水平。运用人工智能、虚拟现实（VR）等技术，提升设计效率和准确性。

六、"十五五"时期家用纺织品行业科技创新保障措施

1. 加强人才队伍建设

鼓励企业加强与高等院校、科研院所的深度对接交流；完善行业协会智库专家团队建设体系；以家用纺织品行业发展需求为导向，完善高等院校专业领域学科设置与人才培养计划，进一步促进行业产、学、研、用深度融合。

2. 加强技术指导

设立区域性技术服务中心及行业技术服务平台，为中小企业提供工艺优化、设备升级、质量检测等技术支持。同时搭建行业技术共享平台，推动专利、工艺、标准等资源的开放共享。

3. 引导消费市场

在发挥行业组织和生产企业对终端消费引导作用的同时，充分发挥各类媒体平台的宣传影响力，共同营造健康消费、科学消费的社会氛围，引导消费升级，激活潜在消费市场，加强对消费需求的研究拓展，不断提升行业研发技术水平与供应链整合创新模式，以满足日益个性化、多样化的消费需求。

4. 加大财政税收扶持力度

建议有关政府部门加大研发税收优惠力度，如研发费用加计扣除政策，对绿色技术、智能家纺等领域的研发额外提高扣除比例。同时，对通过高新技术企业认定的家用纺织品企业减征企业所得税，并允许亏损结转年限延长。通过人才激励税收政策适当加大对科技人员股权奖励、科技成果转化收入等实行分期纳税或减税优惠等。

5. 发挥平台作用，助力构建服务体系

充分发挥协会组织作为政府和企业桥梁纽带的职能，强化行业协会在市场调查、运行监测、行业研究、产业规划、品牌建设、人才培养等方面的功能与作用。支持协会做好行业综合服务，深入开展信息咨询、技术推广、市场拓展等服务工作。协调推进打造数字技术驱动、以用户为中心、标准化与灵活性相结合的纺织行业现代化产业体系。

（中国家用纺织品行业协会）

"十四五"时期我国家用纺织品行业柔性制造关键技术应用及发展趋势

刘兆祥 蔡再生 王 冉 侯科如 刘 丹

"十四五"时期，我国家用纺织品行业以习近平新时代中国特色社会主义思想为指导，全面贯彻党的十九大、党的二十大精神，牢固树立新发展理念，推进产业转型升级和供给侧结构性改革，系统性构建高质量发展新格局，以提质增效、结构调整、科技创新及绿色发展为目标，推动柔性制造关键技术在家用纺织品行业的扩展应用。通过数字化设计、智能裁剪缝制、柔性材料处理及工业互联网等技术，实现小批量、多品种、高效率的生产模式，显著缩短交货周期、降低库存并提升产品附加值。行业在智能制造关键设备以及智能协同管理平台等软件管理平台的应用方面均取得实质进展。

一、家用纺织品行业科技创新现状及柔性制造需求

2024年初，中国家纺协会面向国内家纺企业进行摸底问卷调查，结果显示家纺企业普遍认为科技创新可以提高企业生产效率，提升产品品质，增加市场竞争力（图1）。随着消费者的需求和在线直销市场的高速增长，市场逐步呈现个性化、定制化的发展趋势，例如婚庆、酒店高端化等配套的私家床品需求量增长，以及宜家等品牌推动的小批量快反（快速反馈）生产模式。传统的大规模标准化生产模式逐渐成为企业发展的瓶颈，包括交货周期长（通常为30~60天）、库存压力和产品同质化严重以及人员成本上升等问题，使家纺产品生产亟须柔性制造技术来完成从设计、裁剪、缝制、工艺、智能生产到仓储物流一体化的快速供应链，不断缩短交货期支持按需制造，同时合理降低库存，提升小批量多品种快速反应能力[1]。此外，自动化设备的应用显著减少了对人工的依赖，数字化产品设计、数字化裁剪与缝制装备（缝制设备包括自动裁剪裁床、自动缝制加工机，缝前加工设备包括自动轧机、自动铺料设备，以及缝制设备与铺布辊的对接自动化），构建家纺产品行业工业互联网集成，进一步提升了生产效率和成本可控性，成为家用纺织品行业转型升级的关键驱动力。

---

[1] 陈明伊. 服装企业柔性化智能生产模式研究[J]. 江苏丝绸，2022（5）：32-34.

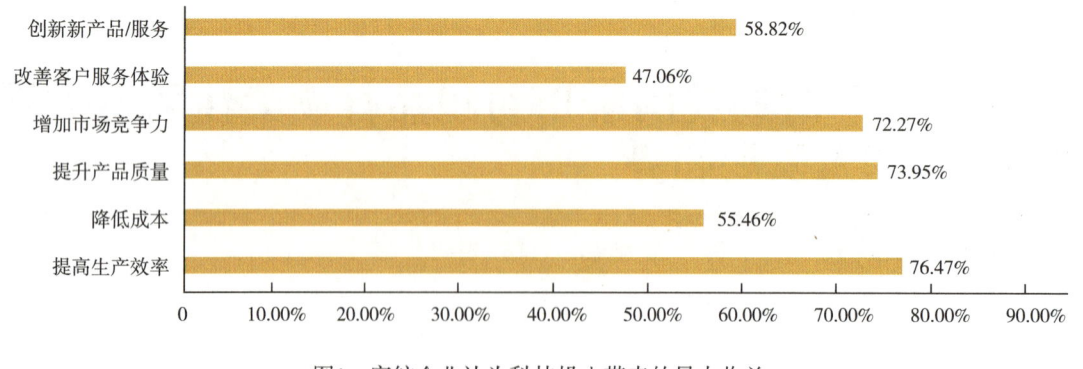

创新新产品/服务	58.82%
改善客户服务体验	47.06%
增加市场竞争力	72.27%
提升产品质量	73.95%
降低成本	55.46%
提高生产效率	76.47%

图1　家纺企业认为科技投入带来的最大收益

二、"十四五"时期家用纺织品行业柔性制造关键技术应用概况

"十四五"时期，我国家用纺织品行业围绕科技创新、时尚研发、绿色低碳、大健康产业构建及国际供应链布局等多维度推进转型升级，在行业柔性制造关键技术及应用方面取得了一些进步。家用纺织品柔性制造的关键技术主要包括数字化设计与仿真、智能裁剪与缝制、柔性材料处理技术及工业互联网与数字孪生技术[1]，通过计算机辅助设计（CAD）系统实现产品的快速设计和可视化呈现[2]，智能裁剪与缝制技术是柔性制造的核心环节，柔性材料处理技术主要解决纺织品在生产过程中的输送、定位和加工问题，工业互联网与数字孪生则主要用于构建虚实融合的生产系统。

（一）数字化设计与仿真技术

数字化设计与仿真技术是指利用计算机辅助设计（CAD）、三维设计（3D）、虚拟样机（digital prototyping）、人工智能（AI）等手段模拟并实现从家纺产品设计到功能测试的家纺产品生命周期设计全过程[3]。主要包括数字3D建模展示技术、数字物理仿真技术、数字AI设计技术和数字虚拟展示技术：①3D建模展示技术，利用专业的仿真建模软件（CLO3D，Style3D，OptiXtex等）建立家纺产品虚拟仿真模型，进一步来构建和设计家纺产品的虚拟视图；②物理特性仿真技术，运用数字3D建模技术对家纺产品的织物、纱线进行仿真模拟，主要为产品悬垂性、褶裥等织物物性、热湿舒适性能等仿真设计；③AI辅助设计，结合机器学习的数字化AI设计系统，输出设计图案，可以利用AI设计进行产品的流行趋势分析，预测和设计建议；④虚拟展示技术，在AR/VR虚拟环境中构建产品交互及显示的场景，建立在线交互式定制平台。

数字化设计与仿真技术在家纺企业的应用主要有四个层面：一是产品开发创新，3D建模+AI辅助快速创新，改善产品上市周期；二是个性化定制，在线实时3D定制化+智能裁剪版，

---

[1] 刘雁飞.数字化推动家纺家居业变革[J].纺织科学研究，2023（8）：25-27.

[2] 李月波.信息技术在纺织服装设计教学中的应用与效果评估[J].化纤与纺织技术，2025，54（2）：246-248.

[3] 曹冯丹.纺织技术创新与发展对现代纺织品生产的影响[J].化纤与纺织技术，2023，52（10）：92-94.

支持产品在线实时个性化量体裁衣；三是可持续生产优化，借助数字孪生减少材料浪费；四是平台协作与新零售应用，数字协同+AR线上订货展售，实现全球虚拟采购与虚拟货展。该技术正在重塑家纺行业"设计—生产—销售"全生命周期，未来3年其应用有望成为企业的标配能力。

（二）智能裁剪与缝制技术

智能裁剪与缝制技术是家用纺织品柔性制造技术的关键支撑，是采用数字化、自动化实现按需生产的重点❶。智能裁剪系统基于计算机辅助和自动排版软件的应用，能够在程序控制下进行自动排版、落料裁剪等操作。高精度裁床配备摄像跟踪系统，通过自动检测识别、调整裁剪参数以适应不同面料材质，同时确保裁片边缘整齐和精准。同时，智能缝制系统通过分功能的模块裁断，实现快速换款的织物缝制加工，由机器自动放料、布面视觉识别、缝纫动作精准控制的组合动作实现复杂工艺自动化缝制，提高缝制效率和保证缝制品质的稳定性（图2）。

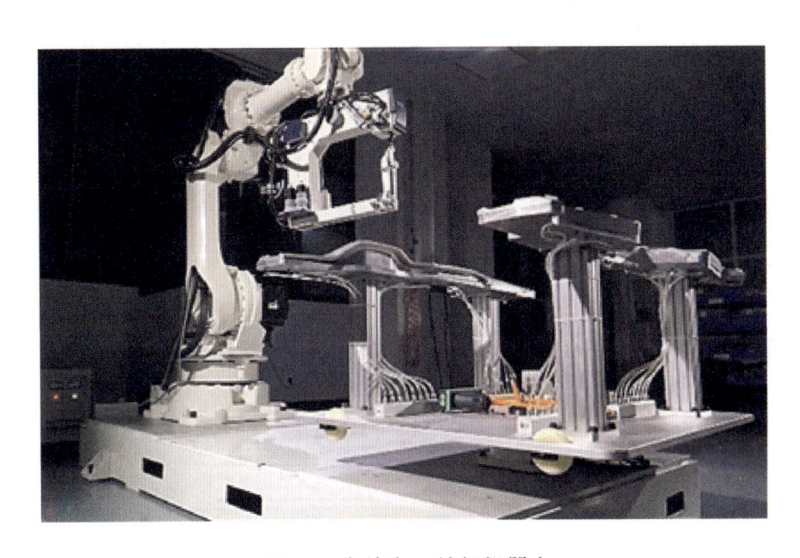

图2 国内首个3D缝纫机器人

该工艺技术在家纺行业的典型应用具有三个方面：一是支持小批量定制化生产，实现小批定制，加快小批量生产转换，满足特殊客户的定制加工需求；二是适用于高端产品的加工，具备高支棉、真丝等精细面料的精密加工能力；三是实现智能化生产管理，集成制造执行系统（EMS），通过信息化装备对整个生产过程进行有效监控❷。典型应用场景包括定制床品的自动裁剪、智能窗帘的精准缝制，功能性织物的深加工等。随着工业互联网、人工智能技术的发展，智能裁剪与缝制呈现自感知、自决策、自执行的发展趋势，助力推动家纺行业转型升级。

---

❶ 吴宇航，林珊玲，林志贤，等.基于人像检测的实时图像智能裁剪[J].液晶与显示，2023，38（5）：617–624.

❷ 吴彦君，冯蕾，卢金宝，等.服装智能化生产车间建设方案[J].天津纺织科技，2018（2）：10–13.

（三）柔性材料处理技术

柔性材料处理技术主要解决纺织品加工过程的高精度控制问题，同时保证产品品质的一致性。该技术体系主要由三部分组成：在材料适应性处理方面，通过智能传感网络实时监测面料张力、温度等参数，通过自适应控制系统调整参数以实现高支棉、弹力布等织物的稳定加工，同时通过视觉检测技术的应用减少传统工艺模式生产的缺陷率，保证产品品质的一致性。在环保处理技术领域，主要的目标是通过无水染色技术、低温定型技术，以及纳米涂料技术对织物进行功能处理达到大幅度削减和避免污染的危害和影响的目的；对废旧纺织品纤维再生处理的柔性技术，对纺织品进行回收应用于再生纺织品，回收纤维的再处理技术也取得显著进展，使废弃纺织品得以重新进入生产循环。在智能化处理装备方面，主要是应用专用的柔性机械手、柔性输送机等，解决传统刚性生产线难以设计及生产的问题。

（四）工业互联网与数字孪生

工业互联网与数字孪生技术也将成为提升家用纺织品制造领域智能化水平的重要途径。工业互联网工业互联是将工业生产设备、工业信息和工业产品全生命周期的数据进行互联集成，形成纺织行业感知全面、通畅开放的神经系统。其本质在于万物互联、实时交换、智能调配，具体表现为MES系统与智能装备的深度集成、云协同设计平台的构建❶、数据驱动的智能决策分析（图3）。利用5G网络快速交互性，可实现跨工厂的远程监控与协同作业，使传统纺织生产制造不再受时间和地点的局限。

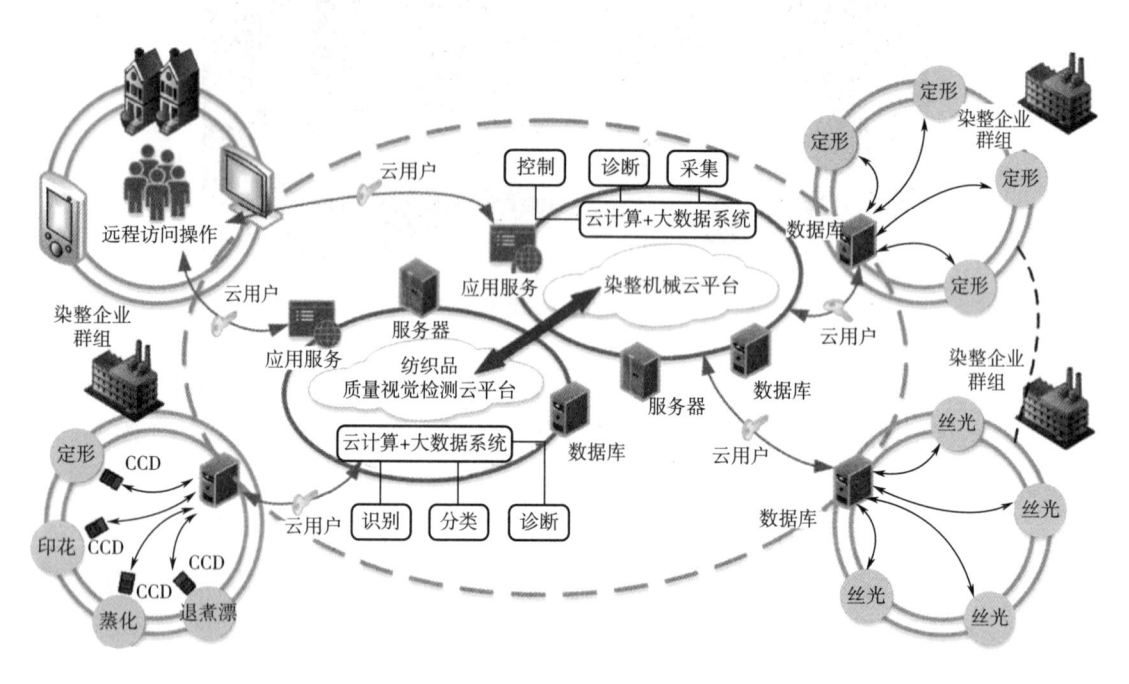

图3 大数据驱动的纺织智能制造平台架构

数字孪生技术作为工业互联网的高级应用，借助虚拟样机系统从纱线至成衣的产品数字

---

❶ 张洁，吕佑龙，汪俊亮，等.大数据驱动的纺织智能制造平台架构[J].纺织学报，2017，38（10）：159-165.

孪生，从原材料到成品的工艺参数数字孪生以及工厂数字化排产的工厂数字孪生[1]，能够模拟出产品在制造全过程的行为轨迹（图4）。通过多物理场耦合仿真算法，预测面料加工过程中的应力集中和热湿传导等过程，来满足仿真精准要求，缩短产品的研发周期，并提高仿真效率。通过对仿真精准性需求学习预测模型的自我迭代，机器学习使数字孪生中的物料特性具有"学习能力"。

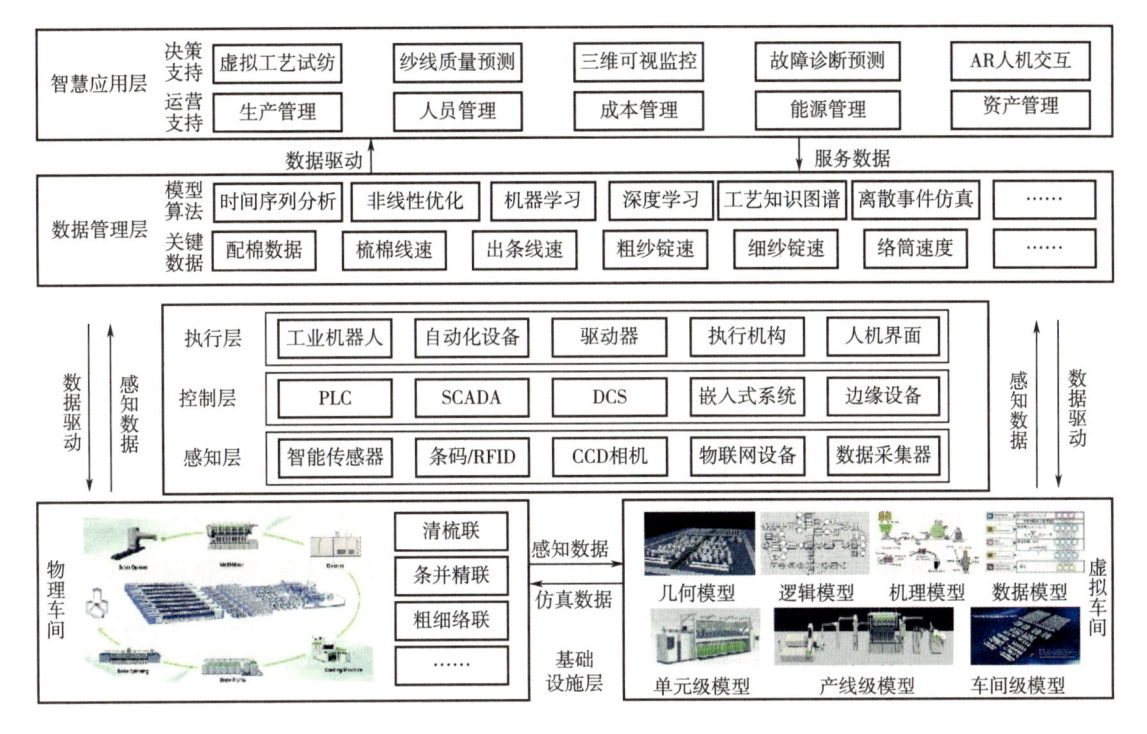

图4 数字孪生智能纺纱工厂总体架构图

这两大技术的融合应用已在家纺企业实际应用取得良好效果。一是在产品设计端，数字孪生将产品开发周期缩短了50%以上；二是在生产制造端，工业互联网使设备利用率提升30%；三是在运维环节端，家纺产品全生命周期的数据服务又开发出新的价值链，如基于数字孪生的智能床垫个性化定制系统，以及跨区域协同的家纺云制造平台等。下一阶段，在边缘计算和人工智能等技术的支持下，工业互联网、数字孪生技术将进一步促进家纺产业向网络化、智能化和服务业方向进行升级改造。

全流程智能制造系统在家用纺织品行业开始落地实施，使生产效率提升超过20%，为行业降本增效助力。AI智能配色系统，快速适应市场趋势变化，大幅缩短新品设计与上市周期从而提升企业效益。在绿色低碳领域，积极构建智能能耗监测及优化管理平台，实现生产过程节能减排，节能效果达20%以上。

在节能技术应用方面，通过优化生产流程降低能耗。如行业内企业通过自主研发节能型电机和环保型缝纫机针等零部件，在生产过程中减少能源消耗与废弃物的产生。行业积极践行《中国制造2025》对循环经济绿色化发展要求，在智能制造中引入绿色材料与工艺，推动

---

[1] 陈明亮，章军辉，钱宇晗，等. 数字孪生视角下的智能纺纱应用探索[J]. 现代纺织技术，2025，33（2）：90-99.

行业向低能耗、高附加值、低碳排放方向转型。通过整合上下游资源，与纺织制造企业建立长期战略合作，促进产业链协同发展，推动行业整体转型升级。为国际知名品牌提供配套设备，提升全球市场份额。

在大健康产业构建方面，行业开发并推广抗菌、防护类纺织面料的智能化检测与质量控制系统，有效提升产品健康安全标准。在国际供应链布局方面，建设智能供应链管理平台，实现订单全球实时可视化管理，供应链效率明显提高。家用纺织品主要设备之一的全自动四边缝设备在整个行业类别占比51.7%，出口覆盖全球20多个国家及地区。

三、行业柔性制造技术、设备及主要案例

（一）柔性制造关键技术及设备

"十四五"时期，我国家用纺织品行业在柔性制造领域实现进一步升级，装备自动化水平提升。"反向缝纫机高速运行技术""自动四边缝"设备及所形成的数字化智造车间，打破国外技术垄断，填补国内缝制机械行业空白，进一步助力国内家用纺织品企业提升国际竞争力。通过自动化设备解决行业用工难、人工成本高等问题，提升生产效率30%以上，减少20%的面料损耗。全自动毛巾机、节拍流水线等全流程自动化覆盖，实现了家用纺织品领域从生产到物流的全流程自动化。模块化智能吊挂系统通过新增更多选择的数据端接口，进一步增加智能吊挂设备的实用功能，在裁片及成品的缓存、分拣、配对方面进一步优化工艺路径，为家用纺织品企业在智能吊挂搬运流程方面进一步提升效率。基于深度学习和机器视觉的"智能视觉验布系统"使高精度织物瑕疵实时自动识别与分类，有效提升了家用纺织品的质量检测效率和准确性。

（二）柔性制造智能管理平台

1. 工业互联网布局

通过开发智能工厂管理软件，应用视觉识别、智能投料等技术，推动缝制机械与工业互联网融合，提升设备互联与数据整合能力。智能制造一体化系统解决方案，包含智能立体仓储系统、智能吊挂系统、智能分拣系统、智能机器人、智能数据大脑、智能生产辅助系统，覆盖设计、生产、仓储、物流和运维全流程，为服装制造、家用纺织品制造、家居制造、汽车内饰、物流仓储、电子商务、新零售等行业提供智能装备与解决方案。

2. 未来工厂AI数字孪生管理平台

通过生产全过程的数字化转型，实现设备状态监控、预测性维护和生产工艺参数动态优化。结合AR、VR、5G等技术，帮助企业实现整厂全局优化、远程管理、AI排程排车、智能预警及回放分析、智能决策的全新管理模式，加快异地标准化、规范化管理工厂，有效提升小单快反柔性制造能力。

3. 智能制造协同平台

打造高效的全链路智能供应链体系，通过数据平台实现订单生产全线数控，人机交互解

决员工流程规范化、数据可追溯性等，消除以前人与人配合出现的间隙。打通生产全流程数据互通，支撑"小单快反"模式，极大加快订单响应速度，优化库存周转率。

（三）应用场景及具体案例

"十四五"时期，家用纺织品骨干企业通过柔性制造关键技术及设备应用进一步实现提质增效。通过融合绿色生产技术与智能供应链管理，打造的AI数字孪生管理平台，助力家用纺织品行业实现远程智控，同步提升能效与低碳水平。

蓝丝羽家用纺织品通过与智能软件公司合作创新打造数字化车间，打通智能吊挂，实现全控，数据实时互动，实现多款式小批量混线生产，精细分析每个工位IE标准工时与实际作业工时间的差异，提升生产作业的效率。

罗莱家纺柔性制造主要体现在个性化定制"多品种、小批量、快交付"的体系建设上。针对用户多样化家居审美元素及功能要求，以消费者为基点建立基于C2M（消费者直通工厂）的云设计平台以及智能制造系统，从而构建云设计平台和智能制造系统实现前端柔性定制与后端柔性生产的无缝衔接。在供应链层面，罗莱家纺通过区域柔性生产网络，通过信息化智能系统将订单派发最优的生产单元进行生产，极大地压缩了物流时间。采用MES系统采集分析数据、数字化管理流程，打通吊挂系统实现高效传输物料，打通智能仓库立体库实现高效存储与无缝对接，打通自动分拣系统精准分拣，适应多样订单。通过智能制造协同平台（IMS），打通生产全流程数据互通，这一体系使个性化定制产品的占比逐年提升，库存周转效率显著提高。订单响应速度加快50%，库存周转率优化30%。

上海水星家用纺织品股份有限公司通过引进智能裁剪技术、构建数字化定制平台，实现了产品的定制化方向升级。企业引入柔性化制造流程，随用户需求及时调整不同材料参数和加工工艺流程，实现智能定向裁剪和自动缝制生产，以实现产品的快速投放，缩短产品交付周期。公司通过MES系统与生产线业务功能的拆分组合实现机器代替人工操作，且在部分无法使用机器代替人工的环节通过数据将业务功能无缝对接，提高系统运行整体效率。其柔性制造系统集激光智能裁剪、RFID智能物流追踪、自动缝纫与包装系统等功能于一体，极大地提高了产品的交付率和客户满意度，公司整体面料利用率提升约10%，并减少了因库存积压造成的损耗成本。

孚日集团深度探索功能性家纺产品的柔性制造技术。其子公司孚日宣威公司有功能性纺织柔性生产线，能进行多材料复合加工，并且可以进行小批量定制生产。该柔性生产线的关键技术包括：第一，多材料复合加工技术，能够制备纳米级别功能涂层，涂层厚度差不超过0.1mm；第二，拥有微环境模拟检测设备，可以测试纺织面料的杀菌率、透湿度、热传导率等功能性参数，保证符合产品质量稳定；第三，生产系统采用模块化装配组件，支持最低50件的微型批量订单，适用于定制产品和高端市场。此外，孚日功能材料数据库包括200多种工艺参数组合，且具有数字孪生的虚拟样机验证功能，从功能材料上加快了新产品开发周期，缩短40%以上。系统还引入AI视觉质量监控技术，识别错误准确率高达99.5%，从功能检测方面降低缺陷率，提升整体产品良好率99.2%。

四、"十五五"时期行业面临的挑战与机遇

（一）面临的挑战

1. 市场竞争加剧

未来几年，我国家用纺织品行业将面临市场竞争日趋激烈的局面。在生产制造方面，越南、孟加拉国、印度等东南亚和南亚国家的政策导向和生产优势在一定程度上给我国家用纺织品产业造成一定的竞争压力。与此同时，欧美发达国家在技术创新与品牌建设等方面也带来挑战。传统家用纺织品牌建设过程中还面临着跨行业品牌的挑战，例如休闲生活类品牌名创优品、诺米和快时尚类跨界品牌无印良品等对家用纺织品品牌的挑战。

2. 个性化需求快速增长与生产柔性化不足的矛盾

随着消费升级带来的个性化需求高涨，以及全球供应链不确定性加剧、原材料成本波动等都对家用纺织品行业传统的生产运营模式带来挑战，行业亟须持续提升创新力与柔性制造水平以适应不断变化的市场环境，同时满足个性化消费需求。家用纺织品柔性制造在推广过程中面临较大难度。在技术层面，柔性制造的高支高密面料加工技术有待突破，60支以上棉、丝等面料加工的良品率不高，复合材料加工的半数工艺环节需要人工参与。

3. 行业数字化转型动力不足

家用纺织品行业数字化转型面临数据标准化程度低、系统集成复杂性高的问题，企业数字化转型动力不足。中小企业数智化转型面临的技术门槛高、资金投入压力大，或因短期投入高而阻碍企业数字化转型方面投入力度。从经济层面来看，柔性产线改造投入大，中小企业投资的回报周期过长，设备运行的能耗水平高于常规产线，柔性制造的专业复合型人才薪资高都是推进柔性制造的"拦路虎"。

4. 高端技术和管理人才严重短缺

智能高端技术和管理人才与家用纺织品行业专业人才错配造成人才缺口。与家用纺织品行业相匹配的柔性制造高端专业人才和管理人才尚严重不足，也在很大程度上限制了行业企业转型的进程。

5. 数据安全与版权保护

AI生成设计的版权归属问题需要法律予以明确。智能纺织产品或涉及用户的隐私等问题需要建立数据的使用规范。产业生态层面，行业尚未建立统一的柔性制造评估标准，家纺产业与柔性制造配套产业链供应链协同效率低，数字化设计涉及的侵权泛滥，产业链"新"与"优"的特征不明显，都对产业的创新发展构成不利影响。

此外，市场接受程度区域性差异大，一线城市消费者对定制产品溢价接受度明显高于三、四线城市，客户对新模式的平均信任建立周期需要12~18个月，市场对新模式接受度低等问题，构成家纺产业柔性制造发展不可忽视的阻力。

（二）行业发展方向与机遇

我国家用纺织品行业经过近十年的发展，在品牌建设、产业配套、渠道推广及生产运营

等领域均取得较大进步，加速了我国家用纺织品产业体系的形成和完善。

1. **国家出台政策推动转型**

国家及地方政府持续出台政策推动制造业数字化、智能化转型。"智改数转"政策在各地深入推进，推动我国家用纺织品行业智能化改造提速。

2. **消费升级促进需求增长**

消费升级促进家用纺织品市场对高品质、智能化产品需求的迅速增长。消费升级驱动个性化定制需求爆发，柔性生产解决方案在家用纺织品行业渗透的空间广阔。

3. **人工智能与产业深度融合**

人工智能与产业深度融合创造更多可能性。AI助力家用纺织品行业在设计流程、工艺优化与降本增效、质量检测、供应链生态系统重塑、产品创新与功能拓展以及可持续发展与绿色转型。

4. **提升产业核心竞争力**

跨学科人才培养、突破技术与人才的壁垒。全链条数字化转型推动行业向绿色化、高端化、全球化发展。

面向未来，家用纺织品柔性制造发展将呈现四大趋势：技术融合方面，集成开发中的人工智能系统预计将在2026年提高20%以上的产品制造和运营效率。可持续发展方面，无水染色工艺将进一步减少废水排放，并有望通过区块链实现全生命周期碳足迹追踪。商业模式创新方面，2025年将启动国家级云制造平台，企业逐渐实现由"产品+供应链"向"设计+生产+服务"转型，并利用数据资产作为新的增长点。产业生态方面，跨界融合将成发展主流，国家之间、产业之间、跨国合作的研发联盟将协同攻关共同问题。

五、发展建议

随着家用纺织品柔性制造的成功转型，先行企业通过技术升级实现了显著效益提升，但是行业发展不平衡的特点依然存在，表现为龙头企业与中小企业间的数字化差距持续扩大，区域技术应用水平差距，不同品类产品的智能化渗透率差异较大。实践表明，高附加值产品、设计端和供应链端的数字化是推动转型见效最快的三大支点。基于此，围绕我国家用纺织品行业的柔性制造技术转型，提出如下建议策略。

宏观政策层面，设立相应的智能改造奖励补贴机制，制定相应行业标准，完善人才培养体系，建设相关国家级创新中心。着力于高质面料加工技术及其智能化设备的发展，探讨数据驱动的算法和新制造模式，全方位进行行业能力提升。同时提供行业供应链的金融支持，推行行业生产设备新技术应用鼓励措施以及行业设备升级、智能化生产转型鼓励政策和标准化政策，包括跨企业技术接口及数据协议等。

行业层面，以多维合作为纽带，在行业内深化协同合作，加强产业联动，促进产业链协同发展。以需求为导向，拓展全球多元应用场景。加强行业内智能化平台建设，提升产业链上下游企业协同效率，实现全行业共同进步。推动行业数据中台建设，强化AI预测与柔性供应链联动。注重推动行业建立统一的数据标准和接口规范，强化数据共享与价值挖掘。鼓励企业加强与高校、科研院所深入合作，促进前沿技术快速产业化应用，实现科技成果有效转化。注重保护企业核心专利及技术。

企业层面，抓住纺织产业高端化、智能化、绿色化、融合化的变革机遇，洞察市场变化与用户需求，构建以用户需求为核心的研发体系，加速科技成果转化，内外统筹强化竞争优势。可以采取分阶段改造策略：初期进行设计数字中心以及智能裁剪系统的改造，中期进行柔性缝制系统和MES平台改造，长期进行智能缝制系统及数字孪生体系的整体改造。针对不同规模企业的不同角度进行差异化发展：大型企业建设智能工厂标杆，中小企业加入产业集群共享，代工企业走专精特新发展思路。建立家用纺织品细分领域数字化标杆工厂，推广模块化解决方案。

（中国家用纺织品行业协会、东华大学）

绿色制造

"双碳"目标引领我国家纺企业绿色低碳发展路径选择

郭 燕

2025年，是我国"十四五"规划的收官之年，也是"十五五"规划谋篇之年。自"十三五"以来，在国家"双碳"目标引领下，家纺行业及企业积极探索绿色低碳转型，并取得了一定的成效。

2025年3月11日，十四届全国人大三次会议通过的《政府工作报告》提出2025年政府工作任务，包括：加快发展绿色低碳经济，加强重点用能用水单位节能节水管理，有力有效管控高耗能项目；积极稳妥推进碳达峰碳中和，建立一批零碳园区、零碳工厂等。这是"零碳园区、零碳工厂"建设首次写入政府工作报告。

通过梳理近两年我国绿色制造相关政策及国家层面开展的绿色制造标杆培育相关工作，了解纺织行业在绿色制造、工业绿色微电网典型应用场景与案例、能效"领跑者"、水效"领跑者"、工业废水循环利用"标杆"企业方面取得的成效，为家纺行业企业探索绿色低碳转型升级提供路径选择。"十五五"时期，家纺行业将迎来"零碳"工厂建设新发展阶段，并在最后提出"零碳"工厂建设建议。

一、我国绿色低碳相关政策

(一)绿色制造新政

绿色制造是推动工业绿色发展的重要抓手，为贯彻落实《"十四五"工业绿色发展规划》《工业领域碳达峰实施方案》，持续完善绿色制造体系，推进工业绿色发展，助力工业领域碳达峰碳中和，2024年工业和信息化部出台了多项绿色制造相关政策（图1）。

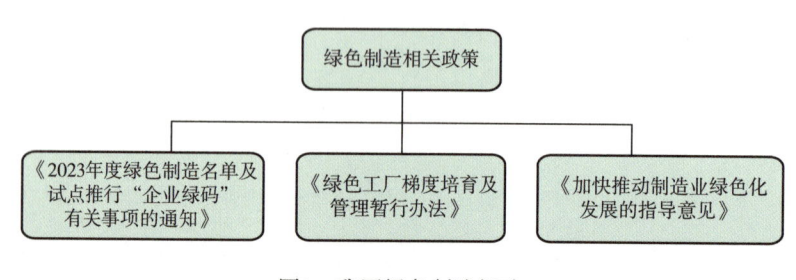

图1 我国绿色制造新政

1. "企业绿码"

2024年1月，工业和信息化部办公厅关于公布《2023年度绿色制造名单及试点推行"企业绿码"有关事项的通知》，面向绿色工厂试点推行"企业绿码"。"企业绿码"是对绿色工厂绿色化水平进行量化分级评价和赋码，直观反映企业在所有绿色工厂中的位置以及所属行业中的位置。国家层面绿色工厂分为A+、A、B三级，比例分别为5%、35%、60%。

绿色工厂按照自愿原则进行申领，"企业绿码"申领后可向其采购商、金融机构、有关政府部门等出示，证明自身绿色化发展水平。"企业绿码"每年更新一次，即在完成年度动态管理数据填报后，系统会在一个月内根据新一年的数据重新进行赋码。"企业绿码"是全面推动制造业的绿色低碳升级的重要方式。

2.《绿色工厂梯度培育及管理暂行办法》

2024年1月，工业和信息化部发布《绿色工厂梯度培育及管理暂行办法》（以下简称《暂行办法》），是指导我国绿色工厂梯度培育及管理的行政规范性文件。《暂行办法》共6章27条，包括：编制原则、培育要求、创建程序、动态管理、配套机制等重要内容，发挥绿色制造标杆示范带动作用，推动行业、区域绿色低碳转型升级。

（1）绿色工厂。绿色工厂是指实现用地集约化、原料无害化、生产洁净化、废物资源化、能源低碳化的企业，是绿色制造的核心实施单元。

绿色工厂梯度培育是从两个维度建立培育机制：纵向形成国家、省、市三级联动的绿色工厂培育机制，横向形成绿色工业园区、绿色供应链管理企业带动园区内、供应链上下游企业创建绿色工厂的培育机制。

（2）绿色工业园区。绿色工业园区是指将绿色低碳发展理念贯穿于园区规划、空间布局、产业链设计、能源利用、资源利用、基础设施、生态环境、运行管理等过程，全方位实现绿色低碳和循环可持续发展的工业园区，也是绿色工厂和绿色基础设施集聚的平台。

（3）绿色供应链管理企业。绿色供应链管理企业是指将绿色低碳发展理念贯穿于企业产品设计、原材料采购、生产、运输、储存、销售、使用和报废处理等全过程，实现供应链全链条绿色化水平协同提升，主导企业是带动供应链上下游工厂实施绿色制造的关键。

3.《加快推动制造业绿色化发展的指导意见》

2024年2月，工业和信息化部等七部门印发《加快推动制造业绿色化发展的指导意见》，提出：到2030年，制造业绿色低碳转型成效显著，各级绿色工厂产值占制造业总产值比重超过40%。鼓励绿色工厂进一步深挖节能降碳潜力，创建"零碳"工厂。深入开展工业产品绿色设计示范企业培育，不断探索绿色低碳路径和解决方案。持续遴选发布能效"领跑者"、水效"领跑者"、再生资源规范条件企业、环保装备规范条件企业、工业废水循环利用试点企业园区等，从工业全过程深挖能源资源节约潜力。到2035年，制造业绿色发展内生动力显著增强，碳排放达峰后稳中有降，碳中和能力稳步提升，在全球产业链供应链绿色低碳竞争优势凸显，绿色发展成为新型工业化的普遍形态。

其中，优化绿色低碳标杆培育体系。发挥绿色低碳标杆的引领带动作用，构建绿色制造"综合标杆"和细分领域"单项标杆"相衔接的标杆培育体系，打造制造业绿色化发展领军力量。制定绿色工厂梯度培育及管理办法，发挥绿色工厂在制造业绿色低碳转型中的基础性和导向性作用。

（二）节能降碳相关政策文件

1.《国家工业和信息化领域节能降碳技术装备推荐目录（2024年版）》

为加快推广应用先进适用节能降碳技术装备，推动重点行业领域节能降碳，2024年5月，工业和信息化部公布了《国家工业和信息化领域节能降碳技术装备推荐目录（2024年版）》，其中，在机械行业节能降碳技术方面，智能磁悬浮空气压缩机技术的应用与纺织行业节能降碳相关。

2.《关于加快发展节水产业的指导意见》

2024年7月，国家发展改革委等五部门印发《关于加快发展节水产业的指导意见》，提出到2027年，节水产业规模达到万亿，培育形成一批专精特新"小巨人"企业。从激发节水产业发展动力、强化节水产品装备供给、创新节水管理服务模式、发挥龙头企业引领作用、推动节水产业科技创新等5方面明确了具体举措。

二、家纺企业绿色低碳发展路径选择

（一）绿色制造

为推动制造业高端化、智能化、绿色化发展，加快构建绿色制造和服务体系，自2017年以来，工业和信息化部已发布九批绿色制造名单。

表1显示，工业和信息化部公布的2023年度绿色制造名单中，共有绿色工厂1488家，绿色工业园区104家，绿色供应链管理企业205家入列。其中，有66家纺织及相关企业入围绿色工厂名单，19家纺企入围绿色工业链管理企业名单。

表1　2023年和2024年绿色制造名单

年份	2023年		2024年	
	全国	纺织	全国	纺织
绿色工厂（家）	1488	66	1382	47
绿色工业园区（个）	104	0	123	0
绿色供应链管理企业（家）	205	19	126	3

资料来源：根据工业和信息化部2023年度绿色制造名单和2024年度绿色制造名单整理

工业和信息化部公布的2024年度绿色制造名单中，新培育国家层面绿色工厂1382家、绿色工业园区123家、绿色供应链管理企业126家。其中，有47家纺织及相关企业入围绿色工厂名单，3家纺织企业入围绿色供应链管理企业名单。

（二）工业绿色微电网典型应用场景与案例

工业绿色微电网是提高能效、保障工业稳增长合理用能需求的重要途径，是培育绿色增长新动能、锻造产业竞争新优势的重要方向，是促进高比例利用可再生能源、推动落实"双碳"目标的重要路径。

纺织行业企业积极建设工业绿色微电网，通过因地制宜建设可再生能源高比例消纳的综合能源系统，改善园区能源生产和供应模式，有效提升清洁能源消费比重和园区整体能源效率，形成涵盖一体化电热冷供应、多能协同互补、综合梯级利用，以及负荷调度等内容的解决方案，可广泛应用于具有热电联产机组的纺织、轻工等行业的工业企业和产业园区。

2024年1月，工业和信息化部发布的"2023年度工业绿色微电网典型应用场景与案例名单"，遴选确定19个工业绿色微电网典型应用场景与案例，其中，纺织行业"江苏红豆能源科技有限公司红豆工业城综合能源服务项目"入选（表2）。

表2　2023年度工业绿色微电网典型应用场景与案例名单（纺织企业）

应用行业领域	案例名称	建设地址	案例典型场景
纺织	江苏红豆能源科技有限公司红豆工业城综合能源服务项目	江苏省无锡市	1. 可再生能源就近高比例消纳 2. 工业领域规模化储能应用 3. 工业领域多能高效互补利用 4. 智慧能源管控系统支撑调节

资料来源：2023年度工业绿色微电网典型应用场景与案例名单

案例典型场景：本项目是红豆集团有限公司2001年投资建设的红豆工业城，现占地面积4.2平方千米，入驻企业达172家，产业涵盖纺织服装、橡胶轮胎、生物制药、电力电子等。江苏红豆能源科技有限公司红豆工业城综合能源服务项目（简称红豆工业城微电网）建设32MW分布式光伏电站、47MW·h储能电站、24MW自备热电厂、110kV变电站，同时配套10kV电力线路15条，热力管线7条，企业变压器78台，总装机容量约110510kV·A，搭建智慧能源管控平台，平台同步接入热电厂DCS系统、ECS系统、光伏系统、储能系统和用户侧电表的实时数据，构建多元化能源供应、智慧调度与收费的一体化智慧能源管控系统。形成了"电—热—光—气"横向多能耦合、"源—网—荷—储"纵向一体协同的典型场景。

2023年红豆工业城用电量15000万kW·h，光伏系统累计发电量超3500万kW·h，储能充放电约1300万kW·h，可再生能源实现100%就地消纳，光储系统整体削峰填谷能力提升20%，园区能源自给率达到60%。红豆工业城微电网实现了园区热电厂、光伏、储能、电网数据的实时接入与多能源系统的实时监测，园区整体用电成本降低0.12元/（kW·h），每年可实现经济收益约4200万元，减少化石能源消费4302tce，减少二氧化碳排放19964t。

(三) 能效"领跑者"

为加快提升工业能源利用效率，助力实现碳达峰碳中和目标，自2016年以来，工业和信息化部等部门组织开展重点行业能效"领跑者"企业遴选工作。2023年6月，国家发展改革委等部门发布《工业重点领域能效标杆水平和基准水平（2023年版）》，拓展重点领域范围，将纺织行业中的棉、化纤及混纺机织物，针织物、纱线，黏胶短纤维三个细分行业纳入工业重点领域节能降碳改造升级范围（表3）。

表3 《工业重点领域能效标杆水平和基准水平（2023年版）》（纺织行业企业）

国民经济行业分类及代码			重点领域	指标名称	指标单位	标杆水平	基准水平
大类	中类	小类					
纺织业（17）	棉纺织及印染精加工（171）	棉印染精加工（1713）	★棉、化纤及混纺机织物	单位产品综合能耗	kgce/100m	28	39
	化纤织造及印染精加工（175）	化纤织物染整精加工（1752）					
	针织或钩针编织物及其制品制造（176）	针织或钩针编织物印染精加工（1762）	★针织物、纱线	单位产品综合能耗	tce/t	1.0	1.3
化学纤维制造业（28）	纤维素纤维原料及纤维制造（281）	人造纤维（纤维素纤维）制造（2812）	★黏胶短纤维	单位产品综合能耗	kgce/t	800	950

资料来源：《工业重点领域能效标杆水平和基准水平（2023年版）》

2024年7月，工业和信息化部公布2023年度重点行业能效"领跑者"企业遴选范围增加到30个行业，包括纺织行业中的棉、化纤和混纺机织物以及针织物、纱线两个细分行业。

2023年度重点行业能效"领跑者"企业名单中，有30个细分行业69家企业入选。已累计在34个细分行业发布206家能效"领跑者"企业，对加快引领重点行业领域节能降碳，助推经济社会绿色转型、实现碳达峰碳中和目标具有重要意义。

表4显示，2023年度重点行业能效"领跑者"中，有5家纺织行业企业获能效"领跑者"，这些企业的产品单位产品能耗水平为行业起到引领和示范作用。

表4　2023年度重点行业能效"领跑者"（纺织行业企业）

行业	企业	单位产品能耗（kgce/100m）
棉、化纤及混纺机织物	亚东（常州）科技有限公司	26.11
针织物、纱线行业	福建福田纺织印染科技有限公司	0.70
	通亿（泉州）轻工有限公司	0.74
	常州旭荣针织印染有限公司	0.79
	福建省宏港纺织科技有限公司	0.85
	福建凤竹纺织科技股份有限公司	0.92

资料来源：2023年度重点行业能效"领跑者"

（四）纺织印染行业水效"领跑者"

为贯彻落实《"十四五"工业绿色发展规划》《工业水效提升行动计划》《水效领跑者引

领行动实施方案》，突出水效标准引领作用，提升工业用水效率，工业和信息化部于2017年、2020年、2022年和2024年开展了"重点用水企业、园区水效领跑者"遴选工作。水效"领跑者"称号自名单发布之日起有效期2年。

2022年6月，工业和信息化部、国家发展改革委等六部门发布《工业水效提升行动计划》，提出：到2025年全国万元工业增加值用水量较2020年下降16%，纺织行业主要产品单位取水量下降15%，工业废水循环利用水平进一步提高，力争全国规模以上工业用水重复利用率达到94%左右。开展水效示范引领和标准体系建设，到2025年，创建120家节水标杆企业，遴选50家水效"领跑者"企业，逐步建立"节水型—节水标杆—水效领跑者"三级水效示范引领体系。

表5显示，重点用水企业水效"领跑者"涉及的行业从2017年的5个，到2024年增加到17个行业。纺织行业中的印染子行业被列入重点用水行业，纺织印染子行业取水量占全行业70%以上，水重复利用率仅为40%，由于需要消耗大量水资源，被我国列为严格限制的高耗水行业。

表5　2017～2024年重点用水企业水效"领跑者"涉及的行业

年份	2017年	2020年	2022年	2024年
行业	钢铁行业 纺织染整行业 造纸行业 乙烯行业 味精行业	钢铁行业 纺织染整行业 造纸行业 乙烯行业 石油炼制行业 现代煤化工行业 氯碱行业 氮肥行业 啤酒行业 化纤长丝织造行业	钢铁行业 纺织染整行业 造纸行业 乙烯行业 石油炼制行业 现代煤化工行业 氯碱行业 氮肥行业 啤酒行业 炼焦行业 氧化铝行业 电解铝行业	钢铁行业 纺织染整行业 造纸行业 乙烯行业 石油炼制行业 现代煤化工行业 氯碱行业 氮肥行业 啤酒行业 炼焦行业 氧化铝行业 电解铝行业 多晶硅行业 锌冶炼行业 铅冶炼行业 水泥行业 平板玻璃行业
总数（个）	5	10	12	17

资料来源：工业和信息化部网站相关资料

表6显示，截至2024年，全国17个行业共有174家企业获水效"领跑者"，其中，纺织染整行业有16家企业获水效"领跑者"，纺织染整行业水效"领跑者"数量累计占全国水效"领跑者"比重的9.2%。此外，2017年有3家纺织染整企业获入围企业。

表6 2017～2024年重点用水企业水效"领跑者"数量（纺织染整行业）

水效"领跑者"/入围企业	2017年	2020年	2022年	2024年	累计（家）
合计（家）	11/11	30	64	67	174/11
纺织染整行业（家）	3/3	4	5	4	16/3
纺织染整行业占比	27.3%/27.3%	13.3%	7.8%	5.8%	9.2%/27.3%

资料来源：工业和信息化部网站相关资料

表7显示，水效"领跑者"企业具有行业引领示范和典型带动效应。在家纺行业中，2022年愉悦家纺有限公司获水效"领跑者"，2017年孚日集团股份有限公司获入围企业。

表7 2017～2024年重点用水企业水效"领跑者"（纺织染整行业）

年份	水效"领跑者"	入围企业
2017年	鲁泰纺织股份有限公司 山东南山纺织服饰有限公司 互太（番禺）纺织印染有限公司	广东溢达纺织有限公司 孚日集团股份有限公司 华纺股份有限公司
2020年	浙江盛发纺织印染有限公司 湖州纳尼亚实业有限公司 鲁泰纺织有限公司 广东溢达纺织有限公司	
2022年	盛虹集团有限公司 愉悦家纺有限公司 浙江华越印染有限公司 广州锦兴纺织漂染有限公司 常州旭荣针织印染有限公司	
2024年	华纺股份有限公司 福建福田纺织印染科技有限公司 浙江彩蝶实业股份有限公司 常州旭荣针织印染有限公司	

资料来源：工业和信息化部网站相关资料

纺织染整行业获水效"领跑者"企业中，盛虹集团有限公司、鲁泰纺织股份有限公司、愉悦家纺有限公司三家企业积极参与国家标准GB/T 18916.4—2022《取水定额 第4部分：纺织染整产品》的编制，按照国家标准中纺织染整企业单位产品取水定额相关要求执行。

2022年愉悦家纺有限公司"棉、麻、化纤及混纺机织物"单位产品取水量0.69m³/100m，通过无水染色工艺、高效轧车、废水进行分质处理、清浊分流、中水回用的节水技术，水重复利用率为74.62%，获水效"领跑者"（表8）。

表8 家纺企业获水效"领跑者"

年份	企业名称	水效指标		节水技术
		单位产品取水量	水重复利用率（%）	
2022年水效领跑者	愉悦家纺有限公司	0.69m³/100m	74.62	无水染色工艺、高效轧车、废水进行分质处理、清浊分流、中水回用
2017年入围企业	孚日集团股份有限公司	毛巾布染色67.72m³/t；棉纱染色75.81m³/t	47.05	低浴比染色、数码印花、退煮漂一步法工艺、高效皂洗工艺

资料来源：工业和信息化部网站相关资料

案例特征：愉悦家纺有限公司成立用水管理机构，建立系列用水管理制度、管理办法等，为科学合理用水创造条件，使节水管理责任落实到人，创造性提出不用水、少用水、回用水、循环水、替代水的"五水"工作法。

2017年，孚日集团股份有限公司的毛巾布染色单位产品取水量67.72m³/t，棉纱染色单位产品取水量75.81m³/t，通过低浴比染色、数码印花、退煮漂一步法工艺、高效皂洗工艺，水重复利用率为47.05%，获入围企业。

（五）工业废水循环利用典型案例

2021年12月，工业和信息化部等六部门联合印发《工业废水循环利用实施方案》，目标是到2025年，力争规模以上工业用水重复利用率达到94%左右，其中，纺织行业规模以上工业用水重复利用率较2020年提升5个百分点以上，万元工业增加值用水量较2020年下降16%，基本形成主要用水行业废水高效循环利用新格局。到2025年，形成50个可复制、可推广的工业废水循环利用优秀典型经验和案例（表9）。

表9 《工业废水循环利用实施方案》中主要行业用水重复利用率目标

行业	2020年规上工业用水重复利用率	2025年规上工业用水重复利用率
全国	92.5%	94%左右
纺织	73%	>78%

资料来源：《工业废水循环利用实施方案》

重点行业废水循环利用提升行动，包括石化化工、钢铁、有色、造纸、纺织、食品五个行业。在纺织行业，加强废水循环利用能力建设，鼓励化学纤维制造、喷水织造、纺织染整等行业实施节水型企业和水效领跑者引领行动，开展水平衡测试和水效对标达标。大力推广洗涤水梯级利用、化纤长丝织造废水高效利用、印染废水膜法深度处理等废水循环利用先进装备技术工艺。鼓励纺织企业加大再生水等非常规水资源开发力度，严控新水取用量。开展废水循环利用水质监测评价和用水管理，推动重点用水企业搭建废水循环利用智慧管理平台。到2025年纺织行业规上工业用水重复利用率超过78%。

在关键核心技术攻关方向，纺织行业突破印染废水催化氧化及高效处理回用、长丝织造废水深度处理回用、再生水高效能反渗透处理等关键核心技术。

在工业废水循环利用标准提升方向，纺织行业纺织企业水平衡测试导则、喷水织造工艺回用水水质要求、印染废水深度处理与回用技术指南等。

1. 工业废水循环利用试点企业

为强化示范引领，打造废水循环利用典型标杆，提升工业废水循环利用水平，按照《关于推进污水资源化利用的指导意见》《工业废水循环利用实施方案》有关要求，2022年，工业和信息化部组织开展工业废水循环利用试点工作。申报范围包括重点用水行业工业企业和省级以上工业园区。试点期限为1年。试点模式包括：用水过程循环模式、区域产城融合模式、智慧用水管控模式、废水循环利用补短板模式。

表10显示，在2022年工业废水循环利用试点企业名单中，纺织行业有三家企业的三种模式列入试点范围。

表10 2022年工业废水循环利用试点企业名单（纺织企业）

模式	企业名称
用水过程循环模式	桐昆集团股份有限公司
区域产城融合模式	福建福田纺织印染科技有限公司
废水循环利用补短板模式	淄博邑山织造有限公司

资料来源：2022年工业废水循环利用试点企业名单

（1）用水过程循环模式。是指采用冷却水高效循环利用、生产过程分质用水梯级利用、高盐废水深度处理回用等技术装备，降低生产过程水耗，提高水重复利用率，如桐昆集团股份有限公司。

（2）区域产城融合模式。探索与市政再生水生产运营单位合作，完善再生水管网，将处理达标后的再生水回用于生产过程，减少新水取用量，形成可复制推广的产城融合废水高效循环利用新模式，如福建福田纺织印染科技有限公司。

（3）废水循环利用补短板模式。围绕工业废水循环利用全过程堵点、难点，加强协同攻关，创新低成本、高性能工业废水循环利用装备技术工艺，打造工业废水循环利用技术、工程与服务等协同发力的示范样板，如淄博邑山织造有限公司。

2. 工业废水循环利用典型案例

2023年11月，工业和信息化部、水利部发布的《国家鼓励的工业节水工艺、技术和装备目录（2023年）》，推广了13项纺织印染在内的节水先进技术装备，指导纺织印染行业持续优化工业用水结构和管理方式。

2024年7月，工业和信息化部开展2024年工业废水循环利用典型案例征集工作。本次典型案例主要聚焦钢铁、石化化工、纺织、造纸、食品等重点行业以及数据中心等重点领域，面向工业企业、园区征集一批废水循环利用典型案例。

2024年12月，工业和信息化部公布2024年工业废水循环利用典型案例名单，名单包括13个行业的54家企业和4个园区。

表11显示，有6家纺织印染企业入选，用水过程循环模式有5家企业，区域产城融合模式有1家企业。其中，桐昆集团股份有限公司和杭州新生印染有限公司是以优化用水结构减少新水取用，常州旭荣针织印染有限公司和福建凤竹纺织科技股份有限公司是以创新节水技术增加废水回用，余姚大发化纤有限公司是以探索节水新模式推动区域产城融合。这些企业的经验对推动印染行业提高用水效率，促进绿色转型具有重要指导意义。

表11　2024年工业废水循环利用典型案例（纺织印染企业）

单位名称	典型模式	模式做法
常州旭荣针织印染有限公司	用水过程循环模式	企业采用水解酸化、接触氧化、气浮、精滤、超滤、反渗透工艺处理针织印染废水，对废水中（化学需氧量）COD、色度、悬浮物等各项指标去除率达到95%以上，回收利用水水质完全满足针织印染工艺的需求，中水回收利用达30%。在现有6000m³/d的印染废水处理基础上，引进针对高盐高有机物废水处理的双膜处理技术，水重复利用率提升8.28%，单位产品用水量下降10.58%，再生水利用量提升30%。2023年单位产品用水量达到70.8m³/t
杭州新生印染有限公司	用水过程循环模式	企业清理污水进入厂区废水回用设施，膜生物反应器（MBR）池处理后一部分直接回用于生产，其余进入反渗透处理系统，高品质回用水用于生产；厂区废水回用设施采用国际先进的印染废水膜处理系统，采用浸没式超滤技术，结合废水水质特点进行处理，提高
余姚大发化纤有限公司	区域产城融合模式	企业针对化纤废水中有机物难以生物降解、难以回用的问题，通过分质分流预处理，采用非均相催化臭氧氧化、反渗透等技术，实现废水回用。采用城市污水厂的再生水代替常规水资源，节约优质水资源，实现区域产城融合。企业再生水使用量占比58.4%，单位产品用水量达到0.65m³/t，水重复利用率达到98.3%
福建凤竹纺织科技股份有限公司	用水过程循环模式	企业建立水资源梯级利用体系，污水处理厂建设中水回用系统，采用连续流砂滤池+反渗透工艺对印染废水进行深度处理，低浓度废水经处理后回用。加强定型机、烘干机冷凝水的回用管理，中压蒸汽加热定型机后，凝结水经过闪蒸，产生的低压饱和蒸汽供染机使用；烘干机蒸汽经热交换器后产生的冷凝水，其水质好、温度高，收集进入热水回收池，直接回用于热水洗工序，使余热和水资源得到充分利用。通过改造，企业实现单位产品用水量下降34%，水重复利用率达到69.2%
华纺股份有限公司	用水过程循环模式	企业建设完备的冷凝水、冷却水、压缩机降温废水等分质回收系统，并根据水品质需求的差异，建立分质供水系统。污水处理采用清浊分流、单独处理，通过建立污水回用系统，将内部污水处理接近达标排放的工业废水，应用在印花机喷淋系统，以及用于冲洗刮刀和料筒、前处理冷堆和烧毛机地面冲洗等对水质要求较低的环节。水重复利用率达到93.61%，再生水利用量达到203.12万m³，单位产品用水量达到1.03m³/100m
桐昆集团股份有限公司	用水过程循环模式	企业针对可再生水利用途径较少、利用比例较低问题，通过新增雨水收集系统，有效收集厂房屋顶和地面的初期雨水，年利用雨水4.4万吨以上，有效减少新水取用量。通过回收下游用热单位的蒸汽凝结水，每天回收凝水约115t，集中供热厂区单位产品用水量下降6%，使凝结水温从80℃降温至40℃，回收其中的热量。同时针对化纤行业企业工业废水产生量较大、回用率不高问题，将生化处理后的废水再经反渗透膜深度处理后，形成的中水回用于生产，中水回用率接近80%

资料来源：2024年工业废水循环利用典型案例

（六）健全家纺行业绿色标准体系

健全绿色标准是绿色制造体系的重要组成部分，根据《绿色制造标准体系建设指南》《工业节能与绿色标准化行动计划（2017—2019年）》等文件精神，依据GB/T 33761—2024《绿色产品评价通则》、GB/T 35611—2017《绿色产品评价 纺织产品》等国家标准，表12显示，中国纺织工业联合会发布床上用品、毛巾、布艺类产品等家用纺织品绿色设计产品评价技术规范行业标准3项；中国家用纺织品行业协会、苏州市标准化协会分别发布《循环再利用涤纶装饰用织物》和《生态床上用品》两项绿色产品团体标准。

表12　家纺绿色产品相关标准

发布机构	标准类型	标准号	标准名称
中国纺织工业联合会	行业标准	FZ/T 07028—2023	绿色设计产品评价技术规范　床上用品
		FZ/T 07029—2023	绿色设计产品评价技术规范　毛巾
		FZ/T 07030—2023	绿色设计产品评价技术规范　布艺类产品
中国家用纺织品行业协会	团体标准	T/HOMETEX 32—2022	循环再利用涤纶装饰用织物
苏州市标准化协会	团体标准	T/SZBX 120—2023	生态床上用品

资料来源：全国标准信息公共服务平台

根据《建立健全碳达峰碳中和标准计量体系实施方案》《碳达峰碳中和标准体系建设指南》《关于加快建立产品碳足迹管理体系的意见》《工业领域碳达峰碳中和标准体系建设指南》等文件要求，依据GB/T 24067—2024《温室气体　产品碳足迹　量化要求和指南》、FZ/T 08006—2024《产品碳足迹　产品种类规则　纺织产品》，表13显示，深圳市市场监督管理局发布了家用纺织品产品碳足迹评价技术规范地方标准1项，中国家用纺织品行业协会、深圳市质量检验协会、南通市纺织工业协会等机构分别发布床上用品、毛巾、柔巾等产品碳足迹评价团体标准7项，为家用纺织品碳足迹评价提供依据。

表13　家纺产品碳足迹评价相关标准

发布机构	标准类型	标准号	标准名称
深圳市市场监督管理局	深圳市地方标准	DB4403/T 283—2022	产品碳足迹评价技术规范　家用纺织品
中国家用纺织品行业协会	团体标准	T/HOMETEX 48—2024	产品碳足迹　产品种类规则　床上用品套件
		T/HOMETEX 49—2024	产品碳足迹　产品种类规则　毛巾产品
		T/HOMETEX 50—2024	产品碳足迹评价　纯棉毛巾
深圳市质量检验协会	团体标准	T/SQIA 034—2023	碳足迹评价技术要求　床上用品
		T/SQIA 035—2023	碳足迹评价技术要求　柔巾
		T/SQIA 042—2023	碳足迹评价技术要求　毛巾
南通市纺织工业协会	团体标准	T/NTTIC 033—2024	产品碳足迹量化方法　床上用品

资料来源：全国标准信息公共服务平台

三、"零碳"工厂建设建议

（一）鼓励绿色工厂创建"零碳"工厂

2024年2月，工业和信息化部等七部门关于《加快推动制造业绿色化发展的指导意见》中，明确提出：鼓励绿色工厂进一步深挖节能降碳潜力，创建"零碳"工厂。

2024年12月，全国工业和信息化工作会议指出：加大工业节能降碳攻坚力度，探索推进零碳工厂、零碳工业园区建设。

"建立一批零碳园区、零碳工厂"写入2025年《政府工作报告》中，预示着"十五五"时期，我国将迎来绿色工厂、超级能效工厂与零碳工厂的建设发展阶段。

截至2025年，工业和信息化部已发布9批绿色工厂名单，据不完全统计，全国累计有6533家企业获绿色工厂，纺织行业绿色工厂企业约有237家，其中家纺企业约13家获绿色工厂。

零碳工厂（zero carbon factory）是指温室气体排放核算边界内，在一定时间内（通常以年度为单位）生产、服务过程中产生的温室气体排放量，按照二氧化碳当量计算，在自主减排的基础上，剩余排放量由核算边界外的减排项目清除，和（或）相应数量的碳信用抵消的工厂。

（二）"零碳"工厂是企业温室气体排放量核算基础上的自主减排

"零碳"工厂建设是对工厂在生产和社会活动中各环节产生的直接或间接排放量进行核算，建立温室气体排放清单，识别温室气体排放种类及来源，摸清温室气体排放情况。根据自身实际情况采取合适的减排方案，确保减排目标实现。工厂在完成温室气体自主减排的基础上，剩余的温室气体排放量进行抵消。

（三）"零碳"工厂建设依赖于企业温室气体信息自愿披露

企业温室气体信息披露是披露与企业温室气体相关的信息。企业可编制温室气体信息披露报告对外公开发布，也可作为企业自愿性应对气候变化行动的重要补充。

企业温室气体信息披露报告按年度定期发布。报告主要信息，包括温室气体信息披露覆盖范围，核算边界、运营边界、产品及生产工艺，排放活动、排放类别、时间范围。披露主体核算依据的标准、温室气体排放方式及各个排放类别/排放活动碳排放量，以及与组织运营活动相关的排放类别和排放量为必须披露的项目。

企业作为披露主体，面向公众、投资人或其他特定相关方描述其经营活动相关的温室气体排放情况、减缓气候变化的计划、行动与成效等相关信息。企业温室气体信息披露是企业环境责任和气候行动的关键组成部分。

据统计，2019~2023年，我国主动披露范围一与范围二碳排放数据的企业数量，由254家增长至1101家，增幅超过333.46%。2024年，共有2233家A股上市公司披露了2023年度ESG独立报告，披露率为41.86%。2024年，有1088家A股公司披露了2023年度碳排放数据，占A股总数比率为20.39%，远低于ESG信息披露率。

2025年2月，生态环境部门、财政部、中国人民银行、国家金融监督管理总局联合印发《关于促进企业温室气体信息自愿披露的意见》，提出到2027年，企业温室气体信息自愿披露政策体系与技术标准基本建立，企业披露信息的积极性、披露质量和披露能力有效提升。到2030年，企业温室气体信息自愿披露的通用框架与技术标准体系进一步完善，企业披露意愿、披露能力和披露质量显著提升，披露信息得到广泛应用，形成与国际接轨、互通互认、服务企业高质量发展的温室气体信息自愿披露模式。

截至2025年2月，《财经》杂志和中创投公司已连续四年发布《中国上市公司碳排放排行榜》。榜单体系涵盖中国碳排放量最大的一百家上市公司，包括"总量榜"和"碳效榜"。目前《中国上市公司碳排放排行榜》仅对新能源、食品饮料、汽车与动力电池、房地产、互联网和金融六个行业的"双碳"领导力排名。

通过鼓励自愿披露引导企业自主减排，为落实"双碳"目标，探索生态优先、绿色低碳的高质量发展道路，推动企业不断完善和改进温室气体信息自愿披露工作，为企业积极主动开展温室气体信息披露营造良好氛围。

四、结语

2024年2月，工业和信息化部等七部门印发《加快推动制造业绿色化发展的指导意见》，明确提出到2030年：①发挥绿色低碳标杆的引领带动作用，构建绿色制造"综合标杆"和细分领域"单项标杆"相衔接的标杆培育体系，打造制造业绿色化发展领军力量；②鼓励绿色工厂进一步深挖节能降碳潜力，创建"零碳"工厂；③持续遴选发布能效"领跑者"、水效"领跑者"、工业废水循环利用试点企业园区等。

综上所述，本文通过对我国纺织行业在绿色制造、能效"领跑者"、水效"领跑者"、工业废水循环利用试点企业绿色低碳"标杆"企业的成功经验分享，为"十五五"时期，家纺行业企业绿色低碳发展路径选择提供参考。

（北京服装学院）

时尚研发

创时尚之"新"与竞创意之"质"
——"海宁家纺杯"2024中国国际家纺创意设计大赛综述

贾京生

在全球经济与文化深度融合的背景下，家纺行业作为连接艺术设计与生活美学的重要载体，正经历着从"制造"向"智造"的转型、从传统设计方式向人工智能设计方式的飞跃。中国国际家用纺织品创意设计大赛作为国内家纺设计领域的权威赛事，历经22年的持续发展，始终以引领行业创新、培育设计人才、推动技术应用为己任，为中国家纺产业、设计行业、市场时尚的蓬勃发展注入强劲动力。2024年，大赛"家纺创意画稿组"共收到来自115家院校和企业的2520幅作品，"整体软装设计组"共收到来自63家院校和企业的720幅作品，总体参赛作品数量相较于去年增长了26%，充分彰显了大赛的权威性和专业性。2024年7月12日，大赛的全部评审工作在浙江省海宁市公证处的全程公证下圆满结束。经过评委们的层层遴选，"家纺创意画稿组作品"评选出金奖1名、银奖3名、铜奖5名、评审团奖7名、数字艺术创意奖5名（AIGC赛道）、优秀奖20名、入围奖若干；"整体软装设计组作品"评选出金奖1名、银奖3名、铜奖5名、评审团奖5名、数字艺术创意奖5名（AIGC赛道）、优秀奖20名、入围奖若干（图1、图2）。

图1 "家纺创意画稿组"和"整体软装设计组"全体评审专家合影

图2　本届大赛"家纺创意画稿组"评审专家的评审会议

本届大赛的主题为"新质之魅",通过"新"与"质"的双重维度,从内容到形式、从专业到跨界多元多向呈现了作品新面貌,探索了家纺设计的新趋势和未来方向,旨在呈现一场设计与技术、传统与前沿交融的行业盛会。

一、主题解读之"准"与作品创新之"质"

"新质之魅"以"新"为表、为形式,以"质"为里、为内容,构建了家纺创意设计大赛的双重价值标准。获奖作品普遍呈现三大特征:技术驱动、文化赋能与用户体验优先,为设计创意与行业赋能树立了创新标杆,突出呈现了两个创新维度:一是"新"的维度;二是"质"的追求。

一是"新"的维度,展现了作品的新主题、新形式、新风格。新主题:参赛作品聚焦可持续发展、智能家居、文化传承等时代议题,如环保主题的应用、地域文化的数字化表达、非遗纹样的再设计等。新形式:许多参赛作品突破传统纹样与构图限制,以数字技术语言融入设计之中,采用跨界交融式图案创新等多元手法。新风格:一些参赛作品结合现代自然主义、乡村风格、乡愁意境等潮流,呈现出兼具国际视野与本土特色的视觉美学语言。如获得本届大赛家纺创意画稿组金奖的《春山可望》作品(图3),虽然以常见的自然题材切入本届大赛的主题"新质之魅",但在"新"的层面,该作品通过自然造型的形式创新、主题创意和意境创新,构建起了整体设计作品的新颖风格。

就"质"而言,巧妙地展现出作品中创意设计的"迭代性",既包括对常见创意形式的不断重复、提升与发展,也涵盖了有别于传统创意、颠覆原有模样的创意,以及具有普适性审美的内容。纵观整幅创意设计作品:色调清新和谐,造型自然随意,构图轻松自由,手绘功底扎实,表现娴熟,巧妙地赋予了作品新主题、新形式、新风格。再如获得本届大赛家纺创意画稿组银奖的《兰辞皮影梦》作品(图4),从农耕时代古老的花木兰皮影戏中挖掘设计灵感,以现代构成形式呈现出新颖时尚而适合时代的新风格。评审专家这样赞誉道:"皮影戏中,影影绰绰地展现出鲜活、生动的生活日常以及蕴含民族精神的传统文化。作者的设计让人体会到非遗皮影文化与工业文明结合的'新质之魅'。作品中的几何、齿轮与飘逸线条等

图3 家纺创意画稿组金奖《春山可望》（舒展妍 湖北美术学院）

图4 家纺创意画稿组银奖《兰辞皮影梦》(陈欣雨 东华大学)

图案，与其说是歌颂木兰勤劳善良又坚毅勇敢的精神，不如说是体现了新中国妇女的自我觉醒意识。画面中的台阶、喜鹊、传动链条，还有那专注且充满决心与勇气的骑马姿势，在转述木兰决心与力量的同时，也表现了学生即将进入社会的身份转化，契合了时下莘莘学子即将进入社会、跃跃欲试、积极向上的作风与决心。"作品以当代时尚的形式语境，赋予了传统纹样现代生命力。

特别值得一说的是，此次大赛与时俱进地将艺术与科学紧密融合，新增设了数字艺术创意奖，即新的AIGC赛道，不仅彰显人工智能技术赋能的设计创意的多样性、潜力与无限性，还预示家纺行业创新设计未来的新趋势、新空间。AIGC赛道获奖作品《流金岁月》（图5），以生成式人工智能拓展了表现视域——多变的家纺图案、虚拟的家纺场景、现实的居室空间，打破了传统染织图案创作手段的束缚与限制，让现代化与未来感的跨界融合得以展现，引发了对于科技进步、工业文明等社会现象的思考，传递出特定的文化寓意和价值观念，探索新技术智能表现中的家居美学。评审专家认为："设计师将机械美学引入主题，大胆运用齿轮、螺丝、电路板等机械元素，着重强调技术与结构的美感。在图形表现方面，采用几何叠压的抽象构成形式，借助精密的线条、规则的排列以及层次的对比来营造机械感。色彩上，选用灰冷色调和金属色系，既突出冷静、理性的特质，又不失淋漓的水墨意味。通过对抽象几何造型和精密机械构件等元素的重构，注重形式的运动性，追求超感官的理念，从而呈现出具有现代化、未来感的独特风貌，展现出科技的力量和对未来的

图5　家纺创意画稿组数字艺术创意奖《流金岁月》（王欣怡、李伟漫、郑晓宇　湖北美术学院）

愿景。"

二是"质"的追求。本届大赛呈现出一些颠覆性创新、迭代性创意、普适性审美的创意作品。颠覆性创新：通过技术赋能设计新创意，实现视觉形式崭新的突破，如虚拟性与科幻感强的艺术表现等。迭代性创意：是在传统工艺与图案基础上进行优化升级，如一些非遗技艺与现代设计的结合创意作品。普适性审美：这是平衡艺术性与实用性、现实性与未来感的创新，以此满足不同消费群体的需求，体现创意设计的包容性与前瞻性。"新"与"质"的交融，不仅是对参赛作品评价的标准与原则，更是对家纺行业未来发展的战略指引。如整体软装组中获得数字艺术创意奖《BOOM ROOM》作品（图6），该作品采用AI软件进行生成式创新设计，并且多次尝试并选择符合整体风格的软装室内空间效果图进行崭新的生成，设计出给人以新颖的、虚拟的、未来的科幻之感的画面。评审专家点评时说道："此设计以泡泡为灵感，对软装进行塑造，对环境加以营造。这让我想到当下流行的元宇宙氛围。在元宇宙的浩渺维度里，泡泡世界仿若梦幻的意境，每一个晶莹剔透的泡泡，都承载着独特的生态和景象。泡泡世界彼此独立，又相互连接，构成了一个充满无限可能与想象的奇妙景观。将传统家纺产业与奇幻的元宇宙世界融为一体，营造出轻盈放松的氛围，是一个不错的想法和创意。"再如整体软装组中获得数字艺术创意奖的《共生》作品（图7），作者同样也运用了AI技术图像生成艺术语言与形式，展现了可持续环保的"大海之蓝"的主题理念及未来海洋生态文化的视觉感官场景。专家点评道："基于尊重和保护海洋生态系统的环保理念，作者以

图6　整体软装设计组数字艺术创意奖《BOOM ROOM》（王欣怡　湖北美术学院）

共生

设计说明：

蓝，既可以是大海之蓝，也可以是科技未来之蓝。

在设计中，融合海洋文化元素，将海洋文化融入科技创新中，让海洋经济更具人文情怀和文化底蕴。海洋，作为地球上最大的生态系统，拥有丰富的生物多样性和资源潜力。然而随人类活动的不断扩展，海洋生态系统正面临着前所未有的挑战。因此，我们将设计建立在尊重和保护海洋生态系统基础上。

共生

设计说明：

蓝，既可以是大海之蓝，也可以是科技未来之蓝。

海洋是人类文明的摇篮，拥有丰富的历史和文化底蕴。尊重海洋生态系统、运用绿色科技、融合海洋文化，打造出一个既繁荣又可持续的海洋未来。实现人类与海洋的和谐共生，保护我们的蓝色家园。

图7　整体软装设计组数字艺术创意奖《共生》（韩蕊　浙江纺织服装职业技术学院）

蓝色为基调，融合海洋生态元素，对可持续海洋生态系统和海洋文化进行了情景化的意境表达：清澈的海蓝主色调与暖黄色的光影交相辉映，奇妙的渲染幻化出景深空间，精致简约的家具饰品，为我们展示了一幅充满科技质感、迷离梦幻的未来海洋世界家居情景画图。作品所释放的未来感和科技感，让我们看到AI智能绘图工具图像生成语言为设计带来的创意释放与拓展。探索如何运用科技的力量，寻求人类与自然和谐共生，打造一个既繁荣又可持续的蓝色海洋，将是一个值得深入探讨的课题。"

　　本届大赛中整体软装设计组的金奖作品《荷晏》（图8），巧妙利用技术赋能创意设计的手段，轻松快捷地设计出一套系列产品，并且以生活空间形式呈现出来。评审专家对这幅作品的评价是："荷花在中国文化中象征着高洁、清廉和纯净，出自《楚辞》的'荷晏'描绘了夏日傍晚荷花盛开的静谧与美丽的自然景象和情景氛围。作品'荷晏'将这一中式美学意境融入了现代家居情景空间中。作品采用大写意的抽象荷花造型、自然且经典传统的中性黄绿色系，强化了荷花形态神韵的美学特征，搭配木制、编织等材质的家具饰品，营造出一种既有东方文化底蕴又符合现代审美和生活方式的古朴自然的家居空间情景氛围，传达了作者将传统中式元素与现代设计理念相结合，努力传播中国传统文化魅力，增强对自身文化的认同感和美学享受的设计实践探索。"

图8

图8　整体软装设计组金奖《荷晏》（于晖可　鲁迅美术学院）

二、数字技术之"增"与评审机制之"变"

本届大赛在数字技术之"增"与评审机制之"变"上实现双重突破，成为赛事升级的核心驱动力。数字技术之"增"，体现在本次大赛首次增设了AIGC赛道，实现了中国家纺创意设计大赛的开创性突破，也是国内首次举办的AI技术赋能家纺创意设计大赛的新举措。大赛主办方与协办方极力鼓励设计师们利用生成式AI工具来创作，参赛作品中涌现出多幅算法与艺术结合的新形式、新风格、新时尚的作品。具体地说，新赛道是AI与手绘和计算机设计的有机融合，是科技与艺术的交相辉映，既能够激发无限创意与无数创意，又能使有些作品展现颠覆性、迭代性的视觉效果。面对AI技术，我们都应该主动积极地拥抱，以AI技术创意和艺术想象紧密结合，引领创意设计的新风尚、新需求。本届大赛评审委员会执行主任王易强调说："随着人工智能技术的飞速发展，设计领域正经历着前所未有的变革，而海宁家纺杯大赛正是这股变革浪潮中的先锋力量。通过搭建一个集人才培养、创意激发、文化自信树立及产业升级于一体的综合性平台，大赛不断为中国家纺产业注入新的活力与灵感。展望未来，赛事将以更加开放、创新和包容的姿态，积极拥抱AI带来的变革，为家纺设计行业注入新的活力与智慧，鼓励设计师围绕智能家居、健康生活等前沿议题展开创作，让家纺设计更加贴近现代生活，引领中国家纺产业迈向更加辉煌的未来。"采用数字技术创意设计作品的大量"增加"，不仅使参赛作品更加丰富多彩，而且更加精细精美。如获得本届大赛家纺创意画稿组数字艺术创意奖的作品《棉质雅韵》(图9),其作品惟妙惟肖,让评审专家为之赞叹:"这幅以棉花为主题的设计作品,通过其温润的质感与抽象几何元素的创新融合,展现了自然之柔与规则秩序的'温润新韵'。棉花,作为温暖与纯净的化身,其传统印象在此被赋予了现代设计的温柔笔触。设计师结合棉花的轻盈与几何图形的简洁线条,创造出温馨前卫的效果,既保留了棉花的特质,又具视觉张力。棉花与几何图形相互映衬,是对自然的颂扬和对传统材质的新诠释,既尊重自然又探索设计可能。作品以柔色调为底,棉质纹理与几何图形

图9 家纺创意画稿组数字艺术创意奖《棉质雅韵》(李想 湖北美术学院)

交织，层次分明，在光影下更显宁静，色彩纹理和谐，具视觉魅力，还兼顾实用舒适。但纺织品材质有局限，不同材料特性不同，作品设计与实际制作有差距，特殊材质会影响耐用性。"新疆大学纺织与服装学院副院长沈沉教授对本次大赛的AIGC赛道评价说："在AIGC赛道中也看到了更新颖的表达，例如有一幅作品中打破了自然规律，实现朝霞与晚霞在同一场景下共存，营造出彩霞的视觉效果。新技术的出现有助于实现将美好事物集于一身的愿景，当下AI数字叠加的精确表现和组合构成，将逐步被智慧型创新迭代，语言精确表达、时空置换、主客观互补、情感与场景联想人类智慧引领AI技术。此外，我认为参赛选手的视野更宽广、视角更独特、视域更深刻。下届大赛能够出现跨领域共情、跨学科交叉、跨文明互鉴、跨产教融合的作品。"

  本届大赛的评审机制之"变"，同样也呈现了数字技术之优势。一是评审机制革新。大赛评审采用数字化盲评方式，通过"家纺设计汇"小程序实施全程三段式背对背评审，围绕赛事主题，严格按照评审标准对参赛作品进行多元化、多维度的深度评选，确保公平性与透明度。同时，数字化盲评提升了评审效率，缩短了评审流程周期，这也适应了高增长的参赛规模的需求。二是采用评审数字化辅助系统。评审全面转向线上，既环保又高效。同时，通过数字技术与AI识别系统，初步甄别出与网上雷同的抄袭作品和重复性的作品，减轻了评委工作量，确保每件作品得到评审专家的细致审阅，提升评审精度。新技术创新性的使用不仅优化了赛事过程、赛事结果与赛事水平，更推动了设计工具与方法的革新。三是全面升级赛事为无纸化模式。所有参赛作品，不管是家纺创意画稿组与整体软装设计组的作品，均为无纸化的数字化作品，同时两组赛事今年将同步开启评审工作，这种方式将大大提升评审效率，缩短大赛整个评审的流程时间（图10）。

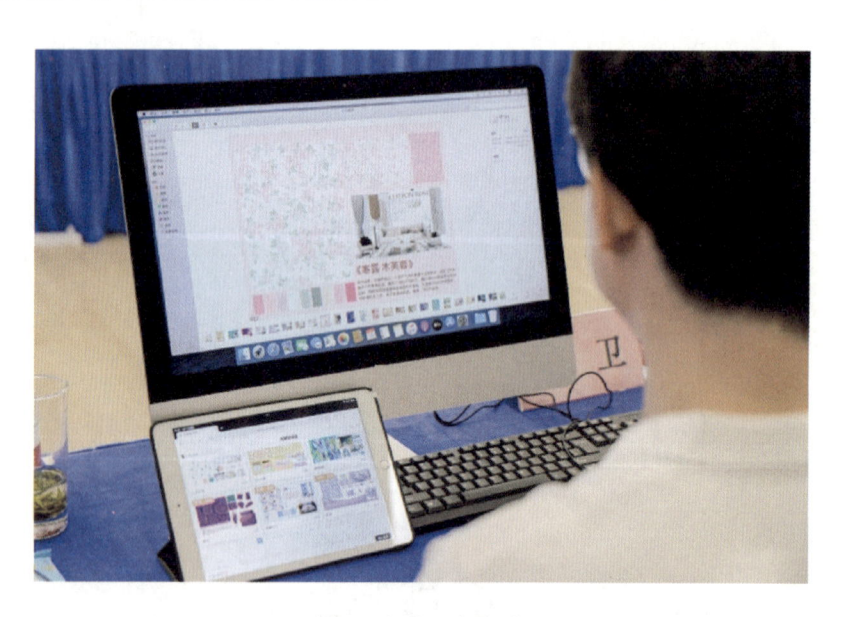

图10　评审现场照片

三、协同发展之"势"与挑战机遇之"存"

  海宁家纺杯中国国际家纺创意设计大赛作为行业与时尚风向标，其影响力已超越赛事本身，早已成为中国产、学、研融合与交流的重要平台。目前，该平台以协同发展之"趋势"与挑战机遇之"并存"现状发挥着重要影响力。中共海宁市许村镇党委书记王枫铭指出："赛事不仅是设计才华的竞技场，更是推动行业创新与发展的强大引擎。全球设计精英因赛事而汇聚，不仅提升设计水平，更激发了原创活力；为年轻设计师搭建舞台，培育未来之星，更促进了产、学、研的深度融合。此外，大赛加速设计成果转化，增强品牌影响力，助力许村家纺区域品牌崛起。展望未来，许村镇将继续深化大赛与产业融合，优化产业链，加强品牌推广，加大人才培育力度，以技术创新和人才驱动为双翼，抢占时尚高地，实现家纺产业的持续繁荣与高质量发展。"对于培养中国家纺设计师来说，这是检验院校设计教育革新与学生创新成果的重要窗口。一是院校通过参赛反馈调整课程设置，增设AI设计、可持续材料等前沿课题。二是学生作品的市场转化率提升，多家企业与获奖者签订合作协议。对于家纺产业来说，这也是产业升级驱动的动力。有些获奖作品中的智能家纺创意作品已进入量产阶段，有力地推动了行业向"智慧家居"转型。AI设计工具的应用必然会降低企业研发成本，加速产品迭代创新的速度。三是大赛是对国际影响力的拓展，大赛吸引来自国际艺术院校设计师参与，促进中外设计理念交流。

本届大赛呈现的突出优势，一是参加大赛学校多元且各类学校几乎全部涵盖，有国内著名的八大美术学院与艺术学院参赛，也有纺织职业技术学院及中专技术学校参加，还有更多的综合大学如清华大学、新疆大学、天津理工大学、南通大学、西安工程大学等参加，几乎所有参赛作品都为此次大赛做足了充分准备。尤其是现今数字技术工具的发展，使得参赛者的专业越来越跨界，领域也越来越宽泛。不仅有纺织设计专业，还包括了动漫、插画、信息、绘画等各类专业的参赛者。

对于积淀了二十二年的创意设计大赛，大赛评审委员会主任杨兆华表示，"经过二十余年的不懈努力，海宁家纺杯大赛逐步迈向新的高度，大赛以其强大的创新引领性、交流促进性、文化传承性，产业推动性等特点，在中国家纺产业发展中扮演着重要的角色，为中国家纺产业的蓬勃发展提供了源源不断的动力，对于推动文化创新、提升产业竞争力具有不可忽视的作用。"

"海宁家纺杯"大赛通过创新赛制、技术赋能与高质量创意设计作品，成功构建了一个展示中国家纺创意设计水平与实力的舞台，展示了创时尚前沿之"新潮"与竞创意审美之"品质"。它不仅是一次家纺设计赛事，更是一场关于未来生活美学的思想碰撞。在"新"与"质"的交融中，中国家纺创意设计正以更自信的姿态，引领中国时尚设计的发展，迈向全球时尚创意链的高端。

（清华大学美术学院）

附件 "海宁家纺杯"中国国际家用纺织品创意设计大赛评审委员会名单

评审委员会主任

杨兆华　中国纺织工业联合会副会长

评审委员会执行主任

王　易　中国家用纺织品行业协会、副会长兼秘书长、高级工艺美术师

创意组评审委员会委员（按姓氏字母排序）

刘立军　河北科技大学纺织服装学院教授、硕士研究生导师、学科带头人、河北省民间文艺家协会副主席、河北省高校教指委艺术类教指委委员、国家社科基金评审专家、教育部学位中心论文评审专家

马　昀　常州纺织服装职业技术学院副院长、教授、高级家纺设计师

沈　沉　新疆大学纺织与服装学院副院长、教授、东华大学服装与艺术设计学院教授、上海市服饰学会副秘书长、新疆服装设计师协会副会长

王枫铭　中共海宁市许村镇党委书记

张瑞春　高阳县毛巾行业协会会长、河北省家用纺织品产业技术研究院院长、保定市质量管理专家

周惠峰　海宁市布妍诚纺织有限公司董事长、海宁市家纺协会副会长、海宁许村时尚产业新生代联合会副会长

朱家伶　叠石桥国际家纺城股份有限公司董事长

软装组评审委员会委员（按姓氏字母排序）

林振中　美国室内设计协会注册专业室内设计师、清华大学环艺系客座教授、中央美术学院城市设计学院特聘专家、课程教授、中央美术学院色彩研究室主任

刘晓萍　流行趋势研究专家、北京市特聘外籍教授、北京服装学院硕士研究生导师

杨晓丽　广东职业技术学院产品艺术教研室主任、副教授

张　卫　南通大学艺术学院院长、教授、一级美术师、博士生导师、江苏省美育教指委委员、南通市设计师协会名誉会长

赵君会　绍兴市柯桥区中国轻纺城窗帘布艺协会会长、浙江萤火虫会展有限公司总经理、浙江帘仓纺织科技有限公司董事长、绍兴创帘传媒有限公司董事长

新闻发言人

贾京生　清华大学美术学院教授

"张謇杯"·2024中国国际家用纺织品产品设计大赛综述

阎维远

由中国家用纺织品行业协会、中国国际贸易促进委员会纺织行业分会、法兰克福展览（香港）有限公司、南通市人民政府主办，中国家用纺织品行业协会设计师分会、江苏南通国际家纺产业园区管委会、南通市市场监督管理局、南通市通州区人民政府、南通市海门区人民政府承办的"张謇杯"·2024中国国际家用纺织品产品设计大赛于9月19日在江苏南通正式开评。本届大赛以家纺流行趋势"领·域"为主题，意在引领趋势潮流风向，在不同维度探索新的技术、材料和风格，以时尚、艺术与科技融合的新方式推动家纺设计创新，推动行业、企业在智能化时代浪潮中的可持续发展和文化传承，让潮流引领设计，科技改善生活。9月20日，汇聚国内外知名行业专家评委，历经两天严格评选，"张謇杯"·2024中国国际家用纺织品产品设计大赛评审落下帷幕，工作圆满完成（图1~图3）。获奖作品在中家纺官方平台上进行公示。

图1　大赛于9月19日在江苏南通正式开评

图2 本次大赛评审会

图3 本次大赛评审现场

今年大赛共收到海内外参赛作品589套件，参赛企业和设计师覆盖全国约20个省市和自治区，其中国外参赛作品132件，分别来自韩国、法国、德国、印度、土耳其、捷克及北欧诸国等十多个国家和地区，参与度创历史新高。

"张謇杯"设计大赛自2006年创办以来，今年是"张謇杯"大赛举办的第19个年头，"张謇杯"大赛伴随我国家纺行业的成长，在家纺企业和设计师领域中树立了极其重要的行业地位，作品已成为家纺时尚潮流的风向标，为产业的发展提供了高质量的交流、展示和人才发掘的权威平台。在大赛组委会的精心组织下，本届大赛更具水平和特色亮点，继续为我国家纺产业发展贡献力量。

一、"张謇杯"带动家纺品牌文化发展，19载助推产品品质持续提升

今年"张謇杯"大赛工作整合多方资源通过联合招赛等方式，个人参赛作品数量实现新增长，招赛、收件工作中增强海外作品，使得国际化程度取得新突破。在评审过程中，大赛评委们用专业、开放、公正的视野评判大赛作品，特别注意非遗创新作品，旨在助力传统技艺文化释放新活力，引导传统文化元素与现代生活方式共生融合。办赛的责任使命和评审的专业态度，托举"张謇杯"大赛作品风格更加丰富、品牌更具个性、水平更胜一筹，大赛地位更具权威、前景更显张力、品质更得信任。本次大赛共评选出，中国家纺品牌潮流风尚奖5个，中国家纺设计市场潜力奖5个，中国家纺未来设计师之星5名，中国家纺产品设计奖金奖3个、银奖6个、铜奖9个、优秀奖30个、入围奖36个。

中国纺织工业联合会副会长杨兆华为本届大赛评审委员会主任，中国家用纺织品行业协会副会长兼秘书长王易为大赛评审委员会执行主任。大赛评审委员会评委包括（按姓氏拼音排列）：江苏工程职业技术学院产品艺术设计专业负责人、副教授管蓓莉，三利集团服饰有限公司总经理韩丹，鲁迅美术学院染织服装艺术设计学院副院长、副教授、硕士研究生导师李湛，北京市特聘教授、北京服装学院硕士研究生导师刘晓萍，浙江罗卡芙家纺有限公司董事副总经理倪静，山东省工艺美术协会副会长、省级非遗传承人、正高级工艺美术师孙海东，I.T.Q.A.国际纺织拼布协会会长郑仁淑。天津美术学院艺术设计研究院副院长、硕士研究生导师阎维远为本次大赛新闻发言人。

福建佳丽斯家纺有限公司刘畅、乔品设计的《京都梦华》，南方寝饰科技有限公司史可设计的《囍·华锦天成》，江苏悦达家纺有限公司单欣、王伟、袁道春设计的《簪花仕女图》，江苏人唐纺织科技有限公司乔鹏武设计的《浪淘沙》，南通展群纺织有限公司张婷花设计的《声声慢》五套（件）作品获得2024中国家纺品牌潮流风尚奖。滨州亚光家纺有限公司刘光涛、刘雁雁、刘萍萍设计的《忆古领今》，南通柔丽思纺织品有限公司吴绍生设计的《二十六味深睡被》，南通尚首纺织科技有限公司张家铭设计的《达芙妮—霞光红》，无锡万斯家居科技股份有限公司李潍池设计的《线与面》，南通华御绣纺织品有限公司郑文文、周玉蓉设计的《提花万字纹凉席》五套（件）作品获得2024中国家纺设计市场潜力奖。江苏工程职业技术学院魏精晶设计的《柿说新语——柿染家纺产品设计》，南通大学江竹钧设计的《孤独狂欢》，东华大学王伟设计的《脉络》，江苏工程职业技术学院胡圣雨设计的《春雨茶

香》，江苏工程职业技术学院李醒醒、严尹设计的《"蝴蝶妈妈"苗绣在家纺产品设计中的运用》五套（件）作品获得2024中国家纺未来设计师之星。

获得2024中国家纺产品设计奖金奖的三套（件）作品是：滨州亚光家纺有限公司李春燕、陈虹设计的《览　东方》，烟台北方家用纺织品有限公司毕军权、李飞、程文静设计的《元·茵记》，韩国申银淑设计的《Abyss》；获得2024中国家纺产品设计奖银奖的六套（件）作品是：江苏大唐纺织科技有限公司乔鹏武设计的《蓝荷听雨》，南方寝饰科技有限公司洪程程设计的《告白》，南通有斐家居科技有限公司袁万里设计的《秋色》，三利集团服饰有限公司韩孟雪设计的《东方疗愈系列》，佛山市华宇时代纺织有限公司李超晖/陈玉冰设计的《彩圆（2148）》，黄盛强设计的《外婆的技艺》；获得2024中国家纺产品设计奖铜奖的九套（件）作品是：广州市源志诚家纺有限公司梁丽韫设计的《明几逸角》，江苏南星家纺有限公司沈肖磊、张菊红设计的《艺韵·渐染》，江苏美罗家用纺织品有限公司丁赞娟、李清设计的《无重之境》，山东魏桥嘉嘉家纺有限公司李美慧、姜磊、李华俊设计的《霁雪留香》，江苏南星家纺有限公司张菊红、陈莉设计的《Leafy·界梦》，威海市芸祥绣品有限公司王培万设计的《繁花》，鲁迅美术学院陈雪设计的《云端》，南通大学艺术学院李一凡设计的《蓝色深鸣》，韩国柳明子设计的《Stretch!big tree》。另外，还有30套（件）作品获得2024中国家纺产品设计奖优秀奖；36套（件）作品获得2024中国家纺产品设计奖入围奖。

二、"张謇杯"引领家纺创新思想实践，19载指导生活方式不断超前

今年大赛无论是精心布置的赛场环境，还是参赛作品本身，都令人耳目一新。本届大赛以家纺流行趋势"领·域"为主题，"领"风尚之先，"域"创新之界，体现了赛事主办方前瞻性的视野，即通过创新的思维作为桥梁，将先进的科技、前沿的设计理念及丰富的文化元素巧妙融合，引导设计精准捕捉当前家纺行业的流行趋势，引领市场潮流，目的在满足人们对健康、时尚家居生活的追求。

本届参赛作品在紧密贴合大赛主题的同时，更是在科技运用、设计理念与文化元素的融合上展现出了非凡的创意与实力。突出特点是很多作品在保持艺术美感的同时，更加注重产品的实用性和市场适应性，很多拼布作品也以其精湛的手工技艺和独特的艺术风格，绽放出新魅力。这些充分展示了家纺设计师们日益增强的艺术敏感度和创新能力，反映了设计师们不断探索、勇攀设计高峰的积极精神。这些作品不仅为现代生活空间提供了极具指导性和美化作用的设计方案，更指导性地公示了融合时尚、艺术与科技的家纺设计思想的新趋势。

大赛评审委员会评委、I.T.Q.A.国际纺织拼布协会会长郑仁淑（韩国）在接受采访时表示，在印染与床上用品设计领域，中国企业优势明显，尤其是在印染技术对环保健康的关注更加体现了行业的可持续发展理念。拼布创意设计不仅限于传统应用，其广泛的适用性为产品设计开辟了新路径。从时尚包包到家居装饰，如床上用品、地毯、挂毯等，拼布元素都能巧妙融入，为产品增添独特魅力与个性。因此，拓展拼布创意设计的适用范围，不仅能够丰富产品种类，还能满足不同消费者的审美与实用需求。

大赛评审委员会评委、北京市特聘教授、北京服装学院硕士研究生导师刘晓萍在接受采

访时表示，本届大赛的参赛作品，我感受到这些设计师能够捕捉到两大趋势：一是家居设计的舒适感，从色彩、布局到材质应用，均体现出设计师对家居产品舒适性的高度重视，中性柔和的色调尤为适合家居环境；二是新中式风格的兴起，众多作品巧妙融合中式题材与现代设计，展现出独特的韵味。此外，简约而精致的设计风格成为主流，纯色、纯棉及单色材质广受欢迎，搭配少量精致工艺，呈现出质朴清新的整体效果。

大赛评审委员会评委、江苏工程职业技术学院产品艺术设计专业负责人、副教授管蓓莉在接受采访时讲到，"张謇杯"大赛具有"三度"的特点：即广度、深度、高度。具体说就是"广度"体现在拓宽产业边界，吸引多元丰富的产品参赛，展现行业活力；"深度"体现在深化文化融合，设计师们探索全球及东方文化，赋予作品深厚内涵；"高度"体现在引领行业高度，作为设计赛事的标杆，推动行业创新与发展，引领未来趋势。因此，"张謇杯"大赛不仅为行业高质量发展提供了创意驱动力，更是设计行业提升的催化剂，激励设计师与企业不断创新，共同推动设计行业的繁荣与发展。

大赛评审委员会评委、三利集团服饰有限公司总经理韩丹在接受采访时表示，我看到不少参赛作品不仅展现了丰富的多样性和独特的设计理念，更深刻体现了设计师们对美好生活的深刻理解和独特表达。从家纺产品的不同品类到设计方向的多元探索，每一件作品都充满了创意与想象，令人目不暇接。海外作品以不同的文化背景和设计视角为大赛注入了新的活力与灵感。对于企业而言，"张謇杯"大赛作为实物产品展陈的评比方式，不仅是展示设计实力的舞台，更是提升设计水平、了解行业趋势的重要平台。企业可以通过参与大赛，与国内外优秀设计师同台竞技、交流合作，不断锻炼设计团队，推动产品创新。

大赛评审委员会评委、鲁迅美术学院染织服装艺术设计学院副院长、副教授、硕士研究生导师李湛在接受采访时表示，我们特别鼓励学生积极参与如"张謇杯"等高水准的专业赛事，通过参与大赛，与其他设计师及企业设计师同台竞技，检验其实战能力。我们希望通过多元化的培养模式能够让学生们拓宽视野、全面提升，成为既有扎实基础又具备创新能力的专业人才。

金奖作品《览 东方》（图4）突破多年流行的简约风格，设计主题是东方的陶瓷文化，将青花瓷元素融入家纺，既满足了消费者对传统文化的热爱，又契合现代家居审美。能吸引不同风格偏好的客户。有望引领家纺市场的东方风尚，开拓新的消费潮流。

图4 金奖作品《览 东方》

金奖作品《元·茵记》（图5），设计师选择温柔草木色的纱织棉，在融入亚麻和苎麻材质成分以后，有一种独特的自然觉醒之味道，与当下松弛的生活态度相得益彰。友好的天然植物纤维，是唤醒人们内心对自然美的向往和追求的根本。产品在造型上遵循了以工艺为点缀，秋日枝叶的刺绣，灵动的系绳，系绳边缘巧用刺绣同色绲边，富有肌理的绗绣，让一切繁简有序，遵循简约而不单调的现代美学审美。多套件的组合方式，增加了家居多场景的使用可能，更让卧室增加灵动的视觉层次，从视觉、触觉，到身心的体验都回归到生活最宁静悠然的初心。

图5 金奖作品《元·茵记》

金奖作品《Abyss》（图6）通过深邃的色彩和多样的染色技法，成功展现了艺术家独特的美学。层层叠加的圆形片段组合形成了一个有机的图案，令人联想到生活的多个层面。机械缝纫与手工缝制的结合象征着传统与现代的相遇，突出了艺术家的精湛技艺和艺术感知力。作品整体呈现出的深度与题目"深渊"相得益彰，暗示了人类内心的复杂性和无限可能性。特别是通过不同单元的缝合方式表现个体独特自我的部分，给人留下了深刻印象。总体而言，这是一件技艺精湛、富有创意且主题深刻的佳作。

图6 金奖作品《Abyss》

银奖作品《蓝荷听雨》（图7）韵味丰富，荷花十里，清风鉴水，明月天依……蓝荷夜雨既有一番诗意，更有着对静谧且富有诗意生机水面的勾勒。作品用新中式构图方式，在床品的核心位置描绘出荷叶连连的轮廓，哑金色绣线又把圆荷

图7 银奖作品《蓝荷听雨》

浮小叶的精致悄然体现。疏密关系呼应在枕套、靠垫等款式设计上，中式装饰图案绣花工艺的分界，让留白的素色显得大气与宽阔，刺绣针法上突出点线面的交叉，达到近看立体，远观有形的视觉感受。整体色彩有着传统正青色与金垰色的大对比，细节之处又有同色系小协调的妙用，让睡眠有了一番别样意境。

银奖作品《告白》（图8）设计氛围感很足，床品是中国传统婚庆文化的重要组成部分，也是家居纺织品必不可少的一个风格类别。喜庆、亮丽的中国红是传统婚庆文化的标志。随着生活方式的变化与时代审美的代际更迭，人们更愿接受既具传统喜庆寓意象征、又能适应不同时态空间的"新时代婚庆"色彩，以模糊婚期用品与日常生活用品的严格界限，实现产品使用价值的最大化。作品"告白"即是对这一需求趋势的回应。作品采用奢而不媚、华贵含蓄的绛红色丝质感面料，用同色绣花工艺处理被面花型，营造了一款既简约大气、优雅华贵，又兼具喜庆特定寓意氛围和日常居家审美的时尚婚庆产品。设计师以时代需求为基本考量的设计思维和方法值得称赞。

银奖作品《秋色》（图9），该参赛作品使用常用的水洗棉，简约的刺绣点缀使设计本身贴合当下流行舒适简约的使用需求，立体的点缀刺绣及刺绣的色彩设计是这款产品的亮点，灰配橘色的立体编织小花图案使浅卡其色布面呈现出活泼的田园生活氛围。

银奖作品《东方疗愈》（图10），此参赛作品市场价值很高。在当今快节奏的都市生活中，人们被无尽

图8　银奖作品《告白》

图9　银奖作品《秋色》

图10　银奖作品《东方疗愈》

的工作压力和城市喧嚣所包围，这种紧张的生活方式让人们越发渴望一种能够回归自然、寻求内心平静的生活状态。东方疗愈毛浴巾系列正是基于这样的社会背景和心理需求而设计的，它不仅仅是一件日常用品，更是一种生活态度的体现。通过结合东方传统美学中的水墨竹、水墨山水等元素，这一系列产品旨在为现代人提供一种身心放松的体验，帮助他们在繁忙的都市生活中找到一片宁静的绿洲，实现身体与自然的和谐统一，精神与内心的深度对话。

银奖作品《彩圆（2148）》（图11）以简洁单纯作为设计的整体趋向，细节变化在质地的肌理处理上进行表达，整体的视觉节奏感是通过明度和纯度的变化形成，几处低明度的分割块围合成整幅作品的中心感。该设计更适合具有简约风格的室内空间摆放，色彩的轻巧感更适合低纯色彩度空间搭配。应用性和适应范围较大。

银奖作品《外婆的技艺》（图12）提取刺绣纹样中的吉祥元素进行再设计，将侗族刺绣与现代家居相融合，既体现了传统的人文情怀，又符合当代的审美哲学。青紫色的亮布，民族色的手绣，给人一种深邃久远的空间感，展现出淡泊悠然、返璞归真的意境，是具有现实意义的尝试与创新。传承和弘扬侗族刺绣的技艺精华和文化内涵，顺应当代社会发展的国风潮流，为现代家居服饰设计提供了参考借鉴。

图11　银奖作品《彩圆（2148）》　　　　　图12　银奖作品《外婆的技艺》

铜奖作品《明几逸角》（图13），作品是一张面料改造的创意设计。设计师在一张普通面料上，采用缝纫绲边走线技术，添加新的三角几何网状图形，改变了面料原有的视觉观感和触觉肌理，作品构思巧妙，材料与工艺选择适当，恰到好处，赋予普通面料以独特的艺术魅力，提升了面料的审美价值。

铜奖作品《艺韵·渐染》(图14),设计师巧妙利用纵横的线条在黑白灰的色调中交叉、渐变,或又独立,像极了城市日夜的交替,又如同大自然中的日出日落、四季更替,每一个线条又仿佛城市中人群的行迹,给人以无尽的遐想。面料成为画板,承载着线条的流动感,把一种粗砺的视觉质感呈现出来,让作品有了动静结合的美感。几何形式的构成,看似简单,实则有着对生活平衡状态的期待,可谓纯粹之美。用绣花的形式、打褶的工艺等来作为视觉的分割,让整体产品在稳定平和的黑白灰中能够找到美的弦外之音。

图13 铜奖作品《明几逸角》

图14 铜奖作品《艺韵·渐染》

铜奖作品《无重之境》(图15),参赛设计师主要是呈现了一种抽象现代的设计诉求,独幅的构图使床品套件看起来更像是一幅画,使床品设计具有装饰的意味。

图15 铜奖作品《无重之境》

铜奖作品《霁雪留香》（图16）朴素、雅致、国风。提花组织浮雕感点缀出精致，色彩搭配橙灰色衬托出温暖，经典纹样透过零碳天丝、大豆纤维、棉纤维材质变化形成灵动气质。居家空间充满了东方韵味，既有暖意，又有诗意和禅意。

图16　铜奖作品《霁雪留香》

图17　铜奖作品《Leafy·界梦》

图18　铜奖作品《繁花》

铜奖作品《Leafy·界梦》（图17），作品设计主题从大自然中美好景致出发，通过植物和自然色系的运用，关注到都市人精神生活。面料选择和设计风格搭配自然，营造出温馨氛围。名字寓意深刻，是心灵温柔归宿。满足现代社会人们对睡眠质量和精神寄托的需求。

铜奖作品《繁花》（图18），设计师将花朵的细节之美和灵动之感，通过上中下三层组织和手工珊瑚绣等技艺手法置于居家空间之中，传统纹样、喜庆色彩和高弹丝、长绒棉形成了完美结合。东方之境，凸显出居家的活力和质感，展现了家居设计吉祥美好的寓意。

铜奖作品《云端》（图19），该作品设计的简洁整体，织造工艺上把不同的手法进行融合统一，不仅在形式变化上很好地把握了对比变化与统一，同时也能在工艺上达成既有变化又有统一，色彩整体变化和谐。

图19 铜奖作品《云端》

铜奖作品《蓝色深鸣》(图20),设计师在形式上色彩与图形组合过程中产生一种厚重感,点与线在交织中产生高亢的情绪,可以唤醒观者的视觉神经,画面中有极强的动感,同时视觉也可以在深沉的冷色中得到安宁。这样的作品可以很好地与当下追求整体感多为浅灰为主调的室内设计中形成互补,并成为点睛之笔。

图20 铜奖作品《蓝色深鸣》

铜奖作品《Stretch! big tree》（图21），作品以艺术家亲自拍摄的大自然为基础，通过拼布和染色技法生动再现了大自然的森林。丰富的色彩和细腻的细节展现了森林复杂而多样的生命力，给观众带来身临其境的感觉。通过对称构图和透视法，作品有效表达了森林的宏伟和深度，与"通过森林治愈与充电"的主题完美契合。使用机器贴布、拼布及线绘技巧，细致地表现了树皮质感和每一片叶子的细节，展现了艺术家高超的技艺。这件作品不仅在视觉上美丽，还强烈传达了自然带来的治愈与慰藉。

"张謇杯"大赛已经成功举办了19届，19年来，通过大赛搭建起设计师技艺、思想交流的稳定平台，为家纺企业品牌、品质展示构建了开放窗口。"张謇杯"大赛的现象在行业中形成了优秀大赛文化，成绩推动了家纺行业新质生产力的发展，获得了全行业的广泛认可和重视。

图21 铜奖作品《Stretch! big tree》

中国纺织工业联合会副会长本届大赛评审委员会主任杨兆华对"张謇杯"大赛举办给予了充分的肯定。他在致辞中讲到，大赛获得了全行业的广泛认可，见证和助推了南通家纺乃至中国家纺行业在品牌、品质、品类等多方面的提升。参赛作品在参赛数量上不断突破，还兼顾新技术、新材料与我国传统非遗工艺和文化的融合，对引领中国家纺设计产业发展的作用也越来越凸显，希望保持促进家纺行业设计创新创办"张謇杯"大赛的初心，继续发掘更多卓越产品、设计新秀，为好产品造势，为行业发掘人才，不断推出家纺行业的"大师""大牌"。

2025年将迎来20年华诞，相信未来在各方努力下，"张謇杯"大赛将有更大作为，更美的表现，为中国家纺设计事业的不断发展，为家纺研发设计能力不断提升，发挥更大作用，作出更大贡献。"张謇杯"越办越好！

（天津美术学院）

"震泽丝绸杯"·第九届中国丝绸家用纺织品创意设计大赛综述

张 毅

"震泽丝绸杯"·第九届中国丝绸家用纺织品创意设计大赛自2024年3月6日在中国国际家用纺织品及辅料（春夏）博览会上正式启动，历时一年多，于2025年3月11日在同一地点圆满落幕。中国纺织工业联合会副会长杨兆华、中国国际贸易促进委员会纺织行业分会常务副会长梁鹏程、相关部委领导、中国家用纺织品行业协会领导、震泽镇相关领导及嘉宾与大赛获奖者共同出席了活动。

本届大赛由中国家用纺织品行业协会、江苏省苏州市吴江区人民政府联合主办，吴江区震泽镇人民政府、中国家用纺织品行业协会设计师分会承办，苏州吴江丝绸文化创意产业园协办。

大赛不仅汇聚了行业创新力量，更清晰展现出中国丝绸家纺产业高质量发展的强劲势头与革新方向。本届大赛共收到来自国内外161家院校、企业及设计工作室的2338件丝绸创意设计作品。2025年1月9日，由七位来自设计院校、知名企业、行业协会及非遗传承领域的权威专家组成的评审团，经过严格遴选，最终评选出金奖1名、银奖3名、铜奖5名，以及最佳创意设计应用奖、最佳设计题材奖、最佳传统纹样表现奖、数字艺术创意奖各5名，优秀奖30名和若干入围奖。获奖作品按程序进行了公示。

一、九年深耕，铸就丝绸产业腾飞引擎

作为家纺领域专业的丝绸创意设计比赛，震泽杯大赛自2016年创办以来已成功举办九届。大赛始终以"用中国时尚丝绸产品彰显中国文化软实力"为宗旨，经过九年精心培育，已成为全球规模最大、作品水准最高的权威丝绸设计赛事，在国际丝绸设计与产品领域享有盛誉，对推动中国家纺设计产业升级作用显著。

大赛对举办地——丝绸古镇震泽的产业带动尤为深远。它不仅拓宽了当地丝绸从业者的视野，更显著提升了震泽丝绸产业的设计创新能力。震泽镇坚持推陈出新、文化赋能，推动丝绸产业实现了质的飞跃。集群内以太湖雪为引领，慈云、辑里、绿中缘等企业百花齐放，共同织就了震泽丝绸的繁荣图景。特别值得一提的是，太湖雪于2022年12月30日在北京证券交易所成功上市，成为震泽镇持续举办大赛以来最具标志性的产业盛事。

二、拥抱变革，AI数字技术开辟专项新赛道

目前，智能设计相关技术与经验已日臻成熟，全国各大设计院校及纺织企业都已将AI数字技术纺织品设计列入未来发展的重要方向。

本届大赛敏锐捕捉到AIGC在纺织领域兴起的趋势，特别增设了AIGC专项报名赛道。此举获得了参赛院校与企业的高度关注和积极响应，共收到AIGC设计作品近300件，占全部投稿作品的12.8%，充分反映了行业与教育界对这场技术浪潮的前瞻布局和高度重视。可以预见，AI设计作品将在未来各类家纺设计赛事中迎来爆发式增长。

AI技术的引入也带来了新的挑战，核心在于"知识产权"与科学伦理的界定。设计师必须确保AIGC生成图案所使用的设计画稿拥有独立知识产权，这是保障最终作品原创性的基石。当前，数字经济正驱动着流程再造与范式革新，这是提升新质生产力的关键引擎。中国家纺行业正积极把握AI机遇，也热切期望参赛者能坚守中国文化内核与独立知识产权，善用数字化技术，创造出更具个性与风格的时尚作品。

三、文化铸魂，增强国际时尚话语权

作为国内首个家纺行业细分品类的创意设计赛事，大赛深深植根于丝绸这一中华文化瑰宝，连续多年被工业和信息化部列为"纺织服装优供给促升级"重要活动，是行业文化自信与设计创新的标杆。

据大赛评审委员会执行主任、中国家纺协会副会长兼秘书长王易介绍，九年来，大赛已吸引全国逾14400名设计师及院校师生参与，累计征集作品超2万件。大赛不仅为行业挖掘培育了大批设计精英，更在震泽建立了丰富的作品版权库，为当地企业产品开发提供了不竭的创意源泉。大赛即将步入第十届之际，恰逢国家"十五五"规划启航，今后大赛将继续从深挖家纺文化内涵、推动科技与时尚深度融合、拓展时尚传播渠道三大维度发力，构建完善的家纺时尚文化发展体系，着力提升中国家纺行业的国际时尚话语权，助力行业繁荣发展。

震泽镇党委副书记、镇长姚俊强调，大赛持续举办不仅提升了震泽及丝绸产业的知名度，让更多人感受丝绸文化之美，更构建了一个激发创意、汇聚人才、赋能企业的平台。震泽镇将持续携手各方，提升大赛品牌影响力，集聚优质资源，使其成为中国家纺设计前沿理念的展示窗口和产业创新发展的核心引擎。同时，震泽也将不断完善产业链、优化供应链、提升价值链，共同推动震泽丝绸产业高质量发展，让丝绸文化在古镇焕发新生，走向世界。

四、数字化赋能，打造高水平专业赛事

本届大赛以"丝·致"为主题，紧扣高质量发展时代脉搏。"丝"象征震泽深厚的丝绸文化底蕴，"致"则兼具"极致、精致"之意，体现了大赛对设计作品的高标准，也寄托了设计

师将最优秀的中国丝绸作品奉献给世界的追求。

大赛全程践行绿色低碳理念，参赛与评审均依托"家纺设计汇"微信小程序，以数字化平台实现无纸化操作。该平台保障了评审过程的"盲评"模式，评委们围绕"丝·致"主题，严格按照评审标准对作品进行深度评选，确保了评审的公正、客观，以及结果的多样性与多元化。

五、凝聚创新力量，引领行业未来

评审专家对本届作品给予了高度评价：

姚俊赞赏大赛作品数量与质量俱佳，兼具多样性与本土化、国际化特色。灵感巧妙融合震泽古镇、江南水乡及民族、国际元素，在传统与创新结合上展现出高水平。未来将深化校企合作，邀请设计人才深入企业生产一线和古镇乡村，汲取灵感，增强作品落地性，搭建产学研平台，助力丝绸企业智能化、品牌化、国际化发展。

北京服装学院教授王阳指出作品四大亮点：多元融合（传统与现代）、创意非凡、文化价值深厚、市场应用性强。部分作品融合科技（如AI），提升了精细度与表现力，达到艺术与科技结合的高水平。鼓励设计师在善用科技的同时，保持艺术独立性，探索二者的深层平衡。

南通大学家纺教研室主任汪训虎强调，作品紧扣主题，完成度高，题材多元，创意独特，工艺契合度高。部分作品成功平衡传统与现代、美观与实用。大赛是学生实践的重要平台，也促使院校优化课程，对接行业需求。历年优秀作品集已成为教学的重要资源。

江苏大唐纺织有限公司常务副总唐丽芳对作品创意表示惊喜，许多作品可直接用于产品开发。呼吁加强产学结合，在设计初期即考虑深层次应用（如色彩、工艺）。期望通过大赛平台深化校企合作，让学生了解企业需求，推动创意落地，为产业凝聚创新力量。

宋锦国家级非遗传承人沈惠欣慰于众多作品应用中国传统文化元素。强调传承是创新之基，创新为传承注入活力。赞赏部分作品将非遗技艺融入现代设计，服务当代生活，这是一个良好的开端。鼓励设计师在深厚文化底蕴上进行创新，使之符合时代潮流。

滨州亚光家纺有限公司技术总监刘雁雁肯定作品创意新颖，融合传统丝绸文化、现代时尚与科技元素。作为企业评委，重点关注融合创新与市场应用性。建议设计师需深入学习丝绸特性、工艺及前沿科技，设计时充分考虑产业化路径和市场细分需求。期望大赛促成更多设计师与企业合作，激发创新，引领消费。

广州市美协教委会副秘书长杨易认为大赛整体创作水平显著提升。新增AIGC赛道激发了多元新颖创意，拓展了设计边界。AI可作为"灵感催化剂"和效率工具，提供基础方向和效果参考，助力设计师二次创作。但也指出AI技术仍在发展，设计师需深入市场了解面料、受众和趋势，使AI设计更贴合中国图形与市场需求。

六、产业腾飞，未来可期

目前，"震泽丝绸杯"大赛已成为汇聚全球优秀纺织品设计人才的重要平台，有力推动了创新设计成果的市场转化。以Z世代为代表的新生代设计师，正以高度的文化自信，融汇传统与现代、文化与科技、绿色与时尚，完美诠释着新时代的"东方丝绸美学"。大赛不仅加速了震泽丝绸文化的凝练与产业的腾飞，更为整个家纺行业的高质量升级转型提供了强大支撑，引领行业从规模扩张向文化引领、科技驱动深刻转变，持续提升新质生产力，推进中国家用纺织品行业的可持续高质量发展。

（江南大学）

附件一 "震泽丝绸杯"·第九届中国丝绸家用纺织品创意设计大赛评审委员会名单

大赛评审委员会主任
杨兆华　中国纺织工业联合会副会长

大赛评审委员会执行主任
王　易　中国家用纺织品行业协会副会长兼秘书长、高级工艺美术师

评审委员会委员（按姓氏笔画排序）
刘雁雁　滨州亚光家纺有限公司技术总监、全国家纺标委会毛巾分标委秘书长、天津工业大学纺织工程领域硕士研究生企业导师
沈　惠　原苏州丝绸博物馆副馆长、研究员级高工、江苏省级非物质文化遗产项目宋锦织造技艺代表性传承人、中国织锦工艺大师
唐丽芳　江苏大唐纺织科技有限公司常务副总
汪训虎　南通大学家纺教研室主任、博士，高级工艺美术师、江苏省传统技艺技能大师
王　阳　北京服装学院材料设计与工程学院艺术与科技专业主任、教授，北京市高等学校青年教学名师
杨　易　广州市美术家协会教育委员会副秘书长、中国高级室内设计师　广州职业教育金牌导师
姚　俊　苏州市吴江区震泽镇党委副书记、镇长

附件二　大赛金奖、银奖、铜奖作品介绍

金奖 GOLD AWARD

《敦煌剧院》

设 计 者：林嘉豪 / 张芷馨
参赛单位：北京服装学院
指导教师：邓晓珍 / 王阳

设计说明：
主题灵感来源于敦煌石窟第 258 窟与第 296 窟的佛教故事。以剧场幕帷的构图形式为视觉传达主体，叙事逻辑由中心向外延展，从荒芜至祥和，借助绿芽、小鹿、河流、莲花池展现人物心境变化，寓意人性之美。配色采用三组象征希望与纯净的色系，交织出梦幻神秘的氛围，共同描绘人物从苦难困境迈向心灵升华的转变历程，展现人性从桎梏中挣脱、追求美好的坚韧与力量。通过经典佛教故事在图案设计中的现代表达，演绎出一场饱含人生哲理的视觉叙事，传递敦煌文化交融的独特魅力和深厚底蕴。

评委点评：
作品以敦煌石窟佛教故事为灵感，将多个故事情节放入剧场舞台之中，拉开帷幕，给人一种"好戏开场的感觉。其中，菩萨辩经被放在视觉中心点，让人联想到向往真理与智慧的《雅典学院》。设计思路清晰，在构图上采用中心多视角的设计，通过佛教故事带领观众步步深入，构成叙事表达的连贯性和视觉效果的丰富性，前景端庄大方，中景绚丽多姿，远景开阔深远，在配色上采用柔和细腻的色彩搭配，与设计内容相得益彰，表现出作者不俗的文化修养和审美品味。

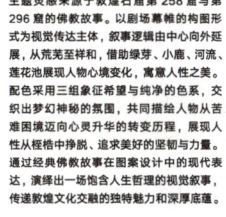

银奖 SILVER AWARD

《枯荣蝉翼》

设 计 者：经红蕊
参赛单位：鲁迅美术学院
指导教师：付鑫莹

设计说明：
本作品灵感来源于一种植物——蝉翼荠，隶属于十字花科，是多年生肉质草本植物。果实成熟后，果片和种子脱落，只留存一层膜质的隔膜，状如蝉翼。作品的设计理念是对生活的热爱和向往，如同蝉翼荠的花语一般，让人们感受生活的美好不在于物质的富足，而在于与自然和谐相处，感受大自然的美丽与宁静，享受与自然共舞的恬静与美好。

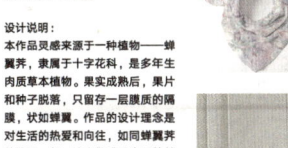

评委点评：
作品以其独特的设计理念和视觉呈现手法令人眼前一亮。植物图案的细节处理较为细腻，叶片的纹理、色彩的渐变等都展现出设计者较高的绘画水准，让观者能够感受到蝉翼荠植物的独特形态和质感，仿佛能触摸到那层轻薄如蝉翼的膜质隔膜，增强了作品的真实性和艺术感染力。作品色彩搭配和谐，过渡自然，营造出一种清新、淡雅的氛围，仿佛让人置身于宁静的自然之中。作品有较强的实用性，可应用于家纺、家居、服装等产品。

· 153 ·

银 奖
SILVER AWARD

《致合共生》

设 计 者：李春林
参赛单位：成都纺织高等专科学校
指导教师：王齐霜

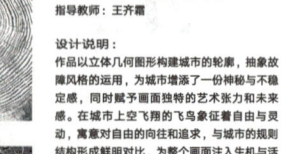

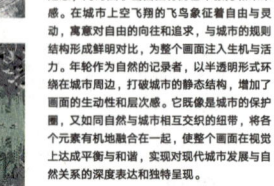

设计说明：

作品以立体几何图形构建城市的轮廓，抽象故障风格的运用，为城市增添了一份神秘与不稳定感，同时赋予画面独特的艺术张力和未来感。在城市上空飞翔的飞鸟象征着自由与灵动，寓意对自由的向往和追求，与城市的规则结构形成鲜明对比，为整个画面注入生机与活力。年轮作为自然的记录者，以半透明形式环绕在城市周边，打破城市的静态结构，增加了画面的生动性和层次感。它既像是城市的保护圈，又如同自然与城市相互交织的纽带，将各个元素有机地融合在一起，使整个画面在视觉上达成平衡与和谐，实现对现代城市发展与自然关系的深度表达和独特呈现。

评委点评：

这幅作品通过城市建筑的几何形态叠加线性图案，呈现出丰富的层次感。飞鸟的排列动态形成了明显的视觉焦点，并有效引导观者视线。处于画面中心的飞鸟飞行区域有一定的留白和呼吸感，与密集的建筑结构形成鲜明对比，让作品显更加有趣。在色彩、构图和应用上的综合表现也同样出色，既保留了现代感，又通过跳跃色提升了设计的活泼性。设计整体风格统一，在不同产品上的呈现效果良好，适合现代风格的家居装饰，具备艺术与商业结合的潜力。

银 奖
SILVER AWARD

《意撷童趣》

设 计 者：马嫦祎
参赛单位：青岛大学美术学院
指导教师：马君弟

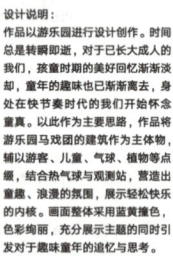

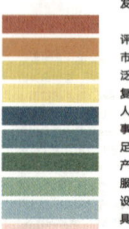

设计说明：

作品以游乐园进行设计创作。时间总是转瞬即逝，对于已长大成人的我们，孩童时期的美好回忆渐渐淡却，童年的趣味也已渐渐离去，身处在快节奏时代的我们开始怀念童真。以此作为主要思路，作品将游乐园与游戏园的建筑作为主体物，辅以游客、儿童、气球、植物等点缀，结合热气球与观测站，营造出童趣、浪漫的氛围，展示轻松快乐的内核。画面整体采用蓝黄推色，色彩绚丽，充分展示主题的同时引发对于趣味童年的追忆与思考。

评委点评：

市场对儿童题材的设计需求很广泛。这幅作品通过游乐园元素的重复排列，营造出充满童趣的氛围。人物形象插入其中，使画面具有故事感和互动性。设计语言童趣十足，视觉表现力强，适合各类家居产品，如墙纸、床品、装饰物和服装展示物等。色彩搭配温馨柔和，设计的延展性和应用性也很出色，具备较高的商业价值与市场吸引力。

铜奖 BRONZE AWARD

《太湖印象》

设 计 者：何建
参赛单位：鲁迅美术学院
指导教师：付鑫莹

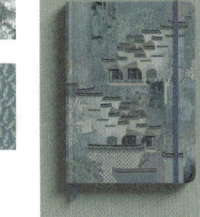

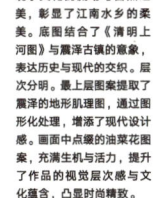

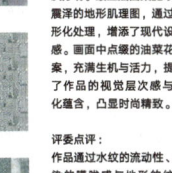

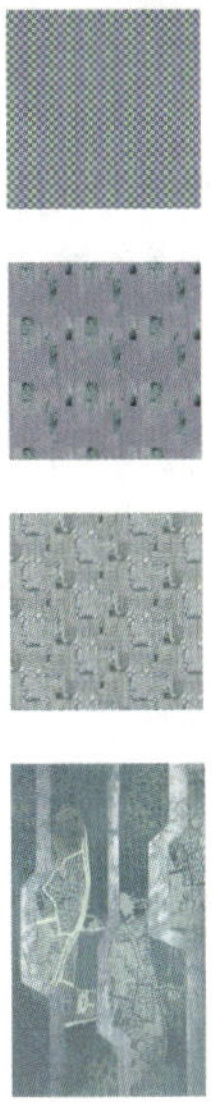

设计说明：
本作品以京杭大运河为分割线，运用扎染艺术图案呈现水文化的流动与自然之美，彰显了江南水乡的柔美。底图结合了《清明上河图》与震泽古镇的意象，表达历史与现代的交织。层次分明。最上层图案提取了震泽的地形肌理图，通过图形化处理，增添了现代设计感。画面中点缀的油菜花图案，充满生机与活力，提升了作品的视觉层次感与文化蕴含，凸显时尚精致。

评委点评：
作品通过水纹的流动性、扎染的朦胧感与地形的纹理线条，传递出江南水乡的柔美气质，设计风格兼具文化内涵与时尚感，适配家居装饰、文创产品及壁画等领域。建议后续开发时考虑图案的模块化应用，同时针对不同载体优化工艺，以平衡艺术表现与量产的可行性。

铜奖 BRONZE AWARD

《故园惊梦》

设 计 者：蒋欣辰
参赛单位：中国美术学院
指导教师：李新园

设计说明：
《故园惊梦》汲取中国园林的精髓，通过8种造景手法，精选20种经典景色中的"轩榭廊亭""植物""古松花卉""桥""细溪""舞鹤"等元素，以现代设计手法重新诠释东方美学。在色彩上，大胆采用绿粉色调，突破传统，为新中式爱好者带来耳目一新的视觉享受。
本设计中，旨在探究古今传承的脉络，和纹样的人文性、时空性和结构性，以及图案的多义性和内涵。于是，我将色块描画非写实状态的园林建筑与山脉古松和水墨风格的假山相结合，打破人们对传统园林的刻板印象，展现出传统与创新的碰撞，使其成为兼具鲜明个性与时尚潮流的新式中式风，这不仅是纹样设计的展示，更是对东方美学在新中式设计中应用的深刻思考。

评委点评：
作品以中国园林为灵感，在设计中融入多种园林造景手法和经典景致，配色上具有传承和创新兼具的特色，古韵中带有甜美感，将传统中国园林与现代设计手法和流行色彩相结合，不仅符合传统中式趣味，更迎合了当前年轻人的审美取向。以一种俯视视角带领观众移步换景，仿佛身在园林之中，表现出作者扎实的设计功底。

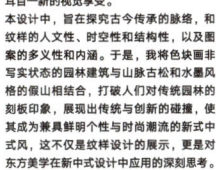

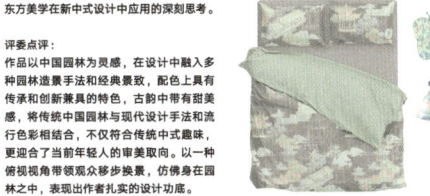

· 155 ·

铜 奖 BRONZE AWARD

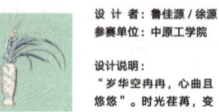

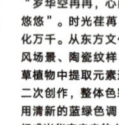

《岁华冉冉》

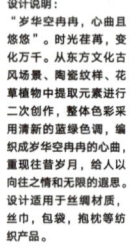

设 计 者：鲁佳源 / 徐源
参赛单位：中原工学院

设计说明：
"岁华空冉冉，心曲且悠悠"。时光荏苒，变化万千。从东方文化古风场景、陶瓷纹样、花草植物中提取元素进行二次创作，整体色彩采用清新的蓝绿色调，编织成岁华空冉冉的心曲，重现往昔岁月，给人以向往之情和无限的遐思。设计适用于丝绸材质，丝巾、包袋、抱枕等纺织产品。

评委点评：
作品以诗意的东方美学为核心，以蓝、绿色为主色，辅以红、黄、灰等多色，艳而不火、繁而不乱，既给人以宁静感，又避免了传统古风色彩的厚重感。画面中陶瓷纹理若隐若现、花草线条蜿蜒舒展，形成疏密有致的节奏，主题诠释富有感染力，同时兼具艺术性与实用性。

铜 奖 BRONZE AWARD

《满船清梦》

设 计 者：汪航
参赛单位：北京服装学院
指导教师：王阳

设计说明：
"满船清梦压星河"，作品灵感来源于一个梦。梦中暮色苍茫，我坐在昏暗的走廊中看着岁月河道上摇曳的木船，水波荡开时，河面的落花交叠挥舞，透出点点星光。
图案可应用在纺织品领域，如家居产品、室内软装、布包、丝巾等等。主图可通过数码印花呈现，辅助花纹除数码印花外还可采用丝网印、织毯方式实现，运用于丝织物时效果尤佳。

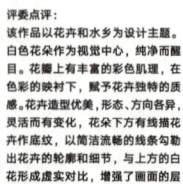

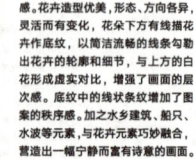

评委点评：
该作品以花卉和水乡为设计主题。白色花朵作为视觉中心，纯净而醒目。花瓣上有丰富的彩色肌理，在色彩的映衬下，赋予花卉独特的质感。花卉造型优美，形态、方向各异，灵活而有变化，花朵下方有线描花卉作底纹，以简洁流畅的线条勾勒出花卉的轮廓和细节，与上方的白花形成虚实对比，增强了画面的层次感。底纹中的线状条纹增加了图案的秩序感。加之水乡建筑、船只、水波等元素，与花卉元素巧妙融合，营造出一幅宁静而富有诗意的画面。

· 156 ·

铜 奖 BRONZE AWARD

《瓷绘福缘》

设 计 者：邹佳琪 / 罗兰
参赛单位：北京服装学院
指导教师：孙一楠 / 王阳

设计说明：

以清朝瓷器为灵感，融入福、禄、寿、喜、财五大传统吉祥元素，通过巧妙重组瓷器花纹与珠宝、双鱼玉佩的设计，展现传统文化中对幸福、长寿、富贵与和谐的美好追求。采用细腻笔触勾勒经典纹样，以现代审美重塑传统意象，将深厚文化底蕴与创新设计结合，彰显清代瓷器的高雅韵味。设计广泛适用于丝巾、床品等家纺产品，可通过数码印花、丝网印花等工艺实现，传递中国传统文化的隽永魅力，赋予新时代美学新的表达方式。

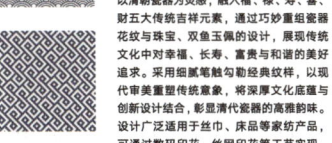

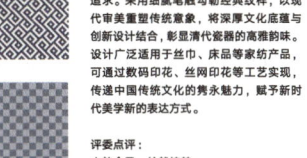

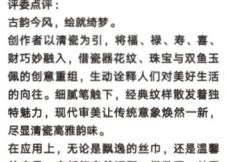

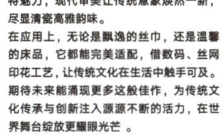

评委点评：

古韵今风，绘就绮梦。
创作者以清瓷为引，将福、禄、寿、喜、财巧妙融入，借瓷器花纹、珠宝与双鱼玉佩的创意重组，生动诠释人们对美好生活的向往。细腻笔触下，经典纹样散发着独特魅力，现代审美让传统意象焕然一新，尽显清瓷高雅韵味。
在应用上，无论是飘逸的丝巾，还是温馨的床品，它都能完美适配，借数码、丝网印花工艺，让传统文化在生活中触手可及。期待未来能涌现更多这般佳作，为传统文化传承与创新注入源源不断的活力，在世界舞台绽放更耀眼光芒。

时尚研发

· 157 ·

2024/2025中国纤维流行趋势发布报告

杨 涛

　　化纤工业是我国具有国际竞争优势的产业，是纺织工业整体竞争力提升的重要支柱产业，也是战略性新兴产业的重要组成部分。为了打造"中国纤维"品牌，提升"中国纤维"在国际市场的整体形象和竞争力，2012年，由工业和信息化部牵头，中国化学纤维工业协会、东华大学、国家纺织化纤产品开发中心共同组织的"中国纤维流行趋势"活动拉开序幕。历经十多年的培育和发酵，对纤维流行元素及应用进行了系统调研分析，深刻阐释中国纤维的发展内涵，逐渐形成了具有中国特色的纤维品牌建设推进体系。时至今日，中国纤维流行趋势已然成为化纤行业发展的风向标，引领着中国纤维产业在科技创新、绿色发展、匠心精神等诸多方面实现全方位提升，使产业链整体竞争能力不断增强。

　　中国纤维流行趋势2024/2025的主题是"聚变与万象"（图1），围绕该主题，发布了纤·多元探索、纤·回溯自然、纤·功能解构、纤·极限升级四个篇章及入选入围纤维。以下重点解读中国纤维流行趋势2024/2025发布的主题篇章及发布产品。

图1　聚变与万象

一、趋势主题：聚变和万象

（一）聚变

风起于青萍之末，浪成于微澜之间。中国纤维沉潜蓄势，积聚、思变、造浪潮。

1. 积聚

从一束丝到千万吨的积累，创造前所未有；从常规产品到创新迭代升级，造就新纤世界；从纤维生产到产业链向上下游拓深延展，聚焦积聚优势；从粗放式增长到数智化发展，升级发展模式；从穿衣蔽体到家国情怀，出征星辰大海。

2. 思变

追逐一抹绿 循环再生；共享一片土，物尽其用；生物基叠加再生，减碳友好；可降解、碳捕集、纺织品回收、全生命周期闭环……于自然，纤聚绿前行。差异化，打造人体亲和；天然功能，开启生态抑菌；桀骜匠心，缔造品质生活；极限性能，织就工业防护。于人间，纤聚力共生。

3. 造浪潮

风雨后新生，便是重生。释放呵护，纤暖人间；剑指苍穹，纤卫家园；实践"双碳"，纤美中国；"一带一路"，纤连世界。以微毫诠释盛大，掀起无法阻挡的浪潮。

（二）万象

纤动辉煌，万象前行。中国纤维闪耀荣光，创空间、赋价值、预未来。

1. 创空间

于光阴流转间，孕育非凡时刻；畅享身随心动，升级户外体验；四季朝夕相伴，装饰居家美好；聚焦科技赛服，狂野体育梦想；助力医学进步，韧动生命健康；经纬链接天地，凝视日月星辰；四海深空，中国纤维。

2. 赋价值

当勃勃生机带来商机，织就经济繁荣；当千丝万缕延展生活方方面面，纤维无处不在；当创意功能满足多元需求，传递情绪涟漪；当柔软力量韧动发展前行，推进社会进步，蕴含无限价值。

3. 预未来

心驰神往，零碳产品构建生态城市。绿色让城市更加清澈，科技开启全新智感方向，智能穿戴定义健康出行，崭新生活从智慧城市浮起。预见未来，怀抱梦想。

二、发布篇章及发布纤维

（一）发布篇章之"纤·多元探索"

多元潜能，探索无限。在充满无限可能的世界里，每个人都是勇敢的探险家。纤维人怀揣梦想，用多元视角去探索世界的每一种可能。舒适纤维于细腻之处让我们奔赴轻盈柔软、亲肤透气、舒适亲和的自然美感，营造出低调平静、不刻意张扬的氛围。生物基复合再生、异形双组分、同质异构等巧思创新带来的弹性升级，营造轻松自在的沉浸状态，一动一静之间展现出人与服装的松弛和谐之美（图2）。

图2　纤·多元探索

1. 发布品种：弹性纤维

弹性纤维，一动一静之间皆是随心所欲的优雅切换。基于纤维原材料的同质异构、异质异构，结合异形截面设计、多种纤维间的排列组合设计，构造"弹簧"状、"芯壳"状的卷曲3D结构，从化学结构、物理结构上赋予纤维强大的弹性、蓬松性和保形性。持久的弹性和保形在肆意飞扬间也能时刻有型（表1）。

表1　弹性纤维推荐品种

纤维名称	品牌中文	品牌英文
同质异构复合弹性聚酰胺纤维	尼拉	NILA
	金笙纺织	JINSHENG TEXTILE
异形双组分涤/锦复合纤维	桐昆	TONGKUN
弹性复合仿棉聚酯纤维	舒棉弹	COTTIMA-Q

（1）同质异构复合弹性聚酰胺纤维

①推荐理由：同质异构聚酰胺双组分并列复合设计形成自卷曲效果。聚酰胺纤维的品种创新及弹性升级，提升弹性面料的亲肤触感，为品牌客户提供更多选择与方向。

②制备技术：以PA5X、PA6为原料，设计专用熔融挤压螺杆和新型喷丝板，调控产品的力学性能和弹性指标，采用并列复合纺丝技术制备同质异构复合弹性聚酰胺纤维（图3）。

图3　同质异构复合弹性聚酰胺纤维

③主要规格：33～78dtex/24F、78dtex/48F、111dtex/48F、156dtex/96F、222dtex/96F FDY/DTY。

④性能及制品特点：

- 并列双组分异形截面设计，弹性好且持久、弹性回复性以及稳定性好；
- 面料柔软滑爽、良好的悬垂性；
- 面料抗皱、耐磨性优异、亲肤透气。

⑤应用领域：休闲服、家居服、婴儿服、西装等服装领域（图4）。

（2）异形双组分涤/锦复合纤维

①推荐理由：聚酯和聚酰胺异质异构，开发的橘瓣形截面纤维，兼具涤纶及锦纶优点。面料干爽舒适、挺阔、耐磨、易护理，是一种极具创意风格化和多领域应用的纤维品种。

②制备技术：在聚酯熔体直纺技术的基础上，以聚酯熔体和锦纶切片为生产原料，结合异形喷丝板设计，制备异形双组分涤/锦复合纤维（图5）。

图4　同质异构复合弹性聚酰胺纤维的应用　　图5　异形双组分涤/锦复合纤维

③主要规格：115～360dtex/36～72F POY。

④性能及制品特点：

- 易染、微弹、优良的吸水透气性；
- 面料挺括、保形性好、耐磨；
- 手感柔软细腻、易护理、防静电、不易起皱。

⑤应用领域：西装、工装、衬衣等服装领域；床上寝具、窗帘、沙发布等家用纺织品；汽车内饰等产业用纺织品（图6）。

（3）弹性复合仿棉聚酯纤维

①推荐理由：由生物基PTT/PET双组分纤维与循环再利用PET纤维创意复合，打造"芯壳"结构（图7），形成自然卷曲，演绎持久弹力。

②制备技术：选用性能有明显差异的两种纤维进行混纺，将循环再利用PET纤维包裹在PTT/PET双组分纤维外围，特殊的变形复合工艺使纤维产品产生类似棉纱线毛羽感和持久弹性（图8）。

③主要规格：66.6~166.5dtex/48~120F DTY。

④性能及制品特点：

- 循环再利用+生物基属性结合，环保升级；
- 持久弹力及良好回复性；
- 面料柔软细腻，手感类似棉的毛羽触感，外观类似棉织物的自然条干感。

⑤应用领域：休闲服、牛仔、运动服等服装领域（图9）。

图6　异形双组分涤/棉复合纤维的应用

图7　纤维的"芯壳"结构

图8　弹性复合仿棉聚酯纤维

图9　弹性复合仿棉聚酯纤维的应用

2. 发布品种：舒感纤维

舒感纤维，美好你我生活，绽放自然活力。分子链段设计再优化赋予纤维常温染色、低碳属性、丰富色彩、高回潮、低起球与低静电的舒适感；原位聚合无机粒子添加、一步法混纤技术、异形截面再创新，赋能织物吸湿排汗、柔软舒适和流动般的温柔光泽，让人们品享松弛温馨生活（表2）。

表2 舒感纤维推荐品种

纤维名称	品牌中文	品牌英文
阳离子改性聚酰胺6纤维	锦逸纱	Jinyi Yarn
全消光细旦多孔扁平仿绒聚酯纤维	桐昆	TONGKUN
异形混纤共聚改性聚酯纤维	苏丝	SAY
亲水抗起球改性聚酯纤维	箐纶	QING LUN

（1）阳离子改性聚酰胺6纤维

①推荐理由：对聚酰胺纤维进行阳离子改性，品种创新，满足消费者对服装色彩炫酷和舒适度兼具的需求。

②制备技术：通过微量添加技术，将纳米复合材料粉体与聚酰胺进行改性，然后与锦纶切片共混熔融纺丝，制成阳离子改性聚酰胺纤维（图10）。

③主要规格：长丝：44dtex/36F DTY。

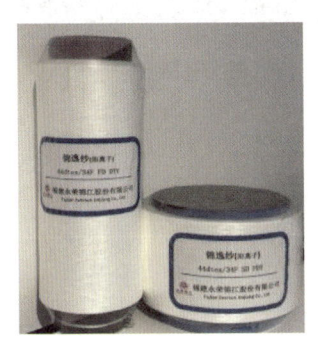

图10 阳离子改性聚酰胺6纤维

④性能及制品特点：

• 色彩鲜艳、色牢度高；

• 与常规聚酰胺纤维配合使用，织物能实现双色效果、风格时尚炫酷；

• 织物亲肤柔软、强度高、耐磨、弹性优。

⑤应用领域：休闲服、运动服、牛仔等服装领域；床上寝具、沙发布等产业用领域（图11）。

（2）全消光细旦多孔扁平仿绒聚酯纤维

①推荐理由：TiO$_2$原位聚合、异形截

图11 阳离子改性聚酰胺6纤维的应用

面设计与熔体直纺结合。其面料风格独特、绒感丰盈、抗紫外，在仿棉绒类面料中有较好的应用。

②制备技术：在大体量熔体直纺装置上采用原位聚合技术，通过在聚合反应低聚物阶段在线添加TiO_2悬浮液，实现全消光聚酯熔体的制备，再经多孔扁平喷丝板纺丝制得全消光细旦多孔扁平仿绒聚酯纤维（图12）。

③主要规格：短纤：288dtex/288F POY。

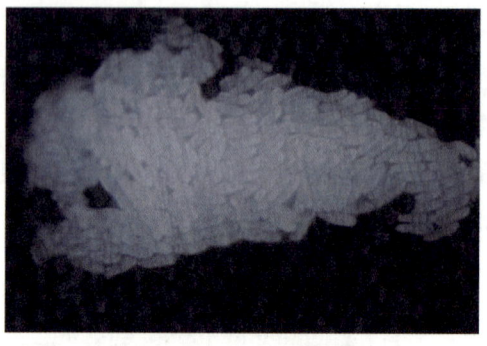

图12 全消光细旦多孔扁平仿绒聚酯纤维

④性能及制品特点：

• 纤维截面呈椭圆带状；
• 较好的消光效果，具有天然棉纤维的外观和手感；
• 具有较好的遮蔽性和抗紫外性能；
• 面料手感细腻、垂感好、绒感丰满。

⑤应用领域：保暖外套、裙装等服装领域；窗帘、装饰品等家纺用品（图13）。

（3）异形混纤共聚改性聚酯纤维

①推荐理由：聚合改性、异形截面设计及混纤工艺赋予纤维差异性和功能性，其制成的面料光泽柔和、爽滑悬垂、亲肤舒适、吸湿排汗，可媲美醋酸织物。

②制备技术：在酯化第二反应釜引入柔性第三单体，复配热稳定剂，调整终缩

图13 全消光细旦多孔扁平仿绒聚酯纤维的应用

聚工艺制备改性聚酯切片，再通过一步法多种异形混纤工艺制备异形混纤共聚改性聚酯纤维（图14）。

③主要规格：长丝：55~99dtex/30~50F DTY。

图14　异形混纤共聚改性聚酯纤维

④性能及制品特点：

- 常温可染，节约能耗，绿色环保；
- 蓓叶形仿生截面，多棱角沟槽结构；
- 具有抗静电、吸湿排汗、柔软亲肤的特点。

⑤应用领域：家居服、衬衣、贴身内衣等服装领域（图15）。

（4）亲水抗起球改性聚酯纤维

①推荐理由：解决聚酯纤维染色高温高压高能耗问题，采用常温染色可降低废水排放，节能减排。改性设计赋予纤维柔软亲肤、吸湿快干、低静电、抗起球特性，穿着舒适感升级。

②制备技术：采用第三、四单体对聚酯大分子链进行改性设计，降低大分子链段的柔顺性，增加亲水基团、降低聚酯的模量，通过熔体直纺进行纺丝，制得亲水抗起球改性聚酯纤维（图16）。

③主要规格：长丝：22～167dtex/24～288F DTY、FDY。

④性能及制品特点：

图15　异形混纤共聚改性聚酯纤维的应用

图16　亲水抗起球改性聚酯纤维

- 染整工序低温深染，节能降碳；
- 常压上染率高、100℃以下低温染色，上染率较普通涤纶高2%～3%，固色率好；
- 回潮率高、吸水及导湿快、舒适柔软；
- 织物低静电、抗起球性能优异，减少穿着刺痒感。

⑤应用领域：运动服、家居服、羽绒服等服装领域；床上寝具、沙发布、窗帘等家用纺织品领域（图17）。

图17　亲水抗起球改性聚酯纤维的应用

（二）发布篇章之"纤·回溯自然"

回归自然，追根溯源。纤维人重新认识大自然的馈赠，思考纤维产业的过去、现在和未来，回到最初的"纯净"状态，找到最适合的位置。生物基多元醇替代石油基多元醇，解锁生物基叠加细旦、色彩、功能，生物质原料与生物法齐驱。捕捉自然界不经意间的杰作，汲取于大自然，最终回归于大自然。废旧纺织品回收再利用、原液着色、易染产品开发等"绿色"关键技术，实现资源循环与减碳可持续，表达对地球和大自然的尊重与呵护（图18）。

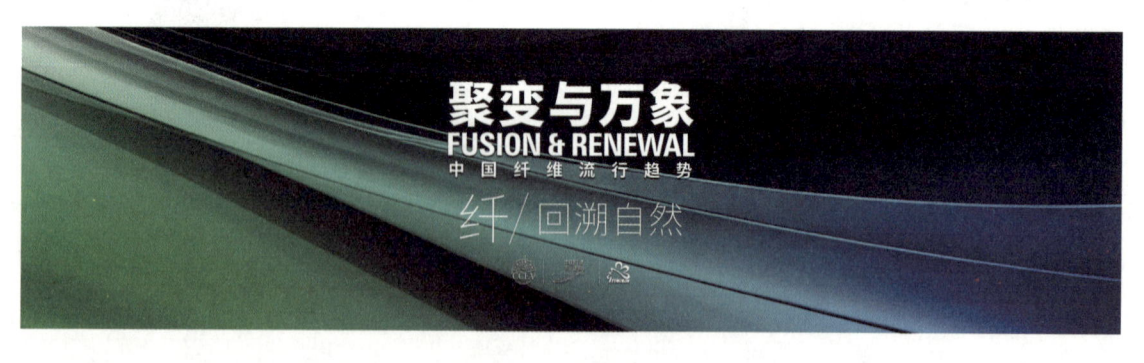

图18　纤·回溯自然

1. 发布品种：生物基化学纤维

生物基化学纤维，诞生于可持续发展，壮大于科技与时尚。以天然林木为原料，创新开发新型生态溶剂，引领纤维素纤维绿色革新。生物质原材料替代石化原料，助力生物基聚酰胺纤维、氨纶等纤维原料体系不断拓展。后道交联叠加抑菌处理，解锁莱赛尔纤维性能与功能再进一步。持续创造无限可能，贡献纤维改变自然的力量（表3）。

表3 生物基化学纤维推荐品种

纤维名称	品牌中文	品牌英文
离子液法再生纤维素长丝	首赛尔	Firscell
生物基氨纶	千禧	QIANXI
	奥神	AOSHEN
细旦聚酰胺512纤维	泰纶	TERRYL
抗原纤化莱赛尔纤维	赛得利CL莱赛尔纤维	CL by Sateri
抗原纤化抑菌莱赛尔纤维	元丝	ORICELL

（1）离子液法再生纤维素长丝

①推荐理由：原料来自速生林天然纤维素、可自然降解，纤维性能优良，溶剂可回收重复使用，整个生产系统形成闭环回收再循环系统。实现绿色升级，为全新概念绿色纤维。

②制备技术：通过采用最新一代绿色溶剂离子液体将天然纤维素溶解成纺丝胶液，经物理法再生纺丝工艺制备离子液体法再生纤维素纤维（图19）。

图19 离子液法再生纤维素长丝

③主要规格：长丝：82~330dtex/24~40F。

④性能及制品特点：

- 天然植物原料、可生物降解；
- 强度高、吸湿性好；
- 优异的尺寸稳定性；
- 离子液体溶剂可循环，无"三废"排放、全过程绿色环保。

⑤应用领域：休闲服、运动服等服装用纺织品；窗帘、床上寝具等服装用纺织品（图20）。

（2）生物基氨纶

①推荐理由：使用可再生生物质，替代传统石油，大大降低氨纶产品的碳排放量。在不损失产品性能的基

图20 离子液法再生纤维素长丝的应用

础上，向消费者提供绿色环保氨纶产品。

②制备技术：以再生生物质为主要原料，经生物法得到聚合单体，再通过缩聚脱水反应合成线性生物基聚酯二元醇。以全部或部分生物基聚酯二元醇为原料制备纺丝原液，经干法纺丝技术生产生物基氨纶纤维（图21、图22）。

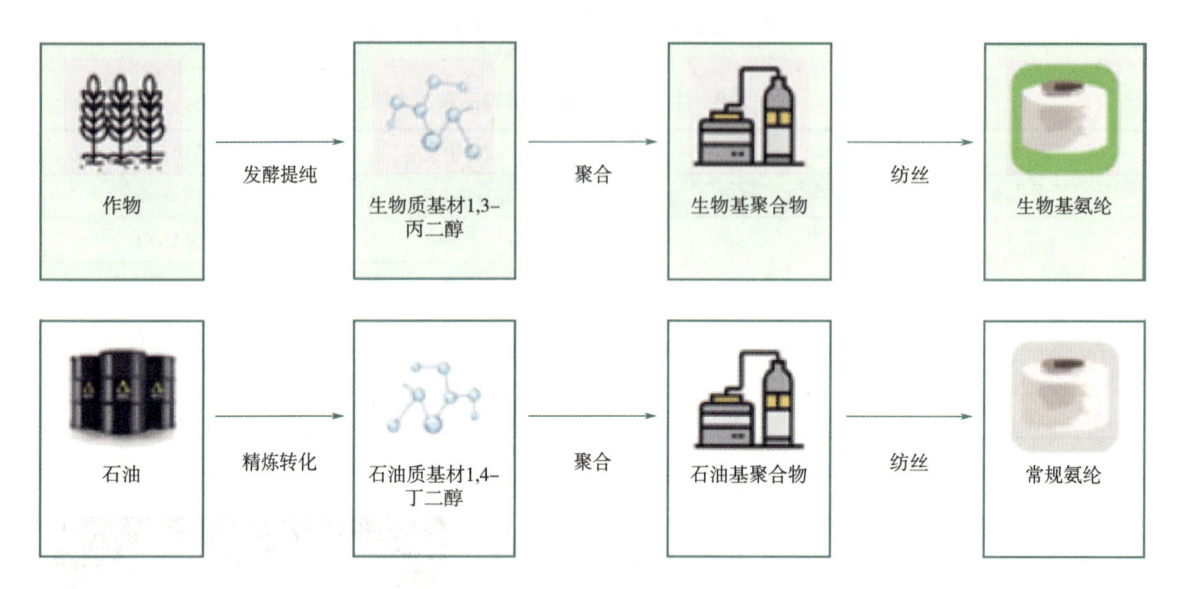

图21 制备流程图对比

③主要规格：奥神：20～560旦；华峰：20～70旦。

④性能及制品特点：

- 生物基原料，生物基碳含量30%～76%；
- 绿色低碳、环境友好，可降解；
- 高伸长、高弹性回复率。

⑤应用领域：牛仔、泳衣、袜子等服装用纺织品（图23）。

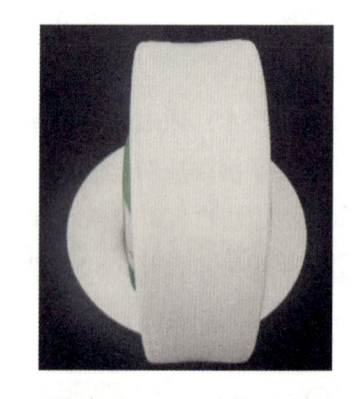

图22 生物基氨纶

（3）细旦聚酰胺512纤维

①推荐理由：细旦化的长链聚酰胺新品种，面料集质轻、耐磨、耐低温、抗紫外等特点于一身，受到轻型羽绒服市场的青睐。

②制备技术：采用来自生物质原料的二元胺单体和生物法制备的长链二元酸单体，仿照天然蚕丝分子结构，利用合成生物学的方法聚合得到类似蚕丝的长链聚合物，经低温熔融纺丝工艺制得纤维产品（图24）。

图23 生物基氨纶的应用

③主要规格：长丝：22dtex/24F　FDY。

④性能及制品特点：

- 生物基原料、绿色环保；
- 强度高；
- 耐磨，110000r未有显著磨损；
- 防紫外，UPF＞50。

⑤应用领域：休闲服、家居服、泳衣、袜子等服用纺织品（图25）。

（4）抗原纤化莱赛尔纤维

①推荐理由：采用纤维后道交联处理，解决莱赛尔纤维原纤化、提高对碱和氧化还原剂的耐受性，更易于与棉麻等交织、染色、丝光，拓宽了莱赛尔纤维的适用性。

②制备技术：采用常规工艺制备莱赛尔纤维，然后将未烘干的莱赛尔短纤维浸轧在企业自行配置的绿色交联液中，使其表面基团发生交联反应，再于110℃烘干，50℃水洗，上油烘干打包等工序制得抗原纤化莱赛尔纤维（图26）。

③主要规格：短纤：1.33dtex×38mm。

④性能及制品特点：

- 生物基材料、绿色环保、可生物降解；
- 更佳的碱耐受性、氧化还原耐受性；
- 具有优异的抗原纤化效果，优异的可纺性、可织性和可染性；
- 织物手感柔软、吸湿透气、亲肤舒适、保型性优良。

⑤应用领域：休闲服、家居服、牛仔、衬衣等服用纺织品；毛巾、床上寝具等家用纺织品（图27）。

（5）抗原纤化抑菌莱赛尔纤维

①推荐理由：抗原纤化与抑菌完美结合，莱赛尔纤维品种创新。在绿色环保舒适的基调

图24　细旦聚酰胺512纤维

图25　细旦聚酰胺512纤维的应用

图26　抗原纤化莱赛尔纤维

图27　抗原纤化莱赛尔纤维的应用

下，抑菌保健护理功能为健康舒适纺织品提供更多选择。

②制备技术：以NMMO为溶剂，制备莱赛尔纤维，然后将未烘干的莱赛尔短纤维先后经无醛交联剂与生物多糖抑菌剂处理，再经洗涤、上油、烘干、打包等工序制得抗原纤化抑菌莱赛尔纤维（图28）。

③主要规格：短纤：1.33dtex×38mm。

④性能及制品特点：

图28　抗原纤化抑菌莱赛尔纤维

- 生物基原料、绿色环保、可生物降解；
- 抑菌性能好、效果持久，防霉；
- 吸湿、透气、可染性好、织物颜色光鲜亮丽；
- 湿磨损次数≥500次、易打理；
- 织物手感柔软、保形性优良。

⑤应用领域：休闲服、家居服、贴身内衣、作训服等服用纺织品；床上寝具、毛巾等家用纺织品（图29）。

2. 发布品种：循环再利用化学纤维

循环再利用化学纤维，纤维的新篇章，地球的守护者。低温常压染色化学法循环再利用

图29　抗原纤化抑菌莱赛尔纤维的应用

聚酯纤维解决了循环再利用纤维染色高温、高压、高能耗问题，降低废水排放，优化生产过程的碳排放。以部分或全部以废旧纺织品为原料制备的纤维素纤维、莱赛尔纤维，遵循环保理念，打造循环经济，旧衣变化纤，实现衣—衣循环，推动纺织产业链绿色可持续发展（表4）。

表4　循环再利用化学纤维推荐品种

纤维名称	品牌中文	品牌英文
低温常压染色化学法循环再利用聚酯纤维	佳人	GREEN CIRCLE
高强低伸循环再利用纤维素纤维	唐丝	TangCell
	宜赛尔	Regracell
循环再利用莱赛尔纤维	里奥	LYO

（1）低温常压染色化学法循环再利用聚酯纤维

①推荐理由：先进的化学法循环再利用生产技术再升级，融合聚合改性，得到循环再利用

聚酯纤维品种创新。低温常压染色和高品质舒适融入纤维，环保效应叠加，低碳效果升级。

②制备技术：采用先进的化学法循环再生技术与工艺装备，利用四单体阳离子助剂进行聚合改性，制得改性切片，再经纺丝制备低温常压染色循环再利用聚酯纤维（图30）。

③主要规格：长丝：22~330dtex/12~288F　FDY。

④性能及制品特点：

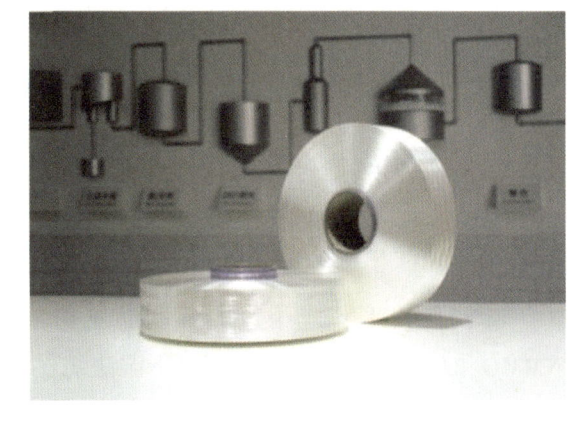

图30　低温常压染色化学法循环再利用聚酯纤维

- 循环再利用，绿色环保，品质媲美原生；
- 低温易染，90~100℃的温度下可染色，节能降耗。

⑤应用领域：休闲服、家居服等服装用纺织品；床上寝具等家用纺织品（图31）。

（2）高强低伸循环再利用纤维素纤维

①推荐理由：以部分或全部回收废旧纤维素类纺织品经溶解制浆，再制成全新的循环再利用纤维素纤维、棉、纤维素资源的循环再利用，天然环保，助力纺织产业链的绿色可持续发展。

②制备技术：以回收废旧纤维素类纺织品制取的浆粕为原料，采用低锌、高盐、高纺速、多段牵伸成型技术，通过纺前共混湿法纺丝工艺制备纤维（图32）。

图31　低温常压染色化学法循环再利用聚酯纤维的应用

③主要规格：丝丽雅：1.22dtex×38mm；三友：1.33dtex×38mm。

④性能及制品特点：

- 天然环保、可回收再次利用；
- 强度高、保形性好；
- 柔软亲肤、丝滑透气。

图32　高强低伸循环再利用纤维素纤维

⑤应用领域：休闲服、婴儿服、工装、袜子等服装用纺织品；床上寝具、窗帘等家用纺织品（图33）。

（3）循环再利用莱赛尔纤维

①推荐理由：纤维原料来自棉制废旧纺织品，采用绿色NMMO溶剂，旧衣新生，最终实现衣—衣循环，绿色属性升级。

②制备技术：应用废旧棉制品制得溶解浆，溶解在NMMO和水的混合溶剂中，通过干湿法纺丝制得的新溶剂法纤维素纤维（图34）。

③主要规格：短纤：1.7dtex×38mm。

④性能及制品特点：

图33 高强低伸循环再利用纤维素纤维的应用

- 废旧纺织品再利用，品质稳定接近原生；
- 手感柔软、吸湿透气、亲和舒适；
- 面料悬垂性好、保形性优良。

⑤应用领域：休闲服、运动服、牛仔等服装用纺织品；床上寝具等家用纺织品（图35）。

图34 循环再利用莱赛尔纤维

图35 循环再利用莱赛尔纤维的应用

3. 发布品种：原液着色化学纤维

原液着色纤维，创造自然活力的色彩美学，重现本质精彩。原液着色技术赋予聚乳酸纤维初生精彩，在功能与异形截面设计的加持下，聚乳酸纤维柔软亲肤、可降解、抑菌、防霉、阻燃，让最炫的绿色时尚穿着体验变得触手可及（表5）。

表5 原液着色化学纤维推荐品种

纤维名称	品牌中文	品牌英文
原液着色聚乳酸纤维	福泰来丝	FUTAILAISI
异形原液着色抑菌聚乳酸纤维	德福伦	Different

（1）原液着色聚乳酸纤维

①推荐理由：基于可再生的生物质原料打造可降解的生物基纤维、绿色环保；原液着色技术赋予纤维色彩丰富多样，色泽鲜艳饱满。

②制备技术：从玉米、木薯、高粱等农作物中提取淀粉，再经淀粉酶水解制成葡萄糖或从秸秆中提取纤维素和半纤维素，通过物理和化学方法转化成葡萄糖。葡萄糖经发酵生成乳酸，乳酸脱水制得丙交酯，再经开环聚合生成聚乳酸，经熔融纺丝工艺和原液着色技术制备原液着色聚乳酸纤维（图36）。

③主要规格：短纤：1.33～22.22dtex×51mm；中空和实心，本色和有色。

图36　原液着色聚乳酸纤维

④性能及制品特点：

- 生物基原料，绿色环保；
- 亲肤、保暖、透气、回潮率低；
- 原液着色技术减少印染工序二次污染，织物色彩饱满、色牢度达到4级；
- 良好的生物相容性，可生物降解；
- 抑菌、抗螨、抗紫外，本质阻燃、燃烧无黑烟。

⑤应用领域：休闲服、运动服、袜子等服装用纺织品；地毯、填充物、窗帘等家用纺织品；卫生纺织品、口罩等产业用纺织品（图37）。

图37　原液着色聚乳酸纤维的应用

（2）异形原液着色抑菌聚乳酸纤维

①推荐理由：在保留聚乳酸属性的基础上叠加了抑菌的功能，通过原液着色技术和异形截面设计，使纤维集柔软亲肤、绿色环保、抑菌防霉等多重功效于一身，为消费者带来全新的穿着体验。

②制备技术：采用共混添加改性技术，添加抑菌和原液着色母粒熔融共混，再经异形截面设计及熔融纺丝工艺制备异形原液着色抑菌聚乳酸纤维（图38）。

图38　异形原液着色抑菌聚乳酸纤维

173

③主要规格：短纤：1.33~6.6dtex×25~102mm。

④性能及制品特点：

- 生物基原料、绿色环保、可生物降解；
- 三种菌种的抑菌率均＞90%、本质阻燃；
- 多种形状截面满足不同功能，可灵活定制，织物温润柔滑、弹性好、悬垂性好；
- 色彩饱满且丰富，色牢度达到4级。

⑤应用领域：婴儿服、衬衣、袜子等服装用纺织品；床上寝具等家用纺织品；卫生纺织品等产业用纺织品（图39）。

图39 异形原液着色抑菌聚乳酸纤维的应用

（三）发布篇章之"纤·功能解构"

功能焕新、科技解构。纤维科技在发展更迭中跨上时代阶梯，与生态、功能、情感共容共生，不断向前延伸更多潜能。随着人们对自身健康管理需求的日益提升，机体的功能防护受到更大的关注，凉感、抑菌、远红外、锁热与降温、抗紫外、抗静电、空气净化等成为人们获得心理安全感的热门诉求。多功能复合纤维在卫生保健、安全防护、热湿适应等方面提供最佳呵护，让人们无惧环境变化，尽情自由畅行，感受生活科技时尚（图40）。

图40 纤·功能解构

1. 发布品种：凉感升级纤维

凉感升级纤维，以科技创新与设计突破不断提升产品凉爽体验。氮化铝功能因子、抑菌功能粒子搭档十字截面，打造酷爽、速干、持续凉感抑菌的"贴身层"聚酰胺56纤维。融合原液着色技术的聚乙烯纤维，演绎凉爽状态下的缤纷环保标签。创新的两点异形截面设计，绽放聚乙烯复合纤维凉感多彩、亲肤属性，成为夏季家纺用品的青睐优选（表6）。

表6　凉感升级纤维推荐品种

纤维名称	品牌中文	品牌英文
凉感异形抑菌聚酰胺56纤维	伊纶	EYLON
	果冻凉	Jelly Cooling
凉感原液着色聚乙烯纤维	汇隆	Welong
凉感可染聚乙烯复合纤维	酷纺	Kufang

（1）凉感异形抑菌聚酰胺56纤维

①推荐理由：采用生物基尼龙作为基础材料，PA56的独特分子结构叠加异形截面、凉感因子元素让纤维具有快速放湿功能，凉感加倍，在炎炎酷暑中给消费者带来持久舒适的凉爽体验。

②制备技术：将氮化铝纳米粉体和改性氧化锌纳米粉体，按照一定质量比与PA56切片混合制备PA56复合功能母粒。纺前添加4%~8%的PA56复合功能母粒，采用异形喷丝板，经熔融纺丝工艺制备凉感异形抑菌聚酰胺56纤维（图41）。

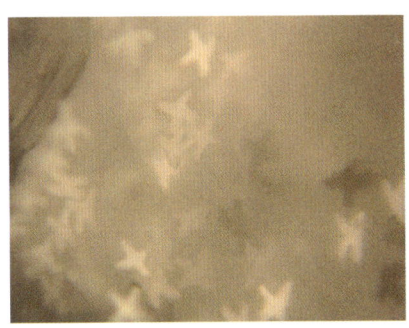

图41　凉感异形抑菌聚酰胺56纤维

③主要规格：短纤：1.67dtex/38mm；长丝：78dtex/68F、44dtex/34F　FDY、DTY。

④性能及制品特点：

• 生物基原料，绿色环保；

• 纤维十字截面，其面料瞬间凉感系数高，Q_{max}值可达到0.37，有良好的持续凉感效果；

• 抑菌性优异，金黄色葡萄球菌抑菌率≥98%，大肠杆菌抑菌率≥95%，白念珠菌抑菌率≥92%；

• 悬垂性好，吸湿速干，不易起皱，手感舒适。

⑤应用领域：运动服、衬衣、贴身内衣等服装用纺织品；填充物、床上寝具等家用纺织品（图42）。

（2）凉感原液着色聚乙烯纤维

①推荐理由：融合原液着色技术解决聚乙烯纤

图42　凉感异形抑菌聚酰胺56纤维的应用

维面料难染色问题，面料制品具有凉感优势，色彩丰富、绿色环保的特点。

②制备技术：聚乙烯原料溶解，经双螺杆挤出机时添加色母粒，而后经高温混炼、喷丝板挤出、惰性气体吹扫、多级多次的超倍热拉伸得到凉感原液着色聚乙烯纤维（图43）。

③主要规格：长丝：55.6～666.7dtex/24F～576F POY/FDY/DTY。

图43 凉感原液着色聚乙烯纤维

④性能及制品特点：

- 原液着色、减省去印染工序，避免产生印染废水；
- 可定制全色系、色彩丰富、饱和度高；
- 较高的导热速率，迅速吸收和散发体热，提供冰凉亲肤触感；
- 良好的透气性能、轻盈柔软，适合直接贴身穿着；
- 良好的耐磨性和耐用性。

⑤应用领域：运动服、贴身内衣、瑜伽服等服装用纺织品；床上寝具、沙发布等家用纺织品（图44）。

（3）凉感可染聚乙烯复合纤维

①推荐理由：聚酰胺与聚乙烯经过特殊的双组分设计，赋予复合纤维染色特性及瞬间凉感功能，纤维柔软亲肤、吸湿透气、可个性化定制。

②制备技术：采用聚酰胺与聚乙烯两种组分，经复合纺丝技术制成凉感可染复合纤维。其中聚酰胺赋予复合纤维染色属性，聚乙烯提供复合纤维凉感支持（图45）。

图44 凉感原液着色聚乙烯纤维的应用

③主要规格：长丝：70dtex/24F FDY。

④性能及制品特点：

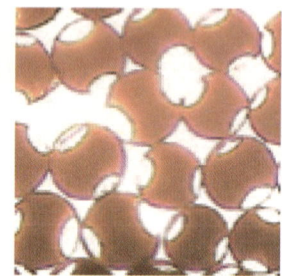

图45 凉感可染聚乙烯复合纤维

- 两点异形截面，PA为中心主体，PE位于纤维边界的两点部位；
- 接触瞬间凉感性能，凉感系数为0.22；

- 因聚酰胺组分可实现染色，从而赋予聚乙烯复合纤维可染色属性；
- 织物吸湿透气、亲肤舒适。

⑤应用领域：运动服、袜子、鞋材等服装用纺织品；床上寝具等家用纺织品（图46）。

2. 发布品种：多功能复合纤维

图46 凉感可染聚乙烯复合纤维的应用

多功能复合纤维，以引领性技术守护健康。神奇的稀土功能粒子，打造轻质、隔热降温、红外反射功能，营造人体与周围微环境的热舒适性。原位聚合改性技术，将抑菌、阻燃、抗静电、抗紫外、去甲醛等多功能深深嵌入分子链段中，一纤多用。开创动植物有效物双重抑菌的先河，升级纤维素纤维蛋白质及14种氨基酸含量，护航科学保健之道（表7）。

表7 多功能复合纤维推荐品种

纤维名称	品牌中文	品牌英文
红外反射中空聚酯纤维	稀源丝	Tempshield
原位聚合多功能复合聚酯纤维	葛伦森	GLENTHAM
	苏纤	Suxian
姜·动物蛋白复合改性纤维素纤维	圣桑®姜·蛋白纤维	ST-SUN® Ginger Protein Fiber

（1）红外反射中空聚酯纤维

①推荐理由：该纤维兼具力学性能、轻质、隔热降温、红外反射的功能。打造人体自身及周围局部微环境的热舒适性。

②制备技术：将稀土功能粉体与聚合物粉体进行共混，通过复配不同比例的母粒助剂，制备稀土复合功能母粒。再将复合母粒与聚酯切片共混通过熔融纺丝技术制备红外反射中空聚酯纤维（图47）。

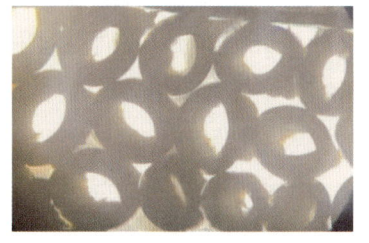

图47 红外反射中空聚酯纤维

③主要规格：长丝：33.3dtex/24F，83.3dtex/72F DTY。

④性能及制品特点：

- 细旦，中空异形截面，具有轻质且柔软亲肤的效果；
- 稀土添加改性，具有很好的远红外发射能力，促进人体与微环境的热交换；
- 通过反射作用减少对太阳光的吸收，具有优异的隔热性能。

⑤应用领域：安全防护服、家居服、手套等服装用纺织品；床上寝具、窗帘等家用纺织品；睡袋、遮阳伞及帐篷等产业用纺织品（图48）。

（2）原位聚合多功能复合聚酯纤维

①推荐理由：通过原位聚合多功能复合技术，解决了无机材料与聚合物相容性问题，兼具聚酯性能及抑菌、阻燃、抗静电、抗紫外、去甲醛等多功能，可在医疗卫生、运动户外、商务差旅、工装防护等多场景应用。

②制备技术：采用原位聚合改性的方法，在聚酯酯化结束后加入无机纳米矿石抑菌剂及阻燃剂，经缩聚反应制得多功能集成聚酯切片，再经熔融纺丝获得多功能复合纤维（图49）。

③主要规格：短纤：1.33dtex38mm；长丝：33.3dtex/36F、83.3dtex/72F、83.3dtex/144F、166.6dtex/288F DTY。

④性能及制品特点：

图48 红外反射中空聚酯纤维的应用

图49 原位聚合多功能复合聚酯纤维

- 织物经50次水洗后对金黄色葡萄球菌、大肠杆菌、白色念珠菌抑菌率均达90%以上。具有AAA级抑菌效果；
- 磷系无卤阻燃，极限氧指数为32；
- 光照24h后，面料对甲醛、苯、二甲苯、甲苯去除率分别为91.2%、86.2%、88.2%、84.7%，具有净化空气的性能；
- 水洗50次抗紫外UPF＞50、针织和机织面料抗静电达到A级；
- 运动服面料吸湿速干效果优异，蒸发速率为0.47g/h。

⑤应用领域：婴儿服、工装、袜子等服装用纺织品；窗帘、地毯等家用纺织用品；汽车内饰、医用纺织品等产业用纺织品（图50）。

（3）姜·动物蛋白复合改性纤维素纤维

①推荐理由：开创动植物双重抑菌的先河，纤维天然抑菌，同时其蛋白质及氨基酸含量极高，透气亲肤，深受内衣、家纺等品牌和消费者的喜爱。

②制备技术：将生姜中的姜辣素、姜烯酮和姜酮等有效功能成分进行溶解、浓缩、提取、干燥得到生姜功能粉体；从猪皮、牛皮、猪蹄、牛蹄筋中提取的胶原蛋白粉，经过溶解、过滤、离心得到胶原蛋白液。最后通过高分子交联技术将溶解后的生姜功能粉体、胶原蛋白液与竹浆、木浆混合后，经湿法纺丝工艺得到纤维（图51）。

图50 原位聚合多功能复合聚酯纤维的应用

③主要规格：短纤：1.33dtex×38mm、1.67dtex×38mm。

④性能及制品特点：

- 植物+动物的双重生态抑菌，抗菌性能达到AAA；
- 富含天冬氨酸、甘氨酸等14种氨基酸，且蛋白质含量高，具有优良的亲肤性；
- 织物透气性强，垂坠性佳，手感润滑。

⑤应用领域：休闲服、家居服、贴身内衣等服装用纺织品；床上寝具、填充物等家用纺织用品（图52）。

图51 姜·动物蛋白复合改性纤维素纤维

图52 姜·动物蛋白复合改性纤维素纤维的应用

（四）发布篇章之"纤·极限升级"

极致碰撞，迭代升级。纤维细腻而坚韧，承载着化纤人的探索与创新。跨越纤维的边界，突破极限的束缚，与极致完美交融，碰撞出无尽的可能与惊艳的魅力，一丝一缕间尽显精湛的技艺与匠心独运，给予硬核防护。纤维以更轻、更强、更韧、更耐高温的姿态，用于防切割手套、鞋材、消防服、飞行服、军用装具、城市灯箱布、烟道除尘、风电叶片、航空航天等领域，在极致细节中聚力伴随，在极端环境中书写价值（图53）。

图53 纤·极限升级

1. 发布品种：鞋服用特种纤维

鞋服用特种纤维，以优异性能洞见未来。碳纤维的高防切割性和超高分子量聚乙烯纤维的高韧性完美融合，防切割超高分子量聚乙烯纤维制品有效屏蔽工作中的意外划伤，拉满保护度及舒适性。PBT/PA6皮芯复合单丝，兼具聚酯的强度和挺阔以及锦纶的耐磨和吸湿，为鞋面专属材料提供卓越支持。细旦聚酰亚胺纤维、原液着色对位芳纶开创性应用于服装，为特殊服用场景带来颠覆性体验（表8）。

表8 鞋服用特种纤维推荐品种

纤维名称	品牌中文	品牌英文
防切割超高分子量聚乙烯纤维	金刚丝	ADAMAS
PBT/PA6皮芯复合单丝	金通	Jintong
细旦聚酰亚胺纤维	轶纶	Yilun
原液着色对位芳纶	维科华	VICWA

（1）防切割超高分子量聚乙烯纤维

①推荐理由：该纤维具有超高的防切割性能，用其制成的面料每平方米克重仅有245g的情况下，防切割级别达到A6级。

②制备技术：采用有机—无机共价键交联技术，将碳纤维的高强度与超高分子量聚乙烯纤维的高韧性相结合，所获复合纤维的抗切割性高可达美标A6等级，同时还兼具柔软、亲肤等良好的服用性能，以及与橡胶结合牢度好等性能优势（图54）。

图54 防切割超高分子量聚乙烯纤维

③主要规格：长丝：533.3dtex/120F、444.4dtex/120F、222.2dtex/120F。

④性能及制品特点：

- 兼具轻柔和高强度防切割性，面料防切割最高达到美标A6等级；
- 织物轻柔、亲肤、无刺激，避免引起皮肤刺痒和过敏；
- 与丁腈胶、天然乳胶的黏合力比普通纱线增强30%，所织的手套使用寿命长，可反复水洗。

⑤应用领域：安全防护服、工装等服装用纺织品；地毯、床上寝具等家用纺织品；建筑增强、缆绳、织带等产业用纺织品（图55）。

图55 防切割超高分子量聚乙烯纤维的应用

（2）PBT/PA6皮芯复合单丝

①推荐理由：该纤维以PBT为皮层，PA6为芯层，兼具聚酯的强度和良好的挺阔性及锦纶的耐磨性和吸湿性。面料质地柔软，手感滑腻，广泛用于运动服、鞋面等。

②制备技术：使用PBT/PA6两种原料经不同螺杆加热熔融挤出，进入特殊的皮芯复合组件，PBT为皮层，PA6为芯层，经喷头挤出、冷却、上油、拉伸定型制成高强度的复合纤维（图56）。

③主要规格：长丝：33.3dtex～123.3dtex/1F。

④性能及制品特点：

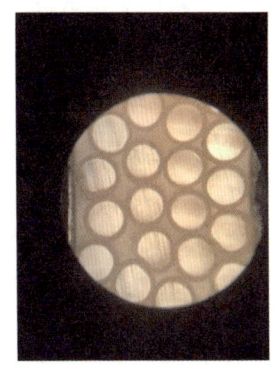

图56　PBT/PA6皮芯复合单丝

- PBT为外层，PA6为内芯层；
- 低摩擦系数、耐疲劳；
- 韧性强、抗弯曲、弹性回复性；
- 尺寸稳定性好，抗皱性好、手感柔软。

⑤应用领域：运动服、鞋材等服装用纺织品；体育用品、户外用品等产业用纺织品（图57）。

（3）细旦聚酰亚胺纤维

①推荐理由：突破细旦化制备0.89dtex的聚酰亚胺纤维，具有优异的可纺性，可纺制100支高支纱，集保暖、抑菌、远红外等功能于一身，开创性地将航天材料应用到服装上。

②制备技术：二酐与二胺聚合后得到聚酰胺酸溶液进行纺丝，经牵伸、洗涤、上油、干燥后，进行高温环化处理，最终得到性能优异的聚酰亚胺纤维（图58）。

图57　PBT/PA6皮芯复合单丝的应用

③主要规格：短纤：0.89～6.67dtex/38～64mm。

④性能及制品特点：

图58　细旦聚酰亚胺纤维

- 抑菌、抗螨、无致敏；

181

- 导热系数低、保暖效果好，原生远红外功能、易洗涤保养；
- 极限氧指数高、本质阻燃，遇火不熔滴、离火自熄、发烟率极低、不含卤素；
- 长期耐温300℃，可耐受更高的短时高温。

⑤应用领域：安全防护服、婴儿服、贴身内衣等服装用纺织品；军用纺织品、消防用品等产业用纺织品（图59）。

图59　细旦聚酰亚胺纤维的应用

（4）原液着色对位芳纶

①推荐理由：保持了芳纶原有的各项优异特性，兼具高强度、阻燃性与耐温性，可定制鲜艳多彩的颜色。在军工用途，高端数码产品保护壳等领域有着非常广阔的市场需求及应用前景。

②制备技术：在对位芳纶纺丝原液中加入色母粒，而后将含有色液浆料通过喷丝板组件送入凝固浴进行纺丝，再将所得的纤维进行洗涤和干燥（图60）。

图60　原液着色对位芳纶

③主要规格：短纤：1.65~2.53dtex/38mm ~51mm；长丝：220~3300dtex/90~2000F。

④性能及制品特点：

- 高强度、高韧性、拉伸度高。拉伸强度是钢丝的5~6倍，比拉伸模量是钢丝的2~3倍，密度却只有钢丝的1/5左右；
- 原液着色、绿色环保，色彩丰富、不易褪色；
- 耐高低温；
- 本质阻燃，极限氧指数为29%。

⑤应用领域：安全防护服、填充物、军用纺织品、消防用品等（图61）。

图61　原液着色对位芳纶的应用

2. 发布品种：产业用纤维

产业用纤维，以硬核实力托举新高地。无氟抗芯吸聚酯工业丝有效解决制品因虹吸效应出现外观变差、霉变等问题，唤醒城市的霓虹斑斓。35K聚丙烯腈碳纤维高强度、高模量、高耐疲劳，制造低成本，轻量化优势显著，助力风电叶片、航空航天产品升级（表9）。

表9　产业用纤维推荐品种

纤维名称	品牌中文	品牌英文
无氟抗芯吸聚酯工业丝	尤夫	UNIFULL
35K聚丙烯腈碳纤维	吉林碳谷	Jilin Tangu

（1）无氟抗芯吸聚酯工业丝

①推荐理由：无氟环保后整理聚酯工业丝，其强度高、助剂环保、抗芯吸性能持久，有效解决制品因虹吸效应出现外观变差、霉变问题，助力城市夜晚霓虹斑斓。

②制备技术：以相对黏度稳定的高黏聚酯切片为原料进行熔融计量纺丝，选用无氟助剂进行乳液配置，通过独特的集束上油装置在纤维表面快速成膜，配合多级牵伸热定型工艺，制备高强度、尺寸稳定与抗芯吸性能兼具的聚酯工业丝（图62）。

图62　无氟抗芯吸聚酯工业丝

③主要规格：长丝：930～1400dtex/144～192F。

④性能及制品特点：

- 抗芯吸性能优异；
- 纤维耐热好、稳定性优异；
- 完全不含氟素化合物PFOA/PFOS及其盐类衍生物，绿色环保。

⑤应用领域：汽车内饰、体育用品、卫生纺织品等家用纺织品（图63）。

图63　无氟抗芯吸聚酯工业丝的应用

（2）35K聚丙烯腈碳纤维

①推荐理由：35K碳纤维高强度、高模量、高耐疲劳，突破制造低成本，轻量化优势助力风电叶片、航空航天产品升级。

②制备技术：采用丙烯腈连续聚合，以DMAC溶剂，经湿法纺丝两步法进行制备35K聚丙烯腈纤维原丝，经预氧化预处理、低温—高温碳化、深度均质表面处理等工序制备35K聚丙烯腈碳纤维（图64）。

③主要规格：长丝：35K。

④性能及制品特点：

- 具有高强度、高模量等优异性能；
- 耐腐蚀、比重轻、生产低成本。

⑤应用领域：汽车内饰、体育用品、自行车、风电叶片等产业用纺织品（图65）。

图64　35K聚丙烯腈碳纤维

图65　35K聚丙烯腈碳纤维的应用

（中国化学纤维工业协会）

附件一 中国纤维流行趋势2024/2025入选产品（表10）

表10 中国纤维流行趋势2024/2025入选产品

篇章	分类	纤维名称
纤·多元探索	弹性纤维	同质异构复合弹性聚酰胺纤维
		异形双组分涤/锦复合纤维
		弹性复合仿棉聚酯纤维
	舒感纤维	阳离子改性聚酰胺6纤维
		全消光细旦多孔扁平仿绒聚酯纤维
		异形混纤共聚改性聚酯纤维
		亲水抗起球改性聚酯纤维
纤·回溯自然	生物基化学纤维	离子液法再生纤维素长丝
		生物基氨纶
		细旦聚酰胺512纤维
		抗原纤化莱赛尔纤维
		抗原纤化抑菌莱赛尔纤维
	循环再利用化学纤维	低温常压染色化学法循环再利用聚酯纤维
		高强低伸循环再利用纤维素纤维
		循环再利用莱赛尔纤维
	原液着色化学纤维	原液着色聚乳酸纤维
		异形原液着色抑菌聚乳酸纤维
纤·功能解构	凉感升级纤维	凉感异形抑菌聚酰胺56纤维
		凉感原液着色聚乙烯纤维
		凉感可染聚乙烯复合纤维
	多功能复合纤维	红外反射中空聚酯纤维
		原位聚合多功能复合聚酯纤维
		姜·动物蛋白复合改性纤维素纤维
纤·极限升级	鞋服用特种纤维	防切割超高分子量聚乙烯纤维
		PBT/PA6皮芯复合单丝
		细旦聚酰亚胺纤维
		原液着色对位芳纶
	产业用纤维	无氟抗芯吸聚酯工业丝
		35K聚丙烯腈碳纤维

附件二 中国纤维流行趋势2024/2025入围产品（表11）

表11 中国纤维流行趋势2024/2025入围产品

分类	纤维名称
舒感纤维	玫瑰花改性纤维素纤维
	全消光复合弹性聚酯纤维
	凉感速干聚酰胺66纤维
	氮化硼改性聚乙烯纤维
	细旦差别化聚丙烯腈纤维
	吸湿发热聚丙烯腈纤维
仿真纤维	细旦多孔异形聚酯纤维
	仿真丝聚酯纤维
	海岛高收缩聚酯复合弹性纤维
轻柔纤维	轻质保暖聚酯纤维
	蛋白改性超柔聚酰胺6纤维
	聚丙烯短纤维
生物基化学纤维	莲叶成分改性再生纤维素纤维
	填充专用聚乳酸纤维
	生物基PEF纤维
循环再利用化学纤维	循环再利用聚酯纤维
	循环再利用聚酯混纤空变丝
原液着色化学纤维	原液着色细旦聚酯纤维
	超黑聚酯纤维
	石墨烯改性熔体直纺有色聚酯纤维
抑菌纤维	抑菌聚酯纤维
	锌系抑菌聚酯纤维
	细旦铜系抑菌聚酯纤维
	原位聚合锌系抑菌聚酯纤维
	抑菌氨纶
多功能复合纤维	蓄热抑菌聚酯纤维
	凉感抑菌原液着色聚酯纤维
	吸湿排汗抑菌聚酰胺6纤维
	稀土抗紫外抑菌聚酰胺6纤维
	抑菌消臭再生纤维素纤维
	凉感抑菌皮芯复合纤维
阻燃纤维	阻燃阳离子聚酯纤维
	阻燃再生纤维素纤维
	阻燃生物基聚酰胺56纤维
产业用纤维	原液着色聚酰胺66工业丝
	T700S级聚丙烯腈碳纤维

2024/2025中国纱线流行趋势发布报告

贺文婷

中国纱线流行趋势是由中国棉纺织行业协会与中国化学纤维工业协会联合主办的纺织行业权威趋势发布活动。该活动自2019年启动以来，作为棉纺织产业链上下游企业了解市场发展走向、把握新材料、新科技、新工艺及新产品动态的关键平台，始终秉持"创新、绿色、时尚、健康"的核心理念，致力于挖掘行业前沿趋势、推广创新技术应用、推动纱线品牌建设，为纺织产业的高质量发展提供精准的方向指引。

多年来，中国纱线流行趋势研究团队紧密关注社会、政经、人文与市场的变化，依托主流消费大数据与终端需求，围绕"绿色、科技、时尚、健康"四大主线，通过科学的趋势预测与新品研发，持续引领纱线行业的发展潮流。活动以广泛征集行业产品为基础，汇聚上下游行业协会、院校专家及企业代表，从产品性能、功能、外观设计、市场前景等多个维度进行综合评审，筛选出在技术突破性、市场适配性和潮流引领性方面表现卓越的纱线产品。推荐产品不仅涵盖再生纤维、生物基材料、智能功能纱线等创新品类，还广泛覆盖循环经济、高附加值领域，充分展示了我国纱线产业在技术创新、可持续发展和设计美学方面的最新成果，为行业开发提供了重要参考。

2024/2025中国纱线流行趋势以"进化"为主题，以多元、低碳、优品、颜值四大篇章，推出2024/2025中国纱线流行趋势推荐产品名单。

一、趋势主题：进化

在风云变幻的大环境下，人们犹如编织在时光中的纱线，既需找寻内心的纹理，也要与时代的潮流交织。持续的演变与适应，如同纱线的柔韧与张力，是人们在这个不断进化的世界中前行的力量。面对变革，人们应敞开心扉，以积极的心态迎接每一次的编织与重塑。在进化的织网中，人们共同编织着未来，以可持续的方式书写时代的篇章（图1）。

图1 进化

二、发布篇章及推荐产品

(一) 多元

在时尚的长河中，多元功能性纱线破浪前行，引领潮流的更迭。它凭借数智之力，洞悉时尚的奥秘，将潮流的精髓融入每一缕细丝之中。通过与大数据的紧密结合，多元功能性纱线精准地把握消费者需求的脉搏，创造出贴合时代潮流的时尚单品。在它的点缀下，纺织品焕发出别样的光彩，成为街头巷尾的焦点。它不仅是一种纱线，更是一种时尚的态度，展现出与众不同的个性魅力。

关键词：抑菌，控温，舒展，多元，黑科技，易打理。

1. 赛络纺抑菌除臭再生纤维素纤维色纺纱

原料及规格：①紧密纺 白丝可拉Silkara®（含量15%~50%） 21~60英支；②赛络纺 黑丝可拉Silkara®（含量15%~50%） 21~60英支；③赛络纺 黑丝可拉Silkara®含量100% 21~60英支。

关键词：抑菌除臭、锁温、负离子。

推荐理由：丝可拉Silkara®纤维抑菌纱线可以在皮肤表面或细菌繁衍的环境，抑制金黄色葡萄球菌、大肠杆菌、白念珠菌、加德纳菌等多种菌群繁殖，同时呵护皮肤，摆脱异味困扰，降低细菌感染和传播风险，守护人体的健康。除了持久的物理抑菌性外，还拥有很广的适用性，满足抑菌功能服用制品的更高需求。

适用范围：服装、家纺。

代表企业：邯郸纺织有限公司（图2）、广东新巢科技有限公司。

品牌如图3所示。

图2　邯郸纺织有限公司logo

图3　海盛威品牌

丝可拉面料与普通PET面料产品对比见表1。

表1　丝可拉面料与普通PET面料产品对比

面料	抑菌除臭	锁温保暖	防紫外线	洗涤	负离子
丝可拉面料	具有较强的抑菌力	可释放远红外	防护系数UPF大于50+	经150次洗涤，抑菌功能仍符合要求	能发散负离子多达3625个/cm²
普通PET面料	无	无	无	—	不能

2. 罗布麻纤维混纺纱

原料及规格：紧密纺　腈纶/罗布麻/莫代尔43/34/23　32英支。

关键词：抑菌、远红外、吸湿透气。

推荐理由：应用罗布麻纤维，结合梳棉精细混合梳理技术、并条自调匀整技术、细纱单锭自停装置、自络USTER专家系统应用等开发生产罗布麻混纺高品质纱线，其手感柔软、光泽亮丽，悬垂性好。罗布麻与腈纶、莫代尔等纤维混纺纺纱，使纤维特性得到优化与互补，改善其可纺性。应用其制成的纺织品，集棉的柔软、麻的滑爽和丝的光泽于一身，具有优良的抑菌保健性能和良好的吸湿透气性。

适用范围：服装、家纺。

代表企业：南通双弘纺织有限公司。

品牌：双弘（图4）。

专利：《一种混合梳理机及抑菌混纺纱生产方法》。

图4　双弘logo

3. 精梳棉艾草纤维混纺纱

原料及规格：紧密纺　精梳棉/艾能™ 70/30　32英支。

关键词：柔滑、抑菌防螨、远红外。

推荐理由：该纱线将"国民本草——艾草"融入大众生活领域，所采用的艾能™纤维，以天然艾叶为原料，历经三年陈晒制备提纯，保留艾草因子，经过特殊工艺处理制备而成，具有抑菌、远红外、柔软、亲肤的特性。精梳棉与艾能™纤维的结合，可赋予织物亲肤柔软触感和透气舒适体验，其中的艾能™精华更能长效抵抗细菌滋生，有效抑菌率≥95%，远红外发射率0.92，能促进体表微循环，加强代谢，缓解疲劳，增强免疫。艾棉纱线应用面料方向多样，不仅可以在秋冬面料上配合磨毛使用，还可以用于春夏面料，是四季通用的产品，用途较为广泛。

适用范围：家纺面料。

代表企业：江苏金太阳纺织科技股份有限公司（图5）。

产品照片如图6所示。

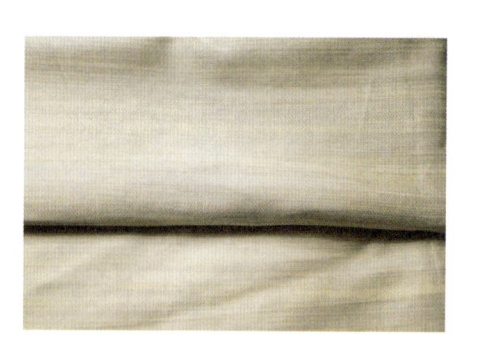

图5　金太阳logo　　　　　　　　图6　精梳棉艾草纤维混纺纱

主要质量指标与性能：使用本款纱线制成的面料具有抑菌除螨效果，其中防螨驱避率76.69%，洗后5次对金黄色葡萄球菌、大肠杆菌、肺炎克雷白氏菌仍具有抑菌效果。可发射远红外，发射率符合国家标准（表2）。

表2　主要质量指标与性能

序号	项目	精梳棉艾草纤维混纺纱	常规品
1	柔软度（kPa）	88.67	82.23
2	艾能纤维初始模量（N/tex）	40~48	60~82
3	面料透气性（mm/s）	647.32	283.94

4. 高比例木棉混纺纱

原料及规格：①聚绒纺　棉65/木棉35　16~40英支；②气流纺　木棉50/棉50　6~21英支。

关键词：天然、抑菌、驱螨、轻柔、透气。

推荐理由：木棉纤维是多年生木棉树的果实纤维，是最细、最轻、中空度最高、最保暖的天然纤维之一，具有防霉、防蛀、防臭、抑菌、驱螨、轻柔、不易缠结、隔热、吸湿导湿、生态、保暖等特点。由于木棉无可匹敌的性能，故有"世界范围内唯一的功能性植物纤维"之美称。本产品采用超短细柔纤维混纺纱线的加工方法—聚绒纺（该项目曾获得盐城市科学技术进步奖一等奖）生产，"聚绒纺"纺纱技术攻克了木棉纺纱过程的系列难点，提高了木棉的可纺性，使沉寂多年的木棉特性得以被挖掘与运用，并使木棉混纺纱的木棉含量由不足20%提升到35%的历史新高。转杯纺系列纱线木棉含量可达50%。

木棉聚绒纺16~40英支纱可作机织、针织用纱，常用于衬衫、内衣、家纺、休闲服等，除臭、抑菌、驱螨、排汗效果极佳。气流纺6~21英支常用于牛仔、箱包等。

适用范围：服装、家纺。

代表企业：江苏东华纺织有限公司（图7）。

品牌如图8所示。

图7　东华纺织logo

图8　绮悦品牌

产品图片如图9所示。

图9　高比例木棉混纺纱产品

5. OPHB生物基抑菌消臭纱线

原料及规格：①赛络紧密纺　精梳棉/OPHB生物基抑菌精梳棉90/10、黏胶/OPHB生物基抑菌黏胶90/10、莫代尔/OPHB生物基抑菌莫代尔90/10等　16～100英支；②赛络紧密纺　腈纶/OPHB羊毛 70/30　58英支/2。

关键词：生物基抑菌，长效消臭。

推荐理由：OPHB是一种具有特定聚合度的、非离子型生物基环保有机抑菌剂，属于迭代型抑菌技术，拥有传统离子抑菌技术不具备的绿色特性，可以在堆肥条件下完全生物降解为二氧化碳与水，源于自然又归于自然，所制成的终端产品在使用上安全放心。采用绿色、生态、无其他任何化学品介入的SCF先进施加技术，使OPHB固着在纤维浅表，其固着牢度好耐受洗涤、加工，赋予纱线耐久的抑菌、消臭、抗病毒等功能，同时OPHB的施加对纱线物理性能、染色性能无任何影响。

适用范围：服装、家纺、产业用等领域。

代表企业：南京禾素时代抑菌材料科技集团有限公司。

品牌：禾素时代（图10）。

专利：①《一种采用OPHB抑菌剂纤维的抑菌除臭袜》，专利类型：实用新型。专利号：ZL202222415460.3；②《一种采用SCF工艺含

图10　禾素时代logo

羟基酸酯低聚物生物基材料的抑菌袜子》，专利类型：实用新型。专利号：ZL202222374884.X；
③《一种OPHB禾素生物基抑菌去异味T恤》，专利类型：实用新型。专利号：2023218265270。

产品图片如图11所示。

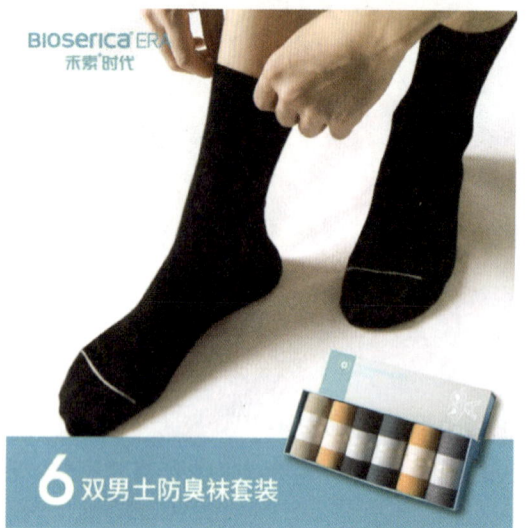

图11　OPHB生物基抑菌消臭纱线产品

主要质量指标与性能如下。

①OPHB抑菌剂是细胞内的营养物质也是特种微生物发酵制得，所以非广谱抑菌，对人体安全。

②耐酸、耐碱、耐400℃高温。

③抑菌纤维使用很少的OPHB抑菌剂、纺织品使用很低比例的抑菌纤维即可得到很好而且耐水洗的抑菌效果。

④对现行抑菌标准规定全部菌种有显著抑菌效果；对现行抗病毒标准规定的全部病毒有显著杀灭效果；对耐甲氧西林金黄色葡萄球菌等超级细菌有抑菌效果；对新增测试的须癣毛癣菌、创伤弧菌等有抑菌效果；对2-壬烯醛（加龄臭）、异戊酸等有消臭效果；对螨虫有95%以上的防螨抑制率。

⑤动物急性经口毒性试验、皮肤刺激性试验、多次皮肤接触，皮肤变态反应试验，细胞染色体歧变试验等均显示阴性。

6. 抑菌防臭再生短纤纱

原料及规格：赛络紧密纺　锌纳米涤纶/黏胶60/40　32英支。

关键词：广谱抑菌性、除臭。

推荐理由：首次将锌纳米涤纶/黏胶进行混纺制备抑菌防臭再生纱线，该纱线可应用于医疗护理和家居卫生用品、服用纺织品等领域，可有效吸附氨气、氮气、二氧化硫，并具有20次以上耐洗性；能够有效地抑制细菌的生长，从而减少感染疾病的风险。

适用范围：服装、家纺、产业用纺织品。

代表企业：福建长源纺织有限公司（图12）。

品牌：皓光。

图12　长源logo

专利：发明专利，《一种抗菌混纺纱线、面料及其制备方法》，专利号：ZL202111473434.X；实用新型专利，《一种纱线合股导线装置》，专利号：ZL202221903976。

主要质量指标与性能见表3。

表3　主要质量指标与性能

产品	单纱断裂强度（cN/tex）	单纱断裂强力变异系数（%）	条干均匀度变异系数（%）	3mm毛羽指数（根/m）	千米棉结（+200%）（个/km）	对大肠杆菌和金黄色葡萄球菌的抑菌率（%）	消臭率（臭气源：氨气/氮气标准气体）（%）
抑菌防臭再生短纤纱	23.5	6.6	11.1	2.98	23	≥99	40.3
涤黏纱	19	11.3	14.5	5.32	61	—	—

7. 微纳米镶嵌全棉多重发热功能性纱线

原料及规格：赛络紧密纺　精梳棉 21~80英支　多重发热功能性微纳米纤维≤0.5%。

关键词：全棉吸光、远红外、吸湿。

推荐理由：微纳米镶嵌全棉多重发热纱线，通过对多重发热功能性纺丝液配制步骤、配方优选、纺纱工艺技术等创新实现了发热微纳米纤维与普通棉纤维跨尺度镶嵌复合成纱，其中功能性微纳米纤维含量≤0.5%，产品保持了全棉纤维的亲肤舒适，同时具备优异持久的吸光发热+远红外发热+吸湿发热功能。此产品填补了市场全棉多重发热类产品的技术空白，满足了品牌客户需求。

适用范围：服装、家纺。

代表企业：魏桥纺织股份有限公司（图13）。

品牌：魏桥。

图13　魏桥纺织logo

产品图片如图14所示。

主要质量指标与性能：产品在保持优良物理指标性能的同时具备优异的多重发热效果（表4）。

图14 微纳米镶嵌全棉多重发热功能性纱线

表4 微纳米镶嵌全棉多重发热纱线织物与普通全棉织物对比

项目	远红外发热保暖性能		光蓄热性能		吸湿发热	
	远红外发射率	远红外辐射升温	光蓄热性能最大升温值	平均升温值	吸湿发热最高升温值	30min内平均升温值
微纳米镶嵌全棉多重发热纱线织物	0.91	2.1℃	7.5℃	4.8℃	6.7℃	3.2℃
普通全棉织物	远红外性能不合格		不具备光蓄热性能		吸湿发热性能不合格	

注 1. GB/T 30127—2013《纺织品 远红外性能的检测和评价》。
　　2. GB/T 18319—2019《纺织品 光蓄热性能试验方法》。
　　3. FZ/T 73036—2010《吸湿发热针织内衣》。

8. 保暖棉纱线

原料及规格：悦聚纺 保暖棉 40英支。

关键词：保暖。

推荐理由：棉纤维是自然界中唯一的天然植物保暖纤维，其优异的舒适透气性最贴合人体皮肤。保暖棉纱线是采用自主开发的一种新型纺纱技术——悦聚纺技术开发的，该技术是在传统纺纱梳棉工序中引入静电纺亚微米纤维，将保暖粒子与棉均匀复合，对棉纤维本身性能无任何影响。织成的面料不仅省去了传统功能性助剂后整理的环节，节能环保，且比传统功能性纺纱更节约原料成本。产品经第三方检测，保温率≥30%，多次反复洗涤，仍符合国家标准。

适用范围：针织服装。

代表企业：江苏悦达棉纺有限公司（图15）。

品牌：悦聚纺。

主要质量指标与性能见表5。

图15 悦达棉纺logo

表5 保温性测试

测试项目	测试方法	技术要求	测试结果	判定
保温性	GB/T 11048—1989 方法A	保温率≥30%	保温率：31.2% 克罗值CLO：0.16 传热系数：38.0W/（M²·℃）	符合

9. 山羊绒/超细纤维混纺纱线

原料及规格：赛络紧密纺　柔风超细旦腈纶/细旦莫代尔/山羊绒50/40/10　60英支。

关键词：轻量、柔软、保暖。

推荐理由：以山羊绒、柔风超细旦腈纶、细旦莫代尔为原料进行多组分混纺，打破棉纺、毛纺等不同纺纱系统的局限，使不同纤维的优良特性得以综合发挥，实现织物性能与风格的多样化和高档化。开发了专用原料养生技术和小批量纤维均匀混合方法，通过一系列专家的优选，突破羊绒纤维可纺性差的生产难题，开发出手感柔软、亲肤透气的高品质纱线。该产品应用在柔软型内衣产品上，柔软指数高出普通内衣3倍。经鉴定，产品生产技术达到了国际先进水平（纺科鉴字〔2022〕51号）。

适用范围：服装、针织内衣。

代表企业：山东联润新材料科技有限公司（图16）。

品牌：联润。

专利见表6。

图16　联润logo

表6　专利

知识产权类别	知识产权名称	国家（地区）	授权号
实用新型专利	一种盖板清洁辊调节装置	中国	201920623997.4
发明专利	一种变捻纱及其纺纱方法	中国	201910022422.1
实用新型专利	一种防下皮圈跑偏支撑架定位装置	中国	201920053677.X
实用新型专利	一种色纱细纱机断头发现器装置	中国	201920014234.X
实用新型专利	一种纱车自动倒纱装置	中国	202220422958.X
实用新型专利	一种细纱机防掉锭带装置	中国	202220625800.2
实用新型专利	一种便于上货卸货的皮辊运输小车	中国	202222243194.0
实用新型专利	一种梳棉管道泄压风口	中国	202222961780.9

产品图片如图17所示。

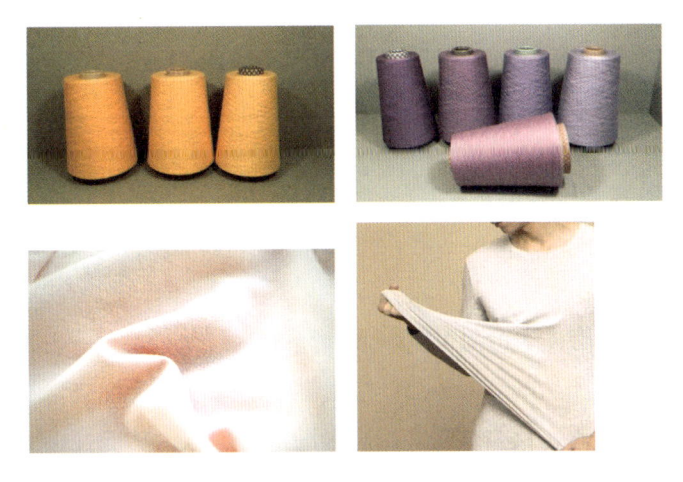

图17　山羊绒/超细纤维混纺纱线及产品

10. 棉汉麻混纺高支纱

原料及规格：紧密纺　棉/汉麻 85/15　70英支。

关键词：清凉透气、耐用、柔软舒适。

推荐理由：①吸湿透气性好：汉麻纤维中心细长空腔与纤维表面纵向分布的裂纹和小孔洞相连，因此具有优异的毛细效应，排汗吸湿性好。②抑菌抗紫外线：保留了汉麻原有的抑菌、抗紫外线、透气性好、凉爽的特性，符合绿色健康、环保时尚的消费趋势。③织物服用性好：与棉纤维混纺，同时具有棉和汉麻纤维的特性。由于汉麻短绒高、整齐度差、纤维较粗，纺高支困难，本产品支数达到70英支，品质优良，能够满足高端市场要求。该纱线所制备的棉麻混纺面料有独特的麻风格，较纯麻面料手感更加细腻。

适用范围：服装、家纺类。

代表企业：无锡一棉纺织集团有限公司。

品牌：TALAK（图18）。

产品图片如图19所示。

图18　TALAK logo

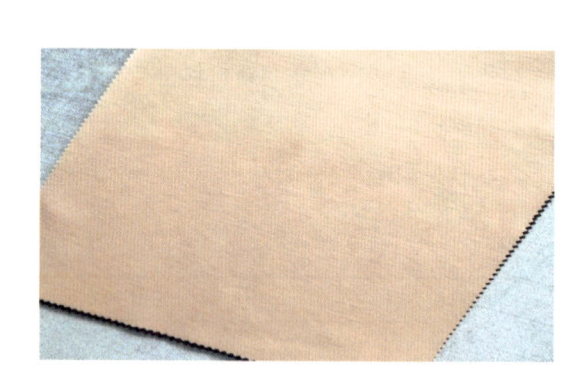

图19　棉汉麻混纺高支纱产品

主要质量指标与性能见表7。

表7　主要质量指标与性能

品种	JC/Ca 85/15 70英支紧密纺纱	JC/Ca 80/20 90英支紧密纺纱
条干不匀变异系数（%）	14.91	19.5
千米棉结（+200%）（个/km）	685.1	1200.5
毛羽指数H值	2.99	2.5
单纱断裂强度（cN/tex）	200.4	130

11. 赛络紧密纺阻燃腈纶棉混纺纱

原料及规格：赛络紧密纺　protex®阻燃纤维/精梳棉 60/40　32英支。

关键词：阻燃、舒适、柔软。

推荐理由：该产品采用日本可耐可龍®丙烯腈系合成纤维产品——protex®阻燃纤维与棉按照一定的比例进行混纺，产品既有protex®纤维阻燃、耐高温、不燃烧、不熔融、不熔滴的性能，同时具有棉的穿着舒适度及柔软性。抗静电助剂的加入，功能性得到进一步加强，产品耐碱、高强耐磨，使用寿命长。

适用范围：服装。

代表企业：南通华强布业有限公司（图20）。

品牌：倍优特。

专利：发明专利，《一种纺织机纺织尘收集装置》，专利号：CN109365101B。

产品图片如图21所示。

图20　华强布业logo

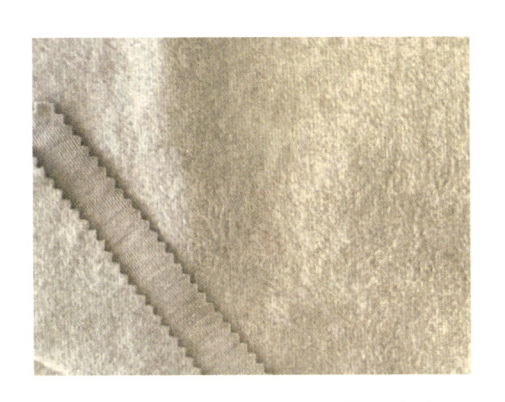

图21　赛络紧密纺阻燃腈纶棉混纺纱

12. 赛络紧密纺石墨烯聚酯复合纤维莫代尔混纺纱线

原料及规格：赛络紧密纺　石墨烯涤纶复合纤维/莫代尔 60/40　40英支。

关键词：抑菌、除异味、抗核辐射。

推荐理由：自主研发石墨烯粉体，并将石墨烯粉体与涤纶复合制备了石墨烯涤纶复合纤维。基于石墨烯制备的石墨烯涤纶复合纤维莫代尔混纺纱线，不仅保持了莫代尔原有的吸湿排汗、手感舒适等功能，还赋予纱线抑菌、除异味、抗静电、抗辐射等功能。

适用范围：服装。

代表企业：绍兴泰鼎石墨烯科技有限公司（图22）。

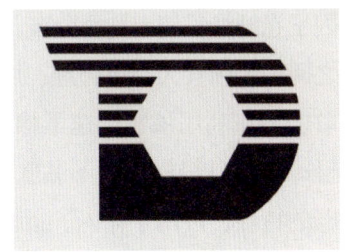

图22　泰鼎logo

13. 黏胶/乳木果油可再生纤维素纤维

原料及规格：赛络紧密纺　黏胶/乳木果油可再生纤维素纤维 70/30　40～60英支。

关键词：乳木果油、润肤、保湿。

推荐理由：乳木果油中含有丰富的亚油酸，甘油三酯，不含皂化物，具有滋润肌肤、保湿去角质、防止肌肤干痒、缓解皮肤病等。将经过乳化的乳木果油包覆在壁材中形成微胶囊液，在纤维生产工艺中，自溶解起至纺丝前的工序中将微胶囊液加入纤维素胶液中，再经纺丝、后处理制得再生纤维素纤维，制成的织物在穿戴2h后可提高皮肤角质层含水量5%～9.5%。天然乳木果纤维制品，经测试对皮肤无刺激性，比普通棉质和聚酯纤维制品更柔软亲肤、柔滑。木果精华的加入可赋予面料抑菌、保湿的功能。

适用范围：服装、贴身内衣、家纺、手套、袜子。

代表企业：响水六棉纺织有限公司（图23）。

品牌如图24所示。

图23　企业logo　　　　　　　　　图24　乳木果品牌

专利：《一种含乳木果油的再生纤维素纤维及其制备方法》。

主要质量指标与性能见表8。

表8　不同面料使用前后水分含量

面料	水分含量（使用前）	水分含量（使用后）
黏胶/乳木果油可再生纤维素纤维面料	37.41%	37.90%
常规面料	37.20%	37.34%

14. 吸湿速干棉纱线

原料及规格：赛络紧密纺　100%精梳吸湿速干棉　26~50英支。

关键词：吸湿速干、亲肤、穿着舒适。

推荐理由：采用独家创新的方法对棉纤维进行改性处理制备吸湿速干棉，使吸水因子和拒水因子在纤维长链上均衡分布，同时采用特定的纺纱技术控制纱线体中的纤维分布，使纤维与纤维之间的毛细管大小更合理，加快水分在面料中的传导能力和面料表面的蒸散能力。利用该吸湿速干棉纤维制备的纱线产品，具有春天触感温暖不显冷、夏日轻松挥洒不黏肤、秋季湿度调节更暖和、冬日舒适干爽零静电的特性，可用于休闲、运动、高尔夫、婴童装、内衣、商务面料。

适用范围：服装。

代表企业：华孚时尚股份有限公司（图25）。

品牌：华孚（图26）。

专利：《一种吸湿速干纯棉产品及其制备方法》，专利类型：发明，专利号：ZL202110251523.3。

产品图片如图27所示。

图25　华孚logo

图26　华孚品牌　　　　　　　　　图27　吸湿速干棉纱线产品

主要质量指标与性能见表9。

表9　普通纯棉产品与吸湿速干棉产品性能对比

对比产品	吸水率（%）	滴水扩散时间（s）	芯吸高度（mm）	蒸发速率（g/h）	透湿量（g/m²·s）
普通纯棉产品	235	30	80	0.15	8000
吸湿速干棉产品	244	2	151	0.23	10100

15. 竹聚酯纤维弹力纺纱线

原料及规格：赛络紧密纺　竹纤维/特种涤纶/弹性聚酯纤维　50英支。

关键词：抑菌、吸湿速干、无氨弹。

推荐理由：该纱线所织面料在具备凉感、抑菌消臭以及强大的吸湿速干功效的同时，无氨弹的纺纱工艺使面料抗皱、回复性强、易打理，适用于休闲、居家、商务等各种场合。

适用范围：服装。

代表企业：无锡四棉纺织有限公司。

品牌：球鹤品牌Astic Yarn®弹力纺。

主要质量指标与性能见表10。

表10　主要质量指标与性能

检验检测项目	测试方法	标准值及允差	检验检测结果	判定
洗前吸湿速干性	GB/T 21655.2—2019	浸湿时间： ≤20s ≥3级 吸水速率： ≤30.1%/s ≥3级 最大浸湿半径： ≥12.1mm ≥3级 液态水扩散速度： ≥2.1mm/s ≥3级	浸湿时间： 浸水面　2.3s　5级 渗透面　2.3s　5级 吸水速率： 浸水面　64.3%/s　4级 渗透面　60.9%/s　4级 最大浸湿半径： 渗透面　20.9mm　5级 液态水扩散速度： 渗透面　6.1mm/s　5级	符合
水洗后吸湿速干性	GB/T 21655.2—2019	浸湿时间： ≤20s ≥3级 吸水速率： ≥30.1%/s ≥3级 最大浸湿半径： ≥12.1mm ≥3级 液态水扩散速度： ≥2.1mm/s ≥3级	浸湿时间： 浸水面　2.7s　5级 渗透面　2.7s　5级 吸水速率： 浸水面　65.7%/s　4级 渗透面　61.7%/s　4级 最大浸湿半径： 渗透面　25.0mm　5级 液态水扩散速度： 渗透面　4.9mm/s　5级	符合

（二）低碳

低碳环保纱线，是自然的颂歌。它采集大自然的馈赠，将绿色环保理念融入生产过程的每一个细节。通过使用可持续发展的原材料和先进的生产技术，低碳环保纱线致力于减少对环境的负担，为地球献上一份温柔的呵护。在它的编织下，纺织品散发出清新的自然气息，让人仿佛置身于大自然的怀抱之中。它不仅是一种纱线，更是一种对未来的美好期许，引领人们走向一个更加绿色、可持续的未来。

关键词：绿色、再生、循环、生物基。

1. 生物基再生纤维素纤维高支系列纱线

原料及规格：紧密纺　雅赛尔®比例10%～100%　60～100英支。

关键词：雅赛尔高支、纯纺及混纺。

推荐理由：雅赛尔纤维是一种"高强低伸"新型生物基再生纤维素纤维，具有可循环再生、绿色环保、吸湿透气、柔软舒适、触感清凉等特性。同时，由于采用了特殊工艺，雅赛尔纤维的湿断裂强度和湿态模量比黏胶纤维高，干、湿断裂伸长率比黏胶纤维小，与莫代尔纤维比较接近。雅赛尔®系列混纺纱线采用专利技术实现高支化生产，大幅改善了黏胶类再生纤维素的抗起毛球性能，拓展了雅赛尔®在高支化高端家纺领域的应用，具有广阔的应用前景。

适用范围：服装、家纺类。

代表企业：魏桥纺织股份有限公司（图13）。

品牌：魏桥牌棉纱、嘉嘉家纺、向尚运动。

产品图片如图28所示。

图28　生物基再生纤维素纤维高支系列纱线

主要质量指标与性能见表11。

2. 聚乳酸棉混纺纱线

原料及规格：赛络紧密纺　棉/聚乳酸 65/35　40英支。

关键词：生物基、可降解、天然抑菌。

推荐理由：该系列纱线采取的是一种生物基纤维原料——聚乳酸，具有环保、绿色、可降解；抑菌、抗螨、可祛味；保暖、轻盈、可速干；亲肤、透气、抗过敏；难燃、少烟、无毒性以及耐紫外线老化等优越性能。聚乳酸产品来源于自然，回归于自然，其产品的开发与应用，也是解决白色污染的有效途径之一，具有良好的社会和经济效益。

表11 雅赛尔产品与普通黏胶产品水洗尺寸稳定性与起毛起球性能测试对比

项目	水洗尺寸稳定性（%）		起毛起球（级）
	经向	纬向	
CP雅赛尔80s×CP雅赛尔100s 210×（75*3）105″ 4/1（湖水蓝）	−4.8	−5.2	4
CPR80*CPR100 210×（75*3）150″ 4/1左斜缎纹（玫瑰金色）	−8.8	−6	3

适用范围：开发系列纱线，适合机织与针织面料高端用纱需求。

代表企业：安徽华茂纺织股份有限公司（图29）。

品牌：乘风牌。

主要质量指标与性能见表12。

图29 华茂纺织logo

表12 主要质量指标与功能

品种	棉聚乳酸紧赛40英支	棉紧密纺40英支
条干不匀变异系数（%）	10.8	11.6
千米棉结（+200%）（个/km）	18	23
平均强力（cN）	215.0	255.0

3. 生物质纤维混纺抑菌纱线

原料及规格：赛络紧密纺　新型生物质再生纤维素纤维/PHBV（或PLA）70/30　30~60英支。

关键词：生物基、可降解、抑菌、环保。

推荐理由：通过新型生物质合成纤维与新型生物质再生纤维素纤维的有机复合，制备了生物质纤维混纺抑菌纱线，以新型生物质合成纤维（聚乳酸抑菌纤维）和新型生物质再生纤维素纤维（Lyocell、Modal、悦菲纤等）为主要原料，集成运用了清花八仓光电进料控制技术、纤维分离紧压器控制技术、抓棉机纤维自动加湿技术、新型水捻接技术，解决了纤维结块、多仓堵塞、纤维过分挤压、混棉加湿不匀、络筒捻结不良等问题，提高了成纱质量。该产品的开发符合纺织产业的发展潮流，可广泛应用于服装、家纺及医用等领域，迎合了现代消费者追求绿色、环保、科技、时尚的理念。经江苏省新产品新技术鉴定，产品总体技术达到国内领先水平（苏工信鉴字〔2022〕614号）。

适用范围：服装、家纺。

代表企业：江苏大生集团有限公司（图30）、江苏南通二棉有限公司。

品牌：大吉。

产品图片如图31所示。

图30　大生logo　　　　　　图31　生物质纤维混纺抑菌纱线

主要质量指标与性能见表13。

表13　生物质纤维混纺抑菌纱线抑菌率

试验菌种	抑菌率	FZ/T 73023—2006抑菌率标准值
大肠杆菌	93%	≥70%
金黄色葡萄球菌	92%	≥80%
白色念珠菌	91%	≥60%

4. 环保抑菌干纺纯亚麻纱

原料及规格：转杯纺（干纺）　100%亚麻　12～17英支。

关键词：环保、抑菌、干纺纯亚麻纱。

推荐理由：平棉集团国内首创的高效短流程精细干纺纯亚麻纱，选用经物理开松的亚麻二粗、精落、机短等亚麻短纤原料，通过对设备专件进行改造、对工艺进行创新，用干法代替湿法纺纱，生产流程短、低碳环保、用工少，在一定程度上克服了传统湿纺亚麻纱的痛点。纱线条干均匀，适用范围广，能够适用于剑杆织机、针织、高速喷气织机生产；无三丝包漂包染，结束了麻纺行业司空见惯修异纤的历史，提高了产品档次和市场竞争力；织物手感柔软，布面细腻，亲肤性好，满足了人们对高档服装面料的需求，进一步拓展了麻产品的应用领域。同时，干纺亚麻纱全程采用物理方式生产，无化学试剂的使用，绿色低碳环保，符合当前市场绿色生态生产趋势。

适用范围：服装、家纺、家居、餐厨用品等。

代表企业：河南平棉纺织集团股份有限公司（图32）。

标准：T/CNTAC 61—2020《转杯纺纯亚麻本色纱》。

专利：取得国家发明专利1项、已进入实质审查的发明专利2项。取得实用新型专利13项，共取得相关知识产权23项。中国纺联科技指导性计划项目"高效短流程纯亚麻干法纺纱关键技术研究及产业

图32　平棉纺织logo

化"科技项目成果通过鉴定验收,整体技术被鉴定为国际领先水平。

5.再生聚酯纤维混纺纱线

原料及规格:①赛络紧密纺 再生涤纶/里奥竹50/50 34英支;②赛络紧密纺 再生涤纶/莱赛尔调温纤维65/35 30英支;③赛络紧密纺 再生涤纶/精梳棉/莱赛尔调温纤维50/25/25 34英支。

关键词:再生聚酯。

推荐理由:应用再生聚酯纤维,结合环锭纺、紧密纺技术、细纱集体络纱技术,开发生产了再生涤/里奥竹、再生涤/莱赛尔调温纤维、再生涤/环保黏胶、再生涤/莫代尔等混纺高品质纱线,手感柔软、强度高、毛羽少、抗起毛起球好、条干均匀度好。应用其制成的纺织品,其针织物纺织品布面光洁,轻蓬暖柔,悬垂性好耐磨性好、具有蓄热升温、改善微循环、有助抑菌功能,产品附加值高,是倡导新型绿色环保理念的优选纱线。

适用范围:服装、家纺。

代表企业:南通双弘纺织有限公司(图4)。

品牌:双弘。

专利/标准:乌斯特产品认证;企业标准。

主要质量指标与性能见表14。

表14 主要质量指标与性能

品种	条干不匀变异系数(%)	千米细节(-50%)(个/km)	千米粗结(+15%)(个/km)	千米棉结(+200%)(个/km)	毛羽指数 H 值	平均强力(cN)
再生涤/里奥竹50/50 34S	12.09	0	36	75	3.08	453
再生涤/莱赛尔调温65/35 30S	12.29	0.5	25	51	3.82	484
再生涤/精梳棉/莱赛尔调温50/25/25 34S	11.90	0	19	42	3.72	546

6.环保再生纤维素纤维/有机棉/铜离子腈纶混纺纱

原料及规格:赛络纺 环保黏胶/有机棉/卡普龙™铜离子腈纶60/30/10 32英支。

关键词:抑菌、除臭、亲水性、环保。

推荐理由:将卡普龙™铜离子腈纶与环保黏胶、有机棉混纺,赋予产品以下性能。

①抑菌功能。卡普龙™铜离子腈纶纤维是在腈纶的侧链上接枝铜元素,铜含量约4%,高于常规铜离子纤维中铜的含量,该纤维以腈纶为载体,引入亲水性基团,较棉花有更好的亲水性。相较于常规铜离子纤维,抑菌除臭效果更佳。

②阻断病毒传播。铜离子纤维可以破坏真菌细胞表面的铜离子,从而干扰细胞代谢过程或干扰各种酶的作用,使其失去应有的生物功能,最后导致细胞的死亡。

③亲水性和舒适性。铜离子纤维拥有良好的亲水性和面料舒适性,纤维回潮率大于8%。

④应用广泛。铜离子纤维广泛应用于内衣内裤、袜子、毛巾、运动服装、床品等,在医

疗领域的应用也有一定潜力。

适用范围：医疗行业纺织品。

代表企业：德州彩诗禾纺织有限公司（图33）。

品牌：彩诗禾纺织。

（三）优品

优品之选纱线，是对品质的极致追求。它汇聚顶尖的工艺与材质，经过千锤百炼，呈现出无与伦比的质感与品位。在它的打磨下，每一寸面料都散发出独特的魅力，无论是柔软的质地、卓越的耐用性还是贴身的舒适感，都能满足挑剔的目光。优品之选纱线是时尚与品质的完美结合，让人在追求潮流的同时，享受无与伦比的穿着体验。它不仅是一种纱线，更是一种对生活的敬意与追求，彰显着对品质的执着与坚持。

图33 彩诗禾logo

关键词：品质新材料、质感、品质工艺。

1. 喷气涡流纺莱赛尔纯纺纱线

原料及规格：喷气涡流纺 莱赛尔100% 6～100英支。

关键词：源于自然、零碳茉莱。

推荐理由：莱赛尔是阔叶枝木浆纯物理发酵提取，生产莱赛尔纱线的原材料源于可再生木源，100%可生物降解，降解后重新回归自然。用莱赛尔纱线生产的面料具有亲肤舒适，吸湿能力优异等特点。不仅可增强面料的透气性，柔中带韧，还具有卓越的保型性。吴江京奕通过改造涡流纺专件、优化纺纱等工艺成功研发100%莱赛尔喷气涡流纺6～100英支纱线，突破了涡流纺可纺粗支和高支支数的极限，进一步拓展了应用范围，提升了市场占有率，质量各项指标稳定。其中，纺制的粗支纱线蓬松性好、耐洗涤、爽感性好、易上色。

适用范围：服装、家纺、医疗、车饰用纺织品等。

代表企业：吴江京奕特种纤维有限公司（图34）。

品牌：京奕。

图34 京奕logo

标准：T/CCTA 30402—2021《喷气涡流纺莱赛尔纤维本色纱》。

主要质量指标与性能见表15。

表15 主要质量指标与性能

项目	LC 6S	T 6S
条干不匀变异系数（%）	6.17	6.53
千米细节（-50%）（个/km）	0	0
千米粗节（+15%）（个/km）	0	0
千米棉结（+200%）（个/km）	0	0

续表

项目	LC 6S	T 6S
毛羽指数H值	5.43	5.62
平均强力（cN）	1848	1474
单纱断裂强力变异系数（%）	6.0	8.5
最低强力（cN）	1737	1267
断裂伸长率（%）	7.9	8.1
单纱断裂强度（cN/tex）	18.7	14.9

2. 喷气涡流纺莱赛尔高支纱线

原料及规格：①喷气涡流纺　普通型莱赛尔50/棉50　60英支；②喷气涡流纺　普通型莱赛尔　60英支；③喷气涡流纺　交联型莱赛尔　60英支。

关键词：绿色、环保、低碳、高支（涡流纺）。

推荐理由：采用特吕茨勒、瑞士立达、村田涡流纺等设备生产，原料采用赛得利零碳莱赛尔、无甲醛交联型莱赛尔等，所纺制的喷气涡流纺高支纱，市场适用性强，环境友好，可以为企业带来良好的经济效益及社会效益。

适用范围：服装、家纺。

代表企业：宜宾天之华纺织科技有限公司（图35）。

品牌：天之华。

主要质量指标与性能：主要性能指标比常规的同品种同支数黏胶产品相比强力提高了50%~90%（表16）。

图35　天之华logo

表16　主要质量指标与性能

项目	LC 60/1	交联LC 60/1	R 60/1细旦
实际线密度（tex）	9.94	9.83	9.85
条干不匀率变异系数（%）	14.72	15.37	16.16
单纱断裂强度（cN/tex）	215.3	170.1	115.6
单纱断裂强力变异系数（%）	11.4	13.3	11.4
单纱断裂伸长（%）	6.9	5	8.3

3. 赛络紧密纺莱赛尔/精梳棉混纺纱

原料及规格：赛络紧密纺　莱赛尔/精梳棉 50/50　40~60英支。

关键词：顺滑柔软、吸湿透气。

推荐理由：赛络紧密纺莱赛尔/精梳棉混纺纱系列产品兼具莱赛尔顺滑柔软、吸湿透气、服用舒适、豪华大方、易染色的特点以及棉纤维不易起洞钩破、可拧干等特点，可广泛应用于运动休闲服、内衣、高档女装、高档男装和床上用品等几乎所有高档服饰领域。经鉴定，项目产品达到了国际先进水平（CCTA鉴〔2022〕3号）。

适用范围：服装、家纺。

代表企业：福建新华源科技集团有限公司（图36）。

主要质量指标与性能见表17。

图36 新华源集团logo

表17 莱赛尔50/精梳棉50 50英支紧赛纺质量指标

纱线规格	赛络紧密纺 莱赛尔50/精梳棉50 50英支
线密度偏差率（%）	1.6
线密度变异系数（%）	≤0.6
单纱断裂强度（cN/tex）	≥20.6
单纱断裂强力变异系数（%）	≤7.1
条干不匀变异系数（%）	≤11.51
千米棉结（+200%）（个/km）	≤29
十万米纱疵（个/10^5m）	≤6

4. 转杯纺棉莱赛尔纤维混纺本色纱

原料及规格：转杯纺 棉/莱赛尔70/30 7~40英支。

关键词：环保、可持续、可纺性高。

推荐理由：作为21世纪的绿色环保纤维，莱赛尔纤维以可再生的植物来源的木浆为原料，加工工艺环保、废弃物可降解，被认为是全生命周期的可持续发展纤维。转杯纺对原材料价格最为敏感，棉花价格波动时，莱赛尔纤维的成本优势较为明显，也是转杯纺企业使用莱赛尔纤维的重要契机。莱赛尔纤维相比于棉花具有更好的定长属性，加工过程更为顺畅，生产稳定性大幅度提升。莱赛尔纤维整齐度好、杂质少，在清花和梳棉工序，除杂压力减少；抱合力较好，莱赛尔短纤维既可以纯纺，又可以与涤纶、棉花、麻羊毛、蚕丝等混纺。莱赛尔短纤维混纺，有助于丰富产品的风格、拓展其应用范围。可以起到加强产品各方面力学性能的同时改善手感的作用。

适用范围：服装、家纺。

代表企业：利泰醒狮（太仓）控股有限公司（图37）。

品牌：利泰醒狮。

主要质量指标与性能见表18。

图37 利泰醒狮logo

表18 主要质量指标与性能

品种	条干不匀变异系数（%）	千米棉结（+200%）（个/km）	平均强力（cN）	单纱断裂强力变异系数（%）	单纱断裂强度（cN/tex）	十万米纱疵（个/10⁵m）
OE C/LC 70/30 16英支	13.5	200	460.0	8.7	12.6	8.0
OE C/LC 70/30 40英支	16.5	1300	165.0	11.6	11.3	15

5. 锦纶多组分混纺色纺纱

原料及规格：赛络紧密纺 锦纶/腈纶/黏胶/羊毛/蚕丝40/30/24/3/3 40英支。

关键词：舒适、轻薄。

推荐理由：锦纶强度高，耐磨性，回弹性好。锦纶吸湿性、热定型特性，能保持住加热时形成的弯曲变形。锦纶面料以其优异的耐磨性著称，并且质地轻薄，锦纶常与其他纤维混纺或交织，以提高织物的强度和坚牢度。通过工艺配置和设备改造，实现了锦纶混纺色纺纱的生产。

适用范围：保暖内衣、外套、家纺和产业用。

代表企业：沛县新丝路纺织有限公司（图38）。

品牌：新起点色纺。

6. 锦纶莫代尔桑蚕丝混纺纱线

原料及规格：紧密赛络纺 锦纶/莫代尔/桑蚕丝70/20/10 80英支。

图38 新丝路logo

关键词：凉感、养肤、抑菌、滑爽。

推荐理由：采用公司"精密紧密纺"工艺生产的高比例锦纶高支混纺纱线，不仅具有锦纶的凉感、莫代尔的亲肤感，还具有桑蚕丝的护肤抑菌功效，整体穿着舒适感有明显提升，适用于高端运动内衣，T恤及瑜伽服饰。

适用范围：服装。

代表企业：无锡四棉纺织有限公司。

品牌：球鹤品牌cooling yarn®（图39）。

主要质量指标与性能见表19。

图39 球鹤logo

表19 主要质量指标与性能

检验检测项目	测试方法	标准值及允差	检验检测结果	判定
接触凉感系数 [J/(cm²·s)]	GB/T 35263—2017 载样台材质：聚苯乙烯泡沫 仪器型号：Roaches Q-Max 试验条件：20.1℃，64.7% 热板温度：35.0℃ 冷板温度：20.0℃	≥0.15	平均值0.26	符合

7. 特种动物毛混纺纱

原料及规格：赛络纺　黏胶/固体腈纶/膨体腈纶/蚕丝/貂绒 48/33/15/2/2　40英支。

关键词：多组分特种动物毛混纺。

推荐理由：该纱线品种由黏胶、固体腈纶、膨体腈纶、桑蚕丝、貂绒等5组分纤维混合纺纱而成，是纤维素纤维、聚丙烯腈纤维和天然纤维性能的相互迭代。既具有纤维素纤维吸湿舒适，聚丙烯腈着色靓丽，貂绒高雅、保暖优点，又具有天然桑蚕丝独特的养颜护肤等功能性特点，多种纤维特性互补，用于高端纺织品用纱。

纤维含量检测报告见表20。

表20　纤维含量检测报告

检测项目	单位	标准值	实测值	评价	执行标准/备注
纤维含量	%	黏纤48±5 腈纶48±5 桑蚕丝2 0<桑蚕丝≤5 0<其他特种动物毛≤5	黏纤49.8 腈纶46.0 桑蚕丝2.1 其他特种动物毛2.1	符合	FZ/T 01057.2—2007 FZ/T 01057.3—2007 FZ/T 01057.4—2007 FZ/T 01026—2017

8. 舒适亲肤系列纱

原料及规格：赛络紧密纺　纯棉"新云柔"舒适亲肤系列纱　6～21英支。

关键词：纯棉天然、低扭、光洁。

推荐理由：该纱线将低捻纱工艺与紧赛纺进行了结合，所开发的纱线产品低扭、柔软、毛羽少，布面纹理清晰，与常规产品相比，在同等纱支低捻度的前提下，强度提高8%，毛羽减少30%，可赋予牛仔面料手感柔软、饱满、穿着舒适、保暖透气等特性。此外该产品具有超高吸水、柔软亲肤、不掉毛的特点，可用于家纺、毛巾用纱。

适用范围：牛仔服装面料、家纺、毛巾。

代表企业：山东岱银纺织集团股份有限公司（图40）。

品牌：岱银牌。

专利：实用新型专利《一种纺纱捻度接力传递装置》。

主要质量指标与性能见表21。

图40　岱银集团logo

表21　主要质量指标与性能

品种	新云柔21英支	品种	新云柔21英支
单纱断裂强力变异系数（%）	4.8	千米细节（-40%）（个/km）	16
断裂强度（cN/tex）	15.9	千米细节（-50%）（个/km）	0
断裂伸长率（%）	6.2	千米粗节（+35%）（个/km）	563

续表

品种	新云柔21英支	品种	新云柔21英支
捻度（捻/10cm）	56.8	千米粗节（+50%）（个/km）	70
捻系数	300	千米棉结（+140%）（个/km）	326
捻度不匀率（%）	2.4	千米棉结（+200%）（个/km）	57
条干不匀变异系数（%）	12.55	毛羽指数H值	5.0

9. 涡流纺包芯纱

原料及规格：涡流纺　黏胶/涤纶（70旦）78/22　32英支　包芯纱。

关键词：抗褶皱、易洗、快干、静电少。

推荐理由：涡流纺纺纱技术工艺流程短，无须经过粗纱、络筒工序即可直接成纱；通过包覆加捻，基本可清除3mm以上毛羽，涡流纺设备通过压缩空气吹走2mm以下的短纤维，增强纱线的强度和均匀度。这种独特的方法生产的纱线，毛羽、起球率性能优良。同时，由于涡流纺特殊的包缠结构，及涤纶的自身特性，通过涡流纺纱工艺调整，使其织造的织物具有快干、抗褶皱、抗起毛、耐磨等优点，应用前景广阔。

适用范围：服装。

代表企业：苏州普路通纺织科技有限公司（图41）。

品牌：普路通。

专利：《一种涡流纺复合包缠强力纱》。

主要质量指标与性能见表22。

图41　普路通logo

表22　主要质量指标与性能

产品名称	条干不匀变异系数（%）	单纱断裂强度（cN/tex）	单纱断裂强力变异系数（%）	重量不匀变异系数（%）	线密度偏差率（%）	耐磨（N/mm²）
包芯纱	13.47	491.5	8.00	0.69	0.3	10.0
黏胶纱	10.97	383.6	6.75	0.99	−0.9	8.2
麻灰纱	12.46	255.2	7.70	0.73	−1.2	8.6
混纺纱	12.29	469.3	8.32	0.66	0.4	7.5

10. 凉感复合包芯色纺纱

原料及规格：环锭纺　莱赛尔/功能PE长丝61/39　16～40英支。

关键词：凉感、复合纺纱技术。

推荐理由：本产品是使用棉、莱赛尔等天然纺织纤维材料作基纱，功能性长丝做芯纱，利用改造后的特殊包芯纱工艺，将短纤与长丝在革新工艺中相互交融，纱线结构巧妙，层次分明，抱合紧密，有效防止短纤外露与滑脱，同时保持短纤的柔软亲肤与长丝的舒适柔韧特性，打造全新的考究触感与卓越性能。设计多组分纤维的配合，赋予天然纤维的多功能性，带给消费者健康舒适的体验，采用凉感复合包芯色纺纱制成的面料布面平整光洁，在低于体温的环境下，有类似于竹子凉席的持续凉感，可广泛应用于针织内衣、家纺领域。

适用范围：服装、家纺。

代表企业：汶上如意技术纺织有限公司（图42）。

品牌：天容。

产品图片如图43所示。

图42　汶上如意logo

图43　凉感复合包芯色纺纱

主要质量指标与性能见表23。

表23　主要质量指标与性能

项目	线密度变异系数	单纱断裂强力变异系数（%）	单纱断裂强度（cN/tex）	耐皂洗色牢度（级）变色 沾色	耐汗渍色牢度（级）变色 沾色	耐干摩擦色牢度（级）	耐湿摩擦色牢度（级）
标准要求	1.8	≤9.5	≥13.5	≥4 ≥3-4	≥4 ≥3-4	≥4	≥3-4
凉感复合包芯色纺纱产品	1.5	≤5.4	≥18.4	4-5 4-5	4-5 4-5	4-5	4-5
常规产品	1.5	≤7.8	≥14.9	4	4	4	4

11. 木棉与莫代尔纤维混纺赛络菲尔纱

原料及规格：赛洛菲尔纺　莫代尔/木棉/可溶维纶长丝46/31/23　30英支。

关键词：吸湿透气，质感清爽。

推荐理由：天然木棉纤维和莫代尔纤维混纺，在细纱工序中加入可溶性维纶长丝，通过紧密赛络纺设备生产出功能突出的纱线。采用莫代尔纤维和可纺性差的木棉纤维混纺，能够很好地弥补木棉纤维的不足，较好地展示两种纤维的优点，具有高光泽、良好的吸湿性和保暖性，成为高档服装面料的优选。

适用范围：服装。

代表企业：丹阳市丹盛纺织有限公司（图44）。

品牌：丹盛纺织。

专利：《木棉与莫代尔纤维混纺赛络菲尔纺纱的生

图44　丹盛纺织logo

产方法及设备》。

主要质量指标与性能见表24。

表24 主要质量指标与性能

与常规产品性能对比	吸湿性	保暖性	抑菌防霉防蛀耐洗涤性
纯棉面料	好	好	无
莫代尔/木棉面料	纤维中空率高，吸湿性更佳	面料透气率减少3%~5%，更保暖	纤维本身含有抑菌不霉不蛀功能，且受洗涤影响小

（四）颜值

颜值潮流纱线，是时尚的前沿使者。它紧跟潮流的步伐，将最新潮的元素巧妙地融入设计之中，引领时尚的风向标。在它的点缀下，纺织品焕发出别样的风采与魅力，成为潮流的引领者。无论是怀旧气息的复古风格，还是浪漫唯美的纸纱气息，或是时尚前卫的街头牛仔，潮流纱线都能为你提供定制化的选择，展现个性独特的时尚品位。它不仅是一种纱线，更是一种个性的表达方式，激发着无限的创新与灵感。

关键词：色彩，个性化，复古，仿真。

1. 汉麻多组分纤维混纺色纺纱

原料及规格：①长绒棉/汉麻60/40 四色精梳纱 20~32英支；②长绒棉/竹纤维/汉麻50/30/20 四色精梳纱 20~60英支；③长绒棉/汉麻/莫代尔55/15/30 四色精梳纱 20~60英支。

关键词：绿色天然、抑菌、吸湿快干。

推荐理由：汉麻是真正意义上的"绿色纤维"，不仅从种植、培育、加工等环节实现了"环境友好"，还具有优异的吸湿排汗性、天然的抑菌保健性、优良的吸附性、卓越的抗紫外线性。汉麻纤维制品的优良性能正被越来越多的消费者青睐。

适用范围：服装、家纺。

代表企业：邯郸纺织有限公司（图45）。

品牌：海盛威。

产品图片如图46所示。

图45 邯郸纺织logo

2. 醋酸多组分混纺色纺纱

原料及规格：赛络紧密纺 黏胶/腈纶/醋酸40/30/30 40英支。

关键词：舒适、天然、色泽。

推荐理由：醋酸纤维上色性能好，色彩鲜艳，具有良好的光泽和柔软性，与其他纤维混纺可增加产品的亮度和光滑感，此外，醋酸纤维做成的服装面料防尘、防静电能力强，穿着舒适，不会刺激皮肤，能够形成自然的光泽，

图46 汉麻多组分纤维混纺色纺纱产品

不易掉色，不霉变防虫蛀，可降解，免烫、速干。

适用范围：保暖内衣、外套、家纺和产业用。

代表企业：沛县新丝路纺织有限公司（图38）。

品牌：新起点色纺。

3. 聚乳酸精梳棉混纺色纺纱

原料及规格：赛络紧密纺　聚乳酸/精梳棉 70/30　26～100英支。

关键词：天然环保、可持续。

推荐理由：聚乳酸是以生物质为原料，其原料来源于植物的根、茎、果，是光合作用形成的生物质可再生资源，取之不尽。聚乳酸纺织品废弃后被自然界中微生物分解成CO_2和水，CO_2和水通过植物光合作用，形成生物质并继续成为乳酸发酵的原料，是全球公认的环境友好材料。该色纺纱线以聚乳酸和精梳棉为原料，不仅符合可持续发展和环保主题，而且具有亲肤抗敏、导湿速干、生态抑菌和祛螨等功能。产品主要用于内衣内裤、衬衫、T恤等面料的织造。

适用范围：服装、家纺。

代表企业：绍兴迈宝科技有限公司（图47）。

品牌：BMC（图48）。

图47　迈宝科技logo

图48　BMC品牌

标准：T/CNTAC 87—2021《聚乳酸纤维与棉混纺纱》。

产品图片如图49所示。

图49　聚乳酸精梳棉混纺色纺纱

4. 手纺纱线

原料及规格：赛络紧密纺 100%棉　合股。

关键词：环保、透气、亲肤、无静电。

推荐理由：该手纺纱线由赞皇县原村工匠手工纺织而成，原料选用分为天然彩棉和植物染棉两种，两种棉花均来源于赞皇县深山区，日照充足，远离污染区。其中天然彩棉在种植过程中，不用化肥，只施农家肥，彩棉种植基地土质不板结，管理科学。

天然植物染料精选车厘子、鲜板蓝根、葡萄籽等多种天然植物，从中萃取其色素做染料，配合原村基地优质长绒皮棉做原料，进行物理染制，使色素分子与棉花纤维充分亲和，从而改变棉纤维色彩，呈现多彩自然色调。染制后的皮棉经二次弹花，达到理想指感状态，成为手纺纱备用原材料。该系列产品选用高品质低糖棉，手纺线不过浆，透气性好；不起球，机洗、手洗均可，越洗越柔软、耐磨性强，可长期、无数次洗涤。

适用范围：生活用品/包装。

代表企业：赞皇县雪芹棉产品开发有限公司。

品牌：原村（图50）。

专利/标准：国家标准及省级标准。

产品图片如图51所示。

图50　原村logo

图51　手纺纱线产品

5. 转杯纺聚酯纤维/莱赛尔/二醋酯纤维混纺纱

原料及规格：转杯纺　40%～60%涤纶/20%～40%二醋酯纤维/20%莱赛尔　平纱/竹节纱 5～21英支。

关键词：酷似真丝（平民化桑蚕丝）、面料触感柔软舒适、速干、不易起球。

推荐理由：①二醋酯纤维（1.33dtex×38mm）是一种可持续的醋酯纤维素短纤维，取材自可持续管理种植园内的松树和桉树林区，生产过程中未使用ZDHC制造限制物质清单中所列的有害化学品。获得"OK可生物降解"认证及"OK可堆肥"认证。

②为改善其可纺性，增加强力，与环保涤纶（1.33dtex×38mm）和零碳莱赛尔（1.33dtex×32mm）混纺，所制备面料触感柔软，酷似真丝舒适，快干，不易起球。相比其他

纯棉气流纺纱线断裂强力高，设计捻度较低，纱体柔软蓬松，吸色性能和手感会好。成纱条干略好。

适用范围：服装、家纺。

代表企业：忠华集团有限公司（图52）。

品牌：忠华。

图52　忠华logo

6. 针叶纸素纸纱

原料及规格：针叶纸品/涤纶76/24　1/56NM。

关键词：轻柔纤维、抑菌纤维。

推荐理由：纸素清风™，会"呼吸"和"按摩"的纺织新材料。因其自身的多孔蜂窝结构和天然属性，能够实现在穿着过程中达到干爽透气、温度调节、抑菌、除臭等功能。特殊的生产工艺让纸素清风™具备"沙沙"触感，可以让穿着者肌肤接触面料产生"沙沙"的沙滩体验感。即让人上瘾的"空气感"与"按摩感"。纸素清风™纸纱采用"裁纸成纱"国际发明专利与工艺，避免了化学生产环节和化学药剂，充分保留了植物素的天然功能，是最贴合人体肌肤的健康材料。

适用范围：内衣，T恤，毛巾，袜子等。

代表企业：平湖市三禾染整股份有限公司（图53）。

品牌：纸素清风™。

专利：《一种和纸线生产设备及生产方法》《一种纸纱生产用纸条风切机》。

产品图片如图54所示。

图53　三禾染整logo　　　　图54　针叶纸素纸纱

7. 牛仔复古纱

原料及规格：索罗纺　棉及其他纤维纯纺及混纺　6～21英支　牛仔复古纱。

关键词：低捻，高强，面料有花度。

推荐理由：针对复古牛仔面料的粗犷风格要求，岱银运用索罗纺技术，开发出高圆整度的复合型纱线。由于每股须条束的预加捻作用，最终加捻成纱后，纱体形成了类似缆线的结构，可以提高成纱耐磨性和柔软度，改善织物布面风格。用该纱线织就的牛仔面料，具有花度明显、立体感强、纹路清晰、手感糯弹、粗犷而不失柔软的服用性能。

适用范围：牛仔服装面料。

代表企业：山东岱银纺织集团股份有限公司（图40）。

品牌：岱银牌。

产品图片如图55所示。

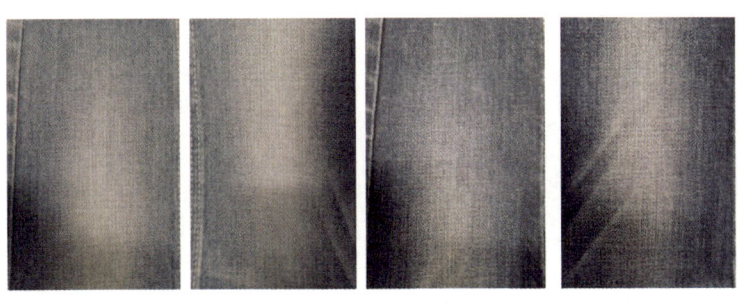

赛络纺　　　　　　　　　牛仔复古纱

图55　牛仔复古纱产品

8. Forever Blue Heather经典牛仔蓝花纱

原料及规格：环锭纺　100%棉　30英支。

关键词：牛仔蓝，花纱。

推荐理由：以复古为主题，集现代、纯粹与自由于一体。在全棉花式纱上融入流行牛仔元素，结合粗犷的风格与靛蓝、深灰的色彩搭配，营造一种纯粹的复古气息。棉质纱线不仅保留了牛仔服装硬朗的外观，还带来柔软亲肤的贴身感受。

以环保为主线，延伸了牛仔蓝花纱的产业价值。相较传统牛仔纱线，该花式纱制作中采用了环保的活性染料对纤维进行染色，可以避免传统牛仔染色所采用的靛蓝等还原染料对环境的污染破坏；同时色纺花纱相较牛仔染色工艺，本身具有流程短，环保性高的特点。经典牛仔蓝色彩色纺纱，不但继承牛仔蓝的洗水后效果，而且采用多色掺杂使得牛仔的洗水效果更加丰富立体，视觉效果更加富有质感。

适用范围：服装。

代表企业：百隆东方股份有限公司（图56）。

产品图片如图57所示。

图56　百隆东方logo　　　　图57　经典牛仔蓝花纱产品

（中国棉纺织行业协会）

附件 2024/2025中国纱线流行趋势推荐产品名单（表25）

表25　2024/2025中国纱线流行趋势推荐产品名单

序号	企业名称	产品名称	规格
1	邯郸纺织有限公司、广东新巢科技有限公司	赛络纺抑菌除臭再生纤维素纤维色纺纱	①紧密纺　白丝可拉 Silkara®（含量15%～50%）　21～60英支 ②赛络纺　黑丝可拉 Silkara®（含量15%～50%）　21～60英支 ③赛络纺　黑丝可拉 Silkara®（含量100%）　21～60英支
2	南通双弘纺织有限公司	罗布麻纤维混纺纱	紧密纺　腈纶/罗布麻/莫代尔43/34/23　32英支
3	江苏金太阳纺织科技股份有限公司	精梳棉艾草纤维混纺纱	紧密纺　精梳棉/艾能TM70/30　32英支
4	江苏东华纺织有限公司	高比例木棉混纺纱	①聚绒纺　棉65/木棉35　16～40英支 ②转杯纺　木棉50/棉50　6～21英支
5	南京禾素时代抑菌材料科技集团有限公司	OPHB生物基抑菌消臭纱线	①赛络紧密纺　精梳棉/OPHB生物基抑菌精梳棉90/10、黏胶/OPHB生物基抑菌黏胶90/10、莫代尔/OPHB生物基抑菌莫代尔90/10等　16～100英支 ②赛络紧密纺　腈纶/OPHB羊毛 70/30　58英支/2
6	福建长源纺织有限公司	抑菌防臭再生短纤纱	赛络紧密纺　锌纳米涤纶/黏胶60/40　32英支
7	魏桥纺织股份有限公司	微纳米镶嵌全棉多重发热功能性纱线	赛络紧密纺　精梳棉　21～80英支　多重发热功能性微纳米纤维≤0.5%
8	江苏悦达棉纺有限公司	保暖棉纱线	悦聚纺　保暖棉　40英支
9	山东联润新材料科技有限公司	山羊绒/超细纤维混纺纱线	赛络紧密纺　柔风超细旦腈纶/细旦莫代尔/山羊绒50/40/10　60英支
10	无锡一棉纺织集团有限公司	棉汉麻混纺高支纱	紧密纺　棉/汉麻 85/15　70英支
11	南通华强布业有限公司	赛络紧密纺阻燃腈纶棉混纺纱	赛络紧密纺　protex®阻燃纤维/精梳棉 60/40　32英支
12	绍兴泰鼎石墨烯科技有限公司	赛络紧密纺石墨烯聚酯复合纤维莫代尔混纺纱线	赛络紧密纺　石墨烯涤纶复合纤维/莫代尔 60/40　40英支
13	响水六棉纺织科技有限公司	一种含有乳木果油润肤保湿纱线	赛络紧密纺　黏胶/乳木果油可再生纤维素纤维 70/30　40～60英支
14	华孚时尚股份有限公司	吸湿速干棉纱线	赛络紧密纺　100%精梳吸湿速干棉　26～50英支
15	无锡四棉纺织有限公司	竹聚酯纤维弹力纺纱线	赛络紧密纺　竹纤维/特种涤纶/弹性聚酯纤维 50英支
16	魏桥纺织股份有限公司	生物基再生纤维素纤维高支系列纱线	紧密纺　雅赛尔®比例10%～100%　60～100英支
17	安徽华茂纺织股份有限公司	聚乳酸棉混纺纱线	赛络紧密纺　棉/聚乳酸65/35　40英支

续表

序号	企业名称	产品名称	规格
18	江苏大生集团有限公司、江苏南通二棉有限公司	生物质纤维混纺抑菌纱线	赛络紧密纺　新型生物质再生纤维素纤维/PHBV（或PLA）70/30　30~60英支
19	河南平棉纺织集团股份有限公司	环保抑菌干纺纯亚麻纱	转杯纺（干纺）100%亚麻　12~17英支
20	南通双弘纺织有限公司	再生聚酯纤维混纺纱线	①赛络紧密纺　再生涤纶/里奥竹50/50　34英支 ②赛络紧密纺　再生涤纶/莱赛尔调温纤维65/35　30英支 ③赛络紧密纺　再生涤纶/精梳棉/莱赛尔调温纤维50/25/25　34英支
21	德州彩诗禾纺织有限公司	环保再生纤维素纤维/有机棉/铜离子腈纶混纺纱	赛络纺　环保黏胶/有机棉/卡普龙™铜离子腈纶60/30/10　32英支
22	吴江京奕特种纤维有限公司	喷气涡流纺莱赛尔纯纺纱线	喷气涡流纺　莱赛尔100%　6~100英支
23	宜宾天之华纺织科技有限公司	喷气涡流纺莱赛尔高支纱线	①喷气涡流纺　普通型莱赛尔50/棉50　60英支 ②喷气涡流纺　普通型莱赛尔　60英支 ③喷气涡流纺　交联型莱赛尔　60英支
24	福建新华源科技集团有限公司	赛络紧密纺莱赛尔/精梳棉混纺纱	赛络紧密纺　莱赛尔/精梳棉50/50　40~60英支
25	利泰醒狮（太仓）控股有限公司	转杯纺棉莱赛尔纤维混纺本色纱	转杯纺　棉/莱赛尔70/30　7~40英支
26	沛县新丝路纺织有限公司	锦纶多组分混纺色纺纱	赛络紧密纺　锦纶/腈纶/黏胶/羊毛/蚕丝40/30/24/3/3　40英支
27	无锡四棉纺织有限公司	锦纶莫代尔桑蚕丝混纺纱线	紧密赛络纺　锦纶/莫代尔/桑蚕丝70/20/10　80英支
28	山东超越纺织有限公司	特种动物毛混纺纱	赛络纺　黏胶/固体腈纶/膨体腈纶/蚕丝/貂绒48/33/15/2/2　40英支
29	山东岱银纺织集团股份有限公司	舒适亲肤系列纱	赛络紧密纺　纯棉"新云柔"舒适亲肤系列纱6~21英支
30	苏州普路通纺织科技有限公司	涡流纺包芯纱	涡流纺　黏胶/涤纶（70旦）78/22　32英支　包芯纱
31	汶上如意技术纺织有限公司	凉感复合包芯色纺纱	环锭纺　莱赛尔/功能PE长丝61/39　16~40英支
32	丹阳市丹盛纺织有限公司	木棉与莫代尔纤维混纺赛络菲尔纱	赛络菲尔纺　莫代尔/木棉/可溶维纶长丝46/31/23　30英支
33	邯郸纺织有限公司	汉麻多组分纤维混纺色纺纱	①长绒棉/汉麻60/40　四色精梳纱　20~32英支 ②长绒棉/竹纤维/汉麻50/30/20　四色精梳纱20~60英支 ③长绒棉/汉麻/莫代尔55/15/20　四色精梳纱20~60英支
34	沛县新丝路纺织有限公司	醋酸多组分混纺色纺纱	赛络紧密纺　黏胶/腈纶/醋酸40/30/30　40英支

续表

序号	企业名称	产品名称	规格
35	绍兴迈宝科技有限公司	聚乳酸精梳棉混纺色纺纱	赛络紧密纺 聚乳酸/精梳棉70/30 26~100英支
36	赞皇县雪芹棉产品开发有限公司	手纺纱线	赛络紧密纺 100%棉 合股
37	忠华集团有限公司	转杯纺聚酯纤维/莱赛尔/二醋酯纤维混纺纱	转杯纺 40%~60%涤纶 20%莱赛尔 20%~40%二醋酯纤维 平纱/竹节纱 5~21英支
38	平湖市三禾染整股份有限公司	针叶纸素纸纱	针叶纸品/涤纶76/24 1/56NM
39	山东岱银纺织集团股份有限公司	牛仔复古纱	索罗纺 棉及其他纤维纯纺及混纺 6~21英支 牛仔复古纱
40	百隆东方股份有限公司	Forever Blue Heather经典牛仔蓝花纱	环锭纺 100%棉 30英支

2025 中国布艺流行趋势
2025 China Fabric Fashion Trends

2025 TRENDS

探 & 寻

探 & 寻

人工智能技术的飞速进步为人们的生活带来无尽的惊喜、发展的潜力和未知的领域……生态环境问题是人类亟需应对的挑战，我们需要不断探索并寻求解决问题的方法，致力于保护人类共同的家园……对传统特色环保材料和工艺设计的关注，引领着文化责任和生态意识的践行，开启了"东方"美学的新时代。新一季，让我们共同"探"生态之道，"寻"内心声音……

Explore & Seek

The rapid advancement of AI technology brings endless surprises, potential for development, and unknown territories to people's lives…Ecological and environmental issues are urgent challenges that humanity must address, requiring us to continually explore and seek solutions to protect our shared home. The focus on traditional environmental materials and process design leads to the practice of cultural responsibility and ecological awareness, ushering in a new era of "Oriental" aesthetics. This season, let us "explore" the path of ecology and "seek" the voice within together…

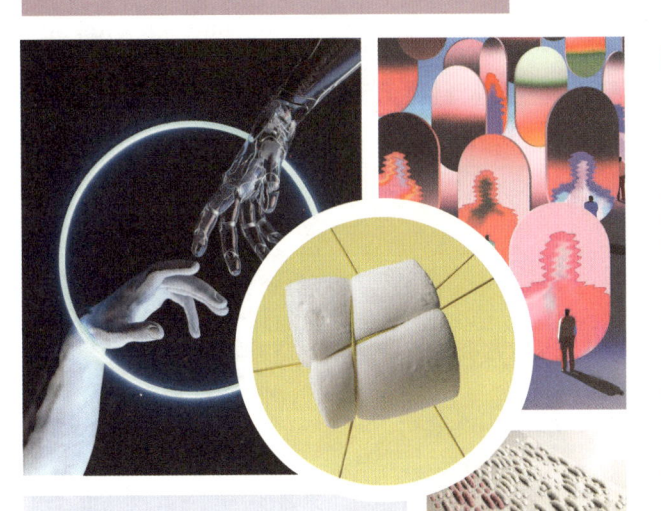

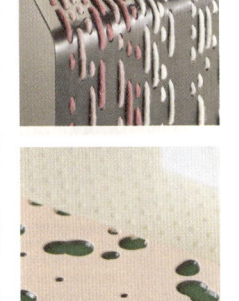

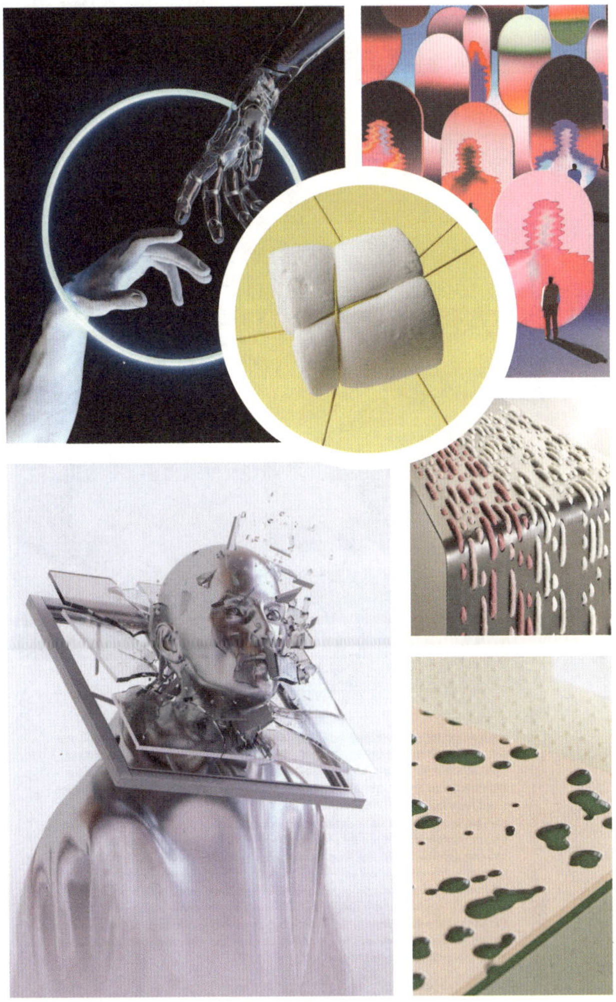

智 · 愈

Intelligence & Healing

在信息爆炸和快节奏的数字时代，健康和生活品质是获得人生幸福感的重要基础。元宇宙的发展和AI技术的革新让人们重新审视并重塑在虚拟世界中工作、休闲、学习和交流互动的方式。数字体验带来的无限探索空间和创意灵感，使得数字现实展现出真实与虚拟交织的双重特性。设计在产品功能性、价值属性与美学之间寻求平衡。舒适感、克制美学以及可调节设计理念的融合，共同提升了产品的实用性和舒适感，更为人们的健康生活带来福祉。

In an era of information explosion and fast-paced digital life, health and quality of life are crucial foundations for achieving happiness. The development of the metaverse and the revolution brought by AI technology are prompting people to reexamine and reshape the ways they work, relax, learn, and interact in the virtual world. The infinite exploration space and creative inspiration brought by digital experiences have made digital reality exhibit a dual nature of reality and virtuality. Design seeks to balance product functionality, value attributes, and aesthetics. The integration of comfort, restrained aesthetics, and adjustable design concepts collectively enhance the practicality and comfort of products, bringing well-being to people's healthy lifestyles.

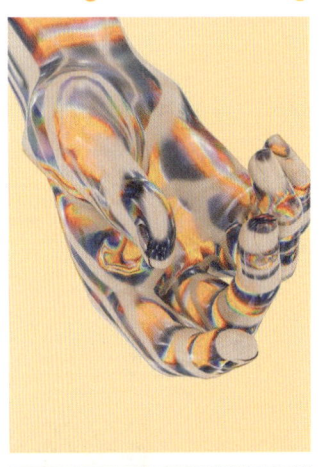

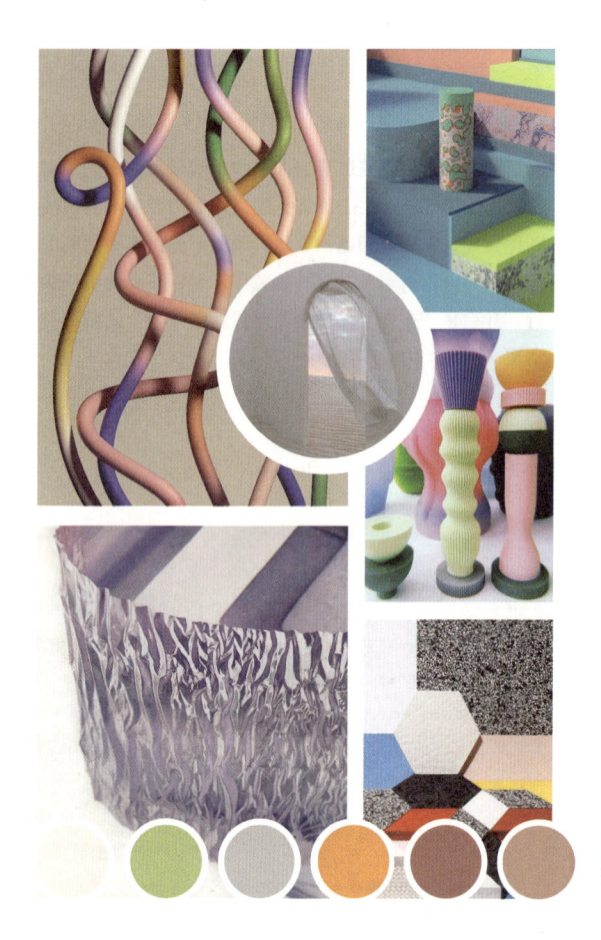

色彩

拥有维他命活力般的火焰橙元气满满；霓虹色、荧光色等亮眼色彩展现了数字时代的虚实交融；冷金属色调的银灰、天蓝、苍紫等，以其冷静而现代的特质带来科技感与未来感；渐变色日益流行；充满能量的高饱和对比色搭配为时尚注入强烈的视觉冲击力；保守审慎的低饱和色彩具备修复特质，演绎出柔和、包容、克制的高兼容性搭配法则。

Color

The flame orange, full of vitamin-like energy and akin to the vitality of vitamins, is invigorating; neon and fluorescent colors showcase the blend of reality and virtuality in the digital age; cool metallic tones such as silver-gray, sky blue, and pale purple, with their calm and modern qualities, bring a sense of technology and the future; gradient colors are becoming increasingly popular; high-saturation contrasting colors filled with energy inject a strong visual impact into fashion; low-saturation colors, conservative and prudent, possess a healing quality, portraying a soft, inclusive, and restrained high-compatibility color matching principle.

图案 Pattern

数字化视错觉、起伏的形状和柔性边缘图案展现出柔软细腻且鲜明的个性；舒缓圆润的曲线和童趣图案欢快醒目；几何图案着重于简约化处理和渐变条纹的融合，通过色彩碰撞、比例缩放和对称布局的巧妙运用，展现出层次感和立体感；单色印花与手绘格纹在细节处理上追求精致，呈现出独特的低调美感；柔和笔触与3D效果的结合，表现出立体感和秩序感；波浪元素以其动感和流畅性受到青睐，通过对图案元素的变形、重复、解构、重组、扭曲和模糊处理，营造出朦胧神秘且富有活力的视觉效果。

Digital optical illusions, undulating shapes, and soft-edged patterns exhibit a soft, delicate, and distinctive personality; soothing rounded curves and playful patterns are cheerful and eye-catching; geometric patterns focus on minimalistic treatment and the integration of gradient stripes, exhibiting a sense of depth and three-dimensionality through clever uses of color collision, proportion scaling, and symmetrical layouts; monochrome prints and hand-drawn checks pursue refinement in detail, presenting a unique understated aesthetic; the combination of soft strokes and 3D effects expresses a sense of dimensionality and order; wave elements, favored for their dynamism and fluidity, creating hazy, mysterious, and vibrant visual effects through the transformation, repetition, deconstruction, recombination, distortion, and blurring of pattern elements.

织物 Fabric

具备良好舒适度和透气性、以天然纤维为基础的高品质材料仍是关键主体。柔软蓬松的簇绒、长绒毛和毛圈组织等，以超柔外观和触感带给使用者轻松和安全感；轻盈、耐磨、抗皱、易打理的合成纤维和功能性纤维融入抗菌防臭、防水透气、湿度调节、UV防护、防尘抗静电等多元化功能，大幅提升了面料的舒适性和健康性；拥有细腻光泽的金银纱线结合褶皱、压花等工艺，织造出细腻且充满未来感的纹理；一些结构性的手法设计在打造数字化风格的同时也增加了面料的趣味性和艺术感。

High-quality materials based on natural fibers, with excellent comfort and breathability, remain the key components. Soft and fluffy textures like tufted, long pile, and terry fabrics, with their ultra-soft appearance and feel, bring users a sense of ease and security; lightweight, wear-resistant, wrinkle-resistant, and easy-to-care synthetic and functional fibers incorporate diverse functions such as antibacterial, deodorizing, waterproof, breathable, humidity regulation, UV protection, dustproof, and anti-static, significantly enhancing the comfort and health of fabrics; fine and glossy metallic yarns combined with pleating, embossing, and other techniques create delicate and futuristic textures; some structural techniques also add interest and artistic appeal to fabrics while creating a digitalized style.

1. 江苏悦达家纺有限公司 摇曳拾光 /2. 浙江凯达布业有限公司 KA516/3. 海宁市美佳针织有限公司 M|2023-1 羊驼绒 /4. 海宁市金雅特纺织有限公司 J201-2 幻彩圈圈麻 /5. 苏州亿善纺织有限公司 XYF13Z/6. 佛山市华宇时代纺织有限公司 HY2144-03/7. 无锡万斯家居科技股份有限公司 22JS404-2 乌托邦 /8. 海宁市名人居纺织有限公司 808 几何色织 /9. 佛山市华宇时代纺织有限公司 彩圆 (2148)

1. 佛山市华宇时代纺织有限公司 Moon 慕恩 Y-01/2. 海宁巨龙新材料有限公司 JL25008 磨砂绒 /3. 海宁市布妍诚纺织有限公司 FA3068-3 纳乐斯 /4. 佛山市华宇时代纺织有限公司 彩虹条—蓝绿 /5. 佛山市华宇时代纺织有限公司 HY2096-05/6. 江苏金太阳纺织科技股份有限公司 RGHX020WP 艾能棉黄金迷雾 /7. 无锡万斯家居科技股份有限公司 23JN398 虫趣 /8. 海宁市伊诺纺织有限公司 PS3106-1 全棉 /9. 海宁市名锦纺织有限公司 2434-3

绿·动　　　　　　　　　　　　　Green & Move

环保可再生材料、循环利用技术、旧物再造设计……人们深入探索创新与技术的深度融合，从源头构建低碳生活新生态，不仅是对生态环境持续恶化的积极应对，更是对人文关怀和生存至上理念的践行。亲生物性强化了人与自然的联系，通过模仿生物结构和功能，创造出具有生命力和流动性的产品。科学与设计的融合为可持续新材料提供了巨大的潜力，在这场环保革命中，全产业链的共同努力是实现生态共建和可持续发展的关键所在。

Environmentally friendly recyclable materials, circular utilization technologies, and reinvented designs from old objects... People are deeply exploring the integration of innovation and technology, constructing a new low-carbon lifestyle from the source. This is not only a proactive response to the continuous deterioration of the ecological environment, but also a practice of humanistic care and the philosophy of survival as the top priority. Biophilia strengthens the connection between humans and nature, creating products with vitality and fluidity by imitating biological structures and functions. The integration of science and design provides tremendous potential for sustainable new materials. In this environmental revolution, the joint efforts of the entire industry chain are the key to achieving ecological co-construction and sustainable development.

色彩

泥炭藓绿、枫叶橘、石榴红、菌褐色等原始的自然色彩，体现了生态系统中生物的多样性和不同生物之间的互动共生；再生循环色如深沉、稳重、温暖的干烟草色，清新、柔和的香草冰白，淡雅、中性的火山灰，自带清澈、宁静感的冰蓝色以及深邃的地中海蓝等在自然与科技的协同作用下，放松身心同时又强调了可持续性、环保和资源的有效利用。

Color

The original natural colors of peat moss green, maple orange, pomegranate red, and fungal brown embody the diversity of organisms in the ecosystem and the symbiotic interactions between different organisms. Recycled and circular colors such as the deep, stable, and warm dry tobacco color, the refreshing and soft vanilla ice white, the elegant and neutral volcanic gray, the pure and serene ice blue, and the profound Mediterranean blue, all under the synergistic effect of nature and technology, relax the body and mind while emphasizing sustainability, environmental protection, and the effective utilization of resources.

图案 Pattern

从自然界中汲取的植物纹理、动物图案、菌类、矿物纹理和海洋生物图案等都是大自然的无限馈赠。通过轮廓化、抽象、分割、提炼、晕染、重复、彩绘、数字柔焦等手法，创造出具有现代感和艺术感的神秘花园"。此外，将混搭、迷彩效果、野生印记等元素融入设计当中，会呈现出一种生动的视觉效果，增添叙事感、野性和活力。

Plant textures, animal patterns, fungi, mineral textures, and marine biological patterns drawn from nature are all infinite gifts from nature. Through techniques such as contouring, abstraction, segmentation, refinement, bleeding, repetition, painting, and digital softening, a modern and artistic "mysterious garden" is created. Additionally, incorporating elements such as mixing, camouflage effects, and wild imprints into the design will present a vivid visual effect, adding narrative, wildness, and vitality.

织物 Fabric

草药染、茶叶染等天然植物染料赋予织物独特的色彩和质感，体现了对自然和生态的尊重；使用有机天然纤维和再生纤维素纤维，以及将纺织废料再生纤维混纺和回收、二次改造而成的再生设计保证了产品的实用性和舒适度，顺应了可持续发展的需求及方向；运用花式纱、棉结纱等混纺或以编织手法和立体的圈绒织物还原了自然肌理的触感，创造出层次丰富的风格效果；以生物表面的特殊结构为启发，并植入人工智能技术，设计开发出具有仿生功能和柔性发光等独特视觉效果的产品；运用拼接、缝线、编织、包边、刺绣、流苏等装饰以及破旧外观、磨毛等工艺细节为织物增添更多可能性，满足了人们亲近自然的需求和为环保助力的双重期待。

Natural plant dyes such as herbal dyes and tea dyes give fabrics unique colors and textures, reflecting respect for nature and ecology. The use of organic natural fibers and regenerated cellulose fibers, as well as recycled fabrics created by blending and recycling textile waste and secondary transformations, ensures the practicality and comfort of products, aligning with the needs and direction of sustainable development. The application of fancy yarns, cotton knots, and other blended yarns or weaving techniques and three-dimensional terry fabrics restores the tactile sensation of natural textures, creating rich layered stylistic effects. Inspired by the special structures of biological surfaces and integrated with artificial intelligence technology, products with bionic functions and unique visual effects such as flexible luminescence are designed and developed. Decorations such as splicing, stitching, weaving, hemming, embroidery, and tassels, as well as craft details like worn-out patches, distressed appearances, and brushed textures, add more possibilities to fabrics, satisfying people's desire to be close to nature and contribute to environmental protection.

1.海宁志诺纺织股份有限公司 ZN327/2.海宁市凯逸纺织有限公司 jky3360-1 夜·梦 /3.海宁达洋纺织科技股份有限公司 80619 黑色泡沫 /4.海宁市天屹纺织科技股份有限公司 IN6 2024年秋季新品 /5.华尔泰国际纺织（杭州）有限公司 3596 绿醒 /6.浙江嘉利和纺织科技有限公司 2014 粗麻 /7.海宁市新时新织造有限公司 OHP185-3 与光同居 /8.海宁市新时代纺织有限公司 XSD2920 Moss/9.浙江华辰新材股份有限公司 HC24001 蔺圈吉祥 /10.浙江升丽纺织有限公司 SL230421-3 高精密提花 /11.大连东立工艺纺织品有限公司 WG87CY 藤蔓继绳

1.海宁市壹佳纺织有限公司 人字纹一蓝 /2.海宁卡勒纺织股份有限公司 K905 雪尼尔沙发布 /3.浙江欧可丽实业有限公司 OKLS208079/4.海宁博卡纺织有限公司 MZ24063/5.杭州艺科家居有限公司 YK25188 国风棉麻蚕茧 /6.海宁金佰利纺织有限公司 NB24801C-17 珍珠绮梦 /7.浙江杰科纺织科技有限公司 JK3115-20 矩阵 /8.杭州莫道婆纺织有限公司 1052-HDP 瑞士元麻 /9.海宁市经之纬家纺织造有限公司 SJ709 星耀律动 /10.海宁市顺利纺织有限公司 9350-07 高经密提花面料 /11.海宁市泰纶纺织有限公司 SNOW

中·合   Chinese style and fusion

随着非遗创新的常态化以及古着复兴热潮的兴起，传统文化与现代创新设计的交融愈发深入，含蓄、素雅、低调奢华且兼具禅意的新时代东方美学完成了从小众圈层到时代流行的全面过渡。通过翻新经典，将传统技艺与现代审美需求结合，法式风格和潮酷风的融入也为新中式风格注入了新的生命力，在保持传统韵味的基础上，展现出风格融汇的创意与活力。创新的视角与设计理念为中式美学呈现出新的活力和时代内涵。

With the normalization of intangible cultural heritage innovation and the rise of vintage trend, the integration of traditional culture and modern innovative design is deepening. The new era of Oriental aesthetics, which is implicit, elegant, understated yet luxurious, and infused with Zen philosophy, has shifted from a niche area to the mainstream. By reviving classics and combining traditional craftsmanship with modern aesthetic demands, the infusion of French style and trendy elements has injected new vitality into the neo-Chinese style, demonstrating creativity and vitality while maintaining traditional charm. The innovative perspective and design concept present new vitality and contemporary connotations for the "Chinese" aesthetics.

时尚研发

色彩

朱砂、金橡、胭脂、松石绿、搪瓷蓝等经典中式复古色彩既有东方的深邃与韵味，又不失现代的时尚与活力；松香、玉石棕则传递出沉稳与深沉，充满历史的厚重感。拥有神秘感的金棕色系散发着高贵迷人的气息，洛可可粉彩色调，如鹅黄、复古蓝、丁香紫等轻盈柔和的色彩，又为整个色盘增添了几分轻盈与灵动。

Color

Classic Chinese retro colors like cinnabar, golden oak, rouge, turquoise, and enamel blue embody both the depth and charm of the East and the modern fashion and vitality. Pine resin and jade brown hues convey a sense of stability and depth, filled with a historical sense of grandeur. The mysterious golden brown palette exudes a noble and charming aura, while Rococo pastel tones like goose yellow, vintage blue, and lilac purple add a touch of lightness and agility to the entire color palette.

图案 Pattern

远古符号、神话图腾是连接过去与未来的桥梁；花鸟、龙凤及水墨图案依旧长盛不衰；传统图案如卷云纹、云雷纹、夔龙纹、蟠螭纹、兽面纹等祥瑞纹样经过提炼和现代化处理，与忍冬纹、蝶纹、缠枝纹、彩陶和瓷器花纹等相搭配，充满故事性；复古碎花及波点、条纹、方格等几何经典元素融入其中，充满另类的怀旧情怀，再结合柔焦、手绘、夸张、重复等手法和恰到好处的留白，创造出一种充满现代感的东方新韵，既能致敬和传承经典，又展现出对未来的无限想象和探索。

Ancient symbols and mythological totems serve as bridges connecting the past and the future. Floral and bird motifs, dragon and phoenix designs, as well as ink paintings, remain everlasting. Traditional patterns like scroll cloud patterns, cloud and thunder patterns, Kui dragon patterns, Panhui patterns, and beast mask patterns have been refined and modernized, pairing with patterns like honeysuckle vines, butterfly patterns, rambling vines, and patterns from painted pottery and porcelain, creating a sense of narrative richness. Retro floral prints, geometric classics like polka dots, stripes, and checks are also incorporated, exuding an alternative nostalgia. Combined with techniques like soft focus, hand-drawn illustrations, exaggeration, repetition, and appropriate white space, a modern Eastern aesthetic is created, which not only pays tribute to and inherits the classics but also shows unlimited imagination and exploration for the future.

织物 Fabric

传统工艺与手工织物得以复兴。精致的刺绣线条、立体的压花效果、华丽的浮光锦缎、精美的色织提花以及独特的编织纹理各具魅力。蕾丝、薄纱、亚麻、丝绸、天鹅绒等面料将高贵气质与复古典雅完美彰显，传递出对传统文化的珍视与传承。烧花、割绒、手绘印花以及丝网印刷工艺等，进一步丰富了织物的外观与质感，点睛之笔系流苏、盘扣等细节的加入……这些传统与现代的结合，不仅使历史的底蕴得以生动传承，更展现出技术与艺术的完美结合。

Traditional crafts and handwoven textiles have seen a revival. Exquisite embroidery lines, three-dimensional embossing effects, sumptuous brocades, exquisite yarn-dyed jacquard, and unique woven textures each exude their unique charm. Fabrics such as lace, tulle, linen, silk, and velvet perfectly display a noble air and vintage elegance, expressing the appreciation and inheritance of traditional culture. Techniques like burnout, velvet cutting, hand-printed patterns, and silkscreen printing further enrich the appearance and texture of fabrics. The addition of details like tassels and frog closures is the final touch. The combination of these traditional and modern techniques not only vividly passes on the historical heritage but also shows the perfect fusion of technology and art.

1.海宁市千百荟织造有限公司 AD91001-02/2.浙江金色彩龙纺织股份有限公司 TS9193-1 高精密提花 /3.海宁金佰利纺织有限公司 ZV2415 花见花开 /4.浙江喜达屋纺织有限公司 B233532-3 香颂 /5.SohoCUT美线之家（杭州航安贸易有限公司） ST48A03-06-02 恩素 /6.海宁居莱纺织有限公司 JLW8228257 璧山春水 /7.广州市源志诚家纺有限公司 B21-0372-141 林间云山 /8.海宁居莱纺织有限公司 CL8215350 怪诞的梦境 /9.浙江凯迪雅布业有限公司 FZ155-J16-D

1.海宁市新空间布业有限公司 XKJ2010-5 /2.浙江宏泰法缇纺织有限公司 Turkey B Alnassaj /3.浙江升丽纺织有限公司 SL230415-10 高精密提花 /4.海宁市新空间布业有限公司 X6919-3 /5.杭州艺科家居布艺有限公司 YK25066 高精密绸缎律动 /6.海宁金佰利纺织有限公司 NB24901A-16 佩滋力 /7.华尔泰国际纺织（杭州）有限公司 3597 半山渡 /8.海宁市舒雅达纺织科技有限公司 ZG336X-14D 风动幽竹 /9.浙江金色彩龙纺织股份有限公司 TS001-1 高精密提花

2025中国布艺流行趋势入选企业
（按首字母排序）

SohoCUT美线之家（杭州航安贸易有限公司）
大连东立工艺纺织品有限公司
佛山市华宇时代纺织有限公司
广州市源志诚家纺有限公司
海宁博卡纺织有限公司
海宁达洋纺织科技股份有限公司
海宁居莱纺织有限公司
海宁巨龙新材料股份有限公司
海宁卡勒纺织股份有限公司
海宁市布妍诚纺织有限公司
海宁市金佰利纺织有限公司
海宁市金雅特纺织有限公司
海宁市经之纬家纺织造有限公司
海宁市凯逸纺织有限公司
海宁市美佳针织有限公司
海宁市名锦纺织有限公司
海宁市名人居纺织有限公司
海宁市千百荟织造有限公司
海宁市舒雅达纺织科技有限公司
海宁市顺利纺织有限公司
海宁市泰纶纺织有限公司
海宁市新空间布业有限公司
海宁市新时代纺织有限公司
海宁市新时新织造有限公司

海宁市伊诺纺织有限公司
海宁市壹佳纺织有限公司
海宁天屹纺织科技股份有限公司
海宁志诺纺织股份有限公司
杭州艾可家纺有限公司
杭州黄道婆纺织有限公司
杭州艺科家居有限公司
华尔泰国际纺织（杭州）有限公司
江苏金太阳纺织科技股份有限公司
江苏悦达家纺有限公司
苏州亿番纺织有限公司
无锡万斯家居科技股份有限公司
浙江宏泰法缇纺织有限公司
浙江华辰新材股份有限公司
浙江嘉利和纺织科技有限公司
浙江杰科纺织科技股份有限公司
浙江金色彩龙纺织股份有限公司
浙江凯达布业有限公司
浙江凯迪雅布业有限公司
浙江民辉纺织有限公司
浙江欧可丽实业有限公司
浙江升丽纺织有限公司
浙江喜达屋纺织有限公司

智 · 愈
Intelligence & Healing

绿 · 动
Green & Move

中 · 合
Chinese style and fusion

（中国家用纺织品行业协会）

智·愈 Intelligence & Healing	绿·动 Green & Move	中·合 Chinese style and fusion
pantone 11-0602	pantone 11-0104	pantone 18-1536
pantone 13-0442	pantone 17-1212	pantone 11-0616
pantone 14-4105	pantone 14-4506	pantone 15-4415
pantone 15-1157	pantone 18-0529	pantone 17-1046
pantone 17-1537	pantone 17-1145	pantone 16-3812
pantone 16-1522	pantone 19-1218	pantone 17-1831
pantone 12-0824	pantone 12-0835	pantone 15-5519
pantone 17-4139	pantone 19-4517	pantone 18-1243
pantone 19-4229	pantone 19-1930	pantone 18-4728
pantone 14-3907	pantone 19-3912	pantone 19-0509

健康赋能

2025助眠力洞察报告（精华版）

徐晶鑫　阮　航

在快节奏的现代生活中，睡眠问题已成为普遍现象，有助眠需求的人群逐年增多，且呈现出年轻化、城市化的显著特征。随着大众对睡眠重要性的认知不断提升，越来越多的人开始主动寻求助眠产品或解决方案，助眠市场应运而生，并迅速发展成为一个庞大的产业。

基于此，科学认知助眠力和官方科普的必要性越发凸显。助眠力是描述睡眠产品与服务对睡眠质量促进能力的衡量指标，通过入睡助力、睡中助力与觉醒助力三个维度进行描述，同时也是消费者遴选最适合自己睡眠环境、塑造最适合自己作息习惯的有效参考。

官方科普在普及科学睡眠知识、提升公众健康素养、引导正确消费观念及促进助眠市场健康发展方面发挥着关键作用。只有建立起科学、理性、健康的消费观念和市场环境，才能够真正满足消费者对高质量睡眠的需求，驱动行业健康有序发展。

助眠消费趋势

本部分的数据主要来源于天猫淘宝平台与助眠相关品类的消费数据，共计回收样本2583份，其中有效样本数为2500份。调研对象为2024年期间在天猫或淘宝平台上搜索过"助眠"及其相关衍生词的用户（人群规模300万～500万）。为保证样本具有代表性，主要基于总体人群的年龄结构、家庭结构、职业分布，采用分层随机抽样方法对调研人群进行抽样。

一、助眠需求的人群洞察

天猫淘宝平台上的助眠消费人群早已突破千万量级。从用户趋势来看，助眠需求人群呈现出年轻化态势。在"助眠"及相关衍生词的搜索用户中，"00后"的用户比例已经接近三成。他们不但主动寻求助眠产品或解决方案，而且对睡眠相关健康知识和新型助眠科技的接受度更高。

助眠需求人群可划分为四大类别。具体来看，具有睡眠障碍的人群仍是主要构成，占比达到43%，是助眠需求的核心来源。同时，节律紊乱和睡眠不足等睡眠问题人群的需求呈增长趋势，合计占比已超过50%。此外，一个新的趋势逐渐显现：部分高质睡眠追求用户为追求更高效的表现，开始关注助眠解决方案。总体来看，随着大众对睡眠重要性的认知不断提升，助眠领域的用户结构呈现多元化发展趋势。

二、助眠策略及相关产品消费

随着科技的发展与进步，如今消费者可以通过多种工具和手段来实现助眠目标。从形式来看，助眠策略可分为三大类：睡眠寝具、环境改善和安神助眠。

调查数据显示，更换睡眠寝具以78%的偏好率居首位，反映出高质量睡眠设备在改善睡眠中的核心作用。其次，气味助眠（60%）和保健品/营养品助眠（54%）的高偏好率表明，用户对感官舒适和营养补充的重视正逐步增强。同时，睡眠环境光线管理（49%）和按摩助眠（43%）也占据重要地位，凸显了环境调节和身体放松在助眠中的价值。相比之下，控制睡眠环境噪声（34%）、声音助眠（19%）、空气质量优化（17%）和温湿度控制（17%）的关注度相对较低，但这些策略依然是部分特定用户的核心需求。整体而言，助眠策略的偏好不仅集中于核心睡眠改善工具，还逐渐向多元化、精细化方向拓展，反映了人群对睡眠质量提升的全方位需求（图1）。

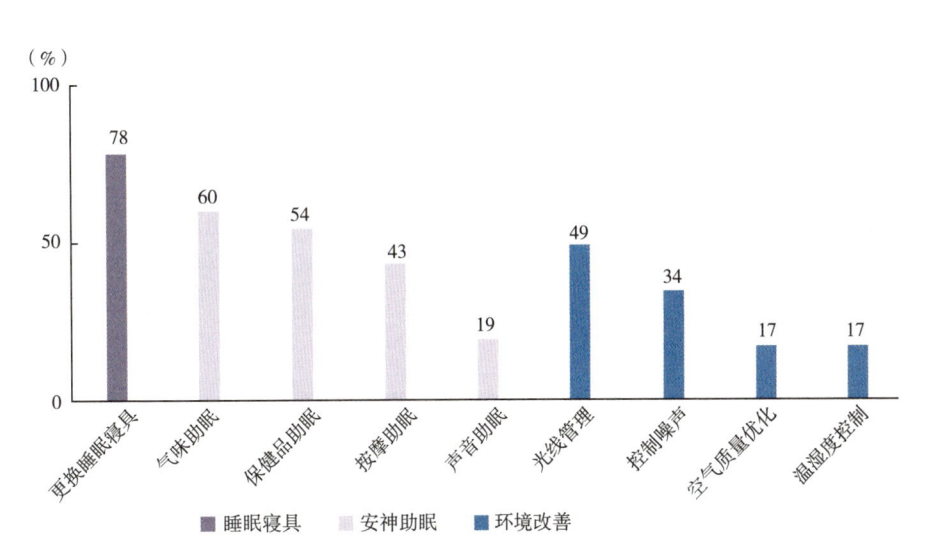

● 调查数据显示，通过更换舒适睡眠寝具来改善睡眠的占比达78%，偏好率居首位，这也反映出高品质寝具在助眠方面的核心地位

图1　助眠需求人群的助眠策略选择偏好

除了采用直接的助眠工具和手段来改善睡眠外，消费者也越来越重视通过睡眠监测与睡眠管理来间接提升睡眠质量。如借助智能穿戴设备和智能寝具，消费者可以精准分析睡眠数据，从而调整睡眠习惯，优化睡眠环境，提升睡眠质量。

此外，从调查数据中还发现，助眠产品正在从传统静态功能向动态交互方向发展，从单一功能性向沉浸式体验转型，从实用主义向健康可持续发展转变，从大众化向精准化和定制化升级。

认识助眠力

一、如何理解助眠力

助眠力是描述睡眠产品与服务对睡眠质量促进能力的衡量标准，通过入睡助力、睡中助力与觉醒助力三个维度进行描述。

其中，入睡助力描述睡眠产品与服务对消费者入睡的促进作用，即消费者花了多长时间睡着。睡中助力描述睡眠产品与服务对消费者夜间睡眠维持的促进作用，即消费者认知的"睡得好不好""睡得踏不踏实"。觉醒助力描述的是睡眠产品与服务对消费者从正常的睡眠周期中觉醒的助力作用，即消费者醒来时觉得"累不累"。

助眠力既是对产品与服务提升睡眠质量能力的评价，也是消费者选择最适合自己睡眠环境、塑造最适合自己作息习惯的有效参考。

睡眠是一个场景课题而非品类课题，因此不可能存在某一种单一的产品形态能解决所有睡眠问题，这也决定了在该场景下优秀睡眠产品生态供给能力的重要性。但当今国内市场的睡眠场景下，大多是单品逻辑，缺乏生态共享共建，同时也存在产品服务供应良莠不齐、鱼龙混杂，且缺乏何为优秀睡眠产品的判断标准。

希望通过助眠力这一体系化的衡量指标，为消费者选择睡眠解决方案提供更科学的引导，以更好地满足用户需求。同时，也期待助眠力能有助于企业更有针对性地进行新品研发与生态共创，进而提升行业整体供给水平，最终实现更好的市场供需循环与产业生态升级。

二、助眠力的评估维度

（一）入睡助力

该维度的参考指标为睡眠潜伏时间，其计算周期是消费者从上床准备就寝到真正睡着的总时长。参考《国际睡眠障碍分类》的建议，人们平均睡眠潜伏时间在30min内为佳，并以10~20min居多。如果长期超过30min，则可作为失眠症的诊断指标之一。因此，可将基于睡眠潜伏时间构建的入睡助力作为助眠力的评估维度之一。

一般入睡助力的影响要素包括睡眠环境中的温度与体温调节、湿度与相对湿度、支撑、触感、压感、透气度、光照、声音、气味、色彩等；此外，情绪与心理、认知与行为也会显著影响入睡助力。

以具体睡眠环境中的温度要素举例，入睡前核心体温下降可以一定程度上增加睡意，且睡眠质量也与核心体温的下降相关，因此如果睡眠产品可以通过温度要素影响核心体温，进而缩短睡眠潜伏时间，那么就可以认为其在入睡助力这一维度上是积极的。

（二）睡中助力

该维度的参考指标分为基础指标和匹兹堡睡眠质量指数。其中，基础指标为睡眠效率和夜醒情况，睡眠效率是通过消费者总睡眠时间与卧床时间之比，反映消费者整晚的有效睡眠时间占比，一般来说会把80%作为正常的参考线。对于夜醒情况，则根据消费者实际情况将夜醒次数和夜醒总时长纳入评价考量，尤其将每夜较多夜醒次数的睡眠障碍情况视为睡眠的消极因素。

匹兹堡睡眠质量指数作为各大睡眠医学中心广泛应用的量表，既适用于评价睡眠障碍患者、精神障碍患者的睡眠质量，同时也适用于一般人睡眠质量的评估。将匹兹堡睡眠指数的总分和睡眠质量、睡眠时间、睡眠效率、日间功能障碍等相关分项计分用以作为睡眠助力的构建基础之一。

一般睡中助力的影响要素包括睡眠环境中的温度与体温调节、湿度与相对湿度、支撑、触感、压感、洁净度、透气度、光照、声音等；此外，情绪与心理、认知与行为也会显著影响睡中助力。

以近体睡眠环境中的智能床垫为例，如果该产品能够根据消费者睡眠过程中体位的变换自动调整软硬状态，以适应身体不同部位的承托需求，并反映在睡眠效率等指标的提升上，那么就可以认为智能床垫的该特性对睡中助力维度是积极的。

（三）觉醒助力

觉醒体验可能受到很多因素影响：夜间深睡的质量、睡眠周期是否被破坏、睡眠节律是否紊乱等。该维度主要参考日间觉醒感受的主观评价打分，基于此评价描述睡眠产品与服务在觉醒助力维度的价值。

一般觉醒助力的影响要素包括温度与体温调节、支撑、光照、声音等。以卧室睡眠环境中的光线为例，如果消费者在浅睡周期得到渐进的光照环境，其觉醒就会相对轻松；与之相反，如果消费者在深睡周期被粗暴唤醒，那么醒来自然就会觉得很累。

三、助眠力的影响路径

作为衡量睡眠产品与服务对睡眠质量促进能力的指标，助眠力的影响路径需要从其核心影响要素进行系统分析（图2）。

助眠力影响要素分为两大类：睡眠环境，心理健康与认知行为。其中，睡眠环境根据物理空间关系划分为近体睡眠环境和卧室睡眠环境，而近体睡眠环境又由睡眠被窝环境和睡眠承托系统构成，具体细分为温度、湿度、触感、压感、洁净度、支撑性、减压性、透气性八大影响要素；卧室睡眠环境则具体细分为卧室温湿度、光环境、声环境、卧室空气品质、色彩环境和动态睡眠环境。心理健康与认知行为则细分为情绪与心理、午睡与日间小憩、日间运动、膳食与营养、睡眠认知和睡眠卫生五个影响要素。

以下将根据这些影响要素，关联入睡助力、睡中助力、觉醒助力三大维度进行阐述，进而探讨助眠力的提升方式。限于篇幅，有些影响要素在精华版中不做详细展开。

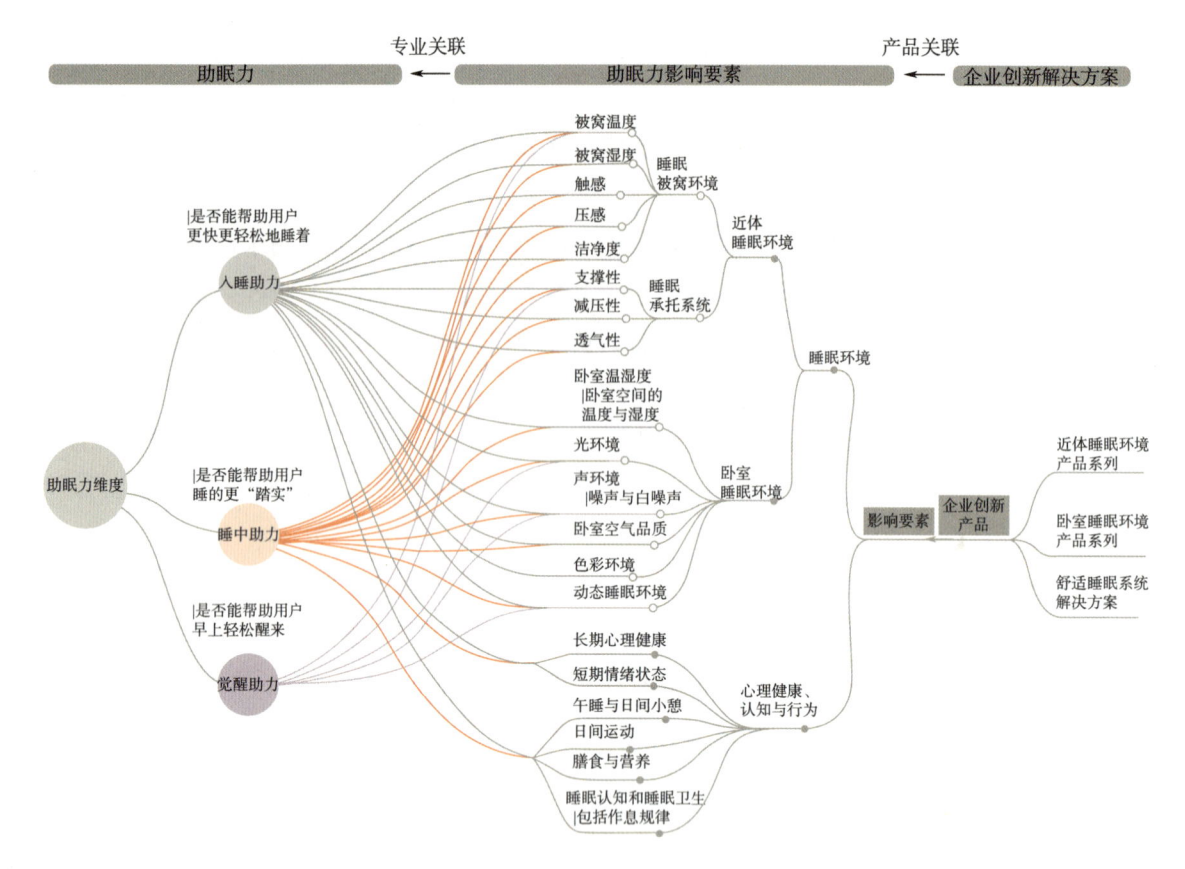

图2 助眠力影响路径示意图

助眠力提升

一个理想的睡眠环境主要由近体睡眠环境和卧室睡眠环境两部分组成。二者相互作用，共同影响着人们什么时候睡、睡多久、睡得怎么样。

一、近体睡眠环境

近体睡眠环境涵盖睡眠被窝环境和睡眠承托系统两部分，涉及影响睡眠质量的寝具和被窝气候等因素。主要影响维度包括被窝的温度、湿度、触感和压感等，以及承托系统的支撑性、减压性和透气性等，这些影响因素共同作用于睡眠体验。

（一）睡眠被窝环境

睡眠被窝环境是指由床品套件、被芯、床褥等构成的包裹性睡眠微环境，从温湿度、触感、压感、透气性以及洁净度等方面提升睡眠舒适度，进而改善睡眠质量。

1. 被窝温度的改善路径

温度是影响睡眠质量的核心因素之一。人在睡眠时，大约有70%的体热会通过血液循环传导到皮肤表面，再传递到床上用品和环境中。热量传递与温差以及床上用品的热阻、接触面积、厚度等因素密切相关。如果热量传递失衡，可能会导致睡眠时温度不适。例如，当被窝温度过高时，人体会出汗、感到湿热；当被窝温度过低时，则会感到寒冷、血管收缩，影响睡眠质量，增加夜醒次数。

一般情况下，舒适睡眠的体表温度参考范围在35℃左右，被窝温度参考范围为27~32℃。舒适的被窝温度有助于缩短入睡时间，维持睡眠的连贯性，减少夜醒次数，促进觉醒。

结合产品材料创新和结构调整，可以实现对被窝温度的动态调控。例如，采用面料表面具有绒毛或绒圈结构的产品，或者带有中腔结构的纤维、单孔或多孔的中空纤维、皮芯结构纤维等，来提升产品的热阻与厚度，起到保暖的功效。另外，也可通过产品结构设计，使用相变材料、热胀冷缩材料、发热材料+温控、加热（水、气）循环+温控等方法实现特定温度范围的调节。

2. 被窝湿度的改善路径

在睡眠时，人体通过新陈代谢散发水分，并传递到床上用品和环境中。水分的传递效率与床上用品的吸湿性、导湿性以及水分蒸发速率密切相关。如果床上用品的吸湿导湿功能差，会使被窝湿度过高，导致人体感到潮湿、闷热、黏腻，这将延长入睡时间，甚至影响正常的睡眠质量。

一般情况下，舒适睡眠的被窝相对湿度参考范围为50%~60%。因此，具备快速吸湿导湿功能的床上用品，是使人快速进入睡眠、提升睡眠质量的关键。

结合产品材料创新和结构调整，可以实现对被窝湿度的调控。例如采用具有一定孔隙、高蓬松度或立体空间结构的家纺产品，或采用吸湿排汗剂对家纺产品进行功能整理，可实现较好的吸湿透气性能，维持皮肤所需的适宜湿度，提高人体的舒适感。另外，也可通过对现有纤维接枝改性来提升其亲水性和吸湿性。

3. 被窝触感的改善路径

被窝触感是指人体与纺织品接触时，两者之间的动态相互作用会产生大接触面积上的多传感激励，进而触发人体感官的反应，从而产生各种各样的感觉——触感。一般而言，纺织品的触感主要包括平滑感、柔软感、接触冷暖感和刺痒感。这些触感因素在不同程度上影响着睡眠质量。下面以柔软感为例来阐述被窝触感对睡眠的影响。

当身体接触到柔软、舒适的被窝时，人们的心理会感受到一种放松和愉悦，促进更快地进入放松状态，为顺利入睡做好准备。使用柔软的被褥和套件可以显著减少皮肤与织物之间的摩擦，避免不适感，进而有助于维持睡眠的连续性。研究显示，舒适的被窝触感能够减少翻身和踢被子的频率，使平均翻身次数减少约1.5次/h，踢被子的次数下降25%，有效降低了睡眠中断的风险，提高了睡眠质量。在醒来后的30min内，依然能够明显感受到舒适与放松。

影响柔软感的因素包括织物纤维、纱线结构、织物结构和后整理方式。提升床品触感需关注面料和填充材料的柔软度，如采用低扭矩纺纱技术、改善面料厚度和摩擦力等，或选用柔软度高的天然填充物如羽绒、蚕丝，或具有高间孔洞的新型填充材料。

（二）睡眠承托系统

睡眠承托系统是指在睡眠过程中，通过支撑、调节姿势、缓解压力以及调节温湿度等方式，为人体提供舒适和健康的物理支撑体系。它包括床垫、床架、枕头等构成的整体睡眠产品组合。其主要作用在于通过人体工程学优化设计和材料功能调节，帮助人体在睡眠时保持正确的生理姿态，促进肌肉放松、血液循环和深度睡眠。

1. 承托系统支撑性的改善路径

睡眠承托系统的支撑性是确保人体脊柱在睡眠中维持自然的生理曲线，避免脊柱过度弯曲或受压的关键因素。通过为人体不同部位提供均匀且精准的支撑，能够有效分散局部压力，促进肌肉放松，缩短入睡所需时间，减少因姿势不适而频繁调整动作以及打鼾或呼吸暂停的发生，从而显著减少睡眠中的微觉醒现象，维持睡眠的连贯性，使人醒来后感觉身体轻松舒适。

通过人体工程学设计和结构设计创新，可以实现支撑性的优化升级，如采用分区支撑、多层结构、动态/智能调节的方式，来帮助实现精准支撑，持续保持脊柱的自然曲线。

2. 承托系统减压性的改善路径

良好的睡眠承托系统不仅要给人体提供足够的支撑，还要通过减压设计有效分散身体重量，减轻局部组织的压力累积，维持血液循环的顺畅；也要通过压力的均匀分布，降低因不适引发的频繁翻身，维持睡眠的连续性；使肌肉彻底放松，促进新陈代谢和身体恢复。

通过缓压材料或减压技术的应用，可以实现减压性的优化升级，如采用记忆泡沫、高弹性材料，或动态减压技术、压力分布优化技术等来实现压力的有效分散。

3. 承托系统透气性的改善路径

良好的透气性能够有效保持床垫和枕头的通风性，加快散热排湿速度，避免湿气和热量在睡眠环境中积聚，减少因环境湿热或湿冷引发的频繁翻身，维持睡眠的连续性。

通过结构透气设计、透气材料应用和智能空气流通技术等，可以实现透气性的优化升级。如采用多层通风管道设计、蜂窝状支撑结构设计来增强透气性，避免湿气积聚，或采用主动排气技术、空气调节系统来动态调节通气强度，快速排湿散热。

4. 承托系统发展趋势

随着人们对睡眠质量的关注不断提高，承托系统的发展趋势正朝着智能化、个性化和可持续化方向迈进。现代承托系统不仅关注床垫和枕头的支撑效果，还将温湿度调节融入设计之中，以提升用户的舒适体验和整体睡眠质量。借助先进的传感技术和智能算法，承托系统能够实时监测用户的睡眠状况，并根据个体需求进行自我调节。此外，生产商更加重视环保，逐渐采用可再生材料和绿色制造工艺，以应对可持续发展的未来趋势。

二、卧室睡眠环境

卧室环境系统包括温度、湿度、声音、光线、色彩和空气品质等在内的各种室内环境，它们通过不同途径持续影响着人体睡眠节律和睡眠质量，与睡眠健康密切相关。

（一）卧室温湿度的改善路径

卧室的温度和湿度是影响睡眠舒适度的关键因素。环境温度会影响人体汗液的蒸发速度和热湿感受，湿度则可能影响微生物的繁衍，也影响睡眠。在湿度较高的环境中，家纺产品的含水量会增加，这会妨碍人体与环境之间的热湿交换；同时，湿润的环境还会抑制汗液蒸发，导致人体感到闷热和不适。

为了提高睡眠质量，卧室的温湿度控制应采取科学的方法。例如，可以使用空调或除湿机来调节室内温度和湿度，使其保持在适宜的范围内。此外，选择透气性好的床上用品和适宜的室内装饰材料，也有助于改善睡眠环境。

（二）卧室光环境的改善路径

光照不仅能够调节人体激素的分泌，还具有控制昼夜节律的作用。尤其是蓝光，夜间蓝光对睡眠会产生负面影响，包括延长入睡时间、减少睡眠时长、增加夜间睡眠扰动等；但在觉醒阶段，适度的蓝光照射能帮助人体自然醒来，减少晨起时的倦怠感。

因此，创造一个适宜睡眠的光环境尤为关键。针对睡前光环境，采用低色温的暖色光源更加有助于入睡；入睡后的光环境也应保持其稳定性和适宜性，完全黑暗的环境最适宜睡眠，如果不是完全黑暗，那么低色温比高色温光环境好；在觉醒阶段，适度的光照刺激能够显著减轻嗜睡感，并缩短恢复到完全清醒状态所需的时间。

（三）卧室声环境的改善路径

声环境是显著影响睡眠质量的重要因素之一，特别是对于生活在噪声环境中的城市居民而言。噪声对睡眠的干扰也存在性别差异。例如，相比于男性，女性对噪声更敏感，其主观睡眠质量也更容易受到噪声的干扰；噪声对男性睡眠的影响更多表现在缩短快速眼动期上，对女性睡眠的影响则更多表现在降低主观睡眠质量上。

另外，舒缓的白噪声可以让部分人睡得更快。白噪声相当于创造一个连续的背景声音，将环境噪声掩盖，使大脑更容易忽略外界的干扰，从而促进听者入睡和保持深度睡眠。需要注意的是，对于个体差异的考虑，每个人对白噪声的反应可能会有所不同。

（四）卧室空气品质的改善路径

卧室空气品质对睡眠质量具有显著影响，既包括积极作用又存在潜在的负面影响。积极作用表现在，如向空气中释放有益于人体健康和舒适感的芳香物质，能够有效缓解压力、改善情绪和促进睡眠。与此相对，空气中污染物的积累可能导致睡眠质量下降，包括入睡困难、觉醒次数增加和深度睡眠时间缩短。

为优化卧室空气品质，应从两方面入手。一方面，合理使用无害的芳香疗法等技术提升环境的积极作用，如在睡前利用扩香设备适量散发植物精油香气。另一方面，应采取有效措施控制空气污染源，定期清洁卧室和床褥环境，并保持适当的通风，以降低污染物浓度。

（五）卧室色彩环境的改善路径

卧室的色彩能通过影响情绪，间接作用于人们的睡眠品质。从心理角度分析，浅淡而柔和的色调往往带来轻松和温和的感受，有助于睡眠；深暗的色调则给人一种稳重和坚实的感觉，有助于进入深度睡眠。相反，过于鲜艳的色彩可能会持续刺激，使人难以放松。色彩所传递的"温度感"同样会对睡眠质量产生影响，暖色调与冷色调在心理上造成的温度差异大约为3℃。

因此，通过改善卧室空间的整体色彩搭配（比如床品、窗帘和壁纸的色彩）和照明设计，营造一个温馨、舒适的睡眠环境显得尤为重要。同时也建议人们关注卧室的色彩环境，并根据个人喜好在卧室中布置适宜的色彩。

（六）动态睡眠环境改善路径

目前，动态睡眠环境已成为研究人员关注的焦点。由于个体在睡眠阶段和舒适度方面的差异，睡眠环境的变化应以居住者为中心，并需要根据当前的睡眠阶段精确调节环境。为了促进智能动态睡眠环境调控这一目标，将不同睡眠阶段的信息及时传递到环境控制系统中是必不可少的一步。而睡眠分期的准确性将直接影响空调等设备的响应效果。目前，采用基于人体生理信号的睡眠分期模型，可以更准确地识别睡眠阶段，从而为自动化的睡眠环境调节提供可靠的数据支持，提升整体睡眠质量。展望未来，随着智能家居市场的不断成熟和用户需求的日益增长，动态睡眠环境调控有望在未来逐步走进千家万户，成为提升生活品质的重要手段。

助眠产品发展展望

一、智能化与数据驱动：助眠产品迈向动态交互新时代

助眠产品正在从传统静态功能向动态交互方向发展，消费者对"可测量、可优化"的需求强烈。智能枕头、睡眠监测床垫等产品通过数据收集与分析，可为消费者提供个性化解决方案。同时，AI驱动的助眠算法（如调整光线、温度、声音）正在迅速普及，为消费者提供端到端的助眠管理体验。

二、沉浸式交互体验：赋能助眠产品情感与功能并重

助眠产品正从单一功能性向沉浸式体验转型，消费者更加追求助眠过程中的情感共鸣与全面放松。例如，带有香氛功能的智能寝具、可定制的助眠音乐系统等，将科技与情感体验结合，打造沉浸式助眠氛围。未来，情感价值与功能创新的深度融合，将推动助眠产品从"静态工具"向"动态伴侣"转变，满足消费者对身心放松的双重需求。

三、健康化与美学化：助眠产品设计的全新趋势

天然、安全、可持续的材料成为消费者选择助眠产品的重要考量因素。例如，乳胶、竹

炭、蚕丝等天然寝具材料备受青睐。同时，助眠产品在外观设计上也日趋美学化，融入家居环境的产品更容易获得市场认可，尤其是年轻一代用户对颜值与功能兼备的需求较高。

四、定制化与场景化：驱动助眠产品精细化升级

助眠产品正在向精准化和定制化升级。通过分析用户的睡眠数据（如 BMI、心率、体温等）和生活习惯，品牌可提供个性化解决方案，如专属定制的智能床垫、调节式枕头等。同时，细分人群专属产品（如儿童成长寝具、老年护脊寝具）成为新兴增长点。助眠产品正迈向场景化定制，满足不同人群的多样化需求。

（中国家用纺织品行业协会）

海宁家纺杯
中国国际家用纺织品创意设计大赛
China International Home Textiles
Design Competition Awards

主办单位

中国家用纺织品行业协会
中国国际贸易促进委员会纺织行业分会
法兰克福展览（香港）有限公司
浙江省海宁市人民政府

承办单位

中国家用纺织品行业协会设计师分会
海宁市许村镇人民政府

协办单位

海宁市家用纺织品行业协会
海宁中国家纺城股份有限公司
海宁市许村镇时尚产业新生代联合会

支持单位

浙江省版权协会

更多详细信息请登陆中家纺官网：www.hometex.org.cn

相关行业

2024年我国棉纺织行业运行分析与展望

郭占军

2024年，国际环境依然严峻复杂，贸易保护主义、产业安全等问题持续影响企业经营，受原料供应端冲击和终端有效需求不足双向挤压，在整个纺织产业链体系中，棉纺织行业恢复力度偏弱。行业淡旺季周期性减弱，旺季不旺、淡季持续局面长时间维持，规模以上企业利润率达到十余年来最低水平，行业承受压力极其明显。在压力面前，我国棉纺织行业深入贯彻落实党中央、国务院决策部署，围绕建设棉纺织现代化产业体系目标，迎难而上、积极作为，沉着应对各种风险和挑战，努力实现行业经济运行平稳发展。在正视困难的同时，一些积极因素也在累积。从行业经济数据来看，在存量和增量政策叠加作用下，多项经济数据出现边际改善和指标修复。接下来，棉纺织行业亟须进一步把握与棉纺织相关的国家宏观政策，通过在行业内发展新质生产力，提高全要素生产率，深化产业转型升级，着力推动高质量发展。棉纺织行业要继续稳定市场预期，提振信心，加速闯过新旧动能转换阵痛期，同时要强化行业自律，防止"内卷式"恶性竞争。

2024年我国棉纺织行业经济运行概况

一、主要经济指标承压明显，利润率创十余年新低

国家统计局数据显示，2024年，棉纺织主要经济指标承压明显，与规模以上工业企业、制造业和纺织行业相比，棉纺织业营业收入、利润总额、营收利润率、每百元营业收入中的成本、资产负债率、产成品存货周转天数等主要指标偏弱，每百元资产实现的营业收入和应收账款平均回收期等个别指标稍好。2024年，规模以上棉纺织营业收入同比增长1.4%，但利润总额降幅明显达到11.7%，拖累行业营业收入利润率较2023年下降0.5个百分点，仅为2.41%。从年内趋势看，利润率整体呈现持续修复趋势，前11个月逐月累计利润率均在2%以下。与此前年度相比，2024年营收利润率为2011年规模以上工业企业起点标准从年营收500万元提高到2000万元以来最低点，继2022年和2023年分别创下新低后，今年继续向下寻底。规上棉纺织业22.5%的亏损面仅低于2020年和2022年（图1、图2）。2024年，棉纺织业继"金三

银四"未达预期之后,"金九银十"旺季周期几乎落空,行业淡旺季周期性明显减弱,淡季长时间持续,行业承压持续加大。2024年末,棉纺织产成品库存周转天数为37.8天,较2023年同期扩大1.3天,产品库存压力持续,应收账款平均回收期为44.9天,较2023年同期扩大2.9天,现金流更加紧张(表1、表2)。

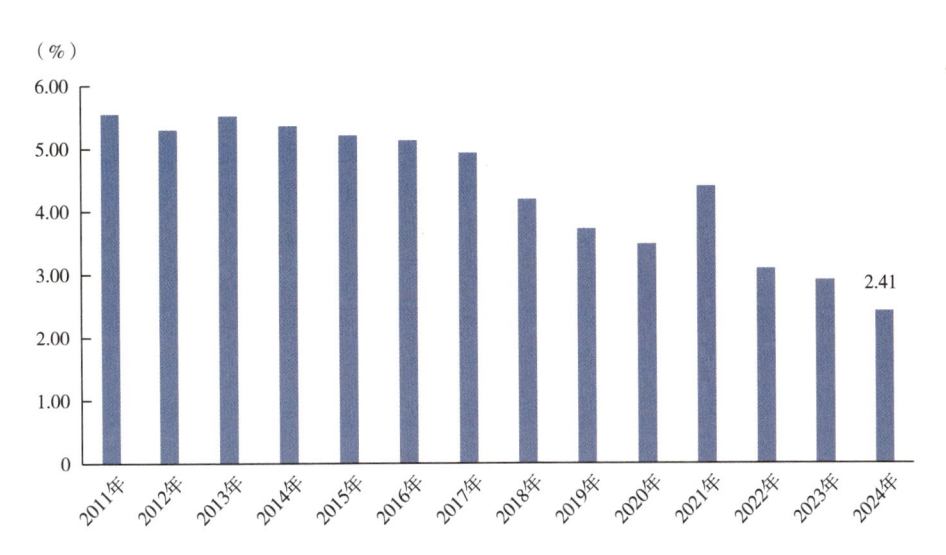

图1 2011～2024年规模以上企业棉纺织营业收入利润率
资料来源：国家统计局

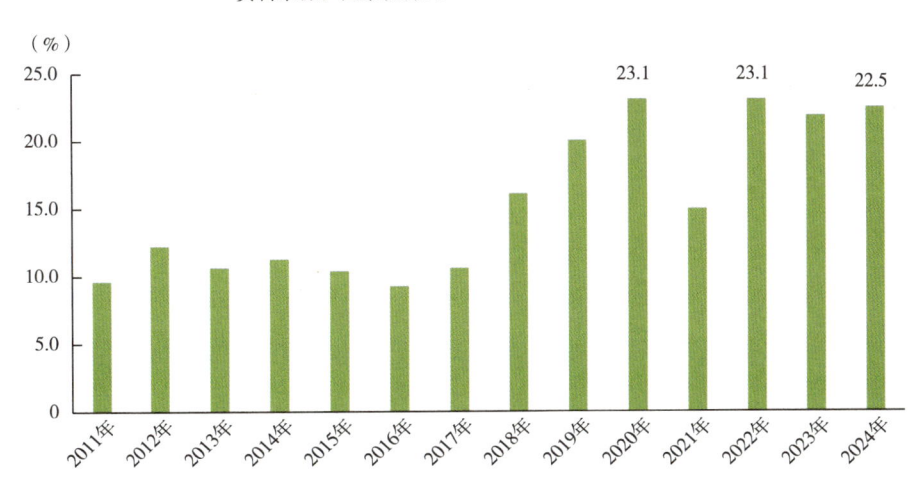

图2 2011～2024年规模以上企业棉纺织亏损面
资料来源：国家统计局

表1 2024年规模以上工业企业主要财务指标

分组	亏损面(%)	营业收入同比(%)	营业成本同比(%)	利润总额同比(%)
工业企业	—	2.1	2.5	-3.3
制造业	—	2.4	2.7	-3.9
纺织行业	20.8	4.0	3.7	7.5
棉纺织业	22.5	1.4	1.2	-11.7
其中：棉纺纱	24.4	-0.4	-0.6	-12.1
棉织造	19.5	4.8	4.8	-11.1

资料来源：国家统计局

表2 2024年规模以上工业企业经济效益指标

分组	营业收入利润率（%）	每百元营业收入中的成本（元）	每百元资产实现的营业收入（2024年末）（元）	资产负债率（2024年末）（%）	产成品存货周转天数（2024年末）（天）	应收账款平均回收期（2024年末）（天）
工业企业	5.39	85.16	79.5	57.5	19.2	64.1
制造业	4.63	85.60	92.3	56.9	21.5	65.6
纺织行业	3.91	87.98	101.5	59.5	33.0	47.6
棉纺织业	2.41	90.50	93.7	62.5	37.8	44.9
其中：棉纺纱	2.05	91.32	90.4	66.3	36.4	36.9
棉织造	3.08	89.02	100.3	54.9	40.3	59.5

资料来源：国家统计局

棉纺织行业中，棉纺纱和棉织造经济运行走势有所分化，其中棉纺纱经济运行压力更大。2024年，规上棉纺纱业营收和利润双降，利润总额降幅达到12.1%，拖累营收利润率仅为2.05%，与棉纺纱相比，规上棉织造主要经济指标较好，营收同比增长4.8%，利润总额同比下降11.1%，营收利润率为3.08%，虽不及2023年同期3.75%，但较棉纺纱仍高出1.03个百分点（表1、表2）。

二、中国棉纺织景气指数收缩多于扩张，信心指数亟待提振

2024年，中国制造业PMI指数半数以上时间位于荣枯线下，制造业指数前三季度表现偏弱，仅3月份和4月份位于荣枯线上，四季度回升力度明显，连续三个月站稳荣枯线上。中国棉纺织景气指数整体走势和制造业PMI指数较为接近，整体呈现前弱后强的特点，前8个月仅1月份和3月份位于荣枯线上，随后在国家宏观政策及对传统旺季有所期待等因素共同推动下，后4个月仅有11月份落于荣枯线下方（图3、表3）。

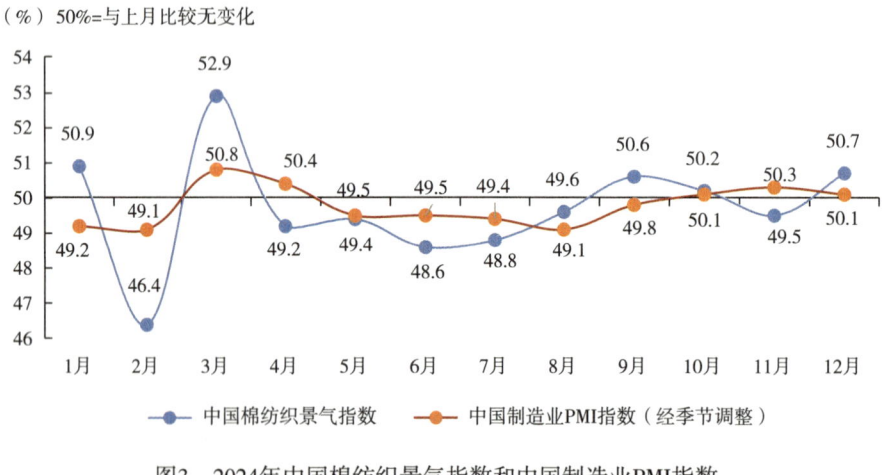

图3 2024年中国棉纺织景气指数和中国制造业PMI指数
资料来源：国家统计局、中国棉纺织行业协会

表3 2024年中国棉纺织景气指数及各分项指数　　　　　　　　　　　　　　单位：%

月份	中国棉纺织景气指数	原料采购指数	原料库存指数	生产指数	产品销售指数	产品库存指数	企业经营指数	企业信心指数
1月	50.9	52.9	52.5	50.9	50.7	49.7	49.8	50.4
2月	46.4	48.0	48.1	45.0	47.5	48.0	44.2	48.2
3月	52.9	52.7	49.4	54.8	52.9	49.4	55.8	48.6
4月	49.2	49.8	49.6	49.4	49.4	50.8	49.9	44.7
5月	49.4	49.3	50.8	50.2	48.1	48.0	49.9	47.6
6月	48.6	48.6	49.1	49.0	48.5	48.4	49.4	46.0
7月	48.8	48.5	49.2	49.3	48.7	48.2	49.1	47.3
8月	49.6	48.5	49.9	50.3	49.8	48.7	49.1	50.6
9月	50.6	50.4	48.9	50.4	51.1	51.1	50.5	52.5
10月	50.2	50.9	48.5	49.7	51.0	50.9	50.6	50.0
11月	49.5	50.1	50.5	50.7	48.6	49.4	49.7	45.0
12月	50.7	48.8	50.3	51.2	50.1	53.0	51.9	47.5

资料来源：中国棉纺织行业协会

三、纱和布产量增长，原料中化纤替代棉花趋势明显

据国家统计局数据，2024年规模以上纱产量为2277.9万吨，同比增长1.32%，其中含棉类纱线和化纤纱产量同比分化明显，棉纱和棉混纺纱产量分别下降0.76%和3.59%，化学纤维纱同比增长8.16%，棉纺纱原料中化纤对棉花替代趋势持续加大。规模以上布产量为306.3亿米，同比增长2.23%（图4）。

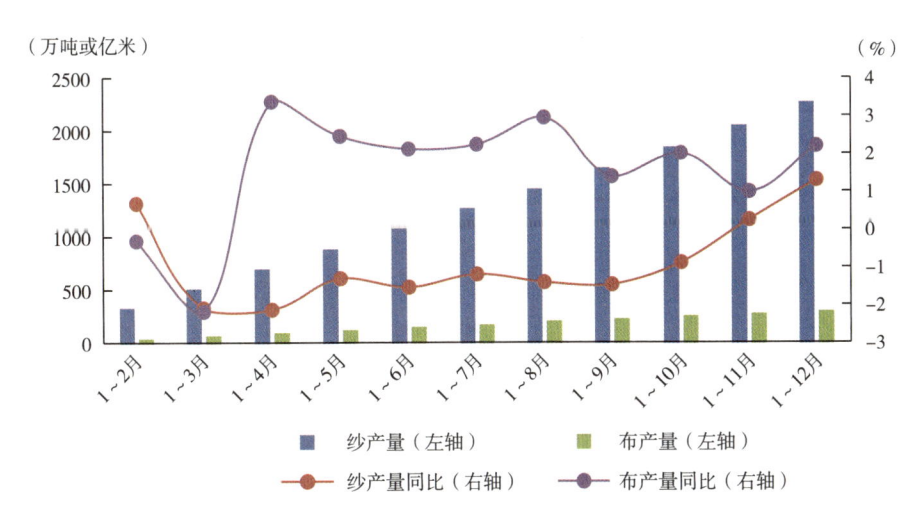

图4　2024年规模以上棉纺织行业纱和布产量及同比变化趋势
资料来源：国家统计局

2024年我国棉纺织原料及产品价格走势分析

一、多数时间国内棉价高出国外，滑准税配额数量为发放年份最低

2024年2~3月期间，国外棉花价格加剧波动，国内棉花价格相对平稳，内外棉花价格出现短期倒挂。4月之后，内外棉价同频下降，国内棉价高于国外的情况恢复常态。2024年国内较国外棉价平均高出约424元/吨（图5）。7月21日，国家发展改革委发布棉花进口滑准税配额公告：发放棉花进口滑准税配额数量为20万吨，全部为非国有贸易配额，限定用于加工贸易方式进口。除2015~2017年为配合抛储没有发放滑准税配额的年份外，20万吨为我国加入WTO以来发放最少的一年，结合限定为加工贸易配额，目的或为保障新疆棉的销售。在国家目标价格政策支持下，新疆棉农的利益已经得到了充分保障。新疆棉花消化进度偏缓，一方面是由于部分加工企业收购时未完全进行套保，希望市场给出更好的价格以顺价销售，一方面是产业链下游需求低迷。作为棉花产业发展的基础，棉纺织产业面临更大的困难，应在政策层面给予支持。限制配额的数量并限定加价，对缓解国内棉花销售压力效果并不明显，配额政策公布后，棉花价格仍在下行反映了市场内在规律。

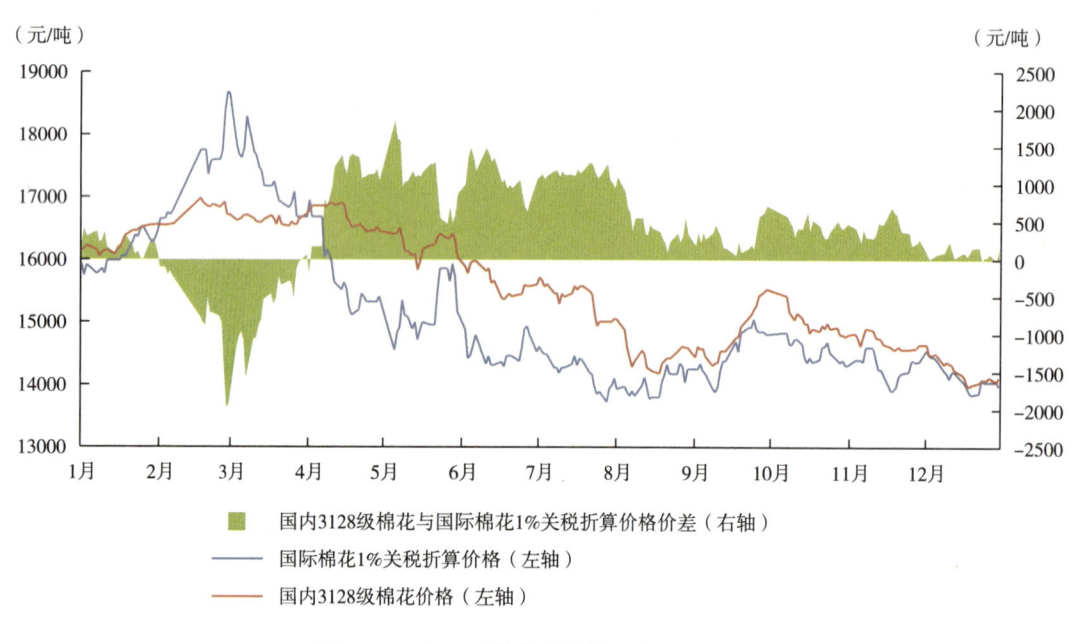

图5 2024年国内外棉花价格及价差走势图
资料来源：TTEB

二、棉花与棉纱即期价差大幅收缩，化纤短纤价格走势更为平稳

2024年，标准级棉花最高价为16980元/吨，最低价为13975元/吨，平均价格为15548元/吨，最低到最高价波动幅度为21.5%；涤纶短纤最高价为7935元/吨，最低价为6960元/吨，平均价格为7396元/吨，最低到最高价波动幅度为14.0%；黏胶短纤最高价为13820元/吨，

最低价为12600元/吨，平均价格为13395元/吨，最低到最高价波动幅度为9.7%。32支纯棉纱与标准级棉花平均即期差价为6371元/吨，较2023年缩小453元/吨，花纱即期价差大幅收缩反映纯棉纱产品的利润被严重压缩或亏损加大；32支涤纶短纤纱与涤纶短纤平均即期差价为4080元/吨，较2023年扩大72元/吨，30支黏胶短纤纱与黏胶短纤平均即期差价为3973元/吨，较2023年扩大97元/吨。与棉花相比，化纤短纤价格走势更为平稳，且加工费更加稳定，单位价格更低，在棉花价格波动且趋势向下时，企业更倾向于以化纤短纤为加工原料（图6~图8）。

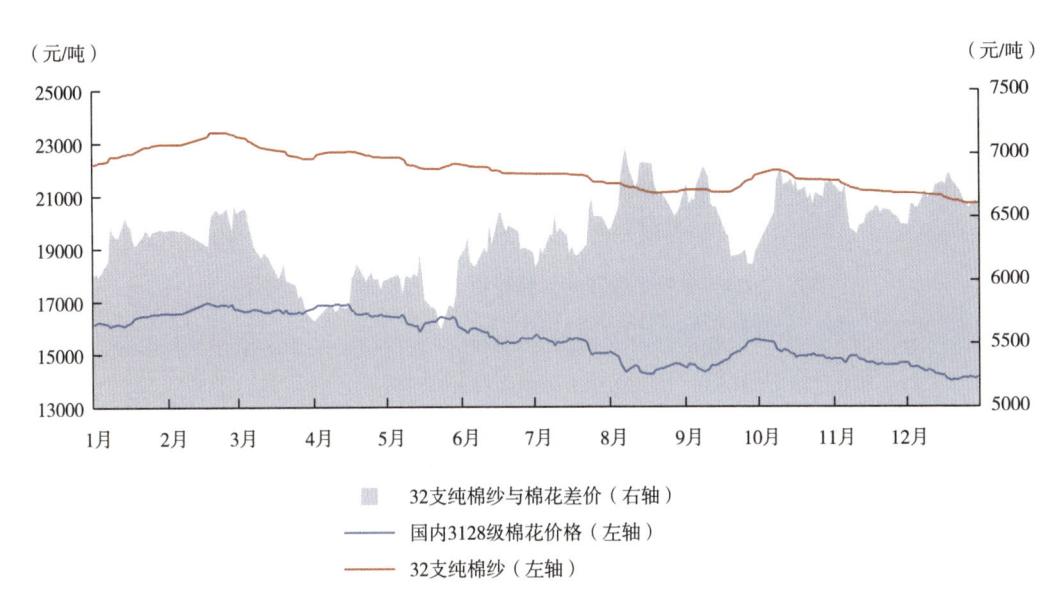

图6 2024年棉花和32支纯棉纱价格及即期价差走势图
资料来源：TTEB

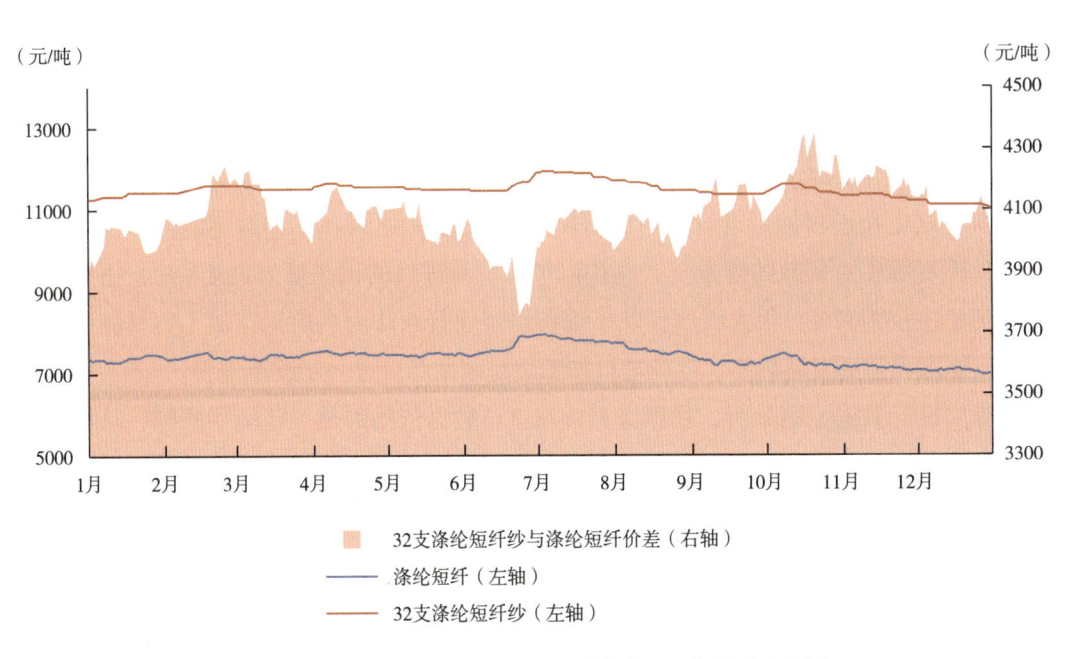

图7 2024年涤纶短纤和32支涤纶纱价格及即期价差走势图
资料来源：TTEB

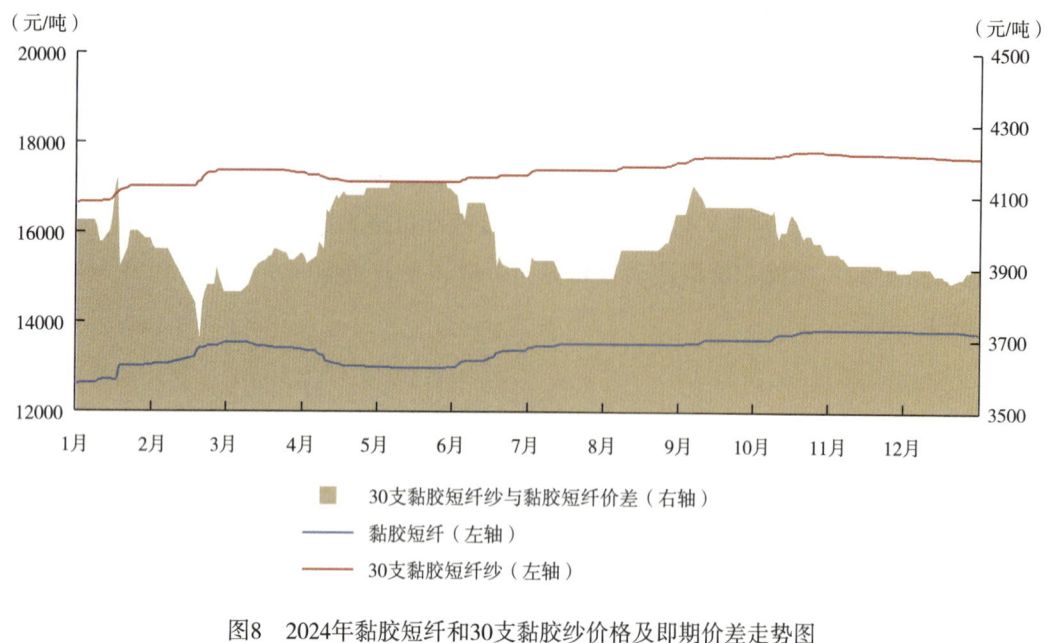

图8 2024年黏胶短纤和30支黏胶纱价格及即期价差走势图
资料来源：TTEB

2024年我国棉纺织产业链进出口市场分析

一、海关数据显示棉花进口量大增，加工领域用量受配额限制

2024年，据海关数据，我国进口棉花量为260.9万吨，同比增长33.8%，国内较国外棉价平均高出约424元/吨，较2023年内外棉价差扩大了346元/吨，内外棉价差的扩大提升了外棉价格的竞争优势。从贸易方式看，除海关特殊监管区域物流货物有所降低，以一般贸易、进料加工和保税监管场所进出境货物方式进口的棉花量均有大幅增加。2024年发放的棉花进口滑准税配额数量为20万吨，与2023年棉花滑准税进口配额75万吨且不限定贸易方式相比，不仅数量大幅下降，且由于限定贸易方式，迫使企业若要使用滑准税配额，只能采取加工贸易方式进口，这也是进料加工进口量同比增长51.0%的直接原因。在2024年内外棉价差仍然较大，进口棉资源相对稀缺的背景下，直接以加工贸易进口的棉花量为11.4万吨，占滑准税配额数量的比重仅为57%，很大程度反映了棉纺织企业普遍认为当前棉花加工贸易制度不符合企业生产要求和市场发展规律，棉花进口加工贸易制度亟待进一步改革完善。

从海关统计数据原则分析，我国海关棉花进口数据依据的是"跨境"原则，从境外运进海关特殊监管区域和保税监管场所的棉花即使没有通关也列入海关统计数据范围。仅通过海关统计数据分析我国棉纺织行业使用外棉情况与实际不符。更贴切棉纺织应用外棉实际的数据是配额发放数量，实际进入棉纺织生产环节的棉花除少量上年配额展期至2024年，整体应不超过配额发放的数量。2024年发放的配额数量为89.4万吨关税内配额和20万吨滑准税配额，合计进入棉纺织加工环节的进口棉花理论上不超过110万吨，较2023年发放的配额总量减少55万吨。从储备棉有关外棉收放储分析，2023年储备棉投放的外棉成交了约62万吨，而2024年没有投放储备棉。综合以上，在海关进口数据统计的棉花进口量大幅增加而配额发放数量减少的情况下，海关统计数据中部分外棉进入储备棉的可能性较大。

从棉花进口来源国来看，2024年进口数量达到1万吨以上的来源国有10个，排在前三位的分别是巴西、美国和澳大利亚。我国从巴西进口棉花110.2万吨，同比增加92.8%，占进口份额的比重达42.2%，再次超越美国。来源于美国和澳大利亚的棉花进口量分别为87.6万吨和32.9万吨，同比分别增加了16.5%和21.2%，同比均有较大幅度增长（表4）。

表4　2024年我国棉花进口量

	类别	数量（万吨）	同比（%）	占比（%）
贸易方式	总计	260.9	33.8	100
	一般贸易	130.6	60.8	50.1
	进料加工	11.4	51.0	4.4
	保税监管场所进出境货物	65.3	31.6	25
	海关特殊监管区域物流货物	53.6	-4.5	20.5
主要国别	巴西	110.2	92.8	42.2
	美国	87.6	16.5	33.6
	澳大利亚	32.9	21.2	12.6
	印度	7.4	105.5	2.8
	土耳其	6.5	31.4	2.5
	哈萨克斯坦	4.3	37.7	1.7
	苏丹	2.2	-57.9	0.8
	阿根廷	2.1	-11.3	0.8
	布基纳法索	1.6	50.3	0.6
	塔吉克斯坦	1.0	-52.7	0.4

资料来源：中国海关

二、纯棉纱进口量同比下降，越南纱线市场份额增加

2024年，据海关数据，我国进口纯棉纱为137.0万吨，同比下降11.9%。从进口来源国家（地区）份额来看，越南仍居首位，达到48.9%，较2023年增长6.0个百分点。巴基斯坦市场份额为14.2%，较2023年下降3.2个百分点。印度纯棉纱的市场份额从2023年的第三位下滑至第四位，被乌兹别克斯坦超越，市场份额也从15.9%下降到了8.6%。在主要纯棉纱进口来源国家（地区）中，越南凭借区位及东盟零关税优势，市场竞争力仍在增强（表5）。

表5 2024年我国纯棉纱进口量

国家（地区）	数量（万吨）	2024年份额（%）	2023年份额（%）
总计	137.0	100	100
越南	67.0	48.9	42.9
巴基斯坦	19.5	14.2	17.4
乌兹别克斯坦	14.4	10.5	8.4
印度	11.8	8.6	15.9
马来西亚	8.1	5.9	4.3
孟加拉国	7.4	5.4	3.7
中国台湾	3.4	2.5	2.9
印度尼西亚	2.7	2.0	2.7

资料来源：中国海关

三、棉制纺织品服装出口下降趋势缓解，在美市场份额触底

据中国海关数据，2022年，我国纺织品服装出口创出历史新高，达到3233.4亿美元。2023年，海外主要经济体持续高通胀，纺织品服装出口规模同比降幅较为明显。2021~2023年，棉制纺织品服装出口金额连续下降，占纺织品服装出口比重持续下降。对美出口棉制纺织品服装占对全球出口该品类的比重持续下降，我国棉制纺织品服装在美市场份额也在持续下降，且降幅更加明显。2024年，我国棉制纺织品服装出口同比增长0.8%，涨幅虽不及全部纺织品服装，但连续下降的趋势有所缓解，棉制纺织品服装对美出口同比增长11.2%，对美出口占该品类对全球出口比重回升至17.4%，较2023年回升了2.5个百分点（表6）。

表6 2021~2024年我国棉制纺织品服装出口金额

年份	纺织品服装出口 金额（亿美元）	同比（%）	其中：棉制纺织品服装出口 金额（亿美元）	同比（%）	棉制纺织品服装出口额占行业出口额比重（%）	棉制纺织品服装对美出口 金额（亿美元）	同比（%）	棉制纺织品服装对美出口占该品类对全球出口比重（%）
2021年	3154.7	8.4	1051.7	-15.7	33.8	177.9	28.6	16.9
2022年	3233.4	2.6	1013.2	-3.7	31.7	166.5	-6.4	16.4
2023年	2936.4	-8.1	871.1	-14.0	29.7	138.3	-17.0	15.9
2024年	3011.0	2.8	874.5	0.8	29.0	152.0	11.2	17.4

注 表中棉制指棉花制品，不包括棉型化纤制品。
资料来源：中国海关

2024年，美国自全球进口纺服同比增长2.7%，其中棉制品同比增长2.6%，进口的棉制品占纺织品服装的比重为41.3%，和2023年持平。美国自我国进口的纺织品服装和棉制纺织

品服装同比增幅分别为3.5%和4.8%，其中棉制品比重为23.6%，较2018年比重下降了近10个百分点，与2023年比重稍有回升。2024年，我国纺织品服装和棉制品在美市场份额分别为24.2%和13.9%，较2018年分别下降了12.4个和14.3个百分点，较2023年市场份额分别回升了0.2个和0.3个百分点（表7）。

表7 2018～2024年美国自全球及我国进口纺织品服装情况

年份	自全球进口纺织品服装 合计 进口额（亿美元）	同比（%）	其中棉制品 进口额（亿美元）	同比（%）	棉制品比重（%）	自中国进口纺织品服装 合计 进口额（亿美元）	同比（%）	其中棉制品 进口额（亿美元）	同比（%）	棉制品比重（%）	中国纺织品服装在美国市场份额 全部纺服份额（%）	棉制品份额（%）
2018年	1106.8	4.6	473.3	3.5	42.8	404.8	3.5	133.4	1.1	33.0	36.6	28.2
2019年	1110.0	0.3	470.0	-0.7	42.3	364.1	-10.1	110.9	-16.9	30.5	32.8	23.6
2020年	896.0	-19.3	374.3	-20.4	41.8	252.6	-30.6	67.2	-39.4	26.6	28.2	18.0
2021年	1137.0	26.9	491.9	31.4	43.3	315.5	24.9	84.1	25.1	26.7	27.7	17.1
2022年	1320.1	16.1	568.5	15.6	43.1	326.7	3.5	82.3	-2.1	25.2	24.7	14.5
2023年	1049.8	-20.5	433.5	-23.7	41.3	251.8	-22.9	58.8	-28.6	23.4	24.0	13.6
2024年	1077.2	2.7	444.7	2.6	41.3	260.7	3.5	61.6	4.8	23.6	24.2	13.9

注 表中棉制指棉花制品，不包括棉型化纤制品。
资料来源：中国海关

2025年我国棉纺织行业发展形势展望

一、面临的挑战

终端有效需求不足。2024年，全国居民消费价格同比上涨0.2%，与年初政府工作报告3%左右的增长目标有较大差距。全国工业生产者出厂价格当月同比自2022年10月以来至2024年底持续为负值。2024年，服装、鞋帽、针纺织品类零售额同比增长0.3%，落后社会消费品零售总额增幅3.2个百分点。部分宏观经济指标显示和棉纺织相关的终端有效消费需求仍然不足，棉纺织回升向好的基础仍不稳固。2025年，若消费端宏观数据未能有明显改善，自终端传导至棉纺织业的压力或仍将制约行业经济运行。

国际形势复杂严峻。当前贸易保护主义、单边主义和地缘政治冲突交织，世界经济运行的不确定性仍然很大。美国总统特朗普上台后即对我国所有商品额外加征10%关税，美方单边加征关税的做法严重违反世贸组织规则，不仅无益于解决自身问题，也对中美正常经贸合作造成破坏。特别是我国棉纺织终端产品对美国出口占有较大比重，受关税直接冲击影响可能较大。

新旧动能转换阵痛。作为传统制造业的代表，当前我国棉纺织业正处在结构调整转型的关键期，行业发展信心和预期尚未明显改善，增长动力机制尚不健全，旧动能乏力而新动能尚未充分形成竞争优势，在整个棉纺织产业链体系中，棉纺织行业核心竞争力不显著，话语权偏弱，受原料供应端冲击和终端有效需求不足双向挤压，全要素生产率还有较大提升空间。2025年新旧动能转换给行业带来的阵痛或将持续。

二、发展机遇

宏观政策环境发展机遇。中共中央政治局在2024年12月9日召开会议，分析研究2025年经济工作，会议指出，实施更加积极的财政政策和适度宽松的货币政策，充实完善政策工具箱，加强超常规逆周期调节，打好政策"组合拳"，提高宏观调控的前瞻性、针对性、有效性。要大力提振消费、提高投资效益，全方位扩大国内需求。2024年12月召开的中央经济工作会议将大力提振消费、提高投资效益，全方位扩大国内需求列为2025年九大重点任务之首。更加积极有为的宏观政策，将有利于扩大国内需求，推动科技创新和产业创新融合发展，有利于棉纺织行业稳定预期、激发活力，推动经济持续回升向好。

新兴增长动能接续转换机遇。习近平指出，发展新质生产力不是忽视、放弃传统产业。2024年4月，中华人民共和国工业和信息化部等七部门联合印发《推动工业领域设备更新实施方案》，明确指出将"纺织行业更新转杯纺纱机等短流程纺织设备，细纱机、自动络筒机等棉纺设备"列入实施先进设备更新行动，加快落后低效设备替代的重点任务。棉纺织产业作为传统产业的代表，通过在棉纺织行业内发展新质生产力推动科技创新和产业创新融合发展，促进棉纺织产业高端化、智能化、绿色化，将有效提升棉纺织全要素生产率。棉纺织业正处于传统增长动能和新兴增长动能接续转换加速演进的时期，应把握住新质生产力加快发展，以数字化、智能化赋能产业"数实融合"的机遇，把握住科技创新赋予产业全要素生产率提升的机遇。

（中国棉纺织行业协会）

2024年中国化纤行业运行分析与2025年展望

宁翠娟　窦　娟

2024年，是实现"十四五"规划目标任务的关键一年，也是谋定进一步全面深化改革的总目标的关键一年。这一年，我国经济运行总体平稳、稳中有进，高质量发展扎实推进，中国式现代化迈出新的坚实步伐。在此背景下，化纤行业呈现恢复性增长态势，主要运行指标实现积极变化。其中，行业平均开工负荷处于高位，产量较快增长；面对出口压力加大，化纤企业积极拓展国际市场，出口量实现正增长；经济效益同比提升，全年营收保持在1万亿元以上规模，运行质量有所改善。

一、2024年化纤行业运行基本情况

（一）负荷相对高位，产量较快增长

2024年，化纤行业平均开工负荷处于高位，总体水平高于2023年，尤其是涤纶直纺长丝、锦纶民用长丝平均开工负荷均在90%，分别较2023年增长7.8、8.8个百分点。分阶段来看：3~4月，下游需求好于预期，化纤大部分子行业负荷处于近年来同期高位；但高开工造成库存累积、效益收窄，叠加进入淡季后需求转弱，部分聚酯涤纶企业甚至出现亏损，6~8月聚酯涤纶开工负荷有所下滑；9月下游开机率提升，带动化纤行业开工负荷小幅抬升；四季度继续保持高位运行。

在产能高基数和高开工的情况下，2024年化纤产量较快增长。根据中国化纤协会统计，2024年化纤产量为7475万吨，同比增长8.8%（表1）。其中，涤纶长丝和氨纶产量同比分别增长10%左右，锦纶产量同比增长6.3%，黏胶短纤产量同比增长5.8%，莱赛尔纤维产量同比增幅达27.4%。

表1　2024年中国化纤产量完成情况

产品名称	2024年产量（万吨）	同比（%）
化学纤维	7475	8.8
再生纤维素纤维	515.5	7.5

续表

产品名称	2024年产量（万吨）	同比（%）
其中：黏胶纤维	443.5	6.4
短纤	421	5.8
长丝	22.5	19.7
莱赛尔纤维	42.8	27.4
合成纤维	6960	8.9
其中：涤纶	6226	9.2
短纤	1246	4.4
长丝	4980	10.4
锦纶	459	6.3
腈纶	62	2.6
维纶	8.4	−1.2
丙纶	44.2	5.7
氨纶	105.5	9.9

注　以上统计包含循环再利用纤维产品，不包含加弹等后加工产品。
资料来源：中国化学纤维工业协会

（二）终端需求实现增长，但压力有所显现

2024年，一揽子政策及时出台，推动社会信心有效提振、经济明显回升，带动纺织服装商品内需消费实现温和增长。根据国家统计局数据，2024年，我国居民人均衣着消费支出同比增长2.8%；限额以上服装、鞋帽、针纺织品类商品零售总额同比增长0.3%，增速较2023年回落12.6个百分点；网上穿类商品零售额同比增长1.5%，增速较2023年回落9.3个百分点。

外需方面，我国纺织产业链竞争力持续释放，有效顶住较为严峻的外贸形势，全年出口实现正增长。其中，由于担心中美贸易环境风险，部分企业在四季度"抢出口"，引发当季出口增长加快。根据中国海关数据，2024年我国纺织品服装出口总额为3011亿美元，同比增长2.8%。其中，纺织品出口额为1419.6亿美元，同比增长5.7%，服装出口额为1591.4亿美元，同比增长0.3%。我国对主要市场纺织服装出口情况整体良好，但表现有所分化，对美国、欧盟、东盟等主要贸易伙伴出口增势良好，对日本、土耳其、俄罗斯等市场出口负增长。

从化纤直接下游来看，化学纤维纱、化学纤维短纤布产量分别同比增长8.2%、3.4%；从化纤下游主要行业（加弹、织机、涤纱）开机率来看，均较2023年有所提升，且加弹开机率提升明显。从轻纺城成交量来看，平均值略低于2023年。

（三）出口增速前低后高，全年恢复增长态势

根据中国海关数据，2024年，化纤产品共出口约665万吨，同比增长2.16%（表2），全年

恢复增长态势。分出口目的地看，对印度出口减量影响较大。2023年10月印度对涤纶长丝执行BIS认证，企业在此前抢出口，致使2023年涤纶长丝出口量大增。2024年涤纶长丝出口没能延续上年的高增长态势，全年出口量同比减少2.50%。如果刨除印度，对其他国家和地区出口涤纶长丝实际是增长的。此外，化纤出口市场份额变化明显（图1），印度、土耳其份额分别下降5.6、2.6个百分点，越南、巴基斯坦、埃及份额有明显提升。

表2 2024年化纤主要产品进出口情况

产品名称	进口量 2024年（吨）	进口量 2023年（吨）	同比（%）	出口量 2024年（吨）	出口量 2023年（吨）	同比（%）
化学纤维	682240.5	623053.6	9.50	6648171.1	6507300.3	2.16
其中：涤纶长丝	75450.2	69494.4	8.57	3932976.2	4033800.6	-2.50
涤纶短纤	106879.7	101838.7	4.95	1338262.7	1230617.2	8.75
锦纶长丝	48668.8	45710.6	6.47	452686.5	391725.2	15.56
腈纶	52491.1	50980.6	2.96	45090.7	42065.1	7.19
黏胶长丝	1386.1	561.6	146.81	110345.5	102672.4	7.47
黏胶短纤	125924.4	94732.6	32.93	204112.0	266024.7	-23.27
氨纶	45633.3	47938.9	-4.81	78838.4	69628.2	13.23

资料来源：据中国海关数据整理

	印度	土耳其	越南	巴基斯坦	埃及	巴西
2023年	10.8%	9.7%	9.4%	8.2%	7.1%	6.8%
2024年	5.2%	7.1%	11.8%	9.8%	8.6%	6.6%

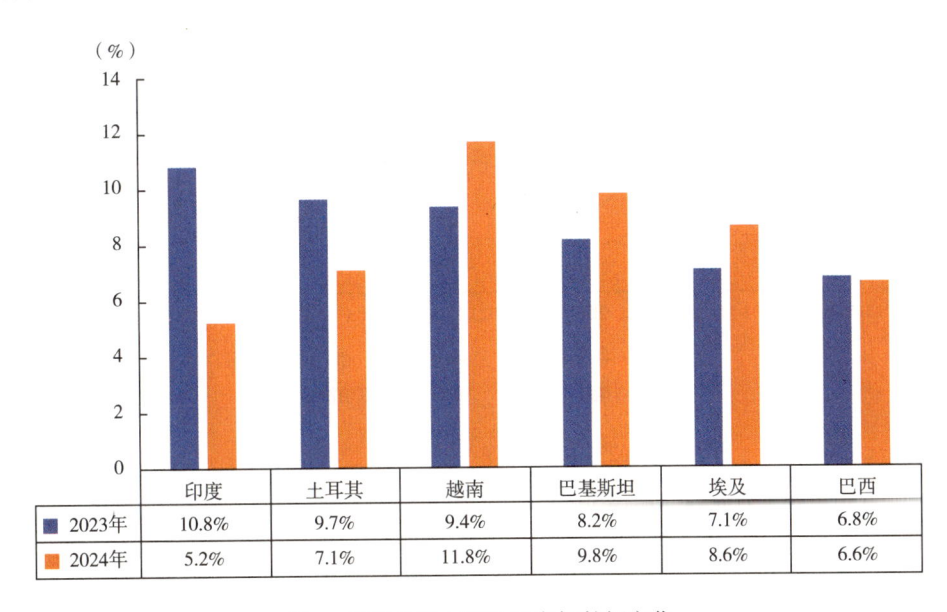

图1 我国化纤主要出口市场份额变化

（四）上半年化纤市场相对平稳，下半年成本支撑减弱

2024年，原油价格在66～87美元/桶区间波动（图2），上半年地缘扰动带来上涨行情，4月初达到全年高点87美元/桶；下半年美联储降息，市场预期经济下滑，需求弱化，油价不断回落，9月上旬降至全年低点66美元/桶，此后转入"震荡筑底"阶段。

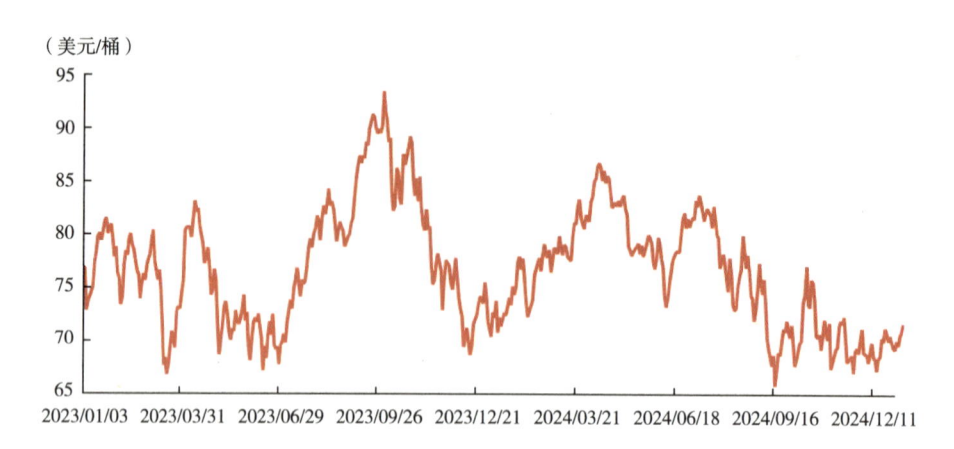

图2　2023~2024年WTI油价走势图
资料来源：化纤信息网

虽然上半年原油价格呈现上涨行情，但PTA、涤纶价格与原油价格关联性稍弱，市场波动较为平稳，价格受供需博弈影响较多（图3）。下半年随着原油价格不断回落，成本端支撑减弱，化纤价格呈现下行趋势。以聚酯链为例，PTA价格由7月初的6015元/吨降至年末的4760元/吨，跌幅达26%；涤纶POY由7月初的8015元/吨降至年末的7040元/吨，跌幅达14%。

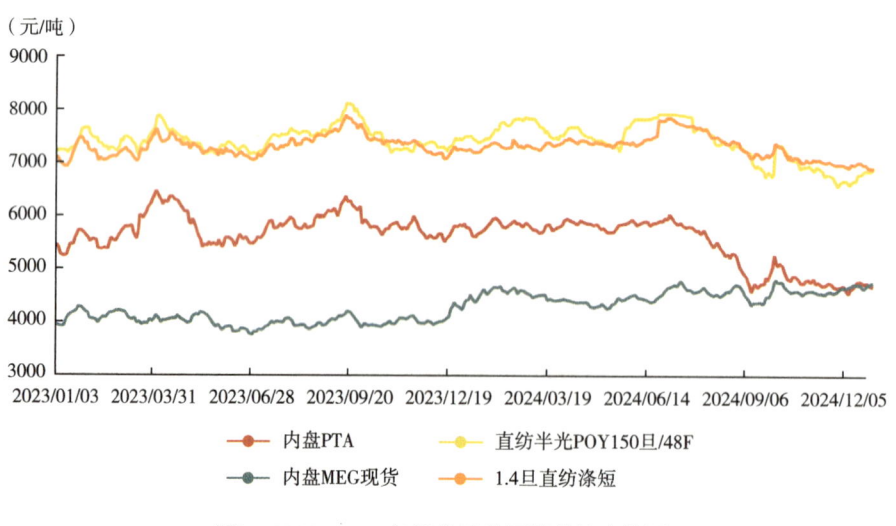

图3　2023~2024年涤纶及其原料价格走势图
资料来源：化纤信息网

（五）经济效益同比提升，运行质量有所改善

2024年化纤行业经济效益指标呈现积极变化。根据国家统计局数据，化纤行业实现营业收入11666亿元，同比增加5.72%；实现利润总额358亿元，同比增加33.58%，但由于低基数效应逐步减弱，利润增幅逐步收窄。营业收入利润率为3.07%，虽然仍处于近年来相对低位，但环比呈提升趋势。化纤行业为纺织全行业贡献约18.5%的利润，较2023年增长3.6个百分点；行业亏损面23.12%，较2023年下降2.4个百分点，亏损企业亏损额同比减少10.03%（表3）。

表3 2024年化纤及相关行业经济效益情况

产品名称	营业收入（亿元）	同比（%）	营业成本（亿元）	同比（%）
纺织行业*	48353.66	3.87	42619.99	3.65
其中：纺织业	23988.05	3.57	21204.23	3.33
纺织服装、服饰业	12699.15	2.76	10694.66	2.87
化学纤维制造业	11666.47	5.72	10721.10	5.06
产品名称	利润总额（亿元）	同比（%）	亏损企业亏损额（亿元）	同比（%）
纺织行业*	1850.62	7.45	447.96	9.36
其中：纺织业	868.70	3.44	230.37	12.06
纺织服装、服饰业	623.81	1.54	89.67	2.16
化学纤维制造业	358.12	33.58	127.92	10.03

* 本表中纺织行业数据为三项合计。
资料来源：国家统计局

分行业来看，涤纶、锦纶和纤维素纤维行业利润较2023年显著改善，分别贡献化纤全行业利润的48%、18%、23%。具体来看，涤纶行业上半年利润水平存在一定压力，下半年随着加工差的逐步改善，利润水平有所提升；锦纶行业利润水平表现较为稳定，户外及运动领域需求旺盛，拉动锦纶消费量增长，从而为行业带来利润空间；氨纶行业利润总额下降较为明显，一方面是原料价格下跌的拖累，另一方面是新增产能带来供应压力，叠加需求不及预期，行业库存处于偏高水平，产品价格呈现下行趋势。

（六）固定资产投资增速回升，实际新增产能放缓

根据国家统计局数据，2024年化纤行业固定资产投资额同比增加4.7%，而2023年为-9.8%，低基数效应下投资增速有所回升（图4）。但从新增产能来看，2024年聚酯纤维新投196万吨，行业新增产能压力有所缓解。此外，行业企业更加聚焦原有产能的高端化、智能化、绿色化升级改造，转型升级步伐坚实有力。

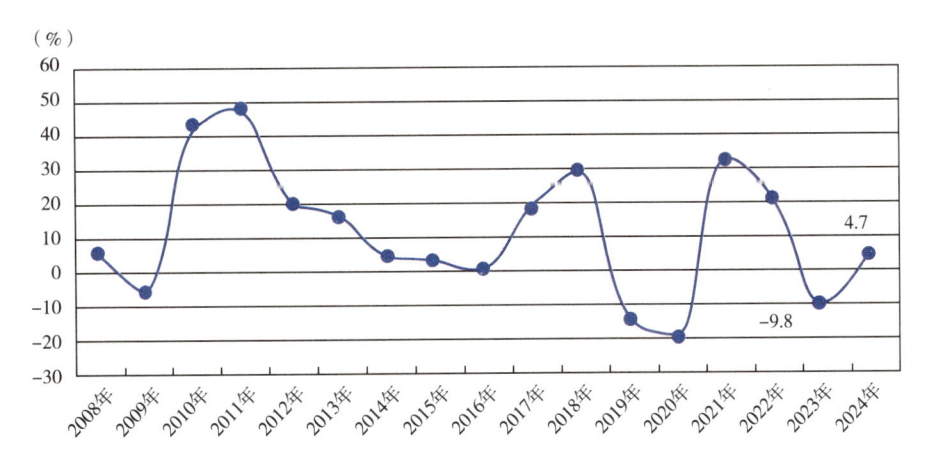

图4 2008～2024年化纤行业固定资产投资增速变化
资料来源：国家统计局

二、2025年化纤行业运行展望

从外部环境来看，2025年全球经济将继续处于低增长轨道，经济合作与发展组织3月将2025年世界经济增长预期由3.3%下调至3.1%。同时，全球生产与消费成本抬高、国际贸易受阻、全球供应链更趋碎片化、地缘局势走向难以预料，全球经济不确定性增加。

从内部环境来看，《2025年国务院政府工作报告》提出预期目标，其中：国内生产总值增长5%左右；居民消费价格涨幅2%左右；居民收入增长和经济增长同步。为此，政府将实施更加积极的财政政策，实施适度宽松的货币政策，强化宏观政策民生导向，全方位扩大国内需求等。可以预见，宏观政策精准发力，将推动我国经济向好向优，内销市场压舱石作用也将更为突出。

预计2025年，纺织品服装内销或将延续稳中承压态势，而出口压力将明显增加。化纤行业总体上具备保持平稳运行的基础，但也依然面临着竞争加剧、企业经营压力较大、贸易摩擦增多等问题，需要全行业继续凝心聚力去应对。行业需充分激发内生动力，凭借行业自律、技术创新、产品升级、产业转型等举措，切实有效地应对成本与竞争压力，积极推动行业运行稳中提质。

（中国化学纤维工业协会）

2024年我国印染行业经济运行情况及趋势展望

林 琳

2024年是贯彻落实党的二十大精神的关键之年，是实施"十四五"规划的攻坚之年，也是机遇与挑战并存的一年。这一年，国际环境错综复杂，世界经济增长动能偏弱，国际消费需求恢复缓慢，我国纺织服装出口承压；地缘政治冲突加剧，贸易保护主义盛行，全球纺织服装产业链、供应链格局处于深度调整中，国际贸易面临的不确定性明显增加。国内有效需求不足，新旧动能转换存在阵痛，部分企业生产经营困难较多。面对外部压力加大、内部困难增多的复杂严峻形势，党中央、国务院加大宏观政策调控力度，着力强化预期管理，扎实推动经济社会高质量发展。随着政策组合效应持续释放，我国印染行业经济运行逐步回稳、稳中有进，主要经济指标回升向好，全年印染布产量实现小幅增长，主要产品出口规模再创新高，发展质效加快修复，行业高质量发展和经济平稳运行的基础进一步夯实。

一、2024年印染行业经济运行情况

（一）生产形势总体良好，产量实现小幅增长

根据国家统计局数据，2024年，印染行业规模以上企业印染布产量同比增长3.28%，增速较2023年提高1.98个百分点。从全年走势来看，我国印染布产量增速呈现"上半年波动下滑，下半年逐步趋稳"态势，1~2月行业生产实现良好开局，3月产量增速有所回落，4、5月行业进入生产旺季，产量增速逐步回升，6月增速再次走低，下半年增速保持基本平稳，如图1所示。从月度产量来看，上半年规模以上印染企业印染布当月产量均保持在50亿米以上；三季度受国内外多方面因素影响，印染行业生产承压，印染布当月产量均低于50亿米；四季度随着市场需求逐步释放，行业产能利用率有所提高，印染布产量逐月回升，12月产量达到59.31亿米，同比增长6.01%，为3月份以来最高水平，如图2所示。

分地区来看，2024年我国印染行业产能集中度延续2023年下降态势，浙江、江苏、山东、福建、广东等东部沿海五省规模以上印染企业印染布产量占全国总产量92.10%，占比较2023年下滑0.66个百分点，较2015年峰值下滑近4个百分点。沿海五省中，浙江、江苏、山东印染布产量实现增长，福建、广东印染布产量有所下降，其中山东省同比增长9.85%，广东省同比

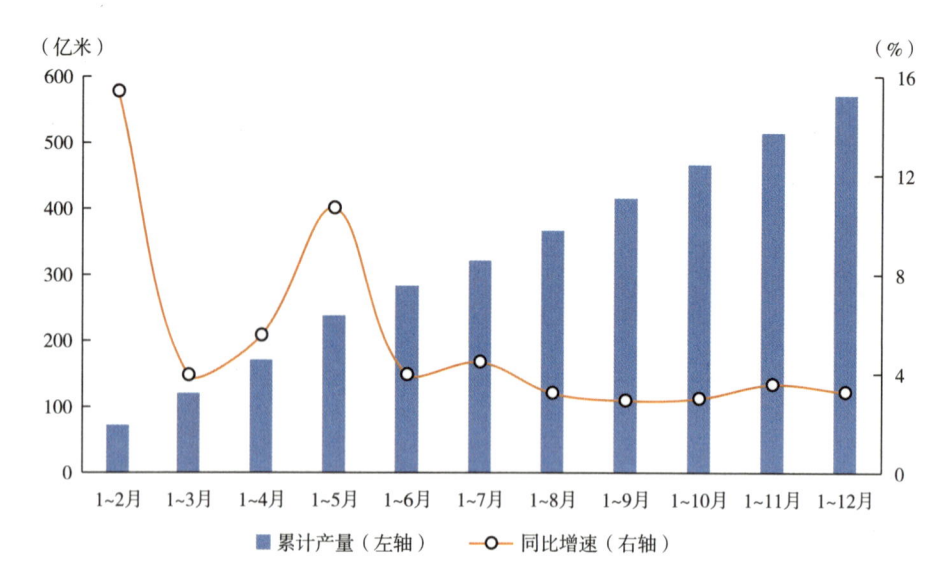

图1　2024年印染行业规模以上企业累计产量及增速情况
资料来源：国家统计局

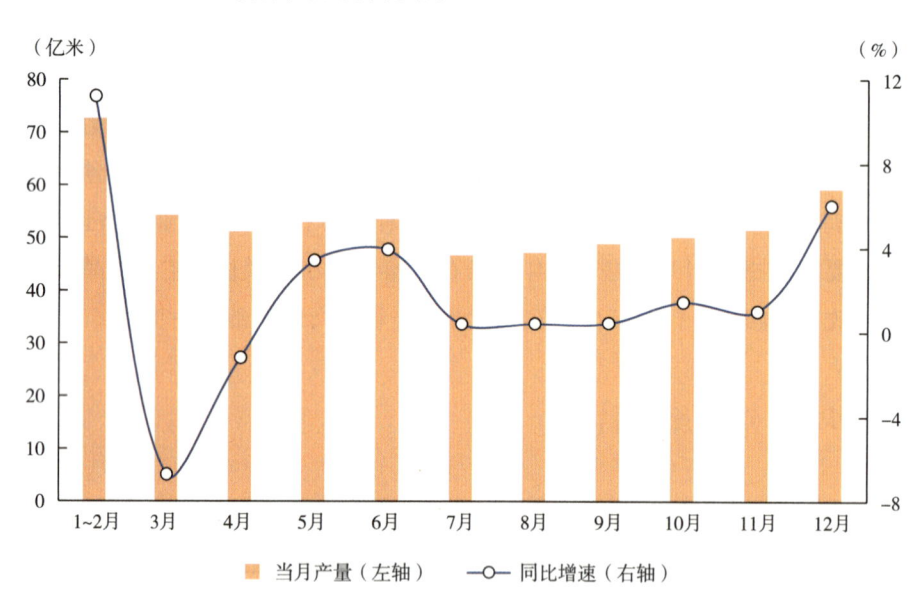

图2　2024年印染行业规模以上企业当月产量及增速情况
资料来源：国家统计局

下降9.62%，山东省印染布产量超过广东和福建，跃居全国第三位。安徽、河南、山西、陕西、湖北、湖南、重庆、新疆等中西部地区印染布产量增速均高于全国平均水平，其中重庆、河南、湖南、湖北等省（区、市）实现大幅增长，增速分别达到30.03%、27.61%、25.19%和17.26%，见表1。

表1　2024年我国部分地区印染布产量增速情况

序号	地区	同比（%）	序号	地区	同比（%）
1	浙江	4.15	3	山东	9.85
2	江苏	2.37	4	福建	−2.01

续表

序号	地区	同比（%）	序号	地区	同比（%）
5	广东	−9.62	11	湖北	17.26
6	湖南	25.19	12	江西	1.64
7	河北	−4.72	13	新疆维吾尔自治区	5.89
8	四川	−3.31	14	山西	11.35
9	河南	27.61	15	安徽	10.62
10	重庆	30.03	16	广西壮族自治区	−19.54

注 以上地区为印染布年产量超过1亿米的省（自治区、直辖市）。

资料来源：国家统计局

（二）外贸展现较强韧性，出口规模再创新高

2024年，尽管国际市场需求疲弱，全球贸易风险高企，我国纺织品服装出口整体承压，但凭借产业链优势、规模优势、技术优势、人才优势及产品优势等，我国印染行业在国际市场中仍具有显著竞争力，主要产品出口规模再创新高，行业出口展现较强韧性。根据中国海关数据，2024年，我国印染八大类产品出口数量335.34亿米，同比增长7.53%，增速较2023年提高2.62个百分点；出口金额312.95亿美元，同比增长3.88%，增速较2023年提高6.51个百分点；出口平均单价0.93美元/米，同比降低3.39%，仍延续2023年以来的下跌态势。前三季度，我国印染行业出口增速逐步下滑，四季度，随着国外感恩节、圣诞节等重要节假日的到来，海外纺织服装补库存需求逐步释放，国际市场对我国印染面料需求增加，同时受美国政府对中国出口产品加征关税的不确定性影响，我国纺织服装企业积极调整外贸节奏，短期内"抢出口"效应推高印染产品出口增速，如图3所示。

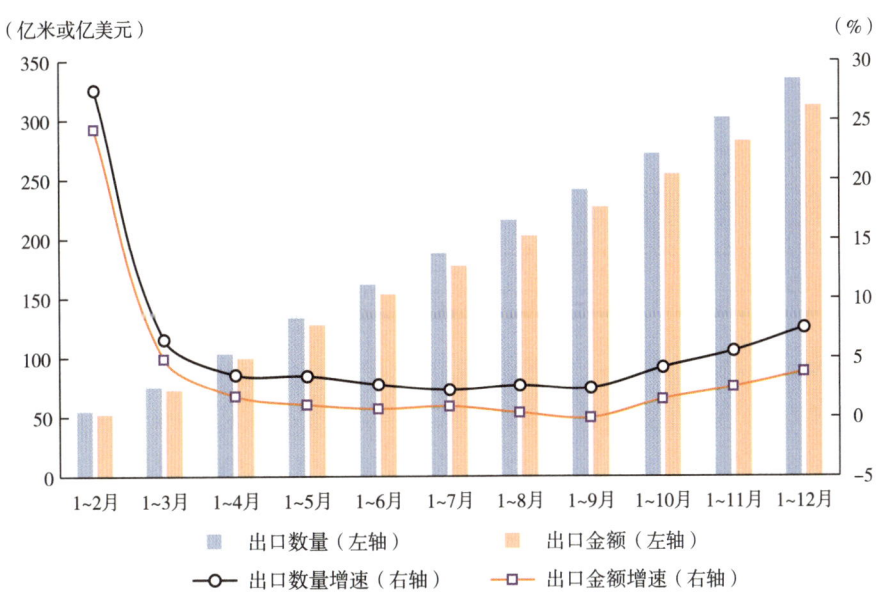

图3 2024年我国印染八大类产品出口情况

资料来源：中国海关

我国印染面料除直接出口外，还通过服装、家用纺织品等终端产品形式间接出口。2024年，我国服装出口额1591.4亿美元，同比增长0.3%，增速较前三季度提高1.9个百分点；家用纺织品出口额485亿美元，同比增长5.63%，增速较前三季度提高1.88个百分点，反映印染产品间接出口规模实现温和增长，四季度出口增速呈现回升向好态势。

1. 主要产品出口情况

2024年，我国印染八大类产品出口表现呈现分化态势：纯棉染色布和人纤短纤织物出口数量分别增长13.30%和14.51%，高于总出口增速5.77和6.98个百分点；涤纶短纤织物、T/C印染布出口数量增速低于行业平均水平；纯棉印花布、棉混纺染色布、棉混纺印花布三类产品出口数量下滑明显，降幅分别达到11.60%、14.37%和9.83%；合成长丝织物出口数量达到242.09亿米，同比增长8.30%，占印染八大类产品出口总量72.19%，见表2。2020~2024年，合成长丝织物出口数量年均增长13.18%，高于同期印染八大类产品出口数量年均增速3.44个百分点，一方面反映出国际市场对化纤面料的需求在持续上升，另一方面也反映出我国印染产品出口结构在不断调整。出口单价方面，多数产品出口价格下降，仅棉混纺染色布、棉混纺印花布和人纤短纤织物出口单价实现小幅增长。

表2 2024年我国印染八大类产品出口情况

品种	出口数量（亿米）	数量同比（%）	出口金额（亿美元）	金额同比（%）	出口单价（美元/米）	单价同比（%）
纯棉染色布	13.78	13.30	25.46	4.75	1.85	-7.54
纯棉印花布	11.39	-11.60	12.78	-11.97	1.12	-0.42
棉混纺染色布	3.39	-14.37	7.18	-12.97	2.12	1.64
棉混纺印花布	0.43	-9.83	0.88	-6.52	2.04	3.67
合成长丝织物	242.09	8.30	203.00	4.40	0.84	-3.60
涤纶短纤织物	13.72	0.97	12.29	-3.48	0.90	-4.41
T/C印染布	11.53	2.92	13.83	2.49	1.20	-0.42
人纤短纤织物	39.01	14.51	37.54	15.21	0.96	0.62
合计	335.34	7.53	312.95	3.88	0.93	-3.39

资料来源：中国海关

2. 主要出口市场情况

东盟和以东盟为重要组成的区域全面经济伙伴关系协定（RCEP）成员国是我国印染行业重要的出口市场。2024年，我国印染八大类产品对东盟和RCEP成员国出口数量分别占总出口的23.58%和25.14%，对两大市场出口表现好于整体出口水平，但也呈现"量增价跌"态势。全年，我国印染八大类产品对东盟出口数量79.08亿米，同比增长12.14%，高于总出口增速4.61个百分点；出口平均单价1.19美元/米，同比降低2.75%，降幅低于整体水平0.64个百分点。对RCEP成员国出口数量84.31亿米，同比增长11.35%，高于总出口增速3.82个百分点；出口平均单价1.17美元/米，同比降低2.79%，降幅低于整体水平0.60个百分点。

从主要出口国家来看，2024年，我国印染行业对出口规模排名前十的国家出口数量达到144.75亿米，同比增长8.52%，占出口总量的43.16%，出口集中度相对较高。前十国家中，仅对俄罗斯出口数量小幅下降2.38%，对其余国家出口均有不同程度增长，见表3。其中，对柬埔寨出口数量同比大幅增长41.32%，柬埔寨取代巴基斯坦首次进入出口前十国家。对越南、孟加拉国出口数量增速超过20%，主要原因在于随着主要服装需求国开始补库，这两国作为全球重要的纺织服装出口国，对我国印染面料需求明显增加。对尼日利亚、印度尼西亚、缅甸、菲律宾出口增速不及整体水平，对巴基斯坦出口数量同比大幅下降27.71%，巴基斯坦出口排名下滑至第11位。缅甸是前十国家中唯一实现"量价齐升"的国家。

表3　2024年我国印染八大类产品出口前十国家情况

国家	出口数量（亿米）	数量同比（%）	出口金额（亿美元）	金额同比（%）	出口单价（美元/米）	单价同比（%）
越南	27.54	20.91	41.74	15.00	1.52	-4.88
尼日利亚	24.14	2.51	14.84	-1.57	0.61	-3.99
孟加拉国	18.69	28.78	25.60	22.41	1.37	-4.94
印度尼西亚	18.46	2.86	16.02	-1.26	0.87	-4.01
巴西	15.73	19.24	11.20	14.40	0.71	-4.06
印度	10.65	9.36	7.82	8.32	0.73	-0.94
缅甸	9.74	0.50	10.54	2.02	1.08	1.51
俄罗斯	6.93	-2.38	6.53	-5.41	0.94	-3.11
菲律宾	6.67	5.88	5.67	-4.08	0.85	-9.40
柬埔寨	6.20	41.32	10.76	37.72	1.63	-2.55
合计	144.75	8.52	144.99	5.20	1.00	-3.06

资料来源：中国海关

（三）运行质量有所修复，经营效益明显改善

全球经济复苏和国内经济平稳运行为印染行业提供了良好的外部环境。2024年，世界主要发达经济体通胀压力进一步缓解，国际贸易逐步回暖，主要央行货币政策转向宽松，全球经济整体处于恢复过程中。我国经济运行总体平稳，存量政策和增量政策组合效应的持续释放对经济发展形成了有力支撑。经济回暖提振国内外纺织服装消费需求，推动印染行业经济效益明显改善，但行业企业盈利能力进一步分化。

1. 运行质量有所恢复

根据国家统计局数据，2024年，印染行业规模以上企业三费比例6.90%，同比降低0.05个百分点，其中，棉印染精加工企业为6.74%，化纤织物染整精加工企业为7.72%；产成品周转率13.92次/年，同比提高0.55%；应收账款周转7.70次/年，同比降低3.89%；总资产周转率0.99次/年，同比提高2.47%，见表4。2024年，印染行业运行质量指标多数呈现修复改善趋向，企业成本控制取得成效，产销衔接更趋顺畅，资产利用效率提升，但也存在资金周转效率偏低、账款回收周期延长等问题，企业经营稳定性和生产投资受到一定影响。总体来看，印染行业运行效率指标恢复进程相对缓慢，与疫情前相比仍有明显差距，其中产成品周转率较2019年下降35.91%，反映在当前复杂多变的全球贸易形势下，国际纺织面料供需失衡的局面仍未有效缓解。

表4 2019～2024年规模以上印染企业主要运行质量指标对比

主要指标	2019年	2020年	2021年	2022年	2023年	2024年
三费比例（%）	6.72	6.97	6.68	6.39	6.95	6.90
产成品周转率（次/年）	21.72	17.85	18.31	17.10	13.84	13.92
应收账款周转率（次/年）	8.17	7.99	8.22	8.54	8.01	7.70
总资产周转率（次/年）	1.10	0.94	1.04	1.04	0.97	0.99

资料来源：国家统计局

2. 效益水平明显改善

2024年以来，印染行业营业收入和利润总额增速总体呈现逐月放缓态势，但全年仍实现较快增长，如图4所示。根据国家统计局数据，2024年，规模以上印染企业营业收入同比增长6.27%，增速较2023年提高4.83个百分点；利润总额同比增长29.03%，增速较2023年提高19.77个百分点；成本费用利润率5.98%，同比增长1.09个百分点；销售利润率5.51%，同比增长0.97个百分点，为近五年最高，略低于2019年同期水平，如图5所示。1804家规模以上印染企业亏损户数为540户，亏损面29.93%；亏损企业亏损总额同比减少14.91%，亏损情况有所好转。

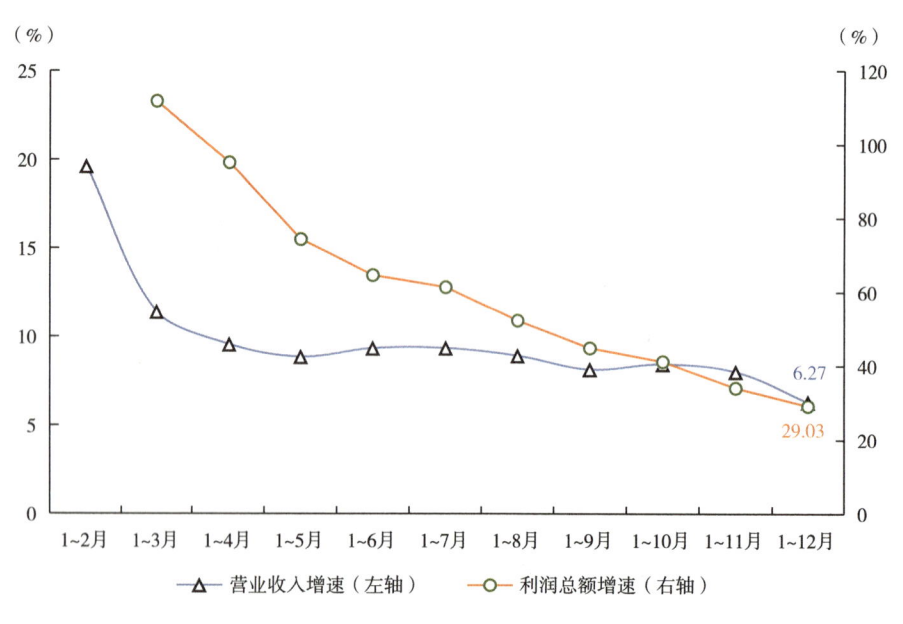

图4 2024年规模以上印染企业营业收入和利润总额增速情况
注：因2024年1～2月利润总额同比由负转正，故不计算当期利润总额增速。
资料来源：国家统计局

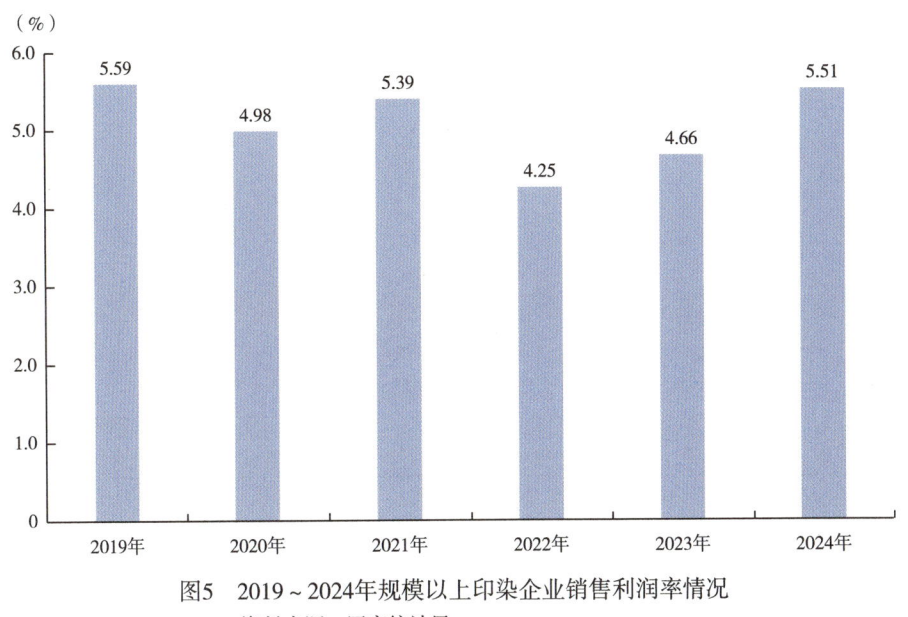

图5　2019～2024年规模以上印染企业销售利润率情况
资料来源：国家统计局

2024年，印染行业经营效益整体明显改善，全年营业收入和利润总额增速分别高于纺织全行业2.31和21.49个百分点，销售利润率高于纺织全行业1.60个百分点，但行业亏损面仍高于纺织全行业9.10个百分点。盈利改善但亏损面依然偏高反映出当前印染企业盈利能力进一步分化，不同规模、不同产品、不同经营模式的企业盈利水平存在较大差异，头部印染企业及走差异化发展路径的企业盈利水平持续改善，部分印染企业仍面临较大的盈利压力。

（四）经济运行面临的主要问题

1. 市场需求整体偏弱

2024年，全球经济处在缓慢恢复过程中，增长动能依然不足。国际货币基金组织（IMF）2025年1月发布的《世界经济展望》报告估计2024年世界经济增速为3.2%，增速仍低于新型冠状病毒感染前水平，且不同国家、不同地区的经济恢复呈现不平衡性，国际市场对我国纺织品服装的需求增长放缓。2024年我国纺织品服装出口总额3011亿美元，同比增长2.8%，出口规模仍低于2021年同期水平。纺织服装内需消费增速回落明显，2024年，我国居民人均衣着消费支出同比增长2.8%；限额以上单位服装鞋帽、针纺织品类商品零售总额同比增长0.3%，增速较2023年回落12.6个百分点；网上穿着类商品零售额同比增长1.5%，增速较2023年回落9.3个百分点，如图6所示。终端需求不足对印染行业生产形成制约，同时也影响了行业转型升级步伐和高质量发展进程。

2. 市场竞争进一步加剧

市场是引导产业发展方向和规模的关键因素。2024年，国内外市场需求延续疲软态势，恢复动力仍显不足，印染企业多数面临订单短缺的现实压力，市场竞争进一步加剧，出口产品价格延续下降态势。2024年，我国印染八大类产品出口平均单价0.93元/米，为近15年最低水平，较2014年高点下跌23.14%，如图7所示。此外，国外印染产能的增加也进一步加剧行业竞争态势。

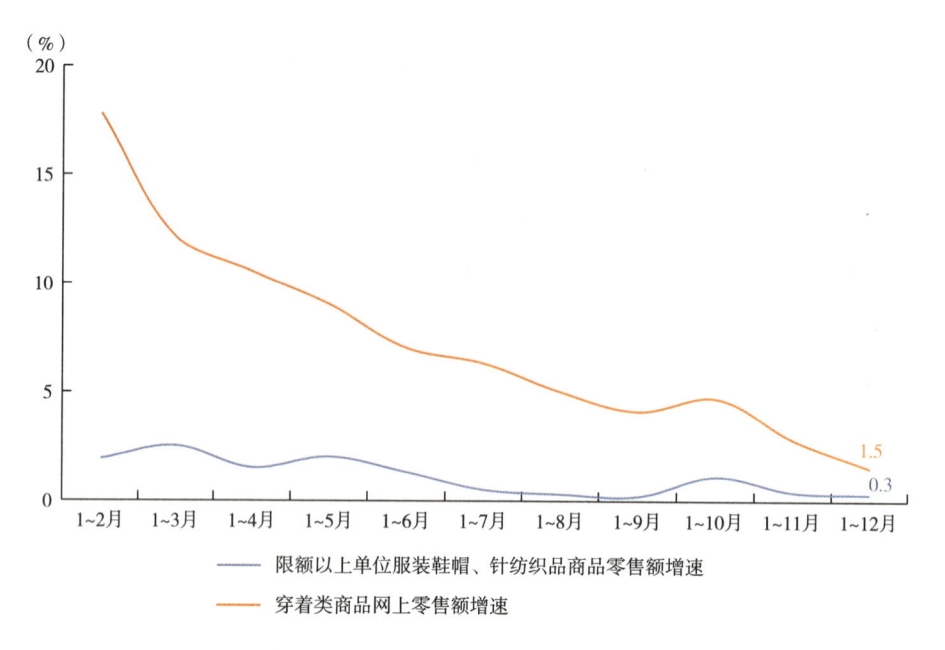

图6 2024年纺织服装内销指标增速情况
资料来源：国家统计局

图7 2010～2024年印染八大类产品出口平均单价走势
资料来源：中国海关

二、印染行业发展趋势

（一）2025年印染行业形势展望

展望2025年，我国印染行业面临的外部发展环境依然复杂严峻。一方面，受诸多不确定性因素影响，全球经济形势复苏进程的可持续性和平衡性面临考验，国际市场对纺织服装需求恢复或仍呈现低速增长态势，东南亚等地区对我国印染面料的需求增长将有所放缓；国内居民消费意愿不足、消费结构升级迟滞等问题对行业经济稳步增长形成制约，内需市场恢复基础仍需巩固。另一方面，超大规模的市场优势和内需潜力是行业平稳发展的基本盘，随着国家政策效应逐步显现，印染行业经济运行将呈现"形有波动、势仍向好"的发展态势。

1. 出口或将持续承压

2025年全球经济可能在中低速轨道上曲折前行，经济复苏态势有望巩固增强，这为国际贸易增长奠定基础，IMF预测2025年全球经济增速将达到3.3%，WTO预测2025年全球货物贸易量将增长2.7%。但日益加剧的贸易紧张局势、不断上升的贸易保护主义风险、可能升级的地缘政治冲突等，都将对全球经济产生深远影响。同时，欧美等西方国家推行"近岸贸易""友岸贸易"，全球供应链格局将加速调整，我国纺织印染企业或将面临订单缩减、客户流失、成本攀升等一系列问题。此外，美国的关税政策可能给我国纺织行业出口带来较大挑战，我国纺织品服装对美出口显著承压。同时，美国关税政策将进一步加速国内印染产能向海外转移，对我国纺织行业产业安全产生不利影响。

2. 内销有望逐步改善

中央经济工作会议将"大力提振消费、提高投资效益、全方位扩大国内需求"作为2025年要抓好的首要重点任务，国内政策的确定性将成为行业平稳运行的根本支撑。提振消费是畅通经济循环的关键，政府通过"更加积极"的财政政策和"适度宽松"的货币政策，推动我国经济运行保持在合理稳健区间；2025年"两新"加力扩围政策出台并迅速落地实施，将带动纺织产品内需市场延续回升向好态势。在基本面支撑及一揽子增量政策措施支持下，2025年我国经济有望保持良好发展势头，居民消费潜力逐步释放将促进印染企业生产和投资活动持续改善，预计2025年印染行业经济将保持平稳运行，主要经济指标将延续恢复向好态势。

（二）2025年印染行业重点发展方向

1. 以品质提升为核心，着力推动价值链跃升

传统产业不等于落后产业、夕阳产业，传统产业是建设现代化产业体系的基础，关乎国家的核心竞争力。印染行业是我国传统优势产业，是赋予纺织面料功能、提升纺织品档次、提高附加值的关键环节。高质量发展语境下，印染行业要强化行业自律，避免同质化的低效竞争和价格内卷，要深入推进供给侧结构性改革，通过科技创新提升产业价值能级，以更高水平的供给满足人民美好生活需要。印染企业要把握消费升级趋势，聚焦多样化消费场景，持续加强功能性面料、户外运动面料、生物基纤维面料等产品的设计开发与生产，以品类创新、品质提升不断盘活市场存量、拓展市场增量，引领产业价值链向中高端延伸。

2. 以效率变革为动力，加快推进数智化发展

从研发、设计、制造到营销、供应链管理，数字经济正在重塑产业生态。印染企业加快数智化转型，大力发展数字生产力，将带动生产方式产生重大变革，使生产过程更加智能化、高效化、精准化，能够快速响应市场需求变化，提高资源利用效率，降低企业生产成本。印染企业要结合自身的业务流程，充分利用丰富的场景优势，强化生产数据的实时采集与分析，深入挖掘降本增效潜力，以提升发展效益。通过引入先进的生产设备和工业互联网技术，实现生产设备互联互通与自动化控制，从而优化生产流程，提高生产效率和产品质

量，提升企业核心竞争力，促进企业产业结构升级。

3. 以"双碳"目标为引领，加快推进绿色化转型

推动经济社会发展绿色化、低碳化是实现高质量发展的关键环节，也是建设人与自然和谐共生的现代化的内在要求。当前，以绿色、低碳、循环为重要特征的新的生产力质态正加速形成，要素资源、政策资源、创新资源、市场资源都在向绿色发展聚集。印染行业作为纺织产业链绿色低碳转型的核心所在，要主动顺应全球发展大势，以集约化、减量化、低碳化、循环化、清洁化为方向，加快推进生产、流通与消费等环节的可持续转型。强化绿色前沿技术的基础性研究，持续推广绿色先进适用技术和工艺的应用，深入推进清洁生产和印染园区绿色化改造。紧抓"两重""两新"政策机遇，加强节能降碳技改攻坚，加大重点耗能设备更新力度。新建印染产能要严格落实生态环境相关法律法规标准规定，避免低水平产能重复建设，深入推进行业高质量发展。

（中国印染行业协会）

2024年中国缝制机械行业经济运行及2025年发展展望

2024年，全球经济在不确定性中缓慢复苏，通胀压力明显缓解，降息周期陆续开启，国内外下游消费动力和补库需求逐步释放，为缝制机械行业平稳发展和转型升级创造了良好的内外部条件。在协会"以进促稳，全面推进缝制现代化产业体系建设"年度主题引领下，行业企业积极应对挑战，坚持创新引领，实施"三品"战略，加快智能转型，努力开拓市场，在上年较低经济基数基础上，行业生产、销售、出口、效益等主要指标同比均实现由负转正、较快回升，取得了经济恢复性中速增长和高质量发展持续推进的良好成绩，行业经济整体约恢复到疫情前2019年同期水平。

展望2025年，行业面临的机遇和挑战并存，受消费疲软和大国博弈等不利因素影响，行业可持续增长的压力增大。

一、2024年行业经济运行概况

(一) 经济恢复性增长，景气度大幅回升

2023年末至2024年，行业经济呈现恢复性增长态势，行业景气指数从过冷区间一路跃升至过热区间（图1），并在过热和稳定区间持续徘徊。12月行业景气指数为113.92，仍处于渐热区间。

从各分项指数来看，12月行业主营业务收入景气指数111.50，出口景气指数116.74，资产景气指数97.33，利润景气指数132.33，四项指数中资产景气指数在稳定区间，主营业务收入和出口分项景气指数均处于渐热过冷区间，利润景气指数处于过热区间。由于上年基数过低，年内利润景气指数近半数均处于过热区间，行业发展呈现稳中有进、总体向好的发展态势。

(二) 效益明显改善，质效平稳恢复

2024年行业产销规模较快回升，带动企业质效明显改善。国家统计局数据显示（图2），2024年行业275家规模以上企业实现营业收入316.11亿元，同比增长19.04%；利润总额17.48

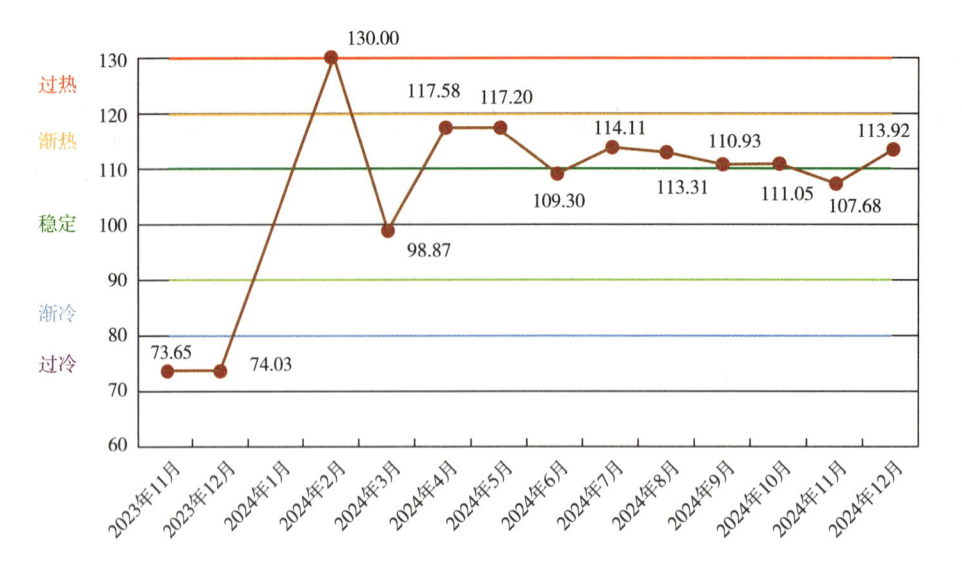

图1 2023年11月～2024年12月缝制机械行业综合景气指数变化情况
数据来源：中国轻工业信息中心

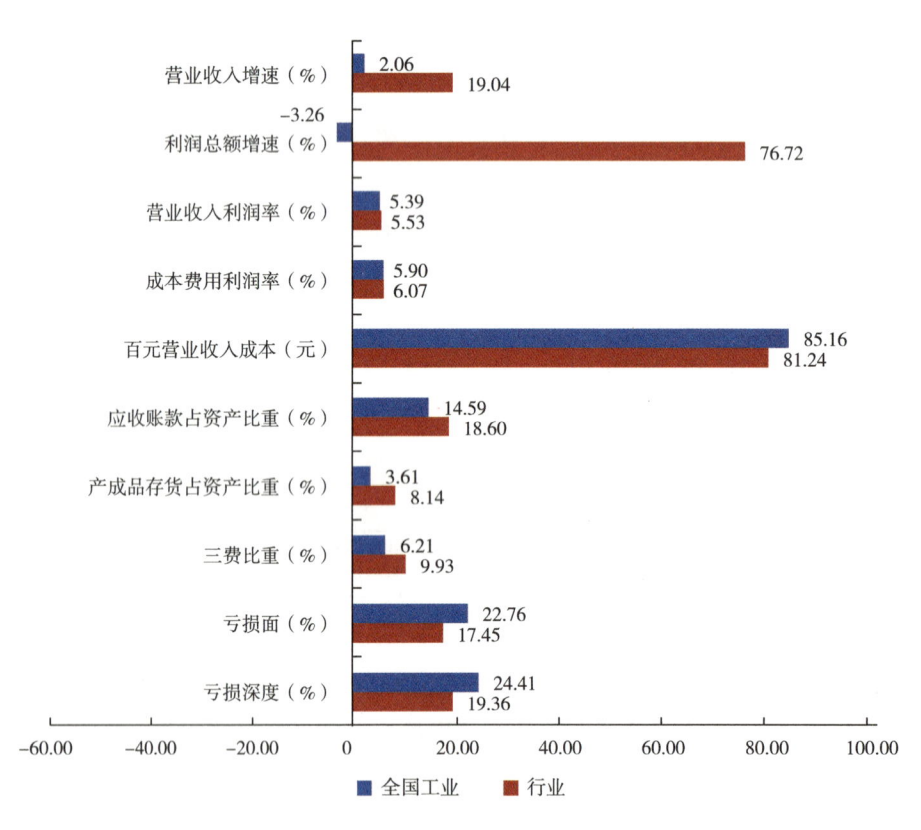

图2 2024年行业规模以上企业经营情况
数据来源：国家统计局

亿元，同比增长76.72%；营业收入利润率5.53%，较上年大幅提高2.1个百分点，高于全国工业5.39%的均值。行业规模以上企业总资产较上年同期增长4.39%，百元营业收入成本81.24元，同比下降1.30%。

2024年行业亏损面进一步收窄，企业运行效率积极改善。年末，行业规模以上企业亏损面17.45%，较上年末下降5.45个百分点；亏损深度为19.36%，较上年末下降15.14个百分点。规模以上企业三费比重9.93%，同比下降7.34%；应收账款额近73亿元，同比增长13.47%，占当期营业收入的22.95%，比重较上年末减少1.13个百分点。总资产周转率、产成品周转率、应收账款周转率同比分别增长14.03%、16.75%和4.91%。

（三）生产中速增长，自动机需求旺盛

受市场需求回升和企业补库带动，2024年行业生产整体呈现恢复性中速增长态势。国家统计局数据显示（图3），年末我国缝制机械行业规模以上生产企业累计工业增加值增速达6.3%，明显高于同期轻工生产专用设备制造规模以上企业和国家规定的上工业企业累计工业增加值增速，说明行业生产快速恢复，复苏态势较为强劲。

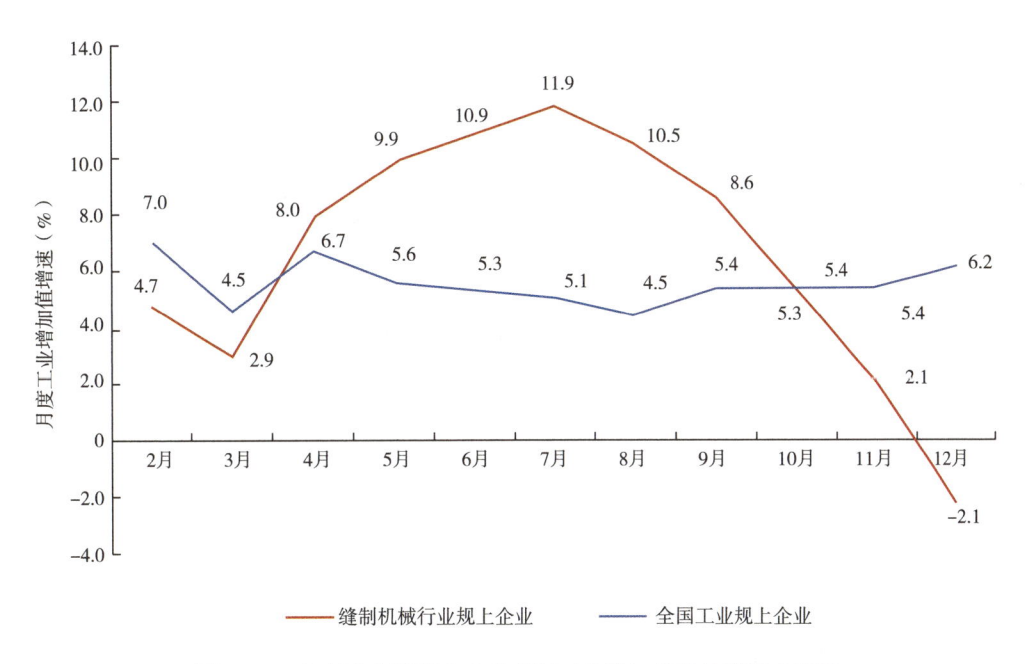

图3　2024年行业规模以上企业月度工业增加值累计增速走势图
数据来源：国家统计局

从行业月度工业增加值累计增速指标来看，指标全年呈现年末年尾两头低、中间高的发展态势。年初，该指标延续上年末的微增长态势，一季度指标增幅在5%以内；二、三季度指标增至8%以上，7月更高达11.9%，为年内最高值；至四季度指标有所下滑，至12月该指标由止转负。

据初步估算，2024年行业累计生产各类家用及工业用缝制设备（不含缝前缝后）约1155万台，同比增长24%。

1. 工业缝纫机

初步估算，2024年全行业工业缝纫机总产量约为685万台，同比增长22.32%（图4）。协会统计的百余家骨干整机企业累计生产工业缝纫机514万台，同比增长15.41%，其中，电脑平车、包缝、绷缝、厚料、刺绣机等常规机种均呈现两位数中速增长，花样机、模板机、自动缝制单元等呈现30%以上的中高速增长。行业工业机库存约80万台，同比增长6.74%。

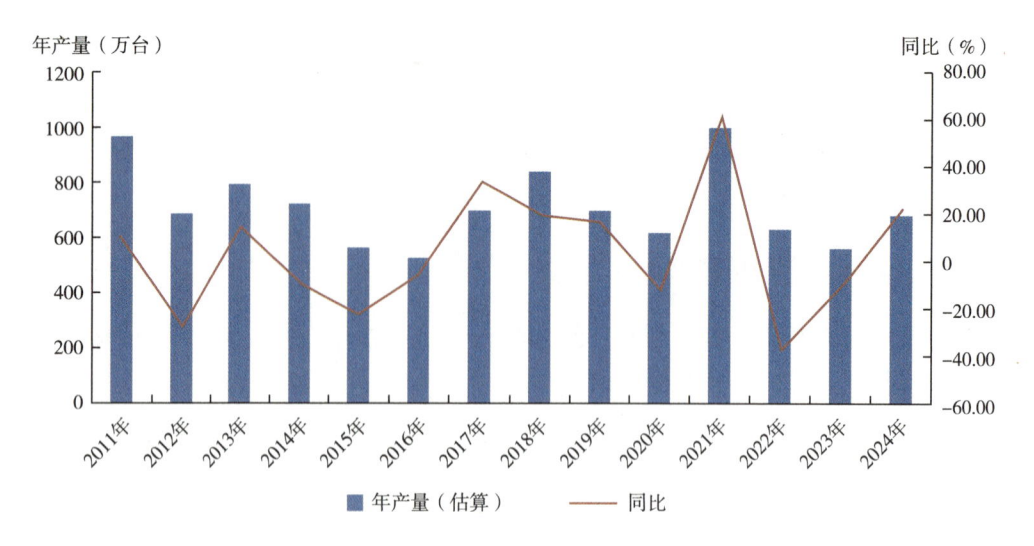

图4　2011～2024年我国工业缝纫机年产量变化情况（估算）
数据来源：中国缝制机械协会

从行业月度百家整机企业工业缝纫机产量数据来看，2024年行业生产较上年明显增长。1月企业主动补库，加大出口，行业百家企业工业缝纫机产量达40.3万台。2月受春节假期因素影响，百家企业工业缝纫机产量回落至26.9万台。3月，随着企业全面复工复产、积累订单需求释放和局部区域内外贸市场的较快回暖，百家企业工业缝纫机产量大幅回升至48.2万台。二、三季度，受市场需求平缓回落的影响，百家企业工业缝纫机产量在4月稍有下调之后再度平缓回升，产量稳定在40万台左右。四季度，受外需及补库需求拉动，百家企业工业缝纫机产量再度增至47万台以上。

2. 家用缝纫机

受海外经济复苏和个性化消费需求拉动，2024我国家用缝纫机产销较上年快速增长。据初步估算，2024年我国家用缝纫机产量约470万台，同比增长25.33%。其中，普通家用机产量约为230万台，同比增长24.32%；多功能家用机产量约为240万台，同比增长26.32%（图5）。

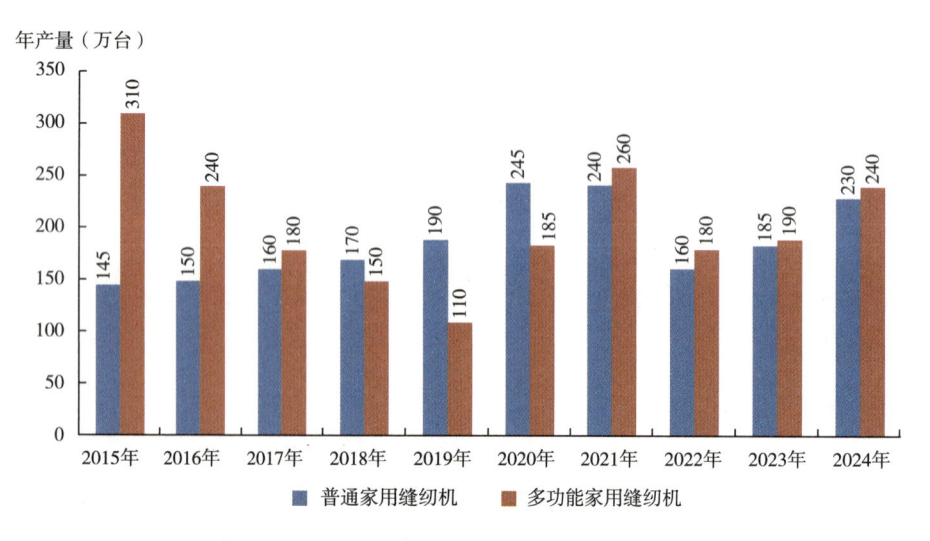

图5　2015～2024年我国家用缝纫机年产量变化情况（估算）
数据来源：中国缝制机械协会

3.缝前缝后设备

随着下游持续推进数字化、智能化升级，以自动裁床、拉布、吊挂等为代表的缝前缝后设备应用越来越广泛，涉及智能裁床、智能烫台等研制的企业不断增多，市场需求呈现逐年增长。据协会统计的11家缝前缝后设备整机企业显示，2024年累计生产各类缝前缝后设备（含自动裁床、拉布机、裁剪机、熨烫设备等）共64万台，同比增长10.49%。

4.零部件

随着整机产量的明显提升和消费市场的复苏，2024年行业各类零部件订单较上年明显增长，从调研情况和统计测算来看，2024年行业零部件企业生产普遍增长达20%～30%。

（四）内需明显回暖，销售前高后低

2024年，国家系列稳增长政策逐步发力，旅游经济旺盛带动鞋类、箱包等产业稳步回升。新中式服饰、汉服、羽绒服等品类需求火爆，运动户外品类增长强劲。云南德宏、保山、红河等区域市场积极承接内地纺织鞋服产业转移，设备采购需求激增。我国汽车产销量双双超过3100万辆，对皮革厚料及特种缝制设备发展带来利好。重点传统市场美国、欧盟等阶段性补库需求逐步释放，对国内服装、家纺、制鞋、箱包等下游行业的生产、出口形成了积极支撑。

同时，缝制机械整机企业加大快返类和高效智能设备研发和推广，通过参加专业展会、举办新品发布、强化技术服务、推动以旧换新等系列活动，深入终端加大品牌营销，努力撬动存量市场。总体来看，下游鞋服行业发展预期逐步改善，固定资产投资、服装零售和人均衣着消费支出等均有所增长，国内设备采购及升级需求在上半年得到较快集中释放。

初步估算，2024年我国工业缝制设备内销总量约为235万台，内销同比增长27%（图6）。从季度情况来看，一、二季度行业内销增长明显，增速普遍达30%以上；三、四季度受下游消费放缓等影响，用户开始对市场持谨慎观望态度，服装工厂对传统缝制设备的需求明显减少，但是对模板机、自动机等采购需求依然较旺，行业内销增速总体明显放缓。

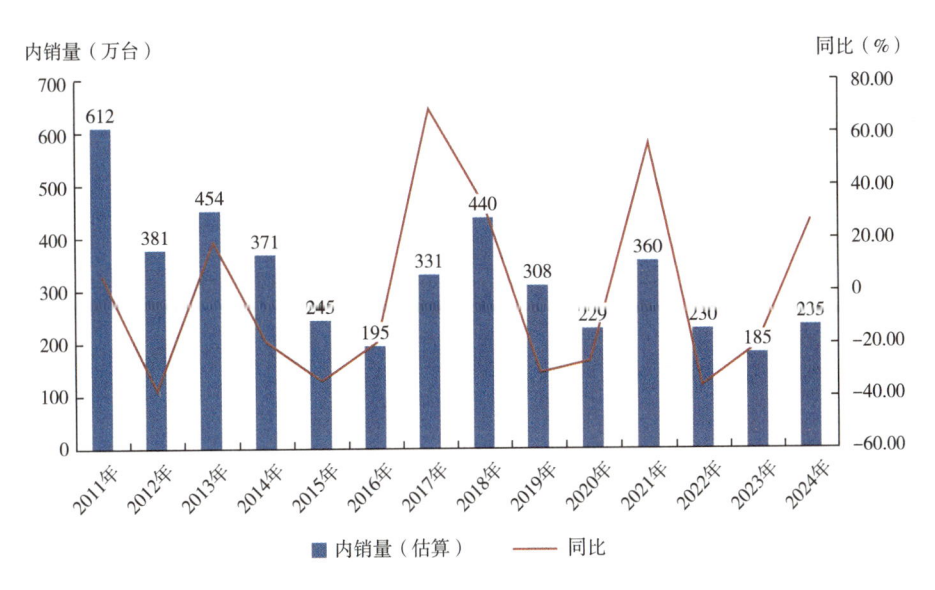

图6 2011～2024年工业缝制设备内销及同比情况

数据来源：中国缝制机械协会

另海关数据显示（图7），2024年我国缝制机械产品累计进口额4.26亿美元，同比下降54.19%，主要为国产裁床、吊挂等智能设备大量替代进口导致的各类缝前缝后设备进口额显著缩减所致。其中，工业缝纫机进口量4.82万台，进口额8822万美元，同比分别增长28.49%和14.34%，缝纫机零部件产品进口额8861万美元，同比增长36.89%，显示出国内下游行业复苏对中高端特种缝制设备以及自动化设备释放出较大的市场需求。

图7 我国缝制机械产品年进口额变化情况（估算）
数据来源：海关总署

（五）出口稳步回升，主力市场增势强劲

2024年，随着全球经济稳步复苏和发达经济体鞋服补库需求释放，南亚、东盟、非洲、拉美等部分区域市场需求有所回暖，越南、印度、柬埔寨、巴基斯坦、埃及、巴西等海外重点市场鞋服生产和出口普遍实现恢复性增长，有效带动了我国缝制机械产品出口稳步回升。

1. 出口回升高位，各大类产品出口全面增长

据海关总署数据显示（图8），2024年我国缝制机械产品累计出口额34.24亿美元，同比增长18.39%，出口额恢复至近2022年高位水平。行业月均出口额达2.85亿美元/月，较上年增长0.44亿美元/月。

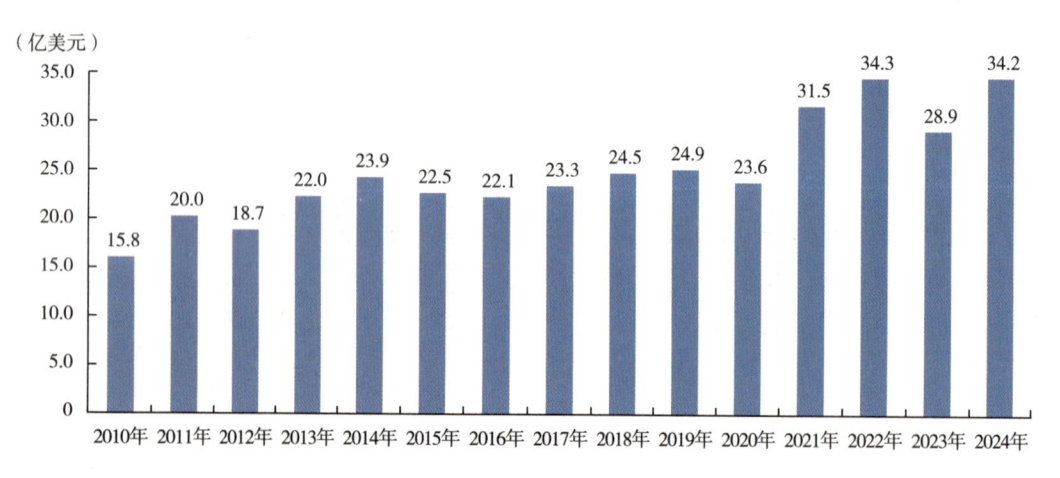

图8 我国缝制机械产品年出口额变化情况（估算）
数据来源：海关总署

分产品领域来看（表1），2024年我国缝制机械各大类产品出口均呈同比增长态势。其中，工业缝纫机出口量469万台，出口额15.22亿美元，同比分别增长8.42%和16.48%；刺绣机受印度、巴基斯坦、孟加拉国等重点市场需求回暖以及单头刺绣机需求递增带动，出口量6.1万台（单价2000美金以上），出口额6.65亿美元，同比分别增长16.29%和36.38%；缝前缝后设备出口量197万台，出口额4.94亿美元，同比分别增长23.18%和14.58%；缝纫机零部件出口额4.39亿美元，同比增长9.89%；家用缝纫机受马来西亚、新加坡、巴西等市场需求拉动，出口量466万台（单价22美金以上），出口额2.29亿美元，同比分别增长27.43%和7.64%。

表1　2024年我国缝制机械分产品出口情况

产品分类	出口量 数据（台）	出口量 同比（%）	出口额 数据（亿美元）	出口额 同比（%）
家用缝纫机	10683993	22.06	286228852	9.41
工业缝纫机	4686381	8.42	1521725932	16.48
刺绣机	96249	-19.37	682643384	38.41
缝前缝后设备	1972783	23.18	493894376	14.58
缝纫机零部件	85324248	14.32	439448982	9.89
总计	—	—	3423941526	18.39

数据来源：海关总署

2. 市场两极分化，局域市场增势强劲

从出口大洲市场来看（表2），2024年我国对亚洲、非洲、拉丁美洲三大重点市场出口同比均呈现两位数增长态势，而对欧洲、北美洲、大洋洲市场出口则呈现不同程度的下滑态势。亚洲地区依然是中国缝制机械产品最主要的出口市场，2024年印度、越南、巴基斯坦、孟加拉国、南亚主力市场需求大幅增长，我国对亚洲市场出口缝制机械产品总额增至23.27亿美元，同比增长28.52%，占行业出口额比重的67.97%，比重较上年同期增长5.36个百分点。受巴西、埃及、阿尔及利亚、尼日利亚、摩洛哥、哥伦比亚等非洲、拉丁美洲区域市场需求增长的拉动，我国对非洲、拉丁美洲市场出口额同比分别增长17.94%和13.10%。

表2　2024年我国缝制机械分大洲出口情况

大洲	出口额（美元）	同比（%）	比重（%）	比重增减
亚洲	2327329969	28.52	67.97	增长5.36个百分点
非洲	337144892	17.94	9.85	下降0.04个百分点
欧洲	277052795	-15.44	8.09	下降3.24个百分点
拉丁美洲	331504842	13.10	9.68	下降0.45个百分点
北美洲	131609440	-14.87	3.84	下降1.50个百分点
大洋洲	19299588	-4.33	0.56	下降0.13个百分点

数据来源：海关总署

从主要出口区域市场来看（图9），2024年我国对"一带一路"沿线市场出口额23.93亿美元，同比增长26.95%，占行业出口额比重69.88%，比重较上年同期增长4.71个百分点；对RCEP市场出口额10.29亿美元，同比增长40.90%，占行业出口额比重30.05%，比重较上年同期增长4.80个百分点；对南亚市场出口9.13亿美元，同比增长44.31%，占行业出口额比重26.66%，比重较上年同期增长4.79个百分点；对东盟市场出口9.03亿美元，同比增长53.43%，占行业出口额比重26.36%，比重较上年同期增长6.02个百分点；对西亚市场出口2.49亿美元，同比下降12.86%；对欧盟市场出口1.38亿美元，同比下降23.71%；对东亚市场出口1.10亿美元，同比下降11.85%；对中亚市场出口9737万美元，同比下降31.68%。

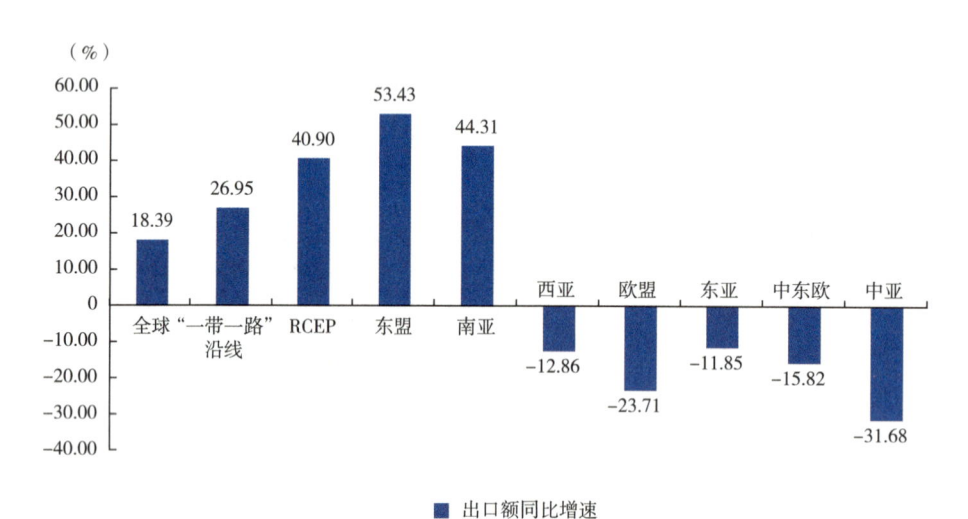

图9　2024年我国缝制机械出口主要市场区域情况
数据来源：海关总署

二、2024年行业运行特点

2024年，面对复杂多变的国际形势和相对疲软的内外部市场，缝制机械企业抢抓周期性机遇，深入实施差异化战略，深挖下游痛点需求，大力推进产品研发和迭代升级，努力撬动存量、扩展增量，推动行业在建设现代化产业体系进程中持续打造新质生产力。

1. 下游需求释放叠加行业周期，行业经济迈入恢复性增长

一方面，随着通胀缓解和降息推进，发达国家消费需求平稳恢复和鞋服补库周期开启带动全球鞋服行业产销形势逐步好转，中国一揽子财政货币激励政策积极提振下游消费投资信心，下游设备更新升级和扩大生产的意愿增加。相关统计显示，2024年欧美服装零售市场在通胀压力下消费保持稳健，越南、孟加拉国、印度、巴基斯坦、巴西、柬埔寨、埃及等主要海外国家服装生产、出口均实现中速增长；我国服装、箱包、家纺、皮革等行业产销企稳，居民人均衣着消费支出同比增长2.8%，服装行业投资实现同比增长18%。另一方面，我国缝制机械行业自2022年开始连续两年周期性经济下行，2023年末经济触底并回落到行业近十年来最低点，市场留出了一定的存量调整和增量拓展空间。同时下游自动化、数字化升级需求日趋迫切，缝制设备企业加大差异化创新，积极对接下游转型升级需求。

在以上利好因素双向驱动下，2024年下游内外市场设备更新需求、积累的观望需求以及自动化升级需求等得到集中释放，拉动缝制机械行业迎来了较为明显的旺季和回升。总体来看，行业内外需有效互补并共同支撑行业稳中有进，与上年末相比，2024年我国缝制机械营收增速预计大幅提升近32个百分点。

2. 产品需求明显分化，自动化设备、电脑刺绣机等快速增长

近年来国际鞋服产业竞争日趋加剧，为降低用工和制造成本，提高生产效率和竞争力，下游行业加快自动化生产和数字化转型，对传统缝制设备的更新需求意愿不足，转而对自动化、智能化和更高效率、更高附加值的缝制设备需求加快释放。

协会统计数据显示，2024年下游鞋服市场对缝制设备的采购需求明显分化，平缝、包缝、绷缝等主导性产品由于市场相对饱和，生产增速保持在20%以内，出口仅保持个位数增长。随着行业技术和资源不断向自动化赛道倾斜，自动化设备成本较快下降，技术不断成熟，其效率高、品质稳定、替代人工等效应不断得到市场的认可，自动化市场加快进入了爆发期。如电子花样机、自动模板机、全自动激光开袋机、自动贴袋机等产销同比增长普遍接近40%，自动铺布机、智能裁床、智能吊挂系统等智能设备也继续保持两位数的稳定增长。电脑刺绣机方面，近年来通过速度升级、头数扩展和加装珠绣、绳绣等各种功能装置，大大拓展了刺绣机的应用领域，提升了产品附加值和刺绣效率，极大激发了下游设备升级换代需求，特别是海外印巴等重点市场加速复苏，有效带动刺绣机销售收入和出口大幅增长。

3. 聚焦用户痛点加大科技创新，行业新产品、新品类加快涌现

面对相对疲软的下游市场，特别是用户对个性化、定制化等需求日益增长，行业企业紧紧围绕"以用户为中心"，聚焦用户痛点深挖增量需求，加大新质产品和解决方案的创新投入，以爆品撬动存量市场，以新技术引领发展需求，取得了品种、品类的拓展和市场的有效增长。

针对下游小单快返生产模式转型，特别是传统平缝机、包缝机等在面对厚、薄、弹、硬等混搭面料时常常出现卡顿、起皱、断针、断线等问题，2024年，杰克针对性地研发推出了包缝机过梗王、K7全速过厚绷缝机、J6快反开袋机等新产品，中捷研发推出了B7510"包缝快返王"，美机研发推出了"过坎王"自适应数字包缝机，顺发研发推出了A6、A7智能平缝机，大森推出了D10S步进送料电脑平缝机、S7步进智能包缝机，布鲁斯推出了"战车5000"全新一代智能包缝机等快反产品。通过针对性的技术创新，行业成功开创了"快返缝纫机"这一新的品类。

针对下游高效、高质量和数字化缝制需求，富山公司研发推出了新一代V系列智能缝纫机和智能夹线技术，解决了面线张力的数字化转型；舒普公司研发推出涵盖仓储、分拣、吊挂等为一体的整厂软硬件一体的智能化解决方案以及H7平缝机、激光开袋机等新产品；川田公司推出了压胶口袋机、全自动激光开袋机、厚料模板机等自动化产品。此外，相关骨干企业还研发推出了一系列自动化、专业化、功能化缝制设备，如：LS9028全自动免烫牛仔贴袋单元设备、双头自动橡筋机、细横筒型高速三针绷缝机、差动四针六线绷缝机、V10柱式双针花样装饰缝专用缝纫机、全自动全棉浴巾横缝机、PMES智能生产管理系统、SF9813智能钉扣机等。

4. 强化终端链接能力，撬动下游存量换代升级需求

为推动行业走出低谷，有效满足下游鞋服企业的创新发展需求，缝制设备企业将营销和服务的触角深入延伸至需求一线，以各种手段强化与终端客户的链接，积极撬动存量换代需求。

一是响应国家号召推动以旧换新。在国家扩大内需以及大规模设备更新政策指引下，缝制机械骨干企业主动出台惠企措施助力国家政策走深走实。如，杰克、宝宇、南邦等企业纷纷推出缝制设备以旧换新活动，旧设备最高可抵扣1000元；顺发推出9915全自动打扣机置换购机活动，给予产品优惠折扣等支持。

二是强化新品展示和品牌推广。企业通过举办新品展示会、技术交流会等活动，让下游用户近距离、高效率地了解最新技术和产品，为企业设备更新升级提供更快捷高效的服务。如杰克举办过梗王挑战赛，邀请用户参与体验；多乐公司开展"百城百展"活动，顺发举办全国百场用户大会，杰克、美机、耐拓、宝宇、大森等企业纷纷举办技术品鉴会或经销商年会，邀请用户交流推广缝制设备新产品、新技术。

三是加强终端服务，提升服务质量。杰克、美机、中捷、顺发、南邦、耐拓等企业深入鞋服产区开展上门快速巡检服务等活动，以专业的服务和坚定的承诺不断创造客户价值。此外，杰克、中捷等服务团队在全球开展技术交流会，美机"品质365·服务零距离"服务频道正式上线，杰克、布鲁斯等开展维修工服务技能大赛活动等，不断将服务贴近终端市场。

四是参加专业展会，加大内外渠道布局。骨干企业纷纷赴德国、日本、印度尼西亚、巴基斯坦、斯里兰卡、土耳其、孟加拉国、巴西、乌兹别克斯坦、俄罗斯以及国内深圳、武汉、青岛、上海等地参加专业缝制设备展览会，努力开拓国内外市场。同时，伴随全球纺织服装产业转移和产业链重构，企业纷纷加大海外市场布局，加快品牌、服务出海。如宝宇在越南设立营销分公司和4S店，杰克正式在柬埔寨设立办事处，中捷俄罗斯代理焕新开业，杰克、美机、中捷等企业还将技术培训向海外延伸，提升海外服务人员的技术水平和服务能力。

5. 市场竞争激烈，企业从"卷"价格不断向"卷"价值转型

目前国内外缝制设备市场均已进入存量博弈阶段，有限的市场、过剩的产能，导致行业竞争仍较为激烈，企业盈利能力仍面临持续考验。

但值得一提的是，近年在高质量发展指引下，企业发展理念持续转变，竞争已经不再是简单粗放的价格战，而是不断转向依靠技术创新、质量提升和为客户创造价值的精细化、综合性竞争，行业骨干企业如杰克等通过技术创新、打造爆品、狠抓品质，产品单价不降反增，品牌竞争力大幅增强。杰克、舒普、美机、鲍麦等企业纷纷在智能缝制工厂解决方案的研发和推广上发力，大力推进鞋服企业数字化转型。各中小缝制设备企业也纷纷深挖用户需求，研究缝制工艺，细分下游市场，转向个性化、高价值的自动化、智能化设备研发创新和定制，为客户提供更具价值、更具个性化的缝制解决方案。在当下市场形势下，各企业思考更多的是如何从同质化转向差异化，如何打造自身的产品特色和竞争新优势，如何在存量市场博弈中找到属于自身的蓝海市场和第二增长曲线，积极推动新质生产力培育和企业发展行稳致远。

6.行业两极分化态势加剧，集中度持续提升

2024年，以杰克、中捷、美机、顺发、乐江、宝宇等为代表的大企业强化制造及品牌，不断聚焦战略单品，持续构建全面优势，市场份额和综合竞争力继续提升，订单加快向头部品牌企业集中。特色中小企业创新意识、客户思维等较为强烈，聚焦自动化和特种缝制，走出了细分市场、细分产品、聚焦特色优势的个性化发展道路，依然呈现较快增长势头。行业二八分化趋势进一步加剧，产业集中度持续提升，大型企业和专精特新中小企业已经成为当前行业发展的两支主体力量。

据协会统计测算，2024年行业前十家工业机企业占行业百家工业机企业产量的比重增长近2个百分点，行业前4家刺绣机头部企业营收占刺绣机行业营收的比重增长近6百分点。智能裁床、智能吊挂、自动模板机等产品，产销量也继续向行业前三的头部企业集中。零部件方面，骨干企业年产值普遍呈现增长，宁波德鹰、安乡凯斯、浙江振盛、博盟精工、宁波勇耀、无锡朴业等骨干企业，依然在大力投入先进装备持续优化制造能力，而部分中小零件企业则订单不足，缺乏投入，发展动力不足。

三、2025年行业发展趋势

2025年，是新经济发展周期、地缘政治周期和技术变革周期三期叠加之年，宏观经济及消费市场有望不断改善向好。但在全球经济总体增长动能不足、地缘政治紧张局势持续、国际贸易保护主义加剧等因素制约下，我国缝制机械行业在保持相对稳健发展态势下也将面临诸多挑战。

（一）行业面临形势

1.发展机遇

（1）外部形势持续改善。全球通胀压力有望持续缓解，降息政策利好有望逐步传导至实体经济。美国经济和消费依然较为强劲，欧洲、日本和英国经济有望小幅复苏，印度、越南、印度尼西亚等经济将强劲增长，非洲经济体经济增长温和回升，中国GDP增长目标设定为5%，一揽子更加积极、更加给力的财政及增量政策将持续发力。IMF等国际机构对2025年全球经济和贸易增速展望分别达到3.3%和3%，显示出全球经济将延续温和复苏态势。缝制机械作为顺周期行业，有望保持相对稳健发展。

（2）鞋服产业转移及升级。下游产业转移与产业升级正成为拉动缝制设备持续增长的两大主要动力。从产业转移来看，高度依靠人力和成本驱动的鞋服产业向东南亚、南亚、非洲、南美等地区和中国中西部地区转移正持续推进，下游新建厂房、新增产能，将持续产生缝制设备增量需求；从产业升级来看，当前国内外缝制设备市场存量巨大，特别是海外市场产品升级换代空间较为广阔，积极撬动存量并升级为增量市场，将成为未来发展重点。随着国际鞋服行业竞争加剧和下游消费降级，特别是人口及成本红利优势逐步收缩，鞋服行业将加大在技术创新和自动化设备升级上的投入。加之小单快反及个性化定制等生产模式的快速扩展，也将对高品质、自动化、智能化缝制设备及生产线等需求持续加大。

（3）下游重点市场趋势向好。国际纺联（ITMF）2025年1月发布全球纺织调查显示，纺织业前景（未来六个月）总体仍保持积极，服装制造商的经营状况转为正面。从国内来看，鞋服行业受到内需疲软和外部竞争挤压，将重点推动鞋服行业改造升级并向品牌化、高端化、绿色化转型。同时，运动服装、户外服饰、文化服饰、童装、银发服装、宠物服装等细分市场依然具有较大潜力；从海外来看，开年后东南亚等相关国家经济及贸易表现强劲，相关鞋服加工大厂订单较为充足，鞋服加工业向好的势头依然持续，印度、越南、印度尼西亚、巴基斯坦、柬埔寨、孟加拉国、巴西等重点市场在欧美的份额不断提升，对鞋服产业的政策支持不断加大，对我国缝制设备出口的扩大将带来重要机遇。

2. 面临挑战

（1）大国博弈、贸易保护等挑战加剧。当前，大国博弈加剧，贸易保护主义抬头，地缘政治冲突频发，新一届美国政府对全球开征基础关税并对重点国家征收高额对等关税，严重扰乱全球经贸秩序和降低经济复苏预期。从直接影响来看，我国缝制设备对美出口为1亿美元左右，约占行业出口总额的3%，由于国际缺乏替代，短期可能造成市场观望、采购停滞，但是中长期来看影响不大；从间接影响来看，我国对美国服装出口金额约360亿美元，占美国服装进口比重的32%。我国对美国鞋类产品出口额为90亿美元，占美国鞋类产品进口比重的40%，加税将导致低附加值的鞋服外贸订单向海外转移和国内鞋服加工产业萎缩。加之美国、越南、墨西哥等部分国家取消小额商品增值税豁免政策，预计也将对鞋服电商和中小服装加工企业带来较大影响，缝制设备内销形势将趋于严峻。

（2）内销规模缩减，竞争格局调整加快。近年来我国鞋服出口占欧美的比重逐步下降，服装加工规模逐年放缓，我国工业缝纫机内销数量占比已经从2018年的50%下降到2024年的34%，这标志着大多数企业特别是中小缝制设备企业高度依赖的国内市场规模将呈持续缩减态势，出海将被迫成为越来越多企业的挑战和选择。从市场竞争格局来看，行业整机头部品牌企业均纷纷确定大幅增长目标，在产品、渠道、人力、服务、战略等方面加快全方位的布局与竞争，在骨干品牌竞争及挤压下，预计中小企业市场份额将被不断挤压，行业将进入到以头部品牌竞争为主体的格局调整和洗牌新阶段。

（二）行业发展展望

2025年是"十四五"规划收官之年，也是为"十五五"规划开局做准备的关键时期。面对机遇与挑战，我国缝制机械行业应保持战略定力，紧密把握结构性增长机遇，坚持稳中求进，立足科技创新，深挖下游需求，加快结构调整，努力打造新质生产力，积极构建行业增长新模式。相关情况展望如下。

1. 内销放缓下行

由于下游消费需求总体疲软，加之2024年服装行业亏损逐步扩大，服装库存压力较大，缝制设备内销的明显回升将在一定程度上推动国内市场加速饱和，2025年下游缝制设备投资及升级换代的空间趋于收窄。

今年，在消费疲软、美国加税等政策因素影响下，开年后国内上游纺纱、印染等订单量少、生产不饱和，鞋服加工及消费市场比较低迷，服装加工厂关门倒闭增多，二手缝制设备进一步冲击市场，缝制设备内销年初小旺季消失，前3月我国服装出口额下降1.9%，国内鞋服行业遭遇较为明显挑战，这种低迷态势短期内难以看到明显改善的迹象。预计上半年缝制设备的内销将延续上年末疲软态势并将持续下行，下半年内销形势是否趋稳或有所改善仍有待观察国家《提振消费专项行动方案》的实施效果和中美博弈的走势。全年来看，缝制设备内需与上年相比预计将呈中低速下滑趋势。预计平包绷等单机类产品的需求下滑较为明显，特种化、自动化类设备等需求有望保持相对稳定或小幅增长。

2. 外贸中低速增长

当前，全球经济复苏并不均衡，战争、通胀、加息对全球经济和消费的影响仍未完全消退，消费能力不足依然突出，多数中小型国家经济发展依然面临诸多挑战。从2024年来看，缝制设备出口的207个海外市场，由于各国国情和经济发展等不一，仍有四成左右的国家对缝制设备进口为负增长，说明海外市场短期内难以实现大幅增长。

伴随中美博弈加剧，近年来国际纺织服装采购商和品牌商正加快推进"中国+1"战略布局，推动鞋服外贸订单加快向中国以外的低劳动成本、低关税地区转移，海外鞋服产业规模和缝制设备外贸基本盘在不断增大，海外下游消费需求缓慢复苏。随着国际鞋服行业之间竞争的加剧和鞋服大厂的不断增多，近年来外贸市场对自动化、智能化等高附加值的产品需求呈现较快增长态势，行业出口产品结构持续优化，出口单价持续提升，海外缝制设备市场升级换代和增长的潜力有望持续释放。海关统计显示，2025年前2月我国缝制机械出口额同比增长20%，预计行业外贸将延续2024年的恢复性回升势头，继续保持中低速增长，出口规模有望再创历史新高。从产品来看，平包绷锁钉套等单机类设备仍将是行业出口的主力军，各类自动化、特种化产品也将继续保持增长势头。但是随着欧美等发达经济体补库存周期逐步进入尾声，俄乌冲突走势、特朗普关税政策等给经济和贸易带来的干扰，海外市场下半年的消费需求是否能够支撑持续向好的态势，也尚需观察。

3. 经济缓中趋稳

2025年全球经济大概率将延续温和复苏态势，为鞋服及缝制设备行业等相对稳健发展提供了积极的外部发展环境。

从国际消费趋势来看，受高通胀和经济低迷等影响，消费者购买力下降，消费降级较为明显，鞋服加工及进出口单价明显下滑，市场缺乏大幅反弹动力；从我国缝制机械行业自身来看，2024年底生产明显放缓，骨干企业三机等库存明显增加，这种生产下行压力和清库压力预计将持续到2025年上半年；从市场发展来看，行业外贸基本盘逐步扩大，外贸较快增长势头有望在一定程度上抵消内销市场的下滑，逐步驱动行业生产止跌企稳；从技术创新来看，数字化、智能化技术将进一步赋能缝制设备创新发展，致力于解决用户痛点的战略爆品将不断涌现，自动类设备的研发和应用将继续向纵深发展，各类高附加值的缝制设备加快迭代，将有助于行业加快向创新驱动和内生型增长转型。总体来看，在全球经济疲软放缓和内销市场相对低迷的不利形势下，我国缝制机械行业经济整体下行压力增大，全年经济有望保持相对稳定或呈现上下小幅度波动。

4. 产业增长分化

从企业发展来看，在当前需求相对疲软和经济增长趋缓的大环境下，受发展模式、战略定位、渠道建设、品牌影响、市场细分以及所处专业领域、发展阶段等不同因素影响，各企业所展现出来的阶段性发展红利、发展空间潜力不一，在经济增长的表现上将继续呈现分化。有的企业依靠技术创新撬动专项市场实现增长；有的企业仍有渠道扩张红利；有的企业聚焦发力自动化、定制化，仍有增长空间。

从产品品类来看，各品类由于市场保有量程度、产品技术形态、应用领域潜力等不同，其市场增长态势也将呈现分化。如，平包绷等单机主导产品，其产品技术形态和功能价值等未发生重大变化，更新换代的速度可能相对平缓；自动模板机以及各类自动化专机，由于在提质增效降本和省人工等方面优势明显，具有新的品类形态和功能价值，预计将继续增长；智能裁床、吊挂等高效数字化设备，市场普及率还不高，其仍有增长潜力；电脑刺绣机随着海外市场复苏，特别是超高速机更新换代红利仍在释放，依然将保持增长。

（中国缝制机械协会）

附 录

附录一 2024年度十大类纺织创新产品获选产品及单位名单（家纺）

一、2024年度十大类纺织创新产品"十大精品"（家纺）（附表1）

附表1 2024年度十大类纺织创新产品"十大精品"（家纺）

产品名称	企业名称
"眠眠圈"按摩薄垫	上海芳欣科技有限公司 愉悦家纺有限公司
超柔"芯"夹层毛巾	滨州亚光家纺有限公司

（排名不分先后）

二、2024年度十大类纺织创新产品（家纺）（附表2）

附表2 2024年度十大类纺织创新产品（家纺）

品类	产品名称	企业名称
非遗创新产品	"幸福·如意百子"全棉刺绣婚嫁床品套件	宁波博洋家纺集团有限公司
非遗创新产品	"凤冠霞帔华夏"全棉刺绣婚庆床品套件	凯盛家纺股份有限公司
非遗创新产品	"龙翔凤瑞"全棉手推绣婚庆床品套件	江苏堂皇集团有限公司
非遗创新产品	福字鼠标垫	张家界旅典文化经营有限公司
居家舒适产品	"云棉系列"草本开襟翻领长袖家居服	彼悦（北京）科技有限公司 无锡恒诺纺织科技有限公司
居家舒适产品	空气褶皱纱全棉家居服	深圳全棉时代科技有限公司
居家舒适产品	"呼呼睡"莫代尔家居服	彼悦（北京）科技有限公司 广东兆天纺织科技有限公司
居家舒适产品	天然乳胶杯垫凉感家居服	浙江普娜拉纺织科技有限公司

续表

品类	产品名称	企业名称
居家舒适产品	"冰泉棉2.0"凉感多功能家居服	上海三枪（集团）有限公司
	大翻领刺绣法式家居服	江苏华佳丝绸股份有限公司
	对襟系带开衫女式家居服	廷镁创智（浙江）服饰股份有限公司
	"江南烟雨"喷绘素绉缎套装	浙江美嘉标服饰有限公司
	"太极绒"助眠安睡服	汕头市意大来制衣实业有限公司
	米咖格/咖色双面牦牛绒披毯	安美桥（南宫）羊绒制品有限公司
	汉麻/桑蚕丝高支高密大提花床品套件	雅戈尔服装控股有限公司
	3D超柔纱全棉床品套件	孚日集团股份有限公司
	"青悟"全棉色织提花床品套件	无锡万斯家居科技股份有限公司
	海藻纤维色纺缎纹床品套件	烟台明远创意生活科技股份有限公司 山东艾文生物科技有限公司
	"谧境"六合一多功能床品套件	紫罗兰家纺科技股份有限公司
	超柔凉感被	江阴市红柳被单厂有限公司
	全棉磨毛刺绣床品套件	际华三五四二纺织有限公司
	石墨烯功能性床品套件	石家庄常山恒新纺织有限公司恒盛分公司
	"春日绽放"莱赛尔/菠萝纤维床品套件	华纺股份有限公司
	蚕丝小冰被	愉悦家纺有限公司
	超柔无边川山蜀丝夏凉被	罗莱生活科技股份有限公司
	燕窝蛋白超广角桑蚕丝被	南方寝饰科技有限公司
	"静谧"抗菌A类白羽珍雁绒被	上海水星家用纺织品股份有限公司
	茶多酚清氧棉被	众地家纺有限公司
	有机桑蚕丝被	四川省金桑庄园农业发展股份有限公司
	"馨馥"防水芳香羽绒被芯	江苏康乃馨纺织科技有限公司
	发热助眠被	吉祥三宝高科新材料有限公司
	物理抗菌纯棉被	河北国欣纯棉家纺有限公司
	多功能靠垫被	上海妙宅科技发展有限公司
	微棉/天竹®浴巾	南通市怡天时纺织有限公司
	生物基记忆棉苦荞枕	成都晓梦纺织品有限公司
	提花方块地毯	湖北霖坤红塬地毯股份有限公司
	除醛抗菌成品窗帘	浙江雅琪诺装饰材料有限公司
	艺术漆无缝成品墙布	广东玉兰集团股份有限公司

续表

品类	产品名称	企业名称
老年用产品	"暖意融融"智能加热毯	山东魏桥嘉嘉家纺有限公司 魏桥纺织股份有限公司 中科韧和科技（山东）有限公司 山东魏桥恒富针织印染有限公司 山东魏桥纺织科技研发中心有限公司
健康卫生产品	竹炭/石墨烯抗菌床品套件	青岛纺联控股集团有限公司
	"静雅如初"微纳米镶嵌纺防螨床品套件	山东魏桥嘉嘉家纺有限公司 魏桥纺织股份有限公司 山东魏桥特宽幅印染有限公司 山东魏桥纺织科技研发中心有限公司
	大师系列纯棉抗菌毛巾	上海龙头家纺有限公司
	咖啡纤维防褥疮床垫	上海东隆家纺制品有限公司
	宠物清洁湿巾	凌海市展望生物科技有限公司
绿色低碳产品	"梦幻"天丝™/聚乳酸大提花床品套件	江苏悦达家纺有限公司
	Originight纬编纯棉床品套件	上海恒源祥家用纺织品有限公司
	"芳馨"莱赛尔床品套件	南通大岛纺织品有限公司
	负离子鹅绒子母被	杭州华俊实业有限公司
	全棉空气褶皱纱布被毯	深圳全棉时代科技有限公司
	软底FPE方块地毯	威海海马地毯集团有限公司

（排名不分先后）

三、十大类纺织创新产品"持续创新单位"（家纺）

成都晓梦纺织品有限公司
达利丝绸（浙江）有限公司
孚日集团股份有限公司
海宁市千百荟织造有限公司
湖南梦洁家纺股份有限公司
华纺股份有限公司
吉祥三宝高科新材料有限公司
江苏堂皇集团有限公司
江苏悦达家纺有限公司
罗莱生活科技股份有限公司
南方寝饰科技有限公司
宁波博洋家纺集团有限公司

青岛纺联控股集团有限公司
青岛莫特斯家居用品有限公司
山东魏桥嘉嘉家纺有限公司
上海东隆家纺制品有限公司
上海恒源祥家用纺织品有限公司
上海妙宅科技发展有限公司
上海水星家用纺织品股份有限公司
无锡万斯家居科技股份有限公司
烟台明远创意生活科技股份有限公司
愉悦家纺有限公司
浙江罗卡芙家纺有限公司

（排名不分先后）

附录二 2024年度新质家纺先锋论文、案例、专利名单

一、2024年度新质家纺先锋论文（附表1）

附表1 2024年度新质家纺先锋论文

题目	作者	单位名称
阳离子改性剂改性棉织物的工艺优化	刘雁雁[1]，王词意[2]，王维超[1]，杨艳凤[2]，赵晓明[2]，刘元军[1,2]	1. 滨州亚光家纺有限公司 2. 天津工业大学纺织科学与工程学院
运动巾团体标准研制与解读	刘雁雁[1]，张富勇[1]，朱晓丽[2]，于希萍[3]，郭建波[1]，王维超[1]，毕军权[1]，张文忠[1]	1. 滨州亚光家纺有限公司 2. 江苏康乃馨织造有限公司 3. 孚日集团股份有限公司
基于光谱重建的纺织品耐摩擦色牢度自动评级方法	梁金星[1,2,3]，周景[1]，胡新荣[1]，罗航[1]，曹根阳[1]，刘柳[1]，Kaida Xiao[3]	1. 武汉纺织大学 2. 青岛大学 3. 英国利兹大学
涤纶缝纫线倍捻设备的选型与应用	江国勇[1]，奚德昌[2]，乔长刚[3]，蔡兵[4]	1. 浙江日发纺机技术有限公司 2. 华美线业有限公司 3. 宜宾弘曲线业有限公司 4. 浙江东一线业有限公司
基于脑电技术的家纺产品颜色效果客观评估研究	孙立烨[1]，陈蕾旭[2]，赵晋[2]，王瑶[1*]，朱若英[2*]	1. 天津工业大学生命科学学院 2. 天津工业大学纺织科学与工程学院
免浆遮光布的工艺探索与创新性研究	王诗颖，邓丽娟，贝华东	江苏博雅达纺织有限公司
可拉伸纤维基温度传感材料的研究	班景玲，陆莹*	武汉纺织大学
多层电脑绗缝机技术应用分析	曹峰，袁宝轩	上工富怡智能制造（天津）有限公司
三层格家纺织物的生产实践	王欲晓，陈晓玲，沈勤丰，刘磊，王汝敏	恒力（苏州）纺织销售有限公司

续表

题目	作者	单位名称
基于MXene的多功能聚乳酸火预警传感织物	金旭[1]，张婧[1,2]，汪滨[1,2*]，李晓露[3,4]，曾静[1]，马佳瑜[1]，赵晞蒙[1]，武文琦[1]，José Sánchez delRio Saez[3,5]，张秀芹[1,2*]，王德义[3]，王锐[1,2]	1. 北京服装学院材料设计与工程学院 2. 北京服装学院服装材料研究开发与评价北京市重点实验室、北京市纺织纳米纤维工程技术研究中心 3. 马德里高等材料研究所 4. 马德里理工大学工业工程师学院 5. 马德里理工大学电气自动化和应用物理系
将聚吡咯锚定在氮硫共掺杂石墨烯纤维上构建柔性超级电容器	邱艺涵，谢帆钰，姬毓，贾潇雨，李宏伟，张梅*	北京服装学院材料设计与工程学院；服装材料研究开发与评价北京市重点实验室；北京市纺织纳米纤维工程技术研究中心
Solucell碱溶丝在家纺中的应用和开发	周绚丽，陈义忠	烟台明远创意生活科技股份有限公司

* 表示通讯作者。

二、2024年度新质家纺先锋案例（附表2）

附表2　2024年度新质家纺先锋案例

题目	单位名称
凌迪科技的3D+AIGC技术在家纺数字化设计中的应用案例	浙江凌迪数字科技有限公司
纤维示踪材料的研发与产业化	东华大学 上海焕了个新智能科技有限公司
工业用缝纫机　计算机控制被芯缝纫系统	上工富怡智能制造（天津）有限公司
夏季凉感睡巢——绘睡硅胶引力被与绘睡硅胶小冰席	愉悦家纺有限公司 上海芳欣科技有限公司
一种在不同观看角度呈现不同图案的织物及其制造方法	广州市源志诚家纺有限公司 广州美术学院
聚乳酸保暖絮片的制备与应用	江苏富之岛美安纺织品科技有限公司
丝滑抗皱玉精莱赛尔面料开发研究	江苏金太阳纺织科技股份有限公司
高F全弹系列面料的开发与技术创新	江苏博雅达纺织有限公司
一种可拆解毛圈显示图案的解压毛巾	河北瑞春纺织有限公司
床上用品——物理抗菌纯棉被	河北国欣纯棉家纺有限公司

三、2024年度新质家纺先锋专利、优秀专利（附表3、附表4）

附表3　2024年度新质家纺先锋专利

专利名称	发明人	专利权人
一种渐变幻彩织物及其织造方法	刘曰兴，王玉平，陈凯玲，刘立霞，孙浦瑞，伍丽丽，吴静，王恕，张天祺，莫振恩，荣振银，王彦相	愉悦家纺有限公司
一种家纺数绣印染工艺	全亦然，欧翠英，刘忠	江苏欧化纺织有限公司
一种无异味且保持天然白度的原棉纤维及其制备方法	丁玉功，杨华，王岩鹏，张传杰，王泉泉	众地家纺有限公司
一种不含乳胶机织地毯的制备方法	韩洪亮，张元明，董卫国，王书东，韩光亭，崔旗，刘以海，刘延辉，	滨州东方地毯有限公司
一种应用植物染料的牛皮凉席制备方法	仇兆波，沈守兵，宋春常	上海水星家用纺织品股份有限公司
一种持久柔软快干毛圈织物及其生产方法	王红星，张富勇，毕军权，李飞，干小强，刘雁雁	滨州亚光家纺有限公司
一次织造成型可充绒羽绒被壳及其生产方法	张红霞，吕治家，丁吉利，马桂霞，任长友	魏桥纺织股份有限公司
一种PLA双组分超膨超弹珍珠棉球加工设备及其制作方法	张冲，刘春燕，赵志鹏，潘丽君，吕晓青	江苏富之岛美安纺织品科技有限公司
一种用于夏被的填充物纤维及其制备方法	毛军，陈红霞，陆鹏，丁可敬	江苏金太阳家用纺织品有限公司
一种具有自动控制烘干机的输送系统和烘干机的控制方法	翁端文，褚如昶	浙江衣拿智能科技股份有限公司
一种高弹微皱面料及其织造工艺	蔡文言，赵红玉，朱晓红，陈丽华，吴春英，高净，李春华	孚日集团股份有限公司
一种信封式枕套机	刘航东	苏州琼派瑞特科技股份有限公司

附表4　2024年度新质家纺优秀专利

专利名称	发明人	专利权人
一种水暖床垫及其无泵加热循环驱动装置	陈平安，卢志仁，于绍恒，朱畅，刘克宝，朱鹏程，苏风驰	愉悦家纺有限公司 上海芳欣科技有限公司
一种气凝胶纤维的制备方法及其在保暖面料加工中的应用	张丽，马晓飞，张志成	吉祥三宝高科纺织有限公司

续表

专利名称	发明人	专利权人
一种功能性面料	黄磊，胡海华，槐向兵	江阴市红柳被单厂有限公司
一种基于分布式孔阵与人机工学形态的支撑枕具	吴彬	浙江丝里伯睡眠科技股份有限公司
一种仿针织毛圈面料及其织造工艺	芦欣欣，张在成，阮航，颜鸿，田爱美，宋晓萍，张作仁，张爱玲	孚日集团股份有限公司
一种可调尺寸的按扣式枕巾	代帆	河北卡缦纺织品制造有限公司
一种可机洗绢丝纱原料预处理装置及其处理方法	刘文成，陈松，石小娟，张林	江苏苏丝丝绸股份有限公司
一种枕头	顾晓焱，易昌林	江苏金太阳家用纺织品有限公司
一种负离子羽绒制作方法	陈招贤	杭州华俊实业有限公司
一种聚烯烃挤压造粒切粒循环用水装置	刘福琛，贺小骅	威海海马科创纤维有限公司
一种抗菌防螨被及其制备方法	吕益民，许加富	浙江宏都寝具有限公司
抗菌聚酯织物的制造方法	马正升，马逸凡，董红霞，于文秀，赵亮东，肖辉生	上海康君丝新材料有限公司 上海帼帆化工新材料有限公司 上海洁宜康化工科技有限公司
筒纱染色装卸纱线辅助装置	吕宁，尹晓鹏，王宗坤，孙化明，张萌萌，叶晓瑞，江淑华	威海海马大华地毯有限公司
一种素色抗病毒护理毛巾及其生产工艺	张瑞春，满全县，王舜熙	河北瑞春纺织有限公司
一种缝纫设备	曾繁意，曾建家，蔡江川	中缝利华（厦门）智能技术有限公司
一种TPE多层地毯	吕宁，姜鹏，姜伟，崔子民，许世达，李涛涛，郑静静	威海海马环能地毯有限公司
一种暖姜纤维三层弹力巾被	张瑞春，满全县，王舜熙	河北瑞春纺织有限公司
一种床垫罩缝制设备	孟兵，汪媛	浙江恒迪寝具有限公司

四、2024年"中国家纺科技培育推广计划"项目名单（附表5）

附表5　2024年"中国家纺科技培育推广计划"项目名单

项目编号	题目	单位名称
202401	植物多酚/光动力抗菌全棉家纺面料关键技术及应用	罗莱生活科技股份有限公司
202402	工业用缝纫机计算机控制被芯缝纫系统	上工富怡智能制造（天津）有限公司

续表

项目编号	题目	单位名称
202403	高隔热陶瓷纤维/气凝胶复合材料研究	吉祥三宝高科纺织有限公司
202404	热熔纤维网膜固结地毯绒头复合机及地毯新产品产业化关键技术	滨州东方地毯有限公司
202405	天然微生物色素环保健康功能毛巾的研发及产业化示范	孚日集团股份有限公司
202406	绿竹丝产品的开发应用	孚日集团股份有限公司
202407	鸭绒去异味技术	上海东隆纺织科技（集团）有限公司
202408	聚甲醛纤维家用纺织品研发	河北瑞春纺织有限公司
202409	植物性气凝胶材料复配制备关键技术	罗莱生活科技股份有限公司
202410	Outlast动态调温材料的研发	上海亮丰新材料科技有限公司
202411	高级3D打印智能支撑材料及结构优化技术	浙江罗卡芙家纺有限公司

附录三　中国家用纺织品行业协会（第二批）智库专家名单

中国家用纺织品行业协会（第二批）智库专家名单见附表1。

附表1　中国家用纺织品行业协会（第二批）智库专家名单

序号	姓名	单位	职务/职称
1	陈戟	中国缝制机械协会	副理事长兼秘书长
2	郭燕	北京服装学院	教授
3	王来力	浙江理工大学	教授
4	殷强	中国纺织工业联合会信息化部	主任
5	张洁	东华大学	教授
6	张秀芹	北京服装学院	教授
7	赵晓生	南通家纺商会、南通服装商会	创始人　专职会长

（按姓氏拼音首字母排序）

附录四 "海宁家纺杯"2024中国国际家纺创意设计大赛获奖名单

"海宁家纺杯"2024中国国际家纺创意设计大赛获奖名单见附表1。

附表1 "海宁家纺杯"2024中国国际家纺创意设计大赛获奖名单

家纺创意画稿组			
奖项	作品名称	姓名	单位名称	指导教师
金奖	春山可望	舒展妍	湖北美术学院	崔岩
银奖	兰辞皮影梦	陈欣雨	东华大学	朱达辉
银奖	古丽颂疆	高宇尧	青岛大学	任雪玲
银奖	汉韵·新裳	李钟序	吉林艺术学院	李文旻
铜奖	锦·蕴	陈乐华	广州美术学院	余月强
铜奖	花城	高珊	青岛大学	马君弟
铜奖	碧禄斓旅	吕映亭	北京服装学院	孙一楠
铜奖	春日序·新风	覃倩	广州美术学院	—
铜奖	荷隐	张雨典	湖北美术学院	崔岩
整体软装设计组				
奖项	作品名称	姓名	单位名称	指导教师
金奖	荷晏	于晖可	鲁迅美术学院	赵莹
银奖	清风翠竹·软装设计	程奕欣	清华大学	张宝华
银奖	观夏	吴玥瑶	鲁迅美术学院（大连校区）	莫莉
银奖	米白雅居	向春	成都纺织高等专科学校	杨震华、王齐霜
铜奖	金辉映梦	李双双	南京艺术学院	薛宁
铜奖	觅境	王传智	四川轻化工大学	卓千晓
铜奖	璞石	林小钰、王嘉鑫、吴玥瑶	鲁迅美术学院（大连校区）	莫莉
铜奖	神韵·飞天	魏子强	西安工程大学	张原
铜奖	墨·云涧	吴歆然	成都纺织高等专科学校	杨震华、王齐霜

附录五 "张謇杯"·2024中国国际家用纺织品产品设计大赛获奖名单

"张謇杯"·2024中国国际家用纺织品产品设计大赛获奖名单见附表1~附表3。

附表1 "张謇杯"·2024中国国际家用纺织品产品设计大赛获奖名单

奖项	作品名称	参赛单位/个人
金奖	览 东方	滨州亚光家纺有限公司
	元·茵记	烟台北方家用纺织品有限公司
	Abyss	申银淑（韩国）
银奖	蓝荷听雨	江苏大唐纺织科技有限公司
	告白	南方寝饰科技有限公司
	秋色	南通有斐家居科技有限公司
	东方疗愈系列	三利集团服饰有限公司
	彩圆［原为彩圆（2148）］	佛山市华宇时代纺织有限公司
	外婆的技艺	黄盛强
铜奖	明几逸角	广州市源志诚家纺有限公司
	艺韵·渐染	江苏南星家纺有限公司
	无重之境	江苏美罗家用纺织品有限公司
	霁雪留香	山东魏桥嘉嘉家纺有限公司
	Leafy·界梦	江苏南星家纺有限公司
	繁花	威海市芸祥绣品有限公司
	云端	鲁迅美术学院
	蓝色深鸣	南通大学
	Stretch!big tree	柳明子（韩国）

附表2　2024中国家纺设计市场潜力奖

作品名称	参赛单位
忆古领今	滨州亚光家纺有限公司
二十六味深睡被	南通柔丽思纺织品有限公司
达芙妮—霞光红	南通尚首纺织科技有限公司
线与面	无锡万斯家居科技股份有限公司
提花万字纹凉席	南通华御绣纺织品有限公司

附表3　中国家纺未来设计师之星

作品名称	个人
柿说新语（原名：柿说新语——柿染家纺产品设计）	江苏工程职业技术学院魏精晶
孤独狂欢	南通大学江竹钧
脉络	东华大学王伟
春雨茶香	江苏工程职业技术学院胡圣雨
蝴蝶妈妈（原名："蝴蝶妈妈"苗绣在家纺产品设计中的运用）	徐州工程学院李醒醒 江苏工程职业技术学院严尹

附录六 "震泽丝绸杯"·第九届中国丝绸家用纺织品创意设计大赛获奖名单

"震泽丝绸杯"·第九届中国丝绸家用纺织品创意设计大赛获奖名单见附表1。

附表1 "震泽丝绸杯"·第九届中国丝绸家用纺织品创意设计大赛获奖名单

作者姓名	作品名称	所在单位
金奖		
林嘉豪、张芷馨	《敦煌剧院》	北京服装学院
银奖		
经红蕊	《枯荣蝉翼》	鲁迅美术学院
李春林	《致合共生》	成都纺织高等专科学校
马婧祎	《意撷童趣》	青岛大学美术学院
铜奖		
何建	《太湖印象》	鲁迅美术学院
蒋欣辰	《故园惊梦》	中国美术学院
鲁佳源、徐源	《岁华冉冉》	中原工学院
汪航	《满船清梦》	北京服装学院
邹佳瑀、罗兰	《瓷绘福缘》	北京服装学院
最佳创意设计应用奖		
李钟序	《素履山行》	吉林艺术学院
宿轩鼎	《觅境》	鲁迅美术学院
孙欣彤、孙婧	《仲夏青士》	南京艺术学院

续表

作者姓名	作品名称	所在单位
王嘉鑫、吴玥瑶、林小钰	《自然之境》	鲁迅美术学院
张红专、房涛荣、李凯	《循迹》	浙江雅琪诺装饰材料有限公司
最佳创意设计题材奖		
车雨欣	《宋韵戏墨·几何梦境》	绍兴文理学院
成宇	《都市掠影》	苏州大学艺术学院
余学德	《喊山》	—
赵宵	《时与蝶》	北京服装学院
赵一泓	《蝶梦云裳》	北京服装学院
最佳传统纹样表现奖		
高紫烨、陈淑琴	《万花·震泽》	鲁迅美术学院
潘腾龙	《丝路遗风》	山东工艺美术学院
王明慧	《云锦彩韵》	南通大学杏林学院
伍思飞	《华亭》	鲁迅美术学院
于艳红、林俊宏	《蜓影伞韵》	广西民族师范学院

附录七　2024年国民经济和社会发展统计公报

2024年国民经济和社会发展统计公报相关数据见附表1~附表7。

附表1　2024年居民消费价格比上年涨跌幅度

指标	全国（%）	城市（%）	农村（%）
居民消费价格	0.2	0.2	0.3
其中：食品烟酒	−0.1	−0.1	−0.1
衣着	1.4	1.6	0.9
居住	0.1	0.1	0.1
生活用品及服务	0.5	0.4	0.8
交通通信	−1.9	−2	−1.5
教育文化娱乐	1.5	1.5	1.6
医疗保健	1.3	1.2	1.5

附表2　2024年居民消费价格月度涨跌幅度

项目	1月	2月	3月	4月	5月	6月	7月	8月	9月	10月	11月	12月
月度同比（%）	2.1	1.0	0.7	0.1	0.2	0.0	0.2	0.3	0.2	−0.1	−0.5	0.1
月度环比（%）	0.8	−0.5	0.3	−0.1	−0.2	−0.2	−0.3	0.1	0.0	−0.2	−0.5	−0.3

附表3　2024年房地产开发和销售主要指标及其增长速度

指标	单位	绝对数	比上年增长（%）
房地产开发投资	亿元	110913	−9.6
其中：住宅	亿元	83820	−9.3
房屋施工面积	万平方米	838364	−7.2
其中：住宅	万平方米	589884	−7.7

续表

指标	单位	绝对数	比上年增长（%）
房屋新开工面积	万平方米	95376	-20.4
其中：住宅	万平方米	69286	-20.9
房屋竣工面积	万平方米	99831	17
其中：住宅	万平方米	72433	17.2
新建商品房销售面积	万平方米	111735	-8.5
其中：住宅	万平方米	94796	-8.2
房地产开发企业本年到位资金	亿元	127459	-13.6
其中：国内贷款	亿元	15595	-9.9
个人按揭贷款	亿元	21489	-9.1

附表4　2020~2024年国内生产总值及其增长速度

项目	2020年	2021年	2022年	2023年	2024年
数值（亿元）	1034868	1173823	1234029	1294272	1349084
增幅（%）	2.3	8.6	3.1	5.4	5.0

附表5　2020~2024年全部工业增加值及其增长速度

项目	2020年	2021年	2022年	2023年	2024年
数值（亿元）	311231	369904	388652	392183	405442
增幅（%）	2.0	9.8	2.3	3.8	5.7

附表6　2020~2024年全国居民人均可支配收入及其增长速度

项目	2020年	2021年	2022年	2023年	2024年
数值（元）	32189	35128	36883	39218	41314
增幅（%）	2.1	8.1	2.9	6.1	5.1

附表7　2020~2024年社会消费品零售总额及增长速度

项目	2020年	2021年	2022年	2023年	2024年
数值（亿元）	390514	438352	436449	467098	483345
增幅（%）	-4.1	12.2	-0.4	7.0	3.5

2025
中国家纺大会
暨中国家纺科技创新大会

智汇家纺 创享生活

浙江 | 杭州
2025.09

主办单位：中国家用纺织品行业协会
承办单位：杭州宏华数码科技股份有限公司

宏图华章
数创未来

Atexco 宏华数科
股票代码：688789

TEXPA
German Technology
德国纺织自动化解决方案

- 床笠机
- 枕套生产线
- 床单机
- 被套机

德国全自动化家纺缝纫技术设备，中德联合制造。

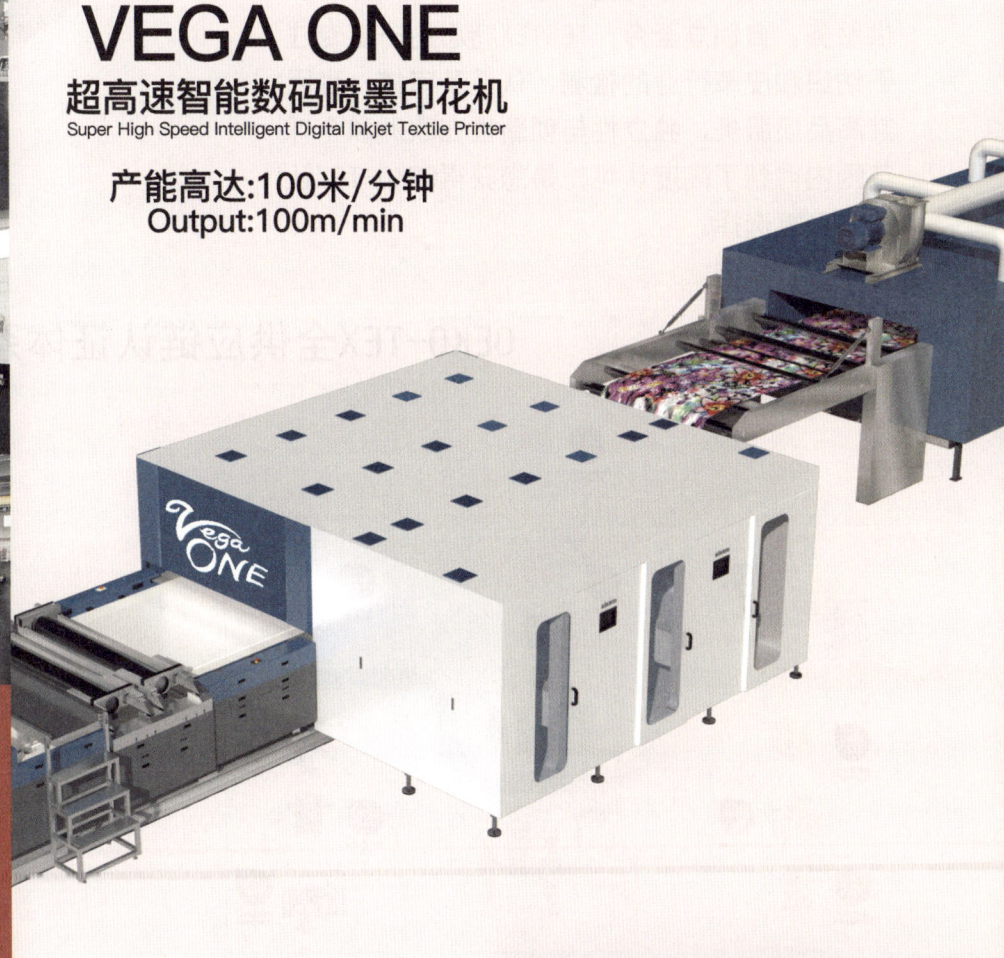

宏华TEXPA公司始终致力于为中国的家纺企业提供缝纫的全自动解决方案，包括床单、被套和枕套等全自动设备，这些设备可用于生产床上用品、餐桌用品、毛巾及毛毯。我们的客户中，有诸多家纺及家居用品生产领域的佼佼者，目前在中国已有接近200台TEXPA设备在平稳高效地运转，宏华TEXPA公司致力于为客户不断提供高质量的产品和高效率的服务。

VEGA ONE
超高速智能数码喷墨印花机
Super High Speed Intelligent Digital Inkjet Textile Printer

产能高达：100米/分钟
Output: 100m/min

适用于多款墨水
活性/涂料/分散/酸性

杭州宏华数码科技股份有限公司
国家数码喷印工程技术研究中心

中国浙江省杭州市滨江区滨盛路3911号
400-658-6678
+86 0571 88866678
www.atexco.com
Market@atexco.cn

TESTEX特思达

OEKO-TEX协会创始成员&中国官方代表机构

TESTEX特思达成立于1846年，总部位于瑞士的苏黎世，是一家国际性独立检测和认证机构。TESTEX是OEKO-TEX协会创始成员和中国官方代表机构，在全球超过40个国家和地区设有办事处和分公司，每年为全球超过13000家企业提供服务。自创立至今，TESTEX特思达一直专注于纺织和皮革行业的检测、认证及审核，也因其高品质服务、独立性与创新性在欧洲和全球范围内得到了高度认可，是您获得OEKO-TEX认证的可靠选择。

OEKO-TEX全供应链认证体系

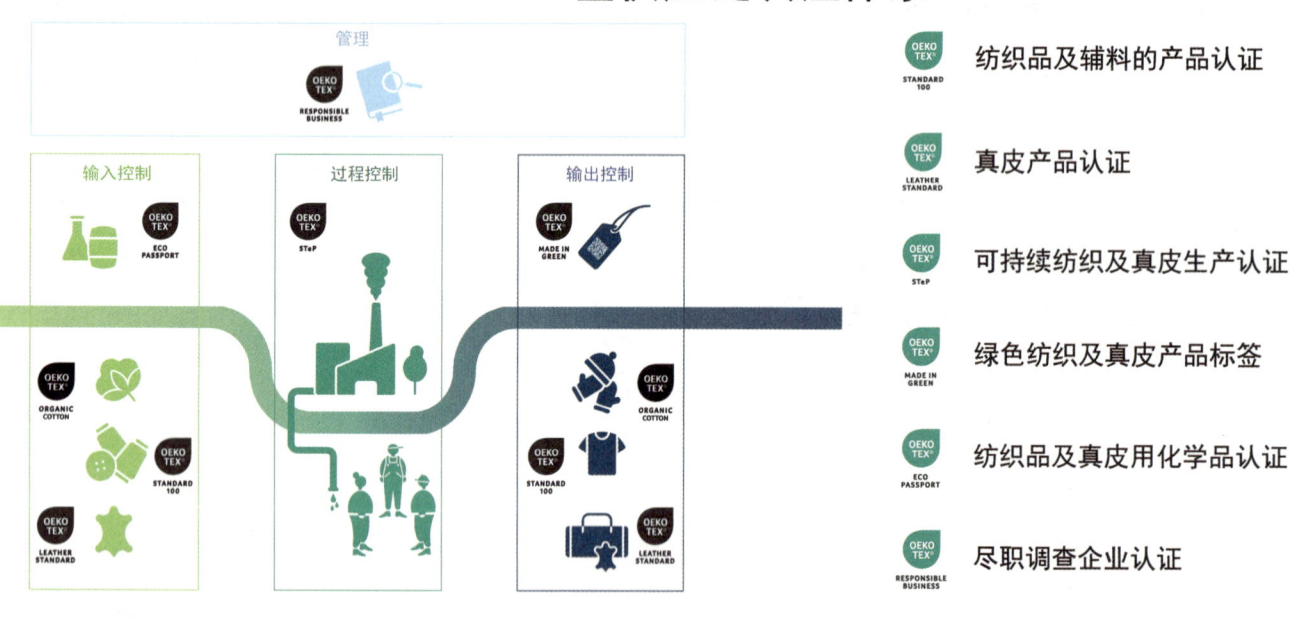

- 纺织品及辅料的产品认证
- 真皮产品认证
- 可持续纺织及真皮生产认证
- 绿色纺织及真皮产品标签
- 纺织品及真皮用化学品认证
- 尽职调查企业认证

www.testex.com
www.oeko-tex.com

TESTEX®
OEKO-TEX协会
中国官方代表机构

了解更多信息，请访问
网址：www.testex.com
电话：010-66555125
邮箱：beijing@testex.com